JOHN BAINBRIDGE, JR.

OS HOMENS QUE INVENTARAM AS ARMAS

TITÃS das ARMAS

E TRANSFORMARAM A AMÉRICA

COLT • SMITH G WESSON

WINCHESTER • REMINGTON

JOHN BAINBRIDGE, JR.

TITÃS das ARMAS

OS HOMENS QUE INVENTARAM AS ARMAS E TRANSFORMARAM A AMÉRICA

Prefácio por **Fabrício Rebelo**

Tradução:
Eva Salustino e Ivan Salustino

São Paulo | 2022

Título Original: *Gun Barons: The Weapons That Transformed America and the Men Who Invented Them*

Copyright © – John Bainbridge, Jr.

Copyright © desta edição – LVM Editora

Os direitos desta edição pertencem à LVM Editora, sediada
na Rua Leopoldo Couto de Magalhães Júnior, 1098, Cj. 46
04.542-001 • São Paulo, SP, Brasil
Telefax: 55 (11) 3704-3782
E-mail: contato@lvmeditora.com.br

Editor-chefe | Pedro Henrique Alves
Gerente editorial | Chiara Ciodarot
Tradutores | Eva Salustino e Ivan Salustino
Revisão | Laryssa Fazolo
Preparação textual | Márcio Scansani e Pedro Henrique Alves
Projeto gráfico | Mariangela Ghizellini
Diagramação | Décio Lopes

Impresso no Brasil, 2022

Dados Internacionais de Catalogação na Publicação (CIP)
Angélica Ilacqua CRB-8/7057

B14T	Bainbridge, John Jr.
	Titãs das armas: os homens que inventaram as armas e transformaram a América / John Bainbridge Jr; tradução de Eva Salustino, Ivan Salustino – São Paulo: Ludovico, 2022. 320 p.
	Bibliografia ISBN 978-65-5052-046-5 Título original: *Gun Barons – The Weapons That Transformed America and the Men Who Invented Them*
	1. Armas de fogo – Indústria – Estados Unidos 2. História I. Título II. Salustino, Eva III. Salustino, Ivan
22-5221	CDD 683.400973

Índices para catálogo sistemático:

1. Armas de fogo – Indústria – Estados Unidos

Reservados todos os direitos desta obra.

Proibida a reprodução integral desta edição por qualquer meio ou forma, seja eletrônica ou mecânica, fotocópia, gravação ou qualquer outro meio sem a permissão expressa do editor. A reprodução parcial é permitida, desde que citada a fonte.

Esta editora se empenhou em contatar os responsáveis pelos direitos autorais de todas as imagens e de outros materiais utilizados neste livro. Se porventura for constatada a omissão involuntária na identificação de algum deles, dispomo-nos a efetuar, futuramente, as devidas correções.

Este livro é dedicado a Deborah e Howard Chasanow, os quais, por seus exemplos, me mostraram que alto intelecto, trabalho duro, honra e bondade podem residir confortavelmente juntos na mesma pessoa.

SUMÁRIO

9 | Elenco de Personagens

11 | Prefácio de *Fabricio Rebelo*

15 | Introdução

29 | Capítulo 1   Jack, o Demônio

43 | Capítulo 2   A ascensão do showman

51 | Capítulo 3   Mestre do Aço

63 | Capítulo 4   Mobtown

73 | Capítulo 5   Das baionetas às armas

83 | Capítulo 6   O irmão escriturado

93 | Capítulo 7   Revolução no sangue

99 | Capítulo 8   Com olhos ao Oeste

113 | Capítulo 9   Criando uma ferramenta de guerreiro

121 | Capítulo 10   Walker consegue seus Colts

129 | Capítulo 11   A Queda de Edwin Wesson

139 | Capítulo 12   A fúria de Samuel Colt

151 | Capítulo 13   Conquistando a gola má

159 | Capítulo 14   Para Londres entre o aço e o vidro

169 | Capítulo 15   Perfeição na arte da destruição

181 | Capítulo 16   Evolução

193 | Capítulo 17   Um novo órgão de destruição

205	Capítulo 18	Na sombra do rei Colt
217	Capítulo 19	O momento de Smith & Wesson
225	Capítulo 20	De seda e aço
233	Capítulo 21	Uma corrida pelas armas
245	Capítulo 22	Chamado às armas, quaisquer armas
255	Capítulo 23	Acompanhando a Guerra: 1862
263	Capítulo 24	O esforço do titã por uma dinastia
269	Capítulo 25	Henry ou Spencer?
289	Capítulo 26	Gettysburg
297	Capítulo 27	Uma folha de chamas vivas
307	Capítulo 28	Nenhum amigo melhor, nenhum inimigo pior
317	Capítulo 29	Vendas em tempos de paz
339	Capítulo 30	Centenário
349	Capítulo 31	Ferro Sagrado

| 359 | Epílogo |
| 365 | Agradecimentos |

ELENCO DE PERSONAGENS

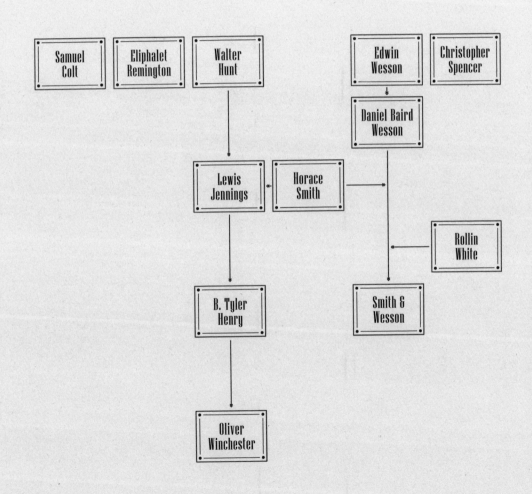

PREFÁCIO

Fabricio Rebelo[1]

A associação entre armas e valores sociais positivos ainda é algo que, no Brasil, para muitos não revela uma conexão intuitiva natural. Mesmo quando se fala de liberdade, inclusive dentre aqueles que já acompanham os debates sobre o acesso a esses artefatos, é algo que muitas vezes se apresenta como mero chavão retórico, *slogan* vinculado ao ativismo armamentista ou mesmo lema de efeito explorado politicamente. Em certa medida, é compreensível, diante das características atuais da dinâmica social brasileira e do seu desenvolvimento até aqui.

De um lado, tal como ocorre em países que enfrentam problemas crônicos de violência criminal – e o Brasil é triste exemplo disso –, tem-se a tendência de pensar que as armas sejam sempre associadas à violência criminosa. Afinal, num cenário em que os homicídios povoam as preocupações cotidianas do cidadão e cerca de 70% deles são praticados com armas de fogo, é fácil concentrar a atenção restritiva no objeto, em detrimento do agente que dele faz uso. Aliando-se a isso um discurso

---

1. Fabricio Rebelo é jurista, livre-pesquisador em segurança pública, jornalista e escritor. Responsável pelo Centro de Pesquisa em Direito e Segurança - CEPEDES, é autor das obras "Armas e Números - Guia Rápido Contra a Manipulação" e "Articulando em Segurança: Contrapontos ao Desarmamento Civil".

fraudulento, massificado pela mídia tradicional, de que "armas só servem para matar", surge a receita para que, ao indivíduo mediano, falar em armas seja sinônimo de problemas, não de conquistas ou progresso.

Em outro vértice, relativo ao histórico da conformação republicana brasileira, é perceptível que as mais destacadas características de seu povo passam longe do culto ao heroísmo, mais ainda da reverência às batalhas que se fizeram necessárias à pavimentação da realidade sob a qual hoje vivemos. É fácil ver descrições do brasileiro como um povo festeiro, feliz, hospitaleiro, mas não guerreiro. E todo aquele que não mantém vivas as lembranças das batalhas que enfrenta acaba se distanciando das conquistas nelas alcançadas, desvalorizando-as com o passar do tempo, tal como os instrumentos que permitiram fossem vencidas.

Entretanto, se os traços característicos da abordagem brasileira às armas de fogo se estabelecem sob a ótica preponderante de preocupação criminal, o bloco norte do continente americano desvela realidade oposta. É justamente o que ocorre quando a consciência de uma nação é forjada a partir das batalhas e vitórias de seus antepassados, conduzindo à compreensão representativa das armas, não só com relevo destacado, mas como exemplo de prosperidade e desenvolvimento, aliados aos mecanismos de autoafirmação.

Sob essa perspectiva, se, no Brasil, as ideias de progresso e liberdade parecem caminhar ladeadas a cenários bucólicos, quase como se elas fossem dádivas gratuitamente concedidas, nos Estados Unidos os exemplos históricos deixam absolutamente claro como a valorização da luta de um povo para ser livre o permite dimensionar de modo completamente distinto o que isso representa, fazendo-o identificar em sua história verdadeiros expoentes de suas conquistas, sem os quais as batalhas não teriam o mesmo desfecho.

Não é exagero, nesse sentido, afirmar que os Estados Unidos têm como alguns de seus alicerces a pólvora, o chumbo e o metal. Em todas as suas conquistas mais expressivas, lá estavam esses componentes, transformados em armas e munições, e isso para muito além da Guerra da Independência, consolidada em 1776, justamente da qual deriva a consagração do direito constitucional de o cidadão a elas ter acesso – Segunda Emenda, 1791. Mesmo após essa marcante passagem histórica,

PREFÁCIO

inúmeras foram as batalhas travadas em solo americano – para muitos, até em maior escala –, cujas respectivas vitórias conduziram a evolução nacional. Para isso, foi absolutamente fundamental o esforço visionário de uma série de indivíduos que hoje são associados a marcas lendárias do segmento armamentista.

Colt, Smith e Wesson, Remington, Winchester, dentre tantos outros, são nomes que muito provavelmente até quem não tem familiaridade com as armas de fogo conhece ou, pelo menos, já ouviu falar. Difícil, até mesmo, um filme cinematográfico retratando o *"Velho Oeste"* americano que não dê destaque às mais consagradas marcas de armas que o mundo já viu. Ainda assim, inclusive dentre aqueles que cultuam esse fascinante universo armamentista, é raro encontrar quem, para além das marcas hoje mundialmente famosas, conheça a história por trás de cada uma, mais ainda os homens que carregavam esses nomes ou que sob eles construíram verdadeiros impérios da luta pela liberdade, em suas mais variadas vertentes.

Das batalhas pela firmação nas terras indígenas, retratadas desde os iniciais enfrentamentos entre os *Comanche* e os *Texas Rangers,* à fragorosa derrota da *7ª Cavalaria* para índios bem armados (em batalha que não demorou a ser vingada), passando por momentos emblemáticos, como as batalhas do Álamo e San Jacinto pela independência do Texas em relação ao México e, claro, a Guerra de Secessão, que consolidou a abolição da escravatura em um país cujo Presidente acabara de ser assassinado (Abraham Lincoln, 1865), em cada capítulo da história americana pós-independência as armas exerceram papel determinante.

Em verdade, não seria equivocado dizer que, exatamente por conta de ser o período coincidente ao de maior salto evolutivo nesses engenhosos equipamentos, cada um dos avanços alcançados acabara por se revelar determinante para os resultados dos próprios combates. Quem tinha o melhor arsenal vencia.

Justamente por conta dessa compreensão quanto à necessidade de se guarnecer do que de mais tecnológico e eficaz houvesse para a época, a história americana atrelada às armas de fogo fornece um rico e intrigante campo de pesquisa e conhecimento. Os nomes por trás das consagradas marcas de armas foram, para muito além de executivos de uma indústria bélica, empreendedores visionários, ciosos de que o desenvolvimento contínuo de seus equipamentos seria determinante para o sucesso daqueles que os possuíssem. E, em uma época de conflitos intensos, sucesso poderia significar se manter vivo e livre.

Esse cenário foi fundamental para que se desenvolvesse armas cada vez mais eficazes. Dos revólveres de repetição que surpreenderam os *Penateka*, substituindo as pistolas monotiro, até a metralhadora Gatling, cada nova invenção posta nos campos de batalha se revelava decisiva. Cada uma levava a assinatura de uma indústria que prosperou e deu origem a verdadeiros impérios inventivos.

Conhecer a história desses nomes é, portanto, entender como, para muito além de uma visão medíocre das armas associadas a problemas, todo o seu entorno é capaz de determinar os rumos de uma nação, seja quanto às suas conquistas, seja em relação ao seu relevante papel na economia e na prosperidade social. Talvez, no Brasil, um dia tenhamos essa como a visão predominante a respeito do fascinante universo das armas, para o que não há dúvida de que em muito contribui o conteúdo abrigado nas páginas seguintes.

INTRODUÇÃO

Os americanos amam suas armas. Também as odeiam.

Elas estão em nossas cinturas, em nossas gavetas do criado-mudo, associados à nossa psique e à nossa linguagem. Nossas conversas são permeadas com metáforas de armas: batemos o pé para fazer algo, tentamos fazer algo improvável, procuramos uma bala de prata, somos diretos ao ponto, reagimos rápido e agimos impulsivamente. Vamos no banco da frente do carro, ficamos preocupados e nos preparamos para agir na pior situação. Nos mantemos fiéis a nós mesmos[2].

Elas habitam em nossa alma. Antes de sua fundação, os Estados Unidos eram uma terra onde os indivíduos possuíam e usavam armas, que se tornaram emblemas de responsabilidade cívica e de masculinidade, convocados em defesa de si mesmos e da comunidade. "A posse de armas era tão comum na América colonial"[3], escreveram dois pesquisadores jurídicos,

---

2. No original é: *We set our sights, take a long shot, look for a silver bullet, are straight shooters, shoot from the hip, and go off half-cocked. We ride shotgun, sweat bullets, and keep our powder dry. We stick to our Guns.* Traduzimos o significado de cada uma destas expressões idiomáticas na sequência do texto original. O significado da expressão "bala de prata" é a mesma no inglês e no português: uma solução final e simples para um problema complexo ou difícil. (N. T.)

3. James Lindgren e Justin L. Heather, "Counting Guns in Early America", *William and Mary Law Review*, v. 43, nº 5, 2002: 1840-41.

que qualquer afirmação de que a América do século XVIII não tinha uma "cultura de armas" é implausível, assim como não se poderia alegar plausivelmente que os primeiros americanos não tinham uma cultura de leitura ou de usar roupas.

Na sociedade armamentista da jovem Nova Inglaterra, apenas os verdadeiramente pobres não podiam adquirir armas[4]. E o direito de caçar pertencia a todos, não apenas à aristocracia fundiária[5]; não era assim na velha Europa.

A Revolução Americana fundiu noções ardentes de liberdade com posse de armas. Cartazes de alistamento projetados para atrair homens a se tornarem soldados dispostos a desafiar o maior império do mundo alimentaram um crescente espírito de independência. Nas décadas após o nascimento dos Estados Unidos, uma mistura de orgulho nacional, realidade histórica e mitos abundantes cimentou a posse de armas como parte do caráter americano que permaneceu praticamente incontestada nos anos seguintes à Segunda Guerra Mundial[6], quando a mídia de entretenimento celebrava o caubói bem armado e glamuroso que incitou milhões de crianças, a maioria meninos, a carregar revólveres de brinquedo de seis tiros em coldres afivelados na cintura.

* * *

Desde quando os seres humanos começaram a usar ferramentas, as armas foram aquelas de maior importância. Elas fornecem alimento e proteção desde a época da formação das primeiras unidades sociais. Durante séculos, as armas de fogo foram as armas mais eficazes que os indivíduos podiam portar. Elas implementaram tanto os objetivos

---

4. Amy Ann Cox, "Depending on Arms: A Study of Gun Ownership, Use, and Culture in Early New England". Tese de doutorado, Universidade da Califórnia, Los Angeles, 2010.

5. David Harsanyi, *First Freedom: A Ride Through America's Enduring History with the Gun.* Nova York: Threshold Editions, 2018. p. 24-25.

6. Angela Frye Keaton, "Unholstered and Unquestioned: The Rise of Post-World War II American Gun Cultures". Dissertação de Ph.D., University of Tennessee, Knoxville, 2006.

INTRODUÇÃO

mais altos quanto os mais básicos da humanidade – fazer cumprir ou desafiar a lei, defender ou adquirir território e tesouro, além de libertar ou escravizar.

Hoje, as noções de posse de armas de fogo mudaram e a fronteira a ser desbravada não existe mais. Uma população armada é vista por muitos não apenas como desnecessária para a sobrevivência da nação, como também uma ameaça à paz nacional. Agora, as armas estão na raiz de um debate cada vez mais acirrado sobre quem somos como país e no que acreditamos. Elas nos galvanizam e nos polarizam. Enquanto elas permanecem como pedra de toque da liberdade pelas armas, para outros elas são objetos de ódio. Alguns curadores de museus se recusam a adicionar armas de fogo modernas às suas exibições[7]. "Elas têm um carma ruim", explica Dorothy Globus, curadora do Museu de Artes e Design de Nova York. Arthur Drexler, chefe do Departamento de Arquitetura e Design do Museu de Arte Moderna, foi mais explícito. Pouco antes de sua aposentadoria em 1986, ele escreveu:

> As armas mortais estão entre os artefatos mais fascinantes e bem projetados de nosso tempo, mas sua beleza só pode ser apreciada por aqueles para quem o prazer estético está divorciado do valor da vida – um modo de percepção que as artes não foram feitas para encorajar.

• • •

Ame-as ou odeie-as, as armas estão por aí nos Estados Unidos com talvez quatrocentos milhões delas em mãos privadas. Muitas carregam os nomes Colt, Winchester, Remington e Smith & Wesson, os quais se tornaram sinônimos de armas americanas. Mas quem foram os homens por trás desses nomes? Eles foram mais do que inventores perspicazes e astutos homens de negócios. Eles estavam entre os pais fundadores da indústria nos EUA. Eles eram visionários inspirados, pelo espírito pioneiro de sua jovem nação, que inauguraram uma era de armamento de repetição mais mortal que o mundo já havia visto. Ao criar o que

7. Barbara Eldredge, "Missing the Modern Gun: Object Ethics in Collections of Design". Tese de mestrado, School of Visual Arts, Nova York, NY, 2012.

alguns no século XXI chamariam de "armas de assalto" de sua época[8], eles também ajudaram a reunir um país dividido enquanto contribuíram para o derramamento de sangue que a reunificação exigia. E eles regaram, no público em geral, as sementes da devoção às armas – alguns diriam obsessão pelas armas – que dividiria o país novamente mais de um século depois. Eles basearam-se em um tipo único de individualismo americano – parte ficção, parte realidade – que promovia seus produtos, tanto para soldados quanto para os homens comuns, enquanto formava a base da cultura de armas moderna. No processo, esses indivíduos grandiosos que vendiam seus nomes, bem como seus produtos, expandiram um legado de cidadãos que veneram as armas pessoais no altar de seu ser com uma liberdade forjada no metal das armas que possuem.

Ao contrário de seus antecessores – artesãos de armas que trabalhavam em pequenas oficinas por lucros comparadamente singelos –, esses homens tornaram-se titãs industriais. Eles foram os primeiros americanos cujas vastas fortunas vieram da fabricação de armas de fogo. Mesmo os inovadores cujas criações expandiram a evolução do poder de fogo – como John Hall, criador de um rifle de pederneira de carregamento pela culatra, e Simeon North, fabricante de pistolas que projetou uma das primeiras fresadoras e contribuiu para o desenvolvimento de peças intercambiáveis feitas à máquina – foram quase esquecidos, exceto por historiadores de armas de fogo. Não foi assim com Colt, Winchester, Smith, Wesson e Remington. Esses nomes ressoam hoje, impregnados com a mitologia, como místicos e homens lendários das armas americanas.

Esses titãs das armas não chegaram à proeminência sozinhos. À sua volta havia pessoas que estimulavam suas ambições, financiavam suas ideias, divulgavam seus sucessos, celebravam suas invenções ou os desafiavam pela supremacia. No entanto, muitos nomes neste elenco de apoio caíram no esquecimento. Poucos hoje sabem quem foi Rollin White, apesar de uma

---

8. O termo "rifle de assalto" ou "fuzil de assalto" teve vários significados. Às vezes, refere-se a uma arma de fogo que pode disparar repetidamente com um único puxão do gatilho. Muitas vezes é usado para descrever uma arma semiautomática com características cosméticas que a fazem parecer uma arma militar, mesmo que não funcione como uma.

INTRODUÇÃO

ideia patenteada por ele ter permitido que a Smith & Wesson se tornasse fabricante de armas dominantes no mercado. O conceito de Walter Hunt para uma arma de repetição foi o ancestral do rifle Winchester de ação de alavanca, embora ele nunca tivesse conseguido levá-lo para produção. E enquanto o rifle de repetição do irreprimível inventor ianque[9], Christopher Miner Spencer, desafiou o rifle da Winchester no mercado e contribuiu para a vitória da União na Guerra Civil, a empresa que leva seu nome desapareceu nos tempos de paz, seu nome foi relegado ao passado. Sem a ajuda do *Ranger* texano, Samuel H. Walker, para melhorar o suficiente um revólver, para que o governo dos EUA o comprasse para o serviço de combate na Guerra Mexicano-Americana, Samuel Colt poderia não ter superado seu fracasso anterior.

. . .

Os pais fundadores dos impérios de armas americanos viveram no momento certo, livres de tirania e cheios de possibilidades, os Estados Unidos entraram no meio do século XIX com um senso de conquista e criatividade. Em fazendas individuais, em becos urbanos e em novas trilhas levando ao Oeste, golpes ousados de inovação percorriam toda a jovem nação. Foi uma era de inventores, de experimentadores, de tomadores de risco. Graças à ceifadora de Cyrus McCormick, a agricultura tornou-se mais eficiente e mais lucrativa. No Sul, o descaroçador de algodão de Eli Whitney aumentou a riqueza das plantações e a demanda por escravos. O telégrafo de Samuel F. B. Morse tornou possível a comunicação instantânea a grande distância, um recurso precioso para um país prestes a se espalhar sobre um continente. O canal Erie, ao ligar os grandes lagos ao Rio Hudson,

9. Ianque, do inglês, *yankee*, significa, nesta obra, alguém da região Nordeste dos Estados Unidos, geralmente da região da Nova Inglaterra (Maine, New Hampshire, Vermont, Massachusetts, Rhode Island e Connecticut). Ao longo da história do país, o termo teve significados diferentes. Em sua origem durante a Guerra de Independência, era um termo pejorativo usado pelos ingleses contra os nascidos na colônia. Com a Guerra de Independência, os colonos nativos abraçaram o termo usado contra eles. A partir de então, tornou-se o termo para alguém da Nova Inglaterra. Posteriormente, a partir da época da Guerra de Secessão dos Estados Unidos, *yankee* passou a designar as pessoas dos estados do Norte dos Estados Unidos, da União. (N. E.)

aproximou a fronteira da costa Leste. E na Nova Inglaterra, Charles Goodyear, um comerciante de ferragens que passou um tempo na prisão por dívidas, criou um processo para evitar que a borracha derretesse em climas quentes; seu produto "vulcanizado" seria encontrado em roupas impermeáveis, sapatos, bolas, coletes salva-vidas e, eventualmente, pneus de automóveis, embora ele fosse morrer sem um tostão. Canais e estradas melhorados e, eventualmente, ferrovias facilitaram as viagens por todo o Nordeste do país, estimulando o comércio e ampliando o mercado. A agricultura continuou sendo a espinha dorsal econômica e moral do país, mas cada vez mais pessoas abandonavam as fazendas familiares para empregos nas cidades e vilas industriais. Suas vidas eram semelhantes à de sua nação em rápida evolução: jovens, ousadas, ambiciosas, cheias de arrogância, em movimento. *Can-do*[10] era parte da cultura americana. A criatividade americana emergiu, naquele instante, em todos os lugares.

A Revolução Americana deu-nos liberdade – para a maioria de nós, pelo menos. A Revolução Industrial, no século seguinte, deu-nos poder. Os fabricantes de armas – parte dessa segunda revolução – mudaram a forma como os americanos lutavam. Às vezes, os fabricantes de armas cooperavam uns com os outros, mas muitas vezes competiam e, ocasionalmente, brigavam na justiça A guerra favoreceu a todos – inclusive a guerra na Europa. Uma variedade impressionante de objetos, incluindo armas, inundou o Escritório de Patentes dos Estados Unidos com registros de dispositivos inovadores de todos os tipos – alguns comercializáveis, muitos não, mas cada um apresentado na esperança de criar uma tecnologia valiosa e enriquecer seu criador. Novas ideias eram a força vital de uma jovem república encantada com um crescente senso do que poderia ser. Uma patente em especial ajudaria a promover essa revolução, na qual o gênio americano imbuiu uma maravilha da engenharia portátil com um poder temível e de fazer história.

* * *

10. *Can-do*, em tradução literal, significa "pode fazer", "poder fazer". *Can-do attitude* é a expressão americana para descrever uma disposição de iniciativa e desinibição, um impulso, para realizar os objetivos. (N. T.)

INTRODUÇÃO

Walter Hunt era um homem intelectualmente inquieto que personificava as buscas e contradições de seu tempo[11]. Nascido em uma fazenda no vale das montanhas Adirondack, vinte anos depois que o país declarou sua independência, ele atingiu a maioridade nessa era de fervor pela invenção e mudou-se para a cidade de Nova York aos trinta anos de idade. Hunt destacava-se em qualquer multidão. Ele tinha um metro e oitenta e três de altura e compleição forte, seu rosto de menino do campo era de um tom avermelhado. O que também o fazia se destacar dos demais era sua sede insaciável por inventar. Sua vigorosa imaginação concebeu diversos dispositivos como uma caneta-tinteiro, um tinteiro, um fazedor de pregos, uma varredora de rua, um barco de gelo, um fiadeiro de linho, um colarinho de camisa, uma lamparina, um sino de bonde e uma nova forma de pôr saltos em botas. Hunt também inventou a primeira máquina de costura de pesponto duplo funcional, que ele optou por não patentear, supostamente por medo de que pudesse desempregar as costureiras, uma indulgência da qual se arrependeria mais tarde em sua vida. Ele até inventou um elixir comercializado como "Cordial Restaurador de Hunt" para aliviar a dor, sustentar a "energia vital", superar a insônia, acalmar os nervos, curar "prostração física de qualquer causa" e aliviar "problemas intestinais em suas piores formas". Ele estava entre os requerentes de patentes mais prolíficos da época.

Hunt tinha um problema: o hábito de vender suas patentes para sustentar sua esposa e quatro filhos, deixando os lucros reais para quem adquirisse os direitos de suas invenções mais úteis. Um dia, talvez em agitação por causa de uma dívida que tinha com um desenhista de patentes, Hunt começou a mexer distraidamente com um pedaço de arame resistente. Depois de enrolá-lo no meio, ele apertou as duas pontas e as deixou saltar novamente. Então ele formou um pequeno fecho em

---

11. Joseph Nathan Kane, *Necessity's Child: The Story of Walter Hunt, America's Forgotten Inventor*. Jefferson, NC: McFarland, 1997; Jimmy Stamp, "The Inventive Mind of Walter Hunt, Yankee Mechanical Genius: The compulsively creative Hunt might be the greatest inventor you've never heard of", no Smithsonian.com, October 24, 2013. <www.smithsonianmag.com/arts-culture/the-inventive-mind-of-walter-hunt-yankee-mechanical-genius-5331323/>; e J. L. Kingsley, "Death of a Prominent Inventor", *Scientific American*, v. 1, nº 2 (July 9, 1859): 21.

uma extremidade para segurar a outra extremidade, de modo que o fio permanecesse dobrado. Finalmente, ele colocou uma cobertura de metal sobre as extremidades para evitar que suas pontas saíssem e ferissem as pessoas. Este mais simples dos dispositivos, concluído em apenas três horas, levou à Patente dos EUA nº 6.281. Hunt chamou sua invenção de "alfinete de vestido", ideal para prender roupas. Nós o conhecemos hoje como o alfinete de segurança. Hunt pagou sua obrigação com o desenhista – haveria mais dívidas por vir – e acabou vendendo a patente revolucionária do alfinete por US$ 400, o equivalente a mais de US$ 14.000 nos dias de hoje.

O alfinete de segurança é um dos legados de Walter Hunt, sua contribuição mais clara para as tecnologias simples que mantêm a vida moderna em ordem. Mas ele teve um efeito igualmente profundo – embora menos aparente – quando canalizou sua imaginação para armas de fogo. As armas eram tecnologia bruta, ferramentas de poder e independência que os inventores passaram o século XIX alterando e aperfeiçoando, aumentando sua precisão, eficiência e poder de matar. Tradicionalmente, um atirador só podia dar um tiro. Em 1847, Hunt criou uma arma capaz de disparar várias vezes sem recarregar, um objetivo recorrente dos projetistas de armas ao longo dos séculos. Se funcionasse bem, ele colheria grande riqueza, ou pelo menos dinheiro suficiente para cuidar de sua família. A guerra com o México estava em andamento, e os exércitos sempre precisavam das melhores armas disponíveis; quanto mais um soldado pudesse atirar, mais eficaz ele seria em combate.

A genialidade do alfinete de segurança de Hunt era sua simplicidade. Criar um sistema de armas capaz de disparar várias vezes em rápida sucessão, no entanto, era um desafio muito maior e uma busca improvável para um homem de uma família de Quakers pacíficos. As armas comuns da época exigiam que um atirador despejasse pólvora no cano, seguisse com uma bolinha de chumbo e, em seguida, colocasse uma espoleta em um bocal de metal perto da outra extremidade do cano para cada tiro. Quando atingida por um martelo, o fulminato da espoleta detonaria a pólvora, que deflagraria e então impulsionaria a bola para fora do cano. Ao eliminar essas etapas, Hunt criou a *Rocket Ball*, uma munição auto-propelida. A arma que ele inventou para disparar essa munição – Hunt

INTRODUÇÃO

a chamou de *Volition Repeater* – é uma arma de aparência estranha. Duas alavancas circulares sob a ação longa e fina permitiam ao aspirante a atirador colocar as *Rocket Balls*, uma de cada vez, na câmara de um tubo sob o cano. Um atirador poderia, teoricamente, repetir esse processo até que todas as dúzias de cartuchos no tubo fossem descarregadas, desde que seu conjunto de peças se movesse unido como pretendido.

Com esse protótipo de arma de fogo, Walter Hunt fez o futuro da nação, mas não o seu. O *Volition Repeater* nunca funcionou direito. Seu modelo era assolado por defeitos mecânicos. O mecanismo era complexo e suas partes, delicadas. Hunt não tinha dinheiro para financiar o desenvolvimento, então continuou com seu velho hábito. Ele vendeu os direitos da patente do rifle de repetição, deixando que outros a transformassem em armas altamente comercializáveis e o seu *design* inspirado. Entre aqueles que se beneficiaram do gênio de Walter Hunt, estavam Oliver Winchester, Horace Smith e Daniel Baird Wesson. Nenhum desses titãs das armas tinha a mente amplamente engenhosa de Walter Hunt, mas, mesmo assim, todos ofuscaram Hunt enquanto tiravam vantagem de seu trabalho pioneiro em armamentos. Sua busca principal era a mesma de Hunt: armas portáteis produzidas em massa que um indivíduo poderia continuar atirando sem parar para recarregar, armas que justificassem o nome "repetidoras". Não era um objetivo novo, mas sua materialização em metal e madeira havia escapado aos maquinistas mais dedicados.

Para atingir seu objetivo, os titãs das armas tinham uma grande vantagem. A produção em massa já havia começado nos Estados Unidos, e o maior e mais moderno empreendimento mecânico do país na década de 1840 era um enorme complexo de fabricação de armas no sudoeste de Massachusetts. Lá, as inovações pública e privada floresceram juntas. A técnica foi reproduzida em escala. Esse lugar de comunhão era chamado de *Springfield Armory*.

O *Armory* foi erguido em uma planície elevada perto da confluência de três rios, a 800 metros de distância da vila de Springfield, cujos moradores temiam que trabalhadores desordeiros e bêbados perturbassem sua comunidade bucólica depois do trabalho, se estivessem muito perto da cidade. *Springfield Armory* nasceu da guerra, em parte graças a George Washington, que lamentava pela dependência do país emergente em fabricantes estrangeiras de armas. Como Comandante Geral, Washington pressionou pelo estabelecimento de dois arsenais governamentais domésticos, um na Nova Inglaterra e outro em Harpers Ferry, Virgínia. Springfield – o primeiro assentamento não indígena no interior do amplo e longo vale do Rio Connecticut – foi escolhido em parte porque ficava muito rio acima para ser atacado pela Marinha Real da Inglaterra. Essa região acabaria sendo apelidada de *Gun Valley*[12].

Originalmente, o que se tornaria o *Springfield Armory*, era o Arsenal Continental, pouco mais que um galpão de pólvora e diversos suprimentos militares, onde os trabalhadores consertavam armas pequenas e fabricavam cartuchos de papel para mosquetes e veículos para carregar canhões. Em 1794, a legislação autorizando a produção de mosquetes transformou o Arsenal no *Armory*. Lá, o armeiro individual deu lugar a trabalhadores que executavam tarefas específicas e limitadas. Fabricantes de armas e inventores privados foram lá para tirar proveito de um empreendimento público, onde o compartilhamento de ideias, incluindo patentes, era a ordem do dia, tudo para o bem comum de armar a nação. Os trabalhadores qualificados da região tinham em seu âmago uma disposição ianque para a inventividade. A criatividade abundava.

O *Springfield Armory* levou os Estados Unidos a uma nova era. Ele atendeu às crescentes necessidades da nação, produzindo armas com peças relativamente intercambiáveis. Era um produto de uma nova América, onde os turistas se aglomeravam para assistir às máquinas gigantescas fabricando armas em um ritmo espantoso. O espírito de cooperação entre o governo federal e os empresários ianques produziu profundas mudanças no que era fabricado e como era fabricado. Essa produtividade vibrante com produção mecanizada e peças intercambiáveis foi importante para os Estados Unidos a tal ponto que os ingleses o apelidaram de *American System of Manufactures*, o Sistema Americano de Manufaturas, um sistema que floresceria nas fábricas ao longo do corredor do Rio Connecticut, tornando *Gun Valley* o lar das primeiras indústrias de máquinas-ferramentas do mundo, o Vale do Silício de seu

12. "Vale das Armas". (N. E.)

INTRODUÇÃO

tempo. As máquinas e tecnologia de lá se espalharam por todo o globo[13]. Como a transformação começou com as armas, o Sistema Americano também era conhecido como *Armory Practice*.

• • •

Springfield Armory anunciou uma nova era para os Estados Unidos, na qual o crescente poder militar e industrial do país foi impulsionado pela produção em massa de armas. Quando a estrada de ferro chegou a Springfield, no início da década de 1840, trouxe um fluxo de turistas que se maravilhavam com a fabricação moderna de armas no maior estabelecimento metalúrgico do país. Depois que os visitantes viam como funcionava o processo de fabricação, eles ficavam boquiabertos com as exibições de armas abundantes o suficiente para abastecer qualquer exército da Terra. Esta foi exatamente a impressão que o oficial de munições e major engenheiro, William Wade, tinha em mente quando projetou as vitrines do arsenal:

> A disposição geral do centro agrada-me muito. Isso é algo novo, e acho que bem adaptado ao seu propósito. O espetáculo de uma sala contendo vinte mil armas, dispostas de tal forma para que todas fossem visíveis; que qualquer uma poderia ser empunhada, examinada e devolvida à vontade; com abundância de luz e de espaço para circulação; a ausência de qualquer apoio visível pelo qual elas, ou o piso acima, estejam apoiados; a ordem, simplicidade, harmonia e magnitude do todo; que juntas, formam uma cena que vale a pena viajar alguns quilômetros para desfrutá-la.[14]

Em parte, devido a era das máquinas estar ainda em sua infância naquele instante, a visão de mecanismos maciços e complexos inspirou descrições poéticas. "A cena inteira me parece mais bonita do que bélica"[15],

---

13. Bruce K. Tull, "Springfield Armory as industrial policy: Interchangeable parts and the precision corredor". Diss. de Ph.D., University of Massachusetts, Amherst, 2001, 2.

14. Trecho de uma carta que Wade escreveu ao coronel Roswell Lee, 13 de maio de 1830, citada em Alan C. Braddock, "Armory Shows: The Spectacular Life of a Building Type to 1913". *American Art*, v. 27, nº 3 (outono de 2013): 44.

15. "U.S Armory, at Springfield", *Hampshire Gazette* (Northampton, MA), 27 de setembro de 1837.

escreveu um visitante, "e mal parece possível que uma exibição que enche a mente de emoções tão prazerosas possa ser composta de instrumentos de morte". Admirando o arsenal, o jornal *Springfield Republican* exultou:

> a maquinaria aqui é absolutamente poética, tanto em sua estrutura quanto em sua operação. Está impregnada de inteligência, desenrola suas rimas em bela medida e canta da engenhosidade humana e o quase ilimitado controle do intelecto humano sobre a matéria bruta e as forças naturais com uma eloquência que ninguém, exceto um punhado da humanidade, consegue ouvir sem se emocionar[16].

Nem todos os americanos se sentiram à vontade com as enormes exibições de armamento em Springfield – ou os impulsos bélicos que elas refletiam. No verão de 1843, o poeta Henry Wadsworth Longfellow estava em sua lua de mel viajando pela Nova Inglaterra para visitar os parentes de sua noiva, Fanny, quando o casal decidiu parar no Armory ao longo do caminho. Fanny não era apenas uma beldade e herdeira elegante, a quem o poeta do Romantismo amou durante anos, mas também uma esteta inteligente, artística e culta que muitas vezes sugeria temas para o marido escrever. Longfellow respeitava profundamente seu julgamento. Ambos encontraram um tipo diferente de inspiração no *Springfield Armory*.

À frente deles, havia mais de cem mil novos mosquetes feitos no *Armory*[17], acompanhados por muitos outros feitos em diversos lugares, seus bocais apontados para o céu em formação rígida através de uma série de salas. Cada cano estava envolto em um guarda-mão de madeira de nogueira oleada, como um uniforme, que alargava no fundo. Todos estavam alinhados com exatidão, apenas cerca de dois centímetros entre eles em dezenas de estantes duplas de madeira pintadas de dourado. Formando túneis em suas fileiras, dezenas de milhares de anéis de metal apelidados de guarda-matos se mostravam abertos, prontos para os dedos indicadores dos homens convocarem as armas ao serviço. Mas agora as

16. "Springfield Trade and Industry. No. 7. United States Armory", Springfield (MA) *Republicano*, 5 de agosto de 1851.

17. Springfield Armory Proceedings, Série VI. A. 2, Box 01, Pasta 26 no *Springfield Armory National Historic Site*, Springfield, MA.

INTRODUÇÃO

armas, novas demais para terem sido batizadas com sangue em batalha, estavam silenciosas.

Fanny, uma pacifista, olhou para o desfile imóvel de poder de fogo silencioso e teve uma ideia para o marido. Talvez, ela insistiu, ele pudesse usar a experiência para escrever um poema de paz. Este lugar de violência nascente foi a inspiração perfeita. E assim, Longfellow escreveu:

> *Este é o Arsenal. Do teto ao chão,*
> *Como um enorme órgão, erguem-se as armas polidas;*
> *Mas seus canos silenciosos nenhum hino tocarão*
> *Com estrondos espantam as pobres vilas*
>
> *[...]*
>
> *Se metade do poder, que enche o mundo de terror,*
> *Se metade da riqueza concedida aos campos e tribunais,*
> *Dado fossem para redimir a mente humana do erro,*
> *Não haveria necessidade de fortes ou arsenais:*
>
> *O nome do guerreiro seria um nome abominável!*
> *E cada nação, que levantar novamente assim*
> *Sua mão contra um irmão, em sua fronte*
> *Usaria para sempre a maldição de Caim!*
>
> *Abaixo do futuro sombrio, através de longas gerações,*
> *os sons de eco ficam mais fracos e depois cessam;*
> *E como um sino, com solenes e doces vibrações,*
> *Ouço mais uma vez a voz de Cristo dizer: – Paz!*[18]

Quando a ode de Longfellow por um mundo pacífico foi publicada, dois anos depois de sua visita a Springfield, a inventividade americana – a

---

18. Tradução livre de "The Arsenal at Springfield". Texto original:

> *This is the Arsenal. From floor to ceiling,/ Like a huge organ, rise the burnished arms;/ But from their silent pipes no anthem pealing/ Startles the villages with strange alarms/(..) Were half the power, that fills the world with terror, /Were half the wealth bestowed on camps and courts,/ Given to redeem the human mind from error,/ There were no need of arsenals or forts:/ The warrior's name would be a name abhorrèd!/ And every nation, that should lift again/ Its hand against a brother, on its forehead/ Would wear forevermore the curse of Cain! / Down the dark future, through long generations,/ The echoing sounds grow fainter and then cease;/ And like a bell, with solemn, sweet vibrations,/ I hear once more the voice of Christ say, "Peace! (N. T.)*

"engenhosidade ianque" – estava a todo vapor, muito além dos muros do Arsenal. Empreendedores, ferreiros, especuladores, sonhadores e amantes de máquinas em todo o *Gun Valley* e mais além competiam para deixar suas marcas e fazer suas fortunas, alimentando o fogo da Revolução Industrial nos Estados Unidos à medida que ganhava velocidade. As armas que esses homens desenvolveram teriam muito mais poder do que a força letal dormente nas fileiras de mosquetes que tanto amedrontaram o casal Longfellow e seus colegas turistas. Nas décadas seguintes, haveria uma terrível abundância de oportunidades para usá-las.

Foram muitos os momentos cruciais na evolução do poder de fogo rápido, dentre eles, estão os das invenções de Walter Hunt. Assim, também, foram os locais onde as armas de fogo fizeram a diferença onde importava: não em clubes de tiro ordenados ou em instalações para testes pacíficos e nem nas vastas oficinas mecânicas do *Springfield Armory*, mas em campos de batalha caóticos do Oeste americano e nas muitas conflagrações da Guerra Civil. Um evento-chave ocorreu ao lado de um pequeno fluxo de água a 3.200 km ao sul e oeste de Gun Valley, em um dia no início de junho, menos de um ano depois que os Longfellow visitaram Springfield.

JACK, O DEMÔNIO

Lobo Amarelo conhecia bem a Trilha da Pinta[19], assim como seus ancestrais, os espanhóis, os Apaches Lipan e outras tribos. Agora, pelo menos alguns dos anglos[20] que foram para a região das colinas do Texas também a conheciam. De cima de uma colina arborizada[21], ele conseguia ver um grupo de cerca de 15 cavaleiros parados onde a trilha cruzava com o Rio Guadalupe. Os brancos abaixo não eram páreo para suas dezenas de comanches do clã *Penateka*. Ele os enfrentaria.

Seus guerreiros estavam armados, como de costume, com lanças e flechas que podiam lançar repetidamente e com precisão. Além disso, como

---

19. Lobo Amarelo não é identificado nos relatórios da época, mas algumas fontes secundárias posteriores dão esse nome ao chefe Comanche morto na Batalha de Walker's Creek.
20. *Anglo* é o termo usado no Texas para designar os brancos de origem não latina, os anglo-americanos, pois historicamente o estado já foi parte do Império Espanhol (1519-1685, 1690-1821) e do México (1821-1836). Somente em 29 de dezembro de 1845 o Texas tornou-se um estado dos Estados Unidos. (N. E.)
21. Houve muita construção de mitos sobre a Batalha de Walker's Creek ao longo das décadas. E enquanto a luta foi o primeiro teste de combate do revólver no qual todos de um lado tinham um revólver de cinco tiros, pelo menos um Comanche já tinha visto uma demonstração dele em 1839. Ver Thomas W. Kavanagh, *The Comanches: A History 1706–1875*. Lincoln: University of Nebraska Press, 1996. p. 268-69.

de costume, os brancos tinham pederneiras e mosquetes, armas temíveis que rugiam e atingiam com força mesmo à distância, mas cada uma tinha que ser recarregada meticulosamente após um único tiro. Os comanches sabiam sobre armas de fogo; alguns as tinham. Eles também sabiam que o que a arma de fogo ostentava em poder, faltava em versatilidade. Neste momento da história americana, uma arma de fogo não era uma ameaça tão grande quando comparada contra uma chuva de flechas.

O que os comanches não tinham como saber era que naquele dia do início de junho de 1844, a guerra nas planícies mudaria para sempre. A Revolução Industrial chegou ao Texas na forma de um pequeno armamento portátil nascido da genialidade de Samuel Colt apenas alguns anos antes. Esta arma não se esgotaria após um tiro. Iria disparar novamente em um segundo. E de novo. E de novo. E de novo. Cada um dos 15 cavaleiros brancos tinha pelo menos uma dessas invenções de Colt, provavelmente duas, enfiada no cinto.

• • •

Mais de um século antes, os Comanches tomaram a região das colinas do Texas, vindos do Norte e do Oeste, trazendo sua cultura adaptável com eles, montados em cavalos introduzidos no continente pela Espanha imperial. Agora, graças a esses animais velozes e fortes, bem como à sua cultura adaptável e resiliente, os Comanches eram os senhores das planícies após expulsarem os espanhóis e outras nações indígenas para estabelecerem seu próprio império.

No início, o vasto domínio chamado *Comanchería* não tinha grandes problemas com os *anglos* chegando do Leste a convite dos hispanófonos no México agora independente, pois os recém-chegados de pele clara traziam comércio que poderia enriquecer o poderoso alcance do império comanche. Agora as coisas eram diferentes. A nova República do Texas concedeu terras a um influxo de colonos em um território que os Comanches acreditavam que a república texana não tinha nenhum direito. Os topógrafos cortaram as planícies em lotes nos mapas que definiriam de quem é a propriedade, prontos para serem transformados de "selvagem" a "civilizada" pelas mãos dispostas dos recém-chegados.

Para Lobo Amarelo e seu povo, esses topógrafos e colonos se tornaram o inimigo. Seu grupo de invasão e outros grupos de invasão comanches atacaram duramente as propriedades dos brancos, matando muitos, levando reféns e tornando a vida nas planícies do Texas, em geral, uma empreitada perigosa para as famílias imigrantes que pretendiam se enraizar na *Comanchería* ou seus arredores. Nenhum colono da região das colinas se sentia seguro. Todos conheciam alguma propriedade invadida por comanches, que tratavam cruelmente muitos daqueles que encontravam. Mesmo que eles não a conhecessem pessoalmente, os texianos[22] sabiam da história de Matilda Lockhart.

No outono de 1838, Matilda, de 13 anos de idade, e quatro crianças da família Putnam, vizinha, tinham acabado de colher nozes-pecã no baixio perto da propriedade dos Lockhart, no Rio Guadalupe, quando invasores comanches as agarraram, amarraram-nas com tiras de couro cru em seus cavalos e as levaram para as montanhas Guadalupe. Duas expedições de resgate em território indígena terminaram em fracasso. Mais de um ano se passaria antes que Matilda se reunisse com sua família. Nesta ocasião, ela estava irreconhecível.

Matilda chegou a San Antonio em março de 1840 com uma delegação de caciques Penatekas e guerreiros interessados em negociar um tratado com os texianos. Contratempos sofridos em seu domínio fizeram com que os Comanches vissem este como um momento para fazer as pazes. Os representantes dos Cheyenne e dos Arapaho ameaçaram a fronteira norte da Comanchería, e os *Rangers*[23] atacaram com sucesso os Comanches em outros lugares, preferindo pegar os índios de surpresa em suas aldeias, da mesma forma que os índios estavam fazendo com os assentamentos brancos. E ainda havia cólera e varíola, fazia pouco tempo que várias epidemias dessas doenças devastaram a comunidade *Penateka*. Os comanches estavam prontos para relações mais calmas com os texianos.

A devolução dos reféns estava entre as exigências feitas pelos texianos dois meses antes, então Matilda Lockhart estava com a delegação de

---

22. "Texiano" era um termo aplicado a pessoas, particularmente anglos, que viviam no Texas independente antes de se tornar um estado dos EUA. (N. E.)

23. Agentes da famosa polícia estadual do Texas, os *Texas Rangers*. (N. E.)

paz comanche liderada por um cacique chamado Muk-wah-ruh. Uma mulher que ajudou a dar banho e vestir Matilda[24], agora com 16 anos, em seu retorno, a encontrou "totalmente degradada", uma garota que "nunca mais conseguiria manter a cabeça erguida". Não foi somente o que Matilda disse a eles que enfureceu os texianos. Foi o que eles viram.

> Sua cabeça, braços e rosto estavam cheios de hematomas e feridas, e seu nariz realmente queimado até o osso – toda a extremidade carnuda se foi e uma grande crosta se formou na extremidade do osso[25],

escreveu Mary Ann Maverick, que cuidou da cativa recém-libertada.

> Ambas as narinas estavam bem abertas e sem carne. Ela contou uma história tenebrosa de como os índios a espancaram terrivelmente, e como eles a acordavam, espetando um pedaço de fogo em sua carne, especialmente em seu nariz, e como eles gritavam e riam como demônios quando ela chorava.

Matilda contou aos comissários do Texas, negociando com os Penatekas, que eles tinham cerca de uma dúzia ou mais de outros reféns brancos, os quais os Comanches planejavam oferecer, um de cada vez, em troca de vários suprimentos. Isso não fazia parte do acordo, disseram os texianos a Muk-wah-ruh na casa do Conselho, um edifício de pedra de um andar com telhado plano e piso de terra que era o lugar habitual em San Antonio para conversas sérias entre brancos e índios; ele deveria ter trazido todos os prisioneiros de uma vez. Foi impossível, Muk-wah-ruh explicou. Esses cativos foram mantidos por outros clãs Comanches – não os Penateka – sobre os quais ele não tinha autoridade. Os comissários, enfurecidos com o tratamento dado a Matilda e temerosos de que outras crianças estivessem sendo torturadas,

---

24. Mary Maverick; suas citações vêm de *Memoirs of Mary A. Maverick*, editado por Rena Maverick Green. San Antonio, TX: Álamo, 1921. p. 44.
25. Se Matilda Lockhart estava na terrível condição que Maverick alegava, foi um assunto de debate. Relatórios oficiais e correspondência familiar não mencionam sua aparência. Ver Stephen Harrigan, *Big Wonderful Thing: A History of Texas*. Austin: University of Texas Press, 2019. p. 212.

não iam renegociar. Por ordem deles[26], os soldados entraram na casa do Conselho para manter os negociadores índios como reféns até que todos os prisioneiros brancos fossem libertados. Os Comanches que estavam dentro tentaram escapar, chamando os membros da tribo do lado de fora para ajudar. Um tiroteio eclodiu, matando a maioria dos índios dentro da casa do Conselho, incluindo Muk-wah-ruh. No final, os texianos apreenderam mais de duas dúzias de Comanches, os quais ofereceram devolver assim que os prisioneiros brancos voltassem em segurança para casa. Os líderes Penateka ignoraram a oferta, e a maioria dos índios detidos pelos texianos acabou conseguindo escapar. Não se falava mais em paz.

Destruída pelas provações que passou, Matilda Lockhart jamais se recuperou. Ela morreu antes de completar vinte anos. Os texianos sempre se lembrariam disso.

Os Penateka também se lembrariam. Para eles, o massacre dos embaixadores da paz era imperdoável. Eles acreditavam que o plano dos texianos traiçoeiros era manter Muk-wah-ruh e seus negociadores sob a mira de uma arma até que todos os prisioneiros brancos fossem libertados. Os que fizeram esse mal e os que dele se beneficiaram pagariam. Não haveria suspensão dos ataques a civis no Texas – outra das exigências feitas pelos texianos no início das negociações de paz fracassadas. Em vez disso, a violência aumentaria, à medida que a *Comanchería* entrava em conflito com o novo império Anglo, tomando espaço no que os índios consideravam seu domínio.

. . .

Flores silvestres e folhagens nascidas de um inverno na região das colinas deram lugar ao início do verão, o mês de junho aquecia o terreno acidentado a 130 quilômetros a noroeste de San Antonio, uma terra de

26. Relatos conflitantes dos soldados sobre a luta na Casa do Conselho e Matilda Lockhart circulam desde que ela ocorreu. Para uma discussão recente, ver Cristen Paige Copeland, "What Went Wrong? How Arrogant Ignorance and Cultural Misconceptions Turned Deadly at the San Antonio Courthouse, March 19, 1840". Tese de mestrado, University of North Texas, Denton, 2008.

calcário e riachos claros sobre os quais muitas batalhas já haviam sido travadas. Os brancos aos quais Lobo Amarelo assistia na Trilha da Pinta, junto ao rio Guadalupe, não usavam uniformes, não levavam bandeiras, mas o veterano Penateka de muitas escaramuças os reconheceu como *Texas Rangers*, um grupo de valentes pouco coeso e merecedor do respeito dos Comanche, algo que os índios não davam facilmente. O respeito era pela resiliência dos *Rangers* em combate, não por seu papel em proteger ou vingar aqueles que os Comanches viam como intrusos.

Apesar de as habilidades de combate e de montaria dos *Rangers* se equipararem às dos Comanches, Lobo Amarelo sabia que a vantagem dos Comanches estava em seu número. Ele e alguns de seus homens fariam sua presença notada. O resto ficaria à espreita rio acima, escondidos entre carvalhos texanos, árvores resistentes que mantêm a maior parte de suas folhas durante os invernos mais rigorosos das pradarias e que neste momento estavam repletas de folhagens perfeitas para camuflagem. Pensando estarem enfrentando apenas alguns Comanches, os *Rangers* iriam atrás de Lobo Amarelo, apenas para serem massacrados quando chegassem aos carvalhos. Era uma tática comum; se executada direito, funcionaria.

O combate na Trilha da Pinta provavelmente seria feroz. Os *Texas Rangers* sabiam que os Comanches não davam trégua. Assim também os Rangers não davam trégua, pois entendiam que a rendição nunca era uma opção para eles, já que ela significava apenas a morte muitas vezes precedida por algo pior.

* * *

O capitão John Coffee Hays[27], vulgo Jack, e os 14 *Rangers* que Lobo Amarelo estava observando, tinham partido de San Antonio uma semana antes para procurar bandos de índios – possivelmente de mexicanos, também – que estavam invadindo assentamentos brancos. Agora, após de não encontrarem nenhum índio, eles voltaram.

---

27. Capitão John Coffee "Jack" Hays: descrições de Jack Hays podem ser encontradas em Samuel C. Reid, Jr., *The Scouting Expeditions of McCulloch's Texas Rangers*. Filadélfia: G. B. Zieber, 1847. p. 108-09.

Um sujeito esbelto, de 1,70 de altura, naturalmente pálido, com um rosto jovial e bochechas magras queimadas pela vida na fronteira, Hays não parecia um homem para liderar os *Texas Rangers* – e liderar era a palavra certa, pois eles não podiam ser comandados. Nem ele soava de acordo com o cargo, pois tinha uma voz calma condizente com sua criação aristocrática no Tennessee. De qualquer forma, ele não tinha tendência para falar muito. Seu modo de vestir era tão modesto quanto seu comportamento – geralmente um boné preto com uma jaqueta militar azul com uma única fileira de nove botões e calças pretas –, mais um contraste com os *Rangers* musculosos e seus chapéus de abas largas feitos para protegê-los do sol do Texas. Dizia-se que seus olhos cor de mel inquietos muitas vezes pareciam tristes. A pé, o capitão Jack andava ligeiramente curvado, uma tendência que alguns achavam que o fazia parecer nervoso, embora perder a coragem não fosse uma de suas características.

Órfão aos 15 anos de idade, Hays foi para o Oeste em direção ao Texas, quatro anos depois, no ano de 1836, ano em que o Álamo caiu e os texianos se ergueram com entusiasmo justo para conquistar sua independência do México. Ele trabalhou primeiro como topógrafo e logo se juntou aos *Rangers*, onde rapidamente ascendeu ao posto de capitão. A essa altura, Hays já havia provado sua capacidade, como qualquer outro homem, de suportar o terror da batalha e as dificuldades de longas estadas nas planícies sem se mostrar abatido por qualquer uma das suas provações. Familiarizado com o terreno, Hays podia adivinhar a presença de índios transeuntes pelas minúsculas pedrinhas deslocadas por seus cavalos, até lendo dali a direção em que cavalgavam. De acordo com um *Ranger* que serviu com ele desde o início da carreira, "nenhum oficial jamais teve mais completamente a estima, a confiança e o amor de seus homens"[28].

Os índios concordavam que Hays era um homem de fibra. Os Apaches Lipan, que não eram nem um pouco amigos dos Comanches e

---

28. Conforme John Salmon Ford, *Rip Ford's Texas*, editado por Stephen B. Oates. Austin: University of Texas Press, 1987. p. 64-65.

muitas vezes se aliavam aos *Rangers*, chamavam-no de "bravo-demais"[29]. "Eu e Asa Vermelha não temos medo de ir para o inferno juntos", explicou o cacique dos Lipan, Flacco, que às vezes lutava ao lado de Hays. "Capitão Jack tem muita bravura[30], não tem medo de ir para o inferno sozinho". Os Comanches também tinham um nome para ele: "Jack, o Demônio".

• • •

Em sua jornada de volta a San Antonio, Jack Hays e seus homens cruzaram o Rio Guadalupe perto de um fluxo de água menor, posteriormente conhecido como Walker's Creek. Quando os *Rangers* avistaram uma colmeia pendurada em uma árvore no cruzamento, eles decidiram aproveitar sua boa sorte. Mel era um luxo delicioso. Sua doçura complementaria muito bem as escassas rações que cada homem levava consigo e a carne de veado fornecida das planícies.

O dia ainda estava no início, e os *Texas Rangers* estavam descansados. Eles viajavam com pouca bagagem, como tinham que fazer, embora suas montarias robustas e mestiças pudessem carregar peso em longas cavalgadas. Eles tendiam a ser homens grandes e não levavam consigo mais do que precisavam para que seus cavalos pudessem ser ágeis na batalha. Os *Rangers* estavam armados, é claro, em maior parte com pistolas e facas longas, mas também com rifles. No entanto, nessa missão, cada homem tinha uma nova arma: um tipo diferente de pistola, uma com um cano de 22,5 cm. que levava a um cilindro giratório logo acima e na frente do cabo. Além do cano e do método de segurar a arma, essa arma – um balé de hastes, parafusos, placas e algumas projeções curvas fluindo em

....

29. Para uma discussão sobre o conflito intertribal e uma crítica do "ponto de vista etnocêntrico" dos historiadores brancos de que as Guerras Indígenas do Oeste Americano significavam apenas conflito índio-branco, veja John C. Ewers, "Intertribal Warfare as the Precursor of Indian-White Warfare on the Northern Great Plains". *Western Historical Quarterly*, v. 6, nº 4 (outubro de 1975): 397-410.

30. Walter Prescott Webb, *The Texas Rangers: A Century of Frontier Defense*, 2ª ed. Austin: University of Texas Press, 1965. p. 65. A citação soa como algo que um índio em um antigo faroeste de Hollywood poderia dizer, mas está inclusa aqui porque Webb é uma das fontes mais antigas.

um elegante cabo de madeira de nogueira americana – era diferente de qualquer outra usada antes em combate.

Seu inventor foi o extravagante Samuel Colt, que alegava que teve a ideia quando adolescente, observando o timão ou o molinete de um navio girar e ser travado no lugar por uma aduela de madeira. Na imaginação de Colt, dizia ele, os espaços entre os raios se tornaram cinco câmaras ocas, cada uma fechada em uma extremidade. A aduela tornou-se uma catraca segurando o cilindro no lugar em intervalos precisos ao girar. Encha cada câmara com pólvora e uma esfera de chumbo com pouco mais de oito milímetros de espessura e alinhe uma a uma as câmaras com um cano longo enquanto você engatilha o martelo, e você tem uma arma cujo gatilho cairia sob o cilindro. Essa era uma arma que podia disparar cinco vezes sem recarregar, seu cilindro girando após cada tiro – desde que funcionasse como pretendido. É verdade que a criação de Colt tendia a ser problemática em comparação com o mecanismo menos complicado de uma pistola de tiro único. Às vezes, o mecanismo falhava. Ou então, as cinco câmaras explodiam todas de uma vez em uma única deflagração que colocava em perigo o atirador.

Se a ideia de Colt veio para ele a bordo de um navio ou, mais provavelmente, ao ver uma pistola de pederneira com um cilindro contendo câmaras giradas à mão, não se pode dizer ao certo. Seja qual for a inspiração, Colt começou a fazer seu "revólver" em 1837 em uma fábrica em Paterson, Nova Jersey, um centro de industrialização inicial onde tinha contatos familiares, mas não conseguiu convencer o governo dos Estados Unidos, seu mercado-alvo, a comprá-lo em atacado. Menos de um ano após o início da produção, ele levou pessoalmente noventa de seus rifles "Paterson" para a Flórida para convencer o Exército de que eles ajudariam a derrotar os índios na Segunda Guerra Seminole. Colt vendeu mais da metade de seu estoque, mas embora eles tivessem um bom desempenho, ele não conseguiu contratos significativos. Seus esforços incluíam dar "incentivos" pessoais a indivíduos poderosos, incluindo o chefe de compras do Exército em 1839. Isso levou o tesoureiro da empresa Colt – primo de Sam e um grande acionista da empresa – a declarar por escrito: "Não me tornarei parte de uma negociação com um funcionário público para dar-lhe compensação por ajuda na obtenção de um contrato com o governo"[31]. Colt não lhe deu ouvidos e continuou a oferecer incentivos. Ele fazia qualquer coisa pelo sucesso.

De fato, Colt conseguiu persuadir um governo a comprar 360 de suas carabinas e pistolas de revólveres: a República do Texas. Quando a Marinha texiana foi desativada em 1843, várias das pequenas obras-primas industriais de Colt chegaram às mãos dos *Rangers* da república, embora nunca como equipamento padrão para uma companhia inteira, até que caiu no gosto de Jack Hays. Agora, em sua missão, em junho de 1844, no território índio, todos os *Rangers* acompanhando Hays na Trilha da Pinta tinham pelo menos um, mais um segundo cilindro carregado que poderia ser trocado por um vazio até mesmo em batalha, se o atirador tivesse o controle emocional de fazer a montagem necessária enquanto estava sob fogo. Recarregar um cilindro vazio, no entanto, era uma tarefa fácil em um momento de calma. E um revólver sem cilindro carregado era tão útil quanto um porrete.

. . .

Lobo Amarelo podia ver os *Rangers* à distância, mas não as pistolas enfiadas em seus cintos. Mesmo se ele tivesse sido capaz de distingui-las, não teria feito nenhuma diferença. Uma arma de fogo era uma arma de fogo: um tiro e pronto. Quando disparava, precisava ser recarregada, e isso exigia tempo e atenção, que um guerreiro poderia utilizar para sua vantagem. Enquanto os homens brancos se ocupavam na recarga, os Comanches lançariam suas flechas. Lobo Amarelo ordenou que um contingente cavalgasse à frente e atraísse os homens brancos para uma emboscada.

Por ordem de Hays, dois *Rangers* ficaram na retaguarda para ver se seu grupo estava sendo seguido – uma prática padrão entre os indígenas adotada por Hays. Enquanto o *Ranger* Noah Cherry colhia o mel da colmeia no topo da árvore, a dupla veio galopando de volta ao acampamento para informar que havia, de fato, Comanches a caminho. Naquele momento, Cherry também os avistou.

---

31. Trecho de uma carta escrita por Dudley Selden a Samuel Colt, citada em William B. Edwards, *The Story of Colt's Revolver: The Biography of Col. Samuel Colt*. Nova York: Castle Livros, 1957. p. 82.

"Jerusalém!"[32] ele gritou do galho. "Capitão, lá vem uns mil índios!".
Cherry exagerou; havia apenas cerca de dez. Hays ordenou que seus homens subissem nos cavalos. Os *Rangers* se voltaram para os índios, que se viraram para a colina próxima repleta de carvalhos. Hays, familiarizado com as táticas dos comanches, sabia que isso era uma armadilha.

Quando ele viu os *Rangers* mantendo passo lento, Lobo Amarelo e todo o bando de 75 Penatekas emergiram dos carvalhos no topo da colina. Sem recuar nem atacar, Hays e seus homens continuaram avançando lentamente sem nenhuma pressa para enfrentar os guerreiros. Não vendo nenhum ataque chegando, os índios atiçando os *Rangers* com gritos de "Atacar! Atacar!" em inglês e espanhol junto a alguns xingamentos.

Os *Rangers* então deram meia-volta e lançaram-se em pleno galope – não em retirada, mas dividindo-se em dois grupos ao redor de uma ravina rasa fora da vista dos índios. Os grupos tomaram lados opostos da colina, circulando atrás de seu inimigo e, apesar de estarem em desvantagem em homens de cinco para um, apareceram e atacaram os Comanches pelo centro.

Depois de receberem vários tiros dos rifles de tiro único dos *Rangers*, os guerreiros contra-atacaram. Mas a essa altura, os *Rangers*, altamente disciplinados, reagruparam-se, fizeram um círculo com seus cavalos, garupa a garupa, e começaram a disparar seus Colts de cinco tiros nos Comanches que atacavam enquanto os índios atiravam flechas e jogavam lanças no galope. Os *Rangers* Robert Addison Gillespie, vulgo Ad, um nativo do Tennessee assim como Hays, e Samuel H. Walker, um nativo de Maryland, um mês mais novo que o capitão, foram atingidos pelas lanças, mas continuaram lutando.

No meio da batalha, os *Rangers* substituíram seus cilindros vazios por uns carregados. Alguns homens que haviam disparado todos os dez tiros até mantiveram a compostura suficiente durante as investidas dos Comanches para recarregar os cilindros ainda quentes por terem disparado toda a carga. O bando de Lobo Amarelo agora percebeu que os *Rangers* eram mais perigosos do que antes. Um Penateka mais tarde reclamou que seus adversários brancos "tinham um tiro para cada dedo da mão".

---

32. Jerusalém era uma palavra de interjeição de susto ou surpresa muito usada por homens nos Estados Unidos no século XIX. (N. E.)

Os Comanches reagruparam-se distante dali. Eles não entraram em pânico, mas tiveram que planejar rapidamente. Vinte de seus homens jaziam mortos. Outros estavam feridos. Enquanto o grupo de *Rangers* parecia estar intacto, com poucas baixas, os guerreiros de Lobo Amarelo ainda os superavam em número. Os Comanches não cederiam, mas também não podiam avaliar quantos tiros os texianos ainda tinham em seu novo armamento.

Hays sabia, ou pelo menos tinha um bom palpite: a munição dos *Rangers* estava quase acabada. Não importa o quão valentemente ou quão habilmente eles lutassem, eles não poderiam resistir a outra investida. Os Comanches estavam posicionados além do alcance efetivo de quaisquer cargas remanescentes nos revólveres Colt. Mas não estavam muito longe para um rifle de cano longo.

"Qualquer homem que tenha munição, mate aquele cacique!"[33], gritou Hays. Uma coisa previsível sobre os Comanches que ele sabia: elimine o líder, e havia uma boa chance de eles encerrarem o dia. A essa altura, era a única chance dos *Rangers*. Lobo Amarelo se sentava ereto em seu cavalo com um escudo cobrindo seu peito.

• • •

Os Penatekas analisavam os *Rangers* amontoados em campo aberto, decidindo seu próximo movimento, quando a bala de Gillespie atingiu seu alvo. Lobo Amarelo fraquejou em sua sela antes de cair no chão.

Ao verem seu chefe morto a tiro, os Penatekas restantes debandaram. Em poucos minutos eles se foram, deixando 23 guerreiros mortos para trás. Trinta índios foram feridos. Um *Ranger*, um imigrante alemão chamado Peter Fohr, foi mortalmente ferido por uma flecha atravessada em seu corpo; vários outros *Rangers* ficaram aleijados. Apesar dos ferimentos graves, Gillespie e Walker se recuperaram. Embora o chefe tenha sido derrubado por um rifle de tiro único, foi a arma de cinco tiros de Colt que ganhou o dia para os *Rangers*. Eles estavam em menor número, mas estavam mais bem armados e mais rápidos com a munição.

33. "Qualquer homem que tenha munição, mate aquele cacique!": Robert M. Utley, *Lone Star Justice*. Nova York: Berkley, 2002. p. 12.

JACK, O DEMÔNIO

Os revólveres Paterson "tiveram boa performance"[34], escreveu Hays em um relatório ao secretário de Guerra e Marinha do Texas. "Se não fosse por eles, [não] duvido quais seriam as consequências. Eu não tenho como não recomendar demais essas armas".

Samuel Colt não poderia ter imaginado uma melhor publicidade para seu revólver, mas ela chegou tarde demais. Seu empreendimento de fabricação de armas em Paterson, Nova Jersey, faliu dois anos antes. Graças ao revólver de Colt, Samuel Walker sobreviveu à batalha com os Comanches de Lobo Amarelo. Graças a Walker, Samuel Colt ressuscitaria seu negócio de armas três anos mais tarde.

---

34. O relatório de Hays sobre a batalha vem do *Journals of the Ninth Congress of the Republic of Texas, Appendix*. Washington, DC: Miller & Cushney, 1845. p. 32-33Biblioteca Estadual do Texas, *Diários da Câmara do Congresso do Texas*, Box n. 1791, 6, J826 9º.

A ASCENÇÃO DO SHOWMAN

O que interessava Samuel Colt desde a infância era chamar a atenção e fazer coisas explodirem, muitas vezes conseguindo fazer ambos ao mesmo tempo. Agora, em 1844, ele teve outra chance de fazer exatamente isso. Enquanto os *Rangers* de Jack Hays lutavam contra Comanches no Texas, Colt estava de volta ao Leste, vendendo seu mais recente projeto: explodir navios. Com seu negócio de revólveres extinto e os Estados Unidos preocupados em proteger sua costa de potenciais invasores, os lucros das minas submarinas pareciam promissores para o inventor sem dinheiro.

"A quem possa interessar", escreveu ele ao Escritório de Patentes dos EUA em 8 de junho de 1844[35],

> seja conhecido que eu, Samuel Colt [...] inventei um modo novo e útil de usar munição para fins militares e, mais especificamente, para o uso de pólvora em explosões submarinas de maneira a destruir embarcações navegando em portos ou canais [...].

---

35. Trecho da petição de patente de Colt para uma bateria submarina, *Samuel Colt Papers*, Box 6, Connecticut Historical Society (CHS), Hartford, CT.

A ideia de implantar explosivos subaquáticos controlados remotamente para defesa portuária estava com Colt há muito tempo, antes mesmo de abrir sua empresa de revólveres. Na verdade, sua atração por coisas explosivas flutuando pacificamente na água remontava desde, pelo menos, o Dia da Independência, duas semanas antes de completar 15 anos de idade.

"Sam Colt explodirá uma jangada às alturas no lago Ware, 4 de julho de 1829"[36] – assim proclamava um folheto que Colt distribuiu por toda a comunidade de Massachusetts, onde seu pai, Christopher, dirigia uma fábrica têxtil. Com isso, a paixão do garoto pelo espetáculo desabrochou. Como todo bom exibido, ele colocou seu nome logo no início para que os espectadores se lembrassem de quem os havia deslumbrado naquele dia.

E Colt sabia que iria deslumbrá-los, pois ele havia devorado as lições do *Compêndio do Conhecimento*[37], um volume repleto de sabedoria científica da época, e havia experimentado com corantes, líquidos e materiais variados na fábrica de seu pai. Ele também mexeu com eletricidade e pólvora e descobriu uma maneira de produzir uma explosão enviando eletricidade através de fios sob a superfície de um lago até um barril de pólvora. Para tornar o evento espetacular, algo tinha que explodir. É aí que a jangada entraria. Quando a infeliz embarcação estivesse sobre o explosivo, Colt acionaria um interruptor à margem e, com muita água, barulho e fumaça, a jangada seria gloriosamente lançada no ar em pedaços. Isso tinha que ser feito na frente de uma multidão. Aplausos se seguiriam, e o menino faria uma reverência. Esse era o plano. Seria grandioso!

O dia 4 de julho foi um sábado daquele ano, o que somava ao caráter festivo do feriado a esperança de que mais pessoas estariam livres para assistir à estreia de Samuel Colt no mundo das explosões públicas. Vestidos com seus trajes do Dia da Independência, damas e cavalheiros se reuniram em uma extremidade do lago de 1,6 hectares perto da cidade de Ware para desfrutar do *show* que lhes havia sido prometido. Colt, escondido entre as árvores à beira do lago, longe da multidão, enviou

---

36. William B. Edwards, *The Story of Colt's Revolver: The Biography of Col. Samuel Colt*. New York: Castle Books, 1957. p. 18.

37. Uma biografia recente e abrangente de Colt é *Revolver: Sam Colt and the Six-Shooter That Changed America*, de Jim Rasenberger. Nova York: Scribner, 2020.

uma carga elétrica direto para a mina submarina. A superfície entrou em erupção, o chão tremeu e a água do lago encharcou os espectadores bem-vestidos. Colt, ao que parecia, usou muita pólvora. Para piorar as coisas, a jangada flutuou para longe da mina, deixando a erupção sem obstáculo. A multidão enraivecida foi atrás de Colt, que conseguiu escapar com a ajuda de Elisha Root, um jovem mecânico que mais tarde desempenharia um papel importante nos negócios de Colt.

Ele não desistiu da pirotecnia; no 4 de julho seguinte, Colt estava de volta. Enquanto estudava navegação na Academia Amherst, o "jovem selvagem", como um professor o descreveu, juntou-se a um grupo de alunos para disparar um canhão nas dependências do colégio[38]. Segundo este professor, eis o que aconteceu em seguida:

> Alguns dos oficiais do Colégio interferiram e tentaram parar o barulho. Colt, devido à ordem do prof. Fiske para que não atirasse novamente, como reza a história, no dia seguinte, colocou-se perto do bocal do canhão, acendeu um fósforo e gritou: "uma arma para o prof. Fiske". Acendeu o canhão - o professor perguntou pelo nome do rapaz – e ele respondeu que "seu nome era Colt[39], e ele tinha um coice e tanto" – Colt logo deixou a cidade.

Expulso de Amherst, o jovem Colt se alistou como tripulante a bordo do navio mercante *Corvo*, zarpando de Boston a Calcutá. Foi durante essa viagem que Colt supostamente teve sua ideia de uma arma com um cilindro giratório que a tornava uma arma "multitiro"[40]. Sendo a história fato ou

---

38. O relato de Colt disparando um canhão na Amherst Academy vem de Herbert G. Houze, *Samuel Colt: Arms, Art, and Invention.* New Haven, CT: Yale University Press, 2006. p. 37, citando uma carta de Edward Dickinson (pai da poetisa Emily Dickinson) para Henry Barnard, 22 de julho de 1864, *Samuel Colt Correspondence*, Wadsworth Atheneum Museum of Art, Hartford, CT.

39. "Colt" significa "potro" em inglês. Um trocadilho com o sobrenome de Colt e sua rebeldia. (N. T.)

40. São muitos os relatos de como Samuel Colt teve a ideia do revólver, alguns do próprio inventor, como aquele no qual ele se inspira no giro do timão de um navio ou talvez do seu molinete. Ele também poderia ter visto uma pistola de pederneira com um cilindro de muitas câmaras patenteada por Elisha Collier, nascido em Boston, mas situado em Londres em 1818.

ficção, depois de retornar de sua viagem marítima de 11 meses, Colt se dedicou à missão de transformar sua ideia em uma realidade lucrativa. A melhor maneira de ganhar dinheiro, decidiu Colt, era misturar sua propensão ao espetáculo com seu conhecimento de produtos químicos. O veículo perfeito para isso era o óxido nitroso, também conhecido como gás do riso. Apresentando-se como o "celebrado Dr. Coult", ele começou a percorrer o país, fazendo exposições com clientes voluntários que inalavam o gás e encantava o público com os resultados. Ele fazia anúncios da sua presença nos jornais locais:

> Esteja o público respeitosamente informado de que NESTA NOITE às oito e meia, o GÁS EXILARIANTE [*sic*] será administrado em visitantes; estes que desejam inalar farão bem em se candidatarem logo, pois o gás se esgotou cedo na última noite da exposição. Obs.: Haverá uma noite separada só para as senhoras a qual será dado aviso prévio de quando ocorrerá[41].

Quando inalado – dizia um anúncio no *Albany Journal* ao público – o gás produzia

> os efeitos mais surpreendentes no sistema nervoso[42]; que alguns indivíduos tendiam a rir, cantar e dançar; outros à recitação e declamação, e que a maior parte tinha uma propensão irresistível ao esforço muscular, como luta livre, boxe etc. com inúmeras façanhas fantásticas.

Devido ao "Dr. C." ser "um químico experiente", ninguém precisava temer inalar algo "impuro". Quanto às senhoras interessadas em ver as manifestações, o anúncio assegurava "que a casa faz todas as acomodações para seu conforto, e que nenhuma sombra de impropriedade se encontra na exposição".

Nem toda reação à inalação do gás de Colt era de alegria inofensiva. Às vezes, como sugere este relatório do jornal *Pittsburgh Manufacture*, o efeito era exatamente o oposto:

41. *Baltimore Patriot & Mercantile Advertiser* 35, nº 109 (7 de maio de 1830): 3.
42. *Albany Journal* (NY), 11 de outubro de 1833.

Durante quatro noites desta semana, um cavalheiro chamado Dr. Coult, expôs no antigo Museu os efeitos do Gás de Óxido Nitroso no sistema humano. As cenas que se seguiram à inalação durante a exposição, vão além de qualquer descrição. Alguns dançaram e pularam, outros fizeram truques singularmente fantásticos, mas a maior parte daqueles que o inalaram tornou-se extremamente agressiva. Alguns destes, embora restringidos em uma contenção resistente, conseguiram escapar dela, atacar e bater impiedosamente o público. Um homem forte, que ao tomar isso se tornou tão furioso quanto um leão enfurecido, saltou da contenção e expulsou todos no ambiente para a rua, batendo em dois ou três muito severamente[43].

Colt encontrou um público receptivo para seus *shows* de gás do riso por toda a Costa Leste, enquanto aperfeiçoava suas habilidades de vendedor e ganhava dinheiro. Sempre alegre, ele se tornara amigo do diretor de um museu de réplicas em Baltimore, que lhe dava acesso ao auditório para seus *shows*. Colt decidiu ficar lá por um tempo, adotando a cidade como sua base de operações. Talvez ele pudesse encontrar um armeiro local habilidoso o suficiente para fazer protótipos para a patente do seu revólver. Como a maioria das cidades, Baltimore tinha seus artesãos que faziam coisas que atiravam, incluindo rifles, pistolas e "todos os artigos para uso do esportista", como prometia o armeiro Arthur T. Baxter ter disponível em sua loja perto de um cais movimentado no centro da cidade[44]. "Os capitães das embarcações precisando de um armeiro são recomendados a vir assim que desembarcarem, para dar o máximo de tempo possível. Isso evitará decepções".

Baxter era uma boa pedida. Ele estava indo bem o suficiente para contratar vários assistentes para lidar com a carga de trabalho. Um desses armeiros, o inglês John Pearson, que começou a carreira como relojoeiro, foi designado para trabalhar com Colt e acabou sendo liberado para fazer os arranjos independentes que Colt quisesse. Para Pearson, isso foi um

---

43. "Exhilarating Gas", *Fayetteville Observer* (NC), 8 de outubro de 1833, citando o Pittsburgh Manufacturer.

44. *Matchett's Baltimore Directory for 1837* (Baltimore, MD: impresso pelo autor, 1837): 32.

erro, apesar do contrato que os dois assinaram, o qual garantia que Colt lhe pagaria dez dólares por semana durante um ano[45].

Colt costumava ser mão aberta, especialmente com o dinheiro dos outros, o que continuamente colocava Pearson em apuros. O inventor prometia pagar as contas e às vezes o fazia, mas não o suficiente para manter o pobre armeiro financeiramente solvente. "Estou sem dinheiro", escreveu Pearson a Colt[46], "o aluguel vence hoje e eu quero mais lenha para a lareira, então você deve enviar algum dinheiro imediatamente ou estarei perdido". Eventualmente, Pearson foi pago. Colt conseguiu seus protótipos para a patente e deixou Baltimore para sempre.

Quando a empresa que produzia suas primeiras armas a revólver – rifles e pistolas – faliu, Colt ainda detinha a patente e sonhava em voltar ao ramo das armas. Já existiam outras armas com cilindros giratórios, mas elas precisavam de um giro manual para alinhar cada uma das câmaras com o cano. A inovação de Colt foi girar o cilindro enquanto a arma era engatilhada e depois mantê-la alinhada e travada para atirar. A ideia era boa, pensou ele, embora precisasse ser melhorada. Enquanto isso, ele tinha outras ideias que, claro, envolviam explosivos. Ele inventou cartuchos de papel alumínio à prova d'água para armas, que lhe renderam algum dinheiro. E então havia sua ideia de proteger a Costa Leste com minas submarinas em caso de invasão. Detonar minas subaquáticas para afundar navios não era uma ideia nova[47]. O pioneiro dos barcos a vapor, Robert Fulton, havia trabalhado nelas. Assim como outros, para o desgosto de algumas pessoas, uma delas o político e militar britânico, *Sir* Howard Douglass, que chamou as minas de "sistema desumano

---

45. As relações de Samuel Colt com Baxter e Pearson podem ser encontradas em Edwards, *The Story of Colt's Revolver*, p. 31-38. Informações adicionais sobre Pearson vêm de Robert Pershing, "John Pearson: Gunsmith for Sam Colt", *American Society of Arms Collectors Bulletin*, v. 103 (Primavera de 2011): 24-32.

46. Edwards, *The Story of Colt's Revolver*, p. 36.

47. Um relato sobre o empreendimento de Colt em explodir minas está em Philip K. Lundeberg, *Samuel Colt's Submarine Battery: The Secret and the Enigma*. Washington, DC: Smithsonian Institution Press, 1974. Um capítulo sobre Colt e suas minas está em Alex Roland, *Underwater Warfare in the Age of Sail*. Bloomington: Indiana University Press, 1978. p. 134-49.

preparado para a guerra naval em uma era de humanidade esclarecida, [...] uma ideia impiedosa e bárbara"[48]. Agora era a vez de Samuel Colt, apesar das objeções do deputado e ex-presidente John Quincy Adams[49], que concordava com Douglass e criticou o uso de minas como "covarde e sem lugar em uma guerra justa ou honesta". A contribuição de Colt foi uma maneira de detonar uma mina no momento em que um navio passasse por ela. Como ele fez isso, foi um segredo que ele manteve de todos, exceto das pessoas que poderiam obter dinheiro e apoio político para ele. Colt finalmente conseguiu o suficiente de ambos para demonstrar o que ele podia fazer com um navio a vapor escolhido para a ocasião ao largo de Washington no final de agosto de 1842, diante de uma multidão ansiosa junto de uma série de dignitários, incluindo o referido presidente dos Estados Unidos. Quando Colt detonou o dispositivo da margem, "um espetáculo magnífico e surpreendente apresentou-se a nós", exultou um jornalista no local:

> A água ao redor da embarcação foi agitada, e subiu em uma coluna vasta e majestosa, a uma altura surpreendente – um jato d'água gigantesco – um vulcão marinho. Não há comparação que possa fornecer uma ideia de sua grandeza. Quanto à embarcação, ela não era visível na massa de espuma e água; mas as milhares de lascas pequenas e escuras em que ela foi desfiada, foram vistas subindo com a parte superior da massa da coluna, no ar[50].

Colt explodiu mais outros navios, incluindo uma escuna em Nova York em um lindo dia de outubro. Depois que o navio foi destruído, caçadores de *souvenirs* em barcos flutuando nas proximidades correram

---

48. As citações do general *Sir* Howard Douglass e John Quincy Adams atacando o uso de minas como injusto vêm de John S. Barnes, *Submarine Warfare, Offensive and Defensive.* New York: Van Nostrand, 1869, p. 52 e 56.

49. Nascido em 11 de julho de 1767 e vindo a morrer em 23 de fevereiro de 1848, foi um desconhecido advogado e um habilidoso e poderoso diplomata; de tendências reformistas, ficou conhecido por ideias progressistas para a época, como a revogação da escravidão e a não-anexação do Texas aos EUA. Em 4 de março de 1825 tornou-se o 6º presidente dos Estados Unidos. Ficou conhecido também por ter sido o filho mais velho do famoso "Pai da Nação", John Adams, 2º presidente dos Estados Unidos. (N. E.)

50. "Colt's Submarine Battery", *Brooklyn Daily Eagle*, 23 de agosto de 1842.

para pegar fragmentos. E no Rio Potomac perto do *Washington Navy Yard* em abril de 1844, Colt destruiu um navio de quinhentas toneladas de três mastros a toda vela com as estrelas e listras ondulando do topo de seu mastro, um navio "destinado a ser oferecido como um sacrifício para o aperfeiçoamento da ciência e a extensão do conhecimento humano"[51]. A Câmara dos Deputados suspendeu o expediente mais cedo naquele dia para ver o espetáculo.

Mas Colt não avançava na obtenção dos contratos que desejava. Por um lado, sua mania de sigilo o prejudicava. Ele também gastou demais o dinheiro que o governo lhe deu. Para tornar seu caso ainda mais difícil, várias pessoas que ele alistou ao seu lado não estavam mais na jogada ou estavam mortas. Ele continuou persistindo de qualquer maneira. Se o amor ao país o motivou, há poucas evidências disso. O que impulsionou Colt foi o desejo de sucesso. Sua família, morando em Hartford, teve altos e baixos financeiros, e com essas flutuações, o respeito na sociedade por Colt e seus parentes próximos também variou para cima e para baixo além de seu controle. Colt ansiava, não por heroísmo na batalha, embora às vezes afirmasse que sim, mas por riqueza e respeito onde quer que pudesse obtê-los. No início da década de 1840, ele certamente recebeu muita atenção, mas, perto do fim do ano de 1844, seus esforços para convencer o governo a comprar seu sistema de minas subaquáticas continuaram a perder terreno. Eventualmente, o interesse no que a Colt tinha para vender evaporou.

O interesse por outro produto da Colt, no entanto, seria reacendido. À medida que o ano de 1844 terminava, o clima expansionista no país encontraria seu campeão em um novo presidente e na crescente perspectiva de guerra, dessa vez com o México. A notícia do sucesso dos *Texas Rangers* com o revólver de Colt contra os Comanches se espalhava. Um *Ranger* logo entraria em contato com Colt com ideias de como melhorar a arma.

A sorte de Colt estava prestes a virar.

---

51. Relatos da explosão do navio em abril de 1844 vêm das reportagens "Correspondence of the Courier", *Charleston Courier* (SC), 17 de abril de 1844; e "Explosive Experiment", *Alexandria Gazette* (VA), 17 de abril de 1844.

MESTRE DO AÇO

De acordo com a história dos Remington contada ao longo das décadas, fato e fantasia, o fundador da empresa, Eliphalet Remington II, tinha um coração de poeta[52]. Quando chegaram notícias do fim da Guerra Anglo-Americana de 1812 – significando que a casa de sua família no Vale Mohawk, no estado de Nova York, estava agora a salvo da invasão britânica – o exultante Remington, de 21 anos, iniciou os versos:

> *Ave paz sagrada, teu reinado sagrado*
> *Agora é para nós novamente restaurado,*
> *Teus sorrisos e voz radiantes e gentis,*
> *Fazem todo coração virtuoso feliz.*
> *Mas podem sorrisos dispersar as trevas*

---

52. A história do fundador da Remington e de seus filhos têm sido uma mistura de fato e lenda desde o século XIX, muitas vezes dirigida por aqueles que promovem a empresa, mas vinda também decorrente de relatos históricos confiáveis. O que você lê aqui vem de uma mistura de fontes, incluindo Alden Hatch, *Remington Arms in American History*, revisor e editor (Remington Arms, 1972); *Papers Read Before the Herkimer County Historical Society During the Years 1896, 1897 and 1898*, compilados por Arthur T. Smith, secretário da Sociedade (Herkimer, NY: Citizen, 1899); e *Remington Centennial Historical Souvenir Program* da Remington Centennial Celebration (Ilion, NY: 29 a 31 de agosto de 1916).

Do túmulo do guerreiro nas relvas,
Pode o luto da viúva aliviar
Ou o órfão acalentar?[53]

Apesar dos floreios poéticos, os Remington eram pessoas sérias e sólidas – alguns até os diriam austeros –, não muito dados a delírios ou humor casual, embora "Lite", como ele era chamado, tivesse sido um jovem romântico com tendências pacifistas. Sua mãe, Elizabeth, via um grande potencial nos devaneios e versos de Lite; talvez pudesse ser um autor célebre. O que outros considerariam uma frívola perda de tempo, ela encorajou. O que o agricultor, carpinteiro e ferreiro de ferramentas e equipamentos agrícolas, Eliphalet I, pensava do potencial literário de seu filho só se pode adivinhar. O trabalho e a devoção aos planos de Deus na Terra, como também a sede pelo sucesso, eram as forças motrizes dos Remington. O amor pelas letras também corria na família; Lite devorou pelo menos três vezes *Paraíso Perdido*, de John Milton, e nunca parou de escrever poesia. Embora seu amor, se não sua habilidade, pela rima e cadência fosse forte, o verdadeiro talento de Lite sempre foi com o metal.

. . .

Eliphalet I e Elizabeth Remington chegaram ao vale do Rio Mohawk vindos de Suffield, Connecticut, com seu filho e três filhas por volta do ano 1800. Ambos os pais tinham como ancestrais puritanos que partiram para cruzar o Atlântico na Grande Migração da década de 1630, e se estabeleceram em Massachusetts e Connecticut, onde as famílias permaneceram pelo próximo século e meio. Os Remington, juntamente a outras famílias de Connecticut, decidiram que uma mudança ao Noroeste, para as colinas com bosques recém-delimitadas, mas escassamente povoadas, do centro de Nova York melhoraria suas perspectivas para o futuro. Eliphalet estava se saindo bem como agricultor no meio período, mas o solo pedregoso

. . . .

53. Tradução livre. Poema original: *Hale sacred peace, thy gentle reign/Is now restored to us again,/ thy radiant smiles and gentle voice,/ Bid every virtuous heart rejoice. /But can thy smiles disperse the gloom /That reigns within the warrior's tomb, /Can it assuage the widow's grief /Or to the orphan speak relief?* (N. T.)

da Nova Inglaterra sempre foi um desafio. Assim, à medida que o século XVIII terminava, ele, Elizabeth e seus filhos (Lite tinha sete anos à época) empilharam-se em carros de boi para a dura viagem por terra em direção ao novo lar. Sua dura jornada terminou cerca de 270 quilômetros depois, em um terreno alto e ondulado em uma pequena vila chamada Litchfield, no condado de Herkimer. Eles estavam agora na fronteira.

Os Remington não eram pobres quando chegaram ao estado de Nova York. Eliphalet conseguiu comprar um terreno de vinte hectares, uma propriedade que ele acabou expandindo para 121 hectares. O terreno não era todo agriculturável, mas Eliphalet aceitava isso. Ele queria aproveitar um riacho de fluxo rápido em direção ao norte, localizado no fundo de um desfiladeiro íngreme com paredes rochosas a caminho de desaguar no Rio Mohawk, a vários quilômetros de distância. O fluxo propulsor do riacho era uma fonte de energia perfeita para os planos de negócios de Eliphalet. Dez anos depois da chegada dos Remington a Nova York, Eliphalet construiu uma forja em pedra, onde transformava ferro fundido ou gusa em ferro forjado para criar uma variedade de ferramentas para a comunidade em crescimento, incluindo arados, pés de cabra e machados[54]. O negócio foi um sucesso, a forja funcionava sem parar, fechava apenas quando a água que impulsionava suas máquinas congelava durante os períodos mais rigorosos do inverno.

Se 1814 foi um bom ano para o pai, foi ainda melhor para o filho. Em 12 de maio, Lite casou-se com Abigail Paddock, outra migrante de Connecticut, quase três anos mais velha que ele, que morava com os pais a 400 metros de distância da casa sólida de pedra de dois andares construída por Eliphalet para sua família. Abigail tinha se mudado relativamente há pouco tempo para a região. Durante seus primeiros anos de vida, morou com seus pais em Connecticut. Isso significava que ela recebeu mais escolaridade do que Lite, já que o ensino formal era raro na fronteira. Não importava. Lite sempre se atraiu por livros, o que o tornava, ao mesmo tempo, autodidata e interessante para ela. Ele também tinha tudo para ser um bom provedor. O jovem casal morou na casa dos pais dele até dois anos depois de começarem sua própria família – o que fizeram em 1816.

....

54. Informações sobre o funcionamento da forja vêm de Roy Marcot em *Remington: "America's Oldest Gunmaker"*. Peoria, IL: Primedia, 1998. p. 7.

Eles batizaram o primeiro de seus cinco filhos de Philo. Nesse mesmo ano, Lite começou outro tipo de família quando produziu seu primeiro cano de rifle. A empresa de armas de fogo Remington nasceu ali.

A história de origem é assim: Lite queria um rifle, mas seu pai se recusou a lhe dar dinheiro para comprar um.

"Eliphalet Jr. cerrou bem suas mandíbulas firmes e começou a coletar sucata de ferro por conta própria", de acordo com uma lenda antiga. "Soldou-a habilmente em um cano de arma, andou 24 quilômetros até Utica para que fosse perfurado e ranhurado e, finalmente, conseguiu uma arma da qual poderia se orgulhar"[55]. A arma era tão boa, reza a lenda, que o povo de Litchfield adorou. Que obra! Quanta precisão! "Logo os vizinhos encomendaram outros como ele, e em pouco tempo a forja de Remington se viu trabalhando duro para atender à crescente demanda. Várias vezes por semana o jovem e robusto fabricante carregava uma carga de canos de armas nas costas e percorria todo o caminho até Utica, onde um armeiro os perfurava, ranhurava e dava acabamento

É uma bela história, mas é, em maior parte, falsa[56]. A própria empresa promoveu essa lenda de fronteira atrelada aos ideais românticos da realização individual. O ano estava certo – 1816 – e Lite realmente produziu um cano. Mas o que ele tem mais mérito por fazer depois disso não foi colocar armas nas mãos de vizinhos ansiosos, mas encontrar uma maneira de tornar os canos mais baratos e – o mais importante – mais fortes.

Os canos Remington estavam deixando sua marca. Cada vez mais armeiros os encomendavam por sua precisão e qualidade. Enquanto a

55. "The Romance of Remington Arms", *A New Chapter in an Old Story.* Nova York: Remington Arms-Union Metallic Cartridge, 1912.

56.. Historiadores, incluindo aqueles que escreveram narrativas para a empresa, rejeitaram a versão romântica do primeiro rifle Remington. Ver Marcot, Remington: "America's Oldest Gunmaker", p. 7-8. Uma lenda antiga e improvável tinha Lite fazendo a arma inteira. Essa "história de fundador" se adequava ao propósito da empresa, porque "ressoava com os valores culturais americanos em meados do século XIX, período em que se admirava os jovens que tomavam a iniciativa individual, faziam algo bem e alcançavam o sucesso"; Terrence H. Witkowski, "Mythical moments in Remington brand history", *Culture and Organization,* v. 22, nº 1 (2016), p. 44 e 49, citando William Hosley, "Guns, Gun Culture, and the Peddling of Dreams" em *Guns in America: A Reader*, editado por Jan E. Dizd, Robert Merrill Muth e Stephen P. Andrews, Jr. Nova York: New York University Press, 1999, p. 4785.

pequena fábrica podia lidar com pedidos para a variedade de implementos que os Remington estavam produzindo, o negócio de canos ameaçava a superar o local. O espaço entre as imponentes paredes rochosas de ambos os lados era estreito demais para a forja crescer. Os Remington tiveram que encontrar um novo local, e o momento não poderia ter sido melhor. A apenas 46 quilômetros de distância, o estado de Nova York estava prestes a abrir caminho para o canal Erie, uma maravilha da engenharia que abriria a fronteira, impulsionaria a fortuna dos Remington e mudaria o país.

• • •

No feriado da Independência de 1817, um ano depois que Lite fez seu primeiro cano de arma, uma pá de terra foi virada nos arredores de Rome, Nova York, a noroeste da forja de Remington. O momento foi celebrado com grandes cerimônias com a presença de dignitários, incluindo o recém-eleito governador de Nova York, DeWitt Clinton, que se deleitou com a ocasião que tanto desejava ver. A escavação do canal Erie havia começado.

Canais foram escavados em outros lugares, especialmente na Europa industrializada, para acelerar o trânsito de mercadorias de forma barata, portanto a ideia não era nova. Também não era novidade nos Estados Unidos. George Washington, por exemplo, havia incentivado a criação de um grande canal que se estendesse ao Oeste até o vale Ohio, mas ele o imaginava começando perto de sua propriedade na Virgínia. A rota do canal Erie entre Buffalo, nos Grandes Lagos, e o Rio Hudson, perto de Albany, fazia sentido, porque ligaria o interior ao litoral atlântico e, claro, à cidade de Nova York. O presidente James Madison[57] vetou um projeto de

....

57. James Madison (1751-1836) foi o 4° presidente dos Estados Unidos e um dos Pais da Constituição americana. Como sublinham os historiadores, foi dele o papel de estudar as diversas formas de governo existentes e teóricos de Estado – tarefa impulsionada por seu amigo Thomas Jefferson –, bem como convencer Jefferson e os demais pais fundadores dos benefícios e malefícios dos diversos modelos. Criou com Thomas Jefferson, em 1792, o poderoso partido Democrata-Republicano; como presidente da república instituiu reformas importantes que perduram até hoje nos Estados Unidos como *status quo* político, como a pressuposta dispensa da obrigação dos estados da federação de cumprirem leis nacionais quando essas se demostrarem inconstitucionais. (N. E.)

lei que forneceria fundos federais para o canal, mas Clinton[58] convenceu seu estado a apoiar o projeto. Havia temores de um "desmembramento da União" norte-sul, disse Clinton, e embora eles fossem genuínos, um perigo mais premente era a ameaça de uma divisão entre os estados da costa e os do interior[59]. Um grande canal ligando o Leste ao Oeste "formará um cimento indestrutível de conexão e um vínculo indissolúvel de união".

Clinton acreditava que o canal beneficiaria todo o país, não apenas seu estado natal. Outros concordavam. Os produtores do interior – tanto fazendeiros quanto metalúrgicos – não seriam mais forçados a carregar suas mercadorias com grandes custos por estradas precárias como as que os Remington percorreram a caminho do estado de Nova York. Mais mercados, incluindo mercados maiores, estariam ao seu alcance. Embora o desafio fosse enorme e os obstáculos geológicos desafiadores, os engenheiros tinham uma vantagem para cortar as rochas: uma empresa química de Delaware, E. I. Du Pont de Nemours, criou um novo tipo de pólvora com força explosiva muito maior do que a pólvora negra usada até então[60].

A inauguração do canal Erie em 1825 – todos os 580,8 km dele, 12 m de largura e 1,20 m de profundidade, com 83 eclusas para facilitar a descida de barcos das colinas para o Hudson – foi assistida por uma celebração ainda maior do que a sua cerimônia de início oito anos antes. Uma esperança de prosperidade crescente atingiu a todos, incluindo Eliphalet I e Lite Remington.

No dia de Ano-Novo de 1828, Eliphalet comprou 40 hectares de terra à margem do canal Erie e construiu uma nova forja[61]. O canal não tinha nem três anos de inaugurado, e o assentamento onde Remington criou

....

58. Trata-se de George Clinton (1739-1812), 4º vice-presidente dos Estados Unidos na gestão de Madison. (N. E.)

59. Temores de um "desmembramento da União" norte-sul: Peter L. Bernstein, *Wedding of the Waters: The Erie Canal and the Making of a Great Nation*. Nova York: W. W. Norton, 2005. p. 63.

60. Bernstein. *Wedding of the Waters*, p. 204.

61. A compra de Remington e a descrição do assentamento estão em *History of Herkimer County, N.Y.* Nova York: F. W. Beers, 1879. p. 161. Para saber se a fundação da forja Remington era junta da parede do canal, ver livro de coautoria do Museu do Canal Erie com Martin Morganstein e Joan H. Cregg, *Erie Canal: Images of America* (Charleston, SC: Arcadia, 2001), p. 98.

raízes tinha apenas sete casas, dois armazéns e uma escola. Ele construiu um prédio baixo, de um andar, tão perto do canal artificial que um lado de sua fundação formava uma berma contra a parede do canal. Do outro lado, corria a rua principal. Os Remington estavam perfeitamente posicionados para aproveitar o potencial do canal. E livres dos limites apertados do desfiladeiro, eles tinham muito espaço para expandir seus negócios.

Lite foi gradualmente assumindo a direção da empresa. Seu pai ainda era encarregado de fazer implementos agrícolas, mas o negócio de canos era de Lite. À medida que crescia, também crescia o papel do jovem Remington. O aumento dos deveres de Lite exigia que ele passasse mais tempo no prédio ao lado do canal, então ele e seu pai decidiram que uma estrutura deveria ser construída nas proximidades para acomodar suas necessidades. Construção estava entre as habilidades de Eliphalet, então ele assumiu a tarefa.

A madeira para o novo edifício veio em tábuas de seis metros de grandes árvores que cresciam perto do desfiladeiro. Eliphalet I carregou essas tábuas em carroças de carga pesada sem laterais. Correias grossas e estacas de madeira evitavam que a madeira caísse a caminho do canteiro de obras. Na manhã de 22 de junho de 1828, cinco meses após o início da mudança para o canal, Eliphalet I subiu em cima de uma carga de madeira, enquanto um jovem empregado tomava as rédeas da carroça de quatro cavalos. Ao longo do caminho, eles começaram a descer uma colina íngreme, e o motorista se inclinou com força no freio para manter a carroça sob controle. Então eles passaram em cima de um sumidouro e a carga balançou, jogando Eliphalet I para a frente e sob a carroça em movimento. O motorista puxou as rédeas o mais forte que pôde e pisou no freio, mas a carroça continuou se movendo, uma de suas rodas de aro de metal atropelou Eliphalet I. Remington foi levado de volta para a casa de pedra que ele havia construído no desfiladeiro, aquela em que ele havia criado sua família e desenvolvido seu negócio, e lá, cinco dias depois, ele morreu em consequência dos seus ferimentos.

Lite agora tirou o "II" de seu nome. Ele havia se tornado o Eliphalet sênior, o homem responsável pela família e pelos negócios. No final daquele outono, em 12 de novembro, haveria outro Eliphalet, quando Abigail deu à luz seu quinto filho.

Apesar de sua devoção à poesia ao longo da vida, Lite Remington era um homem sério e intensamente interessado em negócios[62]. Ao longo dos anos, ele desempenhava cada vez mais esse papel. Vestia-se bem e passou a usar uma cartola na qual carregava seus papéis de negócios[63]. O físico de Remington complementava seu traje. No topo de seu

> corpo longo e de articulações soltas", estava sua "cabeça longa e bem formada (e delicada), com cabelos cacheados e escuros crescendo até o final de uma testa alta com entradas. Tinha lábios e nariz finamente esculpidos, sobrancelhas delicadamente esboçadas acima de olhos grandes e bonitos.

Seu porte alto e musculoso era "capaz de grande resistência. Seus modos eram delicados e gentis, mas suas decisões eram firmes e a obediência era garantida na execução de seus planos"[64].

Ao contrário de muitos fabricantes de canos, a Remington tinha uma fábrica grande que podia lidar com um grande contrato com o governo. Então ele expandiu ainda mais sua fábrica. Em 1837, o filho mais velho, Philo, juntou-se ao pai para fazer da, agora, E. Remington & Son uma empresa familiar novamente. Em uma tarde de agosto, quatro anos depois, como conta a velha história da empresa, Abigail e sua filha Maria decidiram voltar para a antiga propriedade dos Remington.

---

62. A descrição da personalidade e do traje de Remington é de "Ilion and the Remingtons", um discurso proferido por Albert N. Russell perante a Sociedade Histórica do Condado de Herkimer, 14 de setembro de 1897; e *Papers Read Before the Herkimer County Historical Society*, p. 81 do volume de 1897.

63. Remington compartilhava com Abraham Lincoln a característica de guardar papéis em sua cartola. "Os chapéus eram importantes para Lincoln: eles o protegiam contra as intempéries, serviam como caixas de armazenamento para os papéis importantes que ele colocava dentro do forro e acentuavam ainda mais sua grande vantagem de altura sobre os outros homens". Harold Holzer, *Lincoln at Cooper Union: The Speech That Made Abraham Lincoln President*. Nova York: Simon & Schuster, 2004. p. 101.

64. A descrição da aparência física de Remington é de Hatch, *Remington Arms in American History*, p. 7; e Smith, *Papers Read Before the Herkimer County Historical Society*, p. 81 do volume de 1897.

A ASCENSÃO DO SHOWMAN

Depois de vadear um riacho que levava à casa de pedra, Maria abriu o guarda-sol contra o sol de verão. Ela fez isso tão rapidamente que o som da seda se abrindo estalou como um tiro. Seu cavalo disparou, arrancando as rédeas das mãos de Abigail, se desprendeu e acidentalmente a carruagem bateu em um carvalho. Em meio aos destroços, Abigail jazia morta, com a cabeça esmagada. De acordo com seus netos, Remington nunca mais sorriu[65].

· · ·

Aos meados da década de 1840, a E. Remington & Son provia emprego para grande parte da área. A maioria dos fabricantes de canos de rifle ainda fabricava seus produtos com martelos manualmente[66]. Remington, no entanto, instalou maquinário em sua forja para fazer o trabalho usando martelos acionados por força. Esse processo reduziu a mão de obra e o tempo necessários para fazer um cano, o que permitiu a Remington ultrapassar seus concorrentes. Remington também produzia seus canos com aço moldado, não com ferro fundido[67]. A posição da forja ao lado do canal Erie ajudou a transportar seus canos para os ferreiros que os transformariam em armas. A Remington encontrou um meio simples e rápido de despachar os pedidos para clientes de outras regiões. Através de um alçapão em uma ponte no canal, ele jogava maços de canos de

....

65. Hatch, *Remington Guns in American History*, p. 52-53.
66. Embora a empresa de Remington tenha sido pioneira no uso de martelos movidos a força em sua forja, ele não foi o único a adotá-los. "Só na década de 1840, com o surgimento de várias empresas novas e mais capitalizadas, como Colt, Remington e Robbins & Lawrence, operações altamente mecanizadas se tornaram comuns entre os maiores produtores de armas". Merritt Roe Smith, *Harpers Ferry Armory and the New Technology: The Challenge of Change*. Ithaca, NY: Cornell University Press, 1980. p. 326.
67. Se a Remington foi realmente a primeira a fabricar canos de armas de aço fundido, tem sido questionado. Merritt Roe Smith diz que há evidências de que John Hall experimentou aço fundido antes de Remington. Ver *Harpers Ferry Armory and the New Technology*, 217, nº 47. Em *Simeon North, First Official Pistol Maker of the United States: A Memoir* (Concord, NH: Rumford, 1913), p. 187-88, os autores S. N. D. North e Ralph H. North afirmaram que seu bisavô "foi o primeiro dos antigos armeiros estabelecidos para adotar [aço], e foi antes da Remington & Son realmente produzir armas de cano de aço".

armas em embarcações chatas que passavam logo abaixo[68]. Isso era bom, desde que os pedidos fossem relativamente pequenos e espaçados, mas ele sabia que não serviria diante da demanda crescente.

A proeminência local de Remington cresceu junto a seus negócios e à própria cidade. Em 1844, o correio ainda era entregue na cidade de Mohawk, a apenas alguns quilômetros de distância, mas a crescente comunidade achou que era hora de ter seu próprio correio. Afinal, diz a lenda, o chefe dos correios de Mohawk trazia a correspondência embrulhada em um lenço, o que significava que ele só podia entregar o que conseguisse carregar em uma mão.

Alguns pensavam que uma nova estação de correios deveria se chamar Remington, para homenagear o homem que havia fornecido emprego tão abundante para aquela região[69]. Lite Remington discordava, por modéstia. Uma coisa era ter uma empresa com o nome de alguém; outra bem diferente era usá-lo para uma cidade. De qualquer forma, de acordo com relatos antigos, Remington mostrou seu descontentamento recusando-se a usar o endereço Remington, escolhendo outro correio a 14 quilômetros de distância.

Isso significava que as respostas à sua correspondência às vezes acabassem em outros lugares. Para agravar o problema, havia o direcionamento errado de cartas endereçadas a Remington para vários outros lugares, incluindo Bennington, Vermont, e uma cidade da Pensilvânia de nome semelhante. Acrescente a isso o inevitável lote de endereços escritos de forma ilegível, e o correio local caiu no caos.

Pensou-se em encontrar um nome indígena adequado para a cidade, mas nada satisfatório veio à mente. Em seguida, uma solução foi oferecida. O carteiro local, David D. Devoe, sugeriu a seu amigo Remington que a cidade se chamasse Ilion. (Devoe ficou impressionado quando leu a *Ilíada*,

68. A informação dos maços de canos jogados em chatas provém de Codman Hislop, *The Mohawk* (Nova York: Rinehart, 1948), p. 303.

69. A discussão sobre o nome da agência de correio pode ser encontrada em *History of Herkimer County*, NY, p. 161-62; *History of Herkimer County, New York, illustrated with portraits of many of its citizens*, editado por George A. Hardin (Syracuse, NY: D. Mason, 1893), p. 201-02; e *Remington Centennial Historical Souvenir Programme of the Remington Centennial Celebration* (Ilion, NY: 29-31 de agosto de 1916).

de Homero). Remington pensou que nomear a pequena vila com o nome de um local de tamanha importância da Antiguidade clássica cheirava a vaidade. Mas no final, ele cedeu. Remington e Devoe então enviaram uma petição a Washington pedindo que o nome se tornasse Ilion, o que foi devidamente aceito.

Ganhar uma agência de correio era uma ninharia à luz do acordo nacional que agora chegava para Remington. Nesse mesmo ano, a Remington daria um grande passo para se tornar uma produtora em massa de armas para os militares. O governo dos Estados Unidos, já produzindo armas nos arsenais de Springfield e Harpers Ferry, estava ansioso para armar seus soldados por meio de contratos com empresas privadas. O governo também queria armas que pudessem ser enviadas com facilidade e rapidez para o novo arsenal de St. Louis para uso em uma região onde mais americanos queriam ir. Remington ficou sabendo que um determinado armeiro de Cincinnati estava lutando para cumprir um contrato com o governo. John Griffiths, nascido na Inglaterra, pensou que poderia tirar vantagem do movimento para o Oeste expandindo seu negócio habitual de fazer armas de fogo esportivas com um grande – e altamente lucrativo – contrato militar, então ele fez um acordo com o Departamento de Compras do Exército dos EUA para produzir cinco mil fuzis de percussão modelo 1841 de última geração[70]. Em 1844, dois anos se passaram desde que Griffiths assinou seu contrato com o governo, e ele se deparou com dificuldades. Suas promessas eram mais do que sua loja podia cumprir, e ele precisava de ajuda. A notícia do dilema de Griffiths chegou a Remington. Talvez se ele assumisse o contrato de Griffiths, ele pudesse adaptar sua operação de uma forma que o armeiro de Cincinnati não poderia. Seria um risco, mas as recompensas poderiam ser grandes.

---

70. Para o contrato com o Departamento de Compras do Exército dos Estados Unidos, ver Howard Michael Madaus e Simeon Stoddard, *The Guns of Remington: Historic Firearms Spanning Two Centuries* (Evington, VA: Biplane Productions, 1997), p. 9-10. Griffiths trabalhou no arsenal de Harpers Ferry antes de se mudar para Cincinnati em 1841. Smith, *Harpers Ferry Armory and the New Technology*, v. 247; George D. Moller, *American Military Shoulder Arms*, v. 3 (Albuquerque: University of New Mexico Press, 2011), p. 117.

Sem titubear, Remington foi a Cincinnati, onde encontrou Griffiths, ávido para assinar um acordo. O armeiro concordou em vender para Remington não apenas os rifles "inacabados" como também as máquinas e ferramentas especializadas para fabricar as armas, das quais Remington não tinha nenhuma.

Remington escreveu imediatamente para o Departamento de Compras das Forças Armadas, contando ao governo o que ele e Griffiths haviam decidido. O governo rapidamente autorizou o acordo. Pagariam a Remington 13 dólares por cada rifle que ele fabricasse. Eliphalet Remington II não era mais apenas uma fabricante de canos, lâminas de trenó e equipamentos agrícolas. Agora ele estava no ramo de fazer armas completas para as Forças Armadas dos Estados Unidos.

MOBTOWN

Os políticos reunidos em Baltimore para nomear candidatos à presidência em maio de 1844 poderiam ter feito pior do que ido comprar camisas de Oliver Fisher Winchester. Ou outras peças de roupa condizentes com o cavalheiro da época ou o homem de menor *status* almejando parecer melhor. Tinha todas as peças de roupa, no atacado e no varejo, à venda no empório Winchester & Co., no centro da cidade, perto do movimentado porto de Baltimore. E com duas convenções partidárias nacionais chegando à cidade com desfiles, festividades e encontros de negociantes, era o momento certo para vestir o fluxo esperado de tantos clientes em potencial. "A cidade pulsava de animação", escreveu um historiador[71].

> À medida que cada nova delegação chegava à cidade, surgiam faixas, tocava-se música, formavam-se desfiles. Todos os hotéis e pensões estavam lotados. Até casas particulares foram abertas para acomodar o crescente número de políticos e seus seguidores.

Embora vender roupas possa não parecer uma profissão glamourosa para um homem que se tornaria um titã na indústria de armas de fogo, Oliver Winchester já havia percorrido um longo caminho até aquele instante.

---

71. Robert V. Remini, *Henry Clay: Statesman for the Union* (Nova York: W. W. Norton, 1991), p. 644.

Ele e seu irmão gêmeo, Samuel, nasceram em Boston no último dia de novembro de 1810, o décimo e décimo primeiro filhos de seu pai, também chamado Samuel, de sua terceira esposa, Hannah[72]. A família Winchester traçava suas raízes até os Puritanos com alguns clérigos ao longo da linhagem. Em um livro publicado em 1912, somente para a família, a historiadora da família, Fanny Winchester Hotchkiss, escreveu:

> Não creio que fossem homens de destaque ou conhecidos por seus grandes feitos para a humanidade, mas percebo que eram homens de caráter forte, propósito sincero e profundas convicções religiosas, cidadãos corretos e úteis, ocupando muitos cargos de confiança nas comunidades onde eram membros, e prestativos na edificação das cidades que escolheram para morar, demonstrando tanto habilidade quanto espírito público.

Esses Winchester, escreveu ela, eram "verdadeiramente os pioneiros do novo mundo".

O pai de Oliver e Samuel não tinha sido tão próspero ou modestamente digno de nota quanto muitos de seus antepassados, mal ganhando a vida como agricultor. Ele deixou pouco como legado, exceto um punhado de filhos, o primogênito sendo uma geração mais velho que o caçula. Ele também não deixou nenhuma impressão nos gêmeos, tendo morrido menos de cinco meses depois de terem nascido. A perda do velho Samuel colocou uma família já em dificuldades na pobreza. A mãe dos meninos se casou novamente, mas o novo padrasto dos gêmeos não desejava criar os filhos de outra pessoa. Quando os irmãos tinham idade suficiente para realizar tarefas domésticas, foram colocados para trabalhar em uma fazenda. Todos os Winchester deveriam trabalhar duro. Mais tarde, Oliver se lembraria de sua infância como "sempre com fome e sempre com frio"[73].

-----

72. As informações sobre os membros da família Winchester vêm de várias fontes, incluindo registros do censo, registros de terras, jornais e censos anuais da cidade; Laura Trevelyan, *The Winchester: The Arma that Built an American Dynasty* (New Haven, CT: Yale University Press, 2016); e *Winchester Notes*, um registro genealógico publicado em particular em 1912 por Fanny Winchester Hotchkiss, p. 3.

73. George Madis, *The Winchester Era* (Brownsboro, TX: Art and Reference House, 1984), p. 28.

Oliver começou a escola aos 11 anos, estudando no inverno e trabalhando na fazenda no resto do ano para ajudar a família a sobreviver. Um carpinteiro trouxe oportunidades quando contratou Oliver como aprendiz aos 14 anos. O menino agora estava aprendendo um ofício, não era uma vocação intelectual como a ocupação de alguns de seus ancestrais, mas uma ocupação que valia a pena e era manejável. Boston estava em expansão naquela época e necessitava de homens que fizessem coisas, especialmente para moradia. Mas um golpe de sorte antes de completar 19 anos levou Oliver pelo litoral até Baltimore, outra cidade em ascensão.

Sua sorte envolvia a morte de outro homem[74]. Um meio-irmão muito mais velho, chamado William, morava há muito tempo em Baltimore, onde se tornara moderadamente bem-sucedido. Quando William morreu sem filhos em 1829, aos 42 anos, ele deixou para trás uma propriedade respeitável – incluindo dois lotes de terra na cidade alocados em um fideicomisso[75] em nome de sua viúva e de vários parentes, incluindo Oliver e seus três irmãos. Sua viúva rapidamente foi à justiça para que as propriedades fossem vendidas e os proventos divididos entre os beneficiários. Ninguém se opôs, inclusive Oliver e o gêmeo Samuel, que foram representados no tribunal pelo marido de sua irmã, Cyrus Brett, pois ainda não tinham completado 21 anos. Oliver agora tinha alguma segurança financeira que lhe dava a chance de começar uma nova vida.

Baltimore e Boston ficavam a 660 quilômetros de distância uma da outra, uma distância longa para um adolescente viajar sozinho no início do século XIX. Mas Oliver percebeu haver perspectivas mais promissoras no Sul, onde logo teria um sustento próprio, longe de um padrasto que pouco se importava com ele. Ele tinha quase a mesma idade de seu ancestral puritano, John Winchester, quando, dois séculos antes, deixou a

---

74. A herança Winchester de um meio-irmão pode ser encontrada nos Arquivos do Estado de Maryland, Baltimore County Court (Chancery Papers) 1815-1851, MSA C295-1182 (George S. Gibson e James Madison Lankey *v.* Cyrus Britt [*sic*] *et al.*, *petition to sell lot on Lexington Street*), MSA C295-970 (Hannah Winchester *v.* James Murray *et al.*, *petition to sell lot on Fish Street*).

75. Trata-se de um redesignação testamentária de bens, onde as posses legais e jurídicas de certas pessoas, após a morte dos donos testamentados, passam aos indivíduos designados. (N. E.)

Inglaterra no navio *Elizabeth*, com destino a Massachusetts. Estabelecendo um padrão que continuaria por toda a vida deles, Oliver foi o primeiro dos gêmeos a buscar uma nova oportunidade, dessa vez indo para o Sul, para Baltimore. Samuel logo o seguiria.

> "Não se encontra, talvez, na história de nenhum país, certamente não na dos Estados Unidos, um exemplo de tamanha rapidez de crescimento e melhoria, como se manifestou na cidade de Baltimore, durante esses últimos trinta anos".

HEZEKIAH NILES, 19 de setembro de 1812[76].

Quando o editor e dono de editora, Niles, escreveu essa ode à sua cidade natal adotiva (ele nasceu na Pensilvânia), cerca de 47 mil outras pessoas também tinham Baltimore como seu lar[77]. Quando os gêmeos Winchester adolescentes chegaram, a população de Baltimore atingiu 81 mil. Uma década depois, chegaria a cem mil, tornando Baltimore a segunda maior cidade dos Estados Unidos.

Baltimore do início do século XIX era um ímã para trabalhadores dispostos e proprietários de escravos[78]. Jovens artesãos e fabricantes ouviam que poderiam encontrar novas oportunidades na cidade da baía de Chesapeake, então partiam da Nova Inglaterra em direção ao Sul. Em breve, imigrantes da Alemanha e da Irlanda também buscariam suas fortunas em Baltimore, primeiro como trabalhadores lutando para subir na vida. Apesar de uma reputação de obscenidade, a cidade começava a florescer. Um visitante britânico da época notou que seus lojistas, comerciantes e mecânicos eram mais informados, mais diligentes e viviam melhor do que seus colegas na Inglaterra. Baltimore, um mero vilarejo apenas

---

76. Hezekiah Niles, "The City of Baltimore", Weekly Register 3, nº 3 (1812): 45. O *Register*, publicado e editado por Niles em Baltimore, foi a primeira revista semanal de notícias do país.

77. A população de Baltimore era provavelmente superior a 47.000 em 1812, uma vez que esse número veio do censo de 1810.

78. Para discussões sobre a antiga Baltimore, ver Sherry H. Olson, *Baltimore: The Building of an American City* (Baltimore, MD: Johns Hopkins University Press, 1980); e Seth Rockman, *Scraping By: Wage Labor, Slavery, and Survival in Early Baltimore* (Baltimore, MD: Johns Hopkins University Press, 2009).

meio século antes, rapidamente se transformou em uma metrópole, com seu porto perfeito dando origem a um centro de comércio – incluindo de escravos – com a Europa e as Índias Ocidentais. O porto e os cais do centro tinham contato frequente com os mastros dos navios.

Nos anos anteriores à chegada dos gêmeos Winchester, a indústria local havia decolado. As exportações e importações continuaram fortes. No Dia da Independência, um ano antes de Oliver chegar à cidade, Charles Carroll, de noventa anos, último signatário sobrevivente da Declaração de Independência, enfiou uma pá no chão para marcar o início da Ferrovia Baltimore e Ohio, outro meio de transporte de mercadorias e pessoas para beneficiar Baltimore, investidores e a nação. O orgulho cívico naquele canto era abundante.

Uma vez, em Baltimore, Oliver Winchester procurou trabalho na profissão para a qual havia sido treinado: a carpintaria. Dos gêmeos, era Oliver quem um dia se destacaria. Sua habilidade – talvez sua motivação também – lhe trouxe emprego e ele acabou se tornando um mestre de obras. Entre seus projetos, estava a construção de uma nova igreja. Em pouco tempo, Winchester desistiu da carpintaria para entrar no ramo de vestuário[79]. Primeiro ele vendeu camisas como empregado, mas depois de se casar com Jane Ellen Hope, nascida no Maine, decidiu abrir sua própria loja, na qual vendia uma variedade de roupas e acessórios masculinos perto da seção de varejo e comercial de Baltimore.

"Suspensórios, luvas, meias e ROUPAS DE LINHO PRONTAS" eram o que Oliver Winchester oferecia aos clientes, tanto no atacado quanto no varejo. Havia outros fabricantes de roupas na cidade, é claro, alguns alegando a capacidade de vestir rapidamente homens em trajes sob medida[80], uma opção tentadora em uma cidade portuária frequentada

---

79. O primeiro anúncio publicado de Oliver Winchester como alfaiate apareceu no *The Baltimore Address Directory* de W. G. Lyford, (Baltimore: Joe Robinson, outubro de 1836), p. 124.

80. Cerca de duas dúzias de alfaiates no centro de Baltimore em 1833 "comumente mantinham uma variedade geral de tecidos superfinos, casimiras e coletes, e eles faziam ternos no estilo mais elegante, para encomenda com os menores prazos". Charles Varle, *A Complete View of Baltimore, with a Statistical Sketch..* (Baltimore: Samuel Young, 1833), p.146-48.

por transeuntes, muitos deles abastados. "Cavalheiros viajantes podem mandar fazer um terno com *seis horas de antecedência*", prometia um alfaiate cuja loja dividia o mesmo quarteirão que a de Winchester.

Enquanto os fabricantes e comerciantes de roupas promoviam sua capacidade de vestir os ricos, seu mercado era realmente mais amplo do que isso. A primeira metade do século XIX viu uma democratização americana em trajes[81]. As vestes de um inglês revelavam sua posição social. Isso era menos verdade para os americanos, levando um cônsul britânico em Boston, na década de 1840, a lamentar a visão de servas "fortemente infectadas com o mau gosto nacional por estarem excessivamente vestidas", descrevendo-as ainda como "dificilmente distintas de seus empregadores". Tais exibições não teriam incomodado Oliver Winchester; lucrar com o mercado em massa sempre foi sua ambição.

Baltimore não foi sempre uma cidade tranquila[82]. Muitas vezes era vista como um lugar desordenado e barulhento, com tumultos periódicos, incluindo aqueles que eclodiram no verão de 1812, depois que os Estados Unidos declararam guerra à Grã-Bretanha e poucas semanas antes de Niles louvar a cidade na imprensa. A rebelião episódica era uma pequena tradição anglo-americana[83], geralmente limitada à destruição de propriedades, mas "a velocidade e a frequência com que os cidadãos encontravam

---

81. Para roupas e classe americanas, bem como a citação do cônsul britânico, ver Daniel J. Boorstin, "A Democracy of Clothing" em *The Americans: The Democratic Experience* (Nova York: Vintage Books, 1974), p. 91-100.

82. Para uma discussão sobre a turbulenta Baltimore no início do século XIX, ver Paul A. Gilje, "The Baltimore Riots of 1812 and the Breakdown of the Anglo-American Mob Tradition", *Journal of Social History*, v. 13, nº 4 (verão de 1980): 547-64.

83. Rebeliões e a revolta bancária de 1835 são discutidos em Robert E. Shalhope, *The Baltimore Bank Riot: Political Upheaval in Antebellum Maryland* (Urbana: University of Illinois Press, 2009); Francis F. Beirne, *The Amiable Baltimoreans* (Nova York: E. P. Dutton, 1951), p. 142-55. Distúrbios esporádicos ocorreram em todo o país naquela época, resultado de vários fatores, incluindo "a disseminação do sistema fabril e as mudanças profundas na natureza de trabalho [que] já transformavam a composição demográfica e ameaçavam as relações entre as classes sociais". Carl E. Prince, "The Great 'Riot Year': Jacksonian Democracy and Patterns of Violence in 1834", *Journal of the Early Republic*, v. 5, nº 1 (Primavera de 1985): 5.

desculpas para se revoltar"[84] renderam a Baltimore reconhecimento especial com o apelido de *Mobtown*, Cidade do Tumulto.

> Nos primeiros dias, o sentimento político estava em alta e a política muitas vezes era a origem do problema. No entanto, quando a população estava com vontade de entrar em fúria, quase qualquer motivo serviria.

Alguns viam os tumultos como uma forma de expressar as queixas do momento. Os distúrbios de 1812 foram diferentes. Pessoas morreram, e por um tempo, naquele verão, a desordem reinou de forma singular.

Fiel ao seu apelido, Baltimore entrou em erupção novamente na época em que Winchester abriu sua primeira loja de roupas perto da seção de varejo e comércio da cidade. Multidões se revoltaram em agosto de 1835, enfurecidas com os diretores do Banco de Maryland, que havia falido no ano anterior, deixando muitos cidadãos sem um tostão. Aqueles que haviam perdido dinheiro esperavam um acordo de indenização, mas depois de meses sem alívio, a violência eclodiu. Multidões destruíram as casas de dois diretores do banco, jogando tudo o que tinha dentro na rua para serem queimados ou, no caso da coleção de vinhos finos de um homem, levados dali ou bebidos na hora. Pessoas foram agredidas e os esforços do prefeito e da milícia[85] para reprimir os tumultos foram, em grande parte, ineficazes. Mas a cidade sobreviveu, assim como os negócios de Oliver Winchester, mesmo com os tumultos e a crise financeira que atingiram toda a nação em 1837. Em 1840, Oliver ia bem, era agora pai de dois filhos: uma menina, Ann Rebecca, e um menino, William Wirt.

Ele e Jane deram ao filho o nome de William Wirt, o mesmo do procurador-geral da república dos EUA e escritor que processou o ex-vice-presidente, Aaron Burr, por alta traição, concorreu à presidência contra Andrew Jackson e estava morando em Baltimore quando Oliver e Samuel chegaram à cidade. O procurador-geral Wirt morreu três anos antes de seu homônimo Winchester nascer. O que exatamente inspirou Jane e Oliver Winchester a batizarem seu primeiro filho em homenagem

---

84. Beirne, *The Amiable Baltimoreans*, p. 142.
85. Milícia aqui significando "polícia local composta por voluntário armados". (N. T.)

a esse político não está claro, embora ele fosse proeminente e respeitado. Alguns especulam que Oliver seguia elementos da filosofia de Wirt:

> Aproveite o momento de curiosidade excitada por qualquer assunto, para resolver suas dúvidas; pois se você deixar passar, o desejo pode nunca mais voltar e você pode permanecer na ignorância[86].

Oliver mostrava interesse pela política, particularmente pelo Partido Whig[87]. Em 1840, os Whigs se reuniram em Baltimore, a "cidade de referência para as convenções de nomeação de candidatos a presidente dos EUA"[88], e conquistaram seu apoio. Qualquer pessoa interessada em se aliar ao antijacksoniano William Henry Harrison para presidente na época podia comprar bandeiras de campanha, lenços Harrison, broches de cabanas de madeira e "papéis de ações de cidra alcoólica"[89] (Harrison era o candidato das "cabanas de madeira e cidra alcoólica")[90] na loja de Winchester. Agora, em 1844, os Whigs estavam de volta à cidade, vindos de todo o país, impulsionando fervorosamente seu atual candidato, Henry Clay, do Kentucky.

....

86. John P. Kennedy, *Memoirs of the Life of William Wirt*, revisor e editor, v. 2, (Philadelphia: Blanchard and Lea, 1856), p. 360. Ver também Mary Jo Ignoffo, *Captive of the Labyrinth: Sarah L. Winchester, Heiress to the Rifle Fortune* (Columbia: University of Missouri Press, 2010), p. 25.
87. O Partido Whig americano, fundado em 1833 pelo estadista Henry Clay, não tem ligação direta – para além do nome, inspirações e certos apreços – com o Partido Whig inglês. Nasceu, basicamente, para fazer oposição ao 7º presidente americano, Andrew Jackson, e ficou principalmente conhecido pelas ideias econômicas protecionistas. Foi dissolvido em 1856, a maioria de seus ocupantes migraram para o Partido Republicano. (N. E.)
88. Ronald G. Shafer, *The Carnival Campaign: How the Rollicking 1840 Campaign of "Tippecanoe and Tyler Too" Changed Presidential Elections Forever* (Chicago: Chicago Review Press, 2016), p. 62.
89. O. F. Winchester fez anúncios de venda de mercadorias temáticas de Harrison no jornal *American and Commercial Daily Advertiser* (Baltimore, MD), 30 de abril de 1840.
90. Cabanas de madeira e cidra alcoólica eram símbolos das camadas populares dos Estados Unidos da época. Na eleição de 1840, William Henry Harrison associou-se a esses símbolos para se dizer um candidato "do povo", apesar de, em verdade, ter origem influente no seu estado natal. (N. E.)

Todo o lugar parecia uma festa, e todas as ruas estavam lotadas de pessoas, correndo de um lado para o outro, tagarelando, cantando, rindo. A música soava e bandeiras acenavam, enquanto Whigs aos milhares invadiam a cidade[91].

Broches do Clay pendiam visivelmente de cada lapela. Retratos do Clay, fitas do Clay, chapéus do Clay, charutos do Clay, *banners* do Clay, canções do Clay, marchinhas do Clay, frevos do Clay, caricaturas do Clay tomavam a cidade. 'Oh, a correria, a energia, o barulho, a emoção! Vê-lo, ouvi-lo e senti-lo era puro êxtase', disse um homem[92].

Enquanto Oliver vendia roupas, Samuel trabalhava como carpinteiro, embora se juntasse ao irmão no negócio de roupas e acessórios masculinos. Os gêmeos Winchester eram próximos, Samuel deu a seu segundo filho o nome de seu irmão. Com o início da década de 1840, o sucesso de Oliver nos negócios permitiu que ele desse ajuda financeira a outros membros de sua família, incluindo Samuel e sua irmã, Mary Ann Winchester Brett, e seus muitos filhos. Os irmãos tiveram seus próprios filhos; ganhar mais dinheiro estava se tornando crucial. E se ele pudesse encontrar uma maneira de fazer roupas mais rapidamente? E se ele pudesse fazer uma camisa melhor, uma que pudesse patentear e então ser comercializada como seu produto exclusivo muito além de Baltimore? Oliver Winchester começou a fazer experimentos.

91. Oscar Sebourne Dooley, "The Presidential Campaign and Election of 1844". Tese de doutorado, Indiana University, 1942, p. 326-27, citando o *National Intelligencer*, 2 de maio de 1844.
92. Remini, Henry Clay: Statesman for the Union, p. 644.

DAS BAIONETAS ÀS ARMAS

Ao longo de 1844, Horace Smith se ocupou com o que um dia o tornaria rico: produzir armas. A chance de ficar rico onde trabalhava naquela época era nula, pois Smith era um mero funcionário ajudando a fabricar armas de fogo que não havia projetado e que não levavam seu nome, sua marca. Durante vários meses, Smith, de 35 anos, trabalhou junto a uma dúzia de outros homens para Ethan Allen (não o herói da Guerra de Independência). Allen tinha uma empresa, a Allen & Thurber, que fabricava uma variedade de armas de fogo em Norwich, Connecticut, incluindo uma arma escondida em uma bengala e uma pistola fina de tiro único apelidada de "rifle de bolso" que podia ser discretamente enfiada em uma bota.

A arma mais famosa da Allen & Thurber, porém, era uma pistola multicano, eventualmente chamada de pimenteiro, já que se assemelhava a um moedor de pimenta doméstico[93]. Essa arma desajeitada e de peso

---

93. A discussão sobre Ethan Allen e suas armas pimenteiro pode ser encontrada em Lewis Winant, *Pepperbox Firearms*, sp. ed. (Birmingham, AL: Palladium Press, 2001), 27-45; Paul Henry, *Ethan Allen and Allen & Wheelock: their guns and their legacy* (Woonsocket, RI: Andrew Mowbray, 2006); e Harold R. Mouillesseaux, *Ethan Allen, Gunmaker: His Partners, Patents & Firearms* (Ottawa, ON: Museum Restoration Service, 1973).

desequilibrado ostentava a capacidade de disparar várias vezes rapidamente sem recarregar. Ela usava um conjunto de canos individuais que giravam com o puxão de seu gatilho, dando ao atirador várias chances de enviar uma esfera de chumbo para onde ele quisesse. Essa capacidade de multitiros foi o diferencial de Ethan Allen. Esse também era o diferencial de Samuel Colt por seu revólver Paterson, e Colt estava um ano à frente de Allen na obtenção de uma patente. Suas duas pistolas eram diferentes em *design* e utilidade, então não poderia haver batalhas de patentes. A única disputa era no mercado. Do ponto de vista de Allen, no entanto, não havia concorrência, pois o negócio de revólveres de Colt já tinha falido dois anos antes.

Allen e seu cunhado e financiador, Charles Thurber – o Thurber da Allen & Thurber –, encontraram um bom mercado para seus pimenteiros. O mesmo aconteceu com outros fabricantes desse tipo de arma, embora a Allen & Thurber fosse dominante e tivesse uma patente para um modelo específico. Um mecanismo de pimenteiro era mais complexo do que o de uma pistola padrão da época, então os homens que o construíam tinham que ser particularmente habilidosos para trabalhar com metal. Era um trabalho perfeito para Horace Smith, que passou parte de sua juventude ajudando a fabricar armamentos na maior oficina de metais do país: Springfield Armory.

Smith nasceu no final de 1808, na Zona Rural de Cheshire, Massachusetts, uma cidade mais conhecida por ter presenteado o presidente Thomas Jefferson[94] com um pedaço de queijo de 560 quilos feito por produtores de leite locais, satisfeitos por seu candidato favorito ter derrotado John Adams na eleição presidencial de 1800 (Cheshire foi a única cidade no condado de Berkshire a apoiar Jefferson)[95]. Jornais de todo o país acompanharam

94. Thomas Jeffersson (1743-1826), 3º presidente dos Estados Unidos, foi o principal signatário da Carta de Independência, um dos mais proeminentes pais da nação e, considerado por vários historiadores modernos, o mais influente presidente da história norte-americana, sem dúvida, um daqueles que mais defenderam o republicanismo e a descentralização jurídica do Estado. (N. E.)

95. Para um relato de Cheshire nesta época, veja Ellen M. Raynor e Emma L. Petitclerc, *History of the Town of Cheshire, Berkshire County, Mass.* (Holyoke, MA: Clark W. Bryan, 1885), p. 83-111. O Queijo de Mamute é discutido nas p. 86-87.

DAS BAIONETAS ÀS ARMAS

alegremente o que veio à ser chamado de "Queijo de Mamute" enquanto viajava de Cheshire de carroça e barco até chegar a Washington para apresentação a Jefferson no dia de Ano-Novo em 1802. Foi servido na Casa Branca e em outros lugares por vários anos até que os restos não comestíveis foram descartados, possivelmente no Rio Potomac[96].

Embora a Cheshire do início do século XIX estivesse começando a mostrar sinais de indústrias com fábricas e curtumes, o pai marceneiro-agricultor de Horace Smith, Silas, decidiu buscar melhores oportunidades em outros lugares. Por volta de 1812, Silas e sua esposa, Phebe, reuniram seus quatro filhos – Horace e seus irmãos: o irmão mais velho, William, e duas irmãs mais novas, uma ainda bebê – e viajaram 64 km a sudeste até Springfield. Lá, Silas conseguiu um emprego no Armory no que era chamado de *Watershops*, onde o trabalho pesado era feito enquanto rodas de ferro atrelavam um afluente do Rio Connecticut para esmerilhar e polir metal em peças de armas. A família Smith chegou a Springfield no momento certo. A Guerra Anglo-Americana de 1812 havia começado, com o país precisando de novas armas urgentemente e o maior número possível de armas velhas inúteis ressuscitadas por mãos habilidosas. O superintendente do Armory que assumiu em 1805 começou a impor a divisão do trabalho, uma escolha que aumentou a produtividade e o tédio dos trabalhadores[97]. Até 1812, a produção de mosquetes quase triplicou para dez mil por ano[98]. Com ferocidade crescente, a Revolução Industrial da América avançou rapidamente no Springfield Armory. Novas fresadoras de última geração foram instaladas, permitindo aos trabalhadores modelar peças mais rapidamente e com maior precisão, mas com repetição entediante. Um inventor chamado Thomas Blanchard, no Armory, criou um torno que duplicaria uma coronha, uma máquina

96. A Casa Branca se chamava Casa do Presidente quando Jefferson morava lá.
97. Uma história detalhada do Springfield Armory está em Derwent Stainthorpe Whittlesey, "The Springfield Armory: A Study in Institutional Development". Tese de doutorado, Departamento de História da Universidade de Chicago, 1920.
98. Para aumentar a divisão do trabalho e a triplicação da produção anual de mosquetes em Springfield Armory em 1812, ver Michael S. Raber, "Conservative Innovators, Military Small Arms, and Industrial History at Springfield Armory, 1794-1918", *Journal of the Society for Industrial Archeology* 14, nº 1 (1988): 3.

revolucionária que acelerou a produção de armas e posteriormente foi um modelo para fazer formas de sapato padrão. Nos anos que se seguiram à Guerra de 1812, o Armory também foi pioneiro no uso de martelos semiautomáticos para soldar canos de armas. Muitas armas tiveram um desempenho ruim durante a guerra[99], então a supervisão do Arsenal foi colocada sob o rígido controle do Departamento de Compras das Forças Armadas para aumentar a eficiência. Com todo esse progresso, veio o barulho em tom ensurdecedor que continuaria a aumentar nas próximas décadas[100]. Um observador descreveu-o como "uma espécie de trovão retumbante" que mantinha os homens trabalhando nos martelos, incapazes de fazer qualquer coisa além do trabalho em mãos,

> pois tamanho é o incessante e intolerável som e estrondo produzidos pelos 18 martelos semiautomáticos, que continuamente irrompem em todas as partes da sala, em seus súbitos paroxismos de atividade, que qualquer som no volume de uma conversa no ambiente é quase totalmente impossível.

O clamor, combinado com chuvas de faíscas que se espalham em todas as direções, "produz uma cena que chocava muitas senhoras visitantes quando entravam pela primeira vez no local, fazendo-as recuarem à porta, como se estivessem entrando em algum lugar com perigo iminente".

Silas Smith foi pago adequadamente, mas ainda continuava apertado, assim como a nação, que estava à beira da falência quando ele começou a trabalhar no Armory. O que piorou as coisas para Silas foi a chegada de um novo Smith em 1815: um segundo irmão para Horace, de nove anos, e outra boca para alimentar. Logo William, o filho mais velho dos Smith, mas ainda adolescente, juntou-se ao pai no Armory para ajudar a família a ganhar mais dinheiro.

Depois de completar 16 anos, Horace também se tornou parte da força de trabalho do Armory. Os Smith eram agora uma família do Springfield Armory.

---

99. Thomas Tyson, "Accounting for Labor in the Early 19th Century: The U.S. Arms Making Experience", *Accounting Historians Journal*, v. 17, nº 1 (junho de 1990): 48.
100. As citações sobre barulho e chuva de faíscas vêm de Jacob Abbott, "The Armory at Springfield", *Harper's New Monthly Magazine*, v. 5, nº 26 (julho de 1852): p. 6.

Primeiro, Horace era auxiliar na forja de baionetas, muitas delas, geralmente, mais de quinhentas por mês. Isso exigia mais do que só afiar a ponta de um pedaço de metal. Uma vez terminada a baioneta, cada parte dela era medida para garantir que tivesse a forma e as dimensões exatas exigidas pelos militares. As baionetas tinham que caber em bainhas, então cada uma era medida com um medidor de bainha. O próximo passo era pendurar um peso na ponta da baioneta para testar sua firmeza. Por fim, um inspetor colocava a ponta no chão do Armory, onde a dobrava para ver se era flexível. Se a baioneta tivesse sido temperada muito rígida, ela quebraria. Pouco temperada, ela dobraria e ficaria com essa nova forma. Em qualquer caso, seria punido, e o homem culpado por fazer uma baioneta abaixo do padrão pagaria pelo prejuízo.

Fazer os trabalhadores pessoalmente responsáveis por produtos ruins tornou-se uma regra em todo o Armory. "É irrelevante se o infortúnio em tais casos é ocasionado por acidente, descuido ou falta de habilidade. Em qualquer um dos casos, o trabalhador é responsável"[101], de acordo com um relato de operações no Armory. Além disso,

> o trabalhador perde não apenas o próprio ganho pelo trabalho que realizou na peça em questão, mas também paga o valor total da peça no momento em que o defeito é descoberto. Ou seja, ele não só tem que perder seu próprio trabalho, mas também deve pagar por todo o outro trabalho despendido na peça, o qual, por culpa de seu trabalho, tornou-se inútil.

Sabendo disso, os trabalhadores tiveram que prestar muita atenção ao que estavam fazendo, apesar do tédio. Se não o fizessem, pagariam pelo erro – literalmente.

Por meio da experiência prática, o jovem Horace aprendeu como fazer o metal se comportar. Depois de quatro anos e milhares de baionetas, ele começou a ascender. Um homem obstinado em vez de ousado, e mais baixo que a média, o Smith de constituição compacta, andava ereto, tendo

---

101. A responsabilidade pessoal dos trabalhadores por produtos abaixo do padrão é discutida em Abbott, "The Armory at Springfield", p. 5-6.

"uma energia paciente que poucos tinham igual"[102], de acordo com um relato de jornal. Dizia-se dele que sua

> boca mostra decisão de caráter, e toda a expressão de seu rosto é a de um homem sempre perfeitamente claro em seus planos, decidido em seu propósito e inteiramente amável e gentil em todas as suas relações na vida.

Na primavera de 1829, Horace Smith casou-se com a garota da região, Elizabeth ("Eliza") Foster, que era três anos mais velha. No final do ano, o casal teve um filho ao qual deram o nome de Silas em homenagem ao pai de Horace. Horace foi promovido no Armory para a função de alinhar e perfurar canos, centenas deles a cada mês. A partir daí, ele foi designado para fresar várias outras peças de armas, enquanto ocasionalmente era instruído a retornar ao forjamento de baionetas.

As coisas estavam indo muito bem para a nova família até que 1831 chegou ao fim em um dezembro incomumente frio para Springfield. Foi uma época movimentada para Smith, que passou metade daquele mês fresando placas de fuzis e o resto, fresando peças de mecanismos de pederneira: 500 travas *sear* e 1.227 molas *tumbler*, peças internas essenciais para fazer as armas dispararem. A alta mortalidade infantil naquela época era comum e, na véspera de Natal, atingiu Horace e Eliza Smith com força. Seu filho de dois anos, Silas, morreu.

O luto não interrompeu o trabalho de Smith no Armory. Ele passou 26 dos 31 dias de janeiro fresando placas laterais[103]. Nos dez anos seguintes, ele permaneceu um funcionário do Armory, eventualmente ganhando o cobiçado título de "maquinista", fazendo ferramentas e inventando vários tipos de máquinas para fabricação de armas, incluindo uma que cortava padrões quadriculados em martelos de rifles para torná-los mais fáceis de segurar. Durante esse tempo, seu irmão mais velho, William,

---

102. Trecho de um artigo de jornal antigo, mas sem data e sem fonte, nos arquivos do Wood Museum em Springfield, MA.
103. O tempo de Horace Smith em Springfield Armory é encontrado em registros de folha de pagamento de julho de 1827 a dezembro de 1840 em microfilme no *Springfield Armory National Historic Site*, Springfield, MA.

DAS BAIONETAS ÀS ARMAS

foi promovido a supervisor, seu pai continuou trabalhando no andar do Arsenal e Eliza deu à luz outro filho, Dexter, antes de morrer em 1836. Dois anos depois, Horace Smith se casou novamente.

Ao longo dos anos em que Horace Smith trabalhou lá, a cultura do Arsenal estava mudando. Os trabalhadores do início do século XIX, na fazenda ou em empresas artesanais, geralmente governavam seu próprio tempo no trabalho. Eles eram pagos pela empreitada e não pelo tempo usado para realizá-la. Eles podiam beber no trabalho e conversar com os colegas, mesmo na maioria das primeiras fábricas industriais, e o Springfield Armory não foi exceção. Mas as coisas ficaram mais complicadas antes de Smith deixar o Armory, em 1842, especialmente no ano anterior, quando um major do Exército rígido e cabeça-dura chamado James Wolfe Ripley assumiu o cargo de superintendente. "Vigoroso, assertivo, teimoso"[104], o major Ripley "expressava em sua personalidade a quintessência da precisão e disciplina militar". Tão dedicado era Ripley aos protocolos e regulamentos que, como um jovem oficial de compras, ele recusou uma requisição de suprimentos durante a Guerra Creek[105] porque ela não havia sido submetida adequadamente. A notícia disso chegou a Andrew Jackson, o general comandante, que imediatamente ameaçou arrastar Ripley para o acampamento e enforcá-lo em uma árvore se ele não liberasse os suprimentos[106]. Ripley cedeu. Ele trouxe para Springfield Armory a mesma mão de ferro que só Andrew Jackson conseguiu dobrar. Ripley rapidamente começou a fazer o lugar funcionar com mais eficiência enquanto criava inimizades. Em poucos anos, quando Ripley estava em um posto mais alto, alguns titãs das armas passariam a odiá-lo.

104. Whittlesey, "The Springfield Armory: A Study in Institutional Development", p. 122.

105. Guerra Creek (1813-1814) foi uma guerra entre facções rivais do povo Creek, o governo dos Estados Unidos e alguns impérios europeus, ocorrida principalmente onde atualmente é o estado do Alabama. (N. E.)

106. A ameaça de Jackson de enforcar Ripley é de Robert V. Bruce, *Lincoln and the Tools of War* (Indianapolis, IN: Bobbs-Merrill, 1956), p. 23.

Antes de Horace Smith se estabelecer em Norwich para trabalhar para Allen & Thurber, ele havia sido empregado por várias empresas, incluindo 15 meses na empresa de armas de Eli Whitney[107]. A diferença em Norwich em relação a todos os outros lugares em que Smith trabalhou foi que, pela primeira vez, ele participou da fabricação de uma arma de fogo de vários tiros.

De perto, uma pistola pimenteiro era imponente. Enfrentar seu feixe de canos faria com que até o vilão mais durão tremesse de medo. Uma grande desvantagem, porém, era sua incapacidade para precisão. Em *Roughing It*, seu segundo livro de viagem, Mark Twain descreveu George Bemis, um suposto companheiro de viagem que se armou com um revólver pimenteiro:

> Portava no cinto um velho revólver "Allen" original, aquele que os irreverentes chamam de "pimenteiro". Simplesmente puxando o gatilho para trás, engatilhava e disparava a pistola. Quando o gatilho voltava, o martelo começava a subir e o cano virava, e logo o martelo caía e a esfera era lançada longe. Mirar ao longo do cano giratório e acertar o alvo era um feito que provavelmente nunca foi feito com um "Allen" no mundo. Mas o de George era uma arma confiável, no entanto, porque, como um dos cocheiros disse depois: "Se ela não conseguisse o que buscava, iria buscar outra coisa". E assim ele fazia. Ele foi atrás de um par de espadas pregadas contra uma árvore, uma vez, e pegou uma mula que estava cerca de trinta metros à esquerda dela. Bemis não queria a mula; mas o dono apareceu com uma espingarda de cano duplo e o convenceu a comprá-la de qualquer maneira. Era uma arma alegre – o "Allen". Às vezes, os seus seis canos disparavam todos de uma vez, e então não havia lugar seguro em toda a região ao redor, exceto atrás dele[108].

---

107. Muito da história inicial de Horace Smith vem de Roy G. Jinks, *History of Smith & Wesson: Nothing of Importance Will Come Without Effort*, 14ª edição (North Hollywood, CA: Beinfeld, 2004); e "Horace Smith & Daniel B. Wesson: The two partnerships of Horace Smith and Daniel Baird Wesson forever impacted the world of firearms" em Roy G. Jinks, *Smith & Wesson Handguns 2002* (Peoria, IL: Primedia Special Interest Publications, 2001), p. 10-17.

108. Mark Twain, *Roughing It* (Hartford, CT: American, 1872), p. 23-24.

DAS BAIONETAS ÀS ARMAS

Os viajantes da época tendiam a andar armados, muitos com um Allen enfiado no cinto ou debaixo de um travesseiro à noite. Algumas dessas pistolas eram armas pessoais carregadas por soldados nas Guerras Seminole[109], mas eram úteis apenas de perto, quando o tiro rápido era crucial e a mira, não. É por isso que os jogadores em cassinos de barcos fluviais[110] os tinham; era necessária uma resposta rápida na mesa de cartas ao ser acusado de trapaça. O fato de os pimenteiros não terem a precisão das excelentes pistolas de tiro único que os duelistas usavam para defender sua honra, supostamente, não impediu duas mulheres em Buffalo, Nova York, de decidirem resolver suas diferenças com Allens[111], apesar de uma lei estadual proibir duelos. O dano que essas duas pistolas pimenteiro teriam causado a todos os reunidos, só pôde ser conjecturado porque ambas as supostas combatentes foram presas antes que pudessem abrir fogo – ou ao menos é isso que diz a história.

Na Allen & Thurber, Horace Smith estava na companhia de homens criativos. Ethan Allen tinha a patente do pimenteiro, enquanto Charles Thurber era um mero cunhado com dinheiro e contatos. Thurber pode parecer um fabricante de armas improvável. Ele era um homem culto que lecionou na escola antes de se juntar a Allen no ramo das armas. Em seu tempo livre, Thurber escrevia poesia e compunha hinos[112], dois dos quais foram cantados na consagração do Cemitério Yantic de Norwich em 12 de julho de 1844. Mas ele também tinha um senso de mecânica. Em 1843, ele patenteou uma das primeiras máquinas de escrever para uso[113]

109. Foi uma guerra entre nativos americanos, a sua maioria advindos, migrados ou estacionados na Flórida; os conflitos se deram entre grupos que fugiam dos colonizadores ingleses, de suas doenças europeias, de suas forças militares ou até mesmo por pressão espanhola que tinham em tais nativos aliados de expansão. A primeira guerra ocorreu entre 1818-1818, a segunda entre 1835-1842 e a terceira entre 1855-1858. (N. E.)

110. Ao longo do século XIX, havia muitos cassinos nos barcos fluviais, principalmente nos famosos barcos a vapor no Rio Mississipi. (N. E.)

111. As supostas duelistas femininas de Nova York são mencionadas em Winant, *Pepperbox Firearms*, p. 32.

112. Frances Manwaring Caulkins, *History of Norwich, Connecticut; From Its Possession by the Indians to the Year 1866* (publicado pelo autor, 1866), p. 645.

113. A explicação de Charles Thurber sobre a utilidade de sua máquina de escrever vem da US Patent nº 3.228, 26 de agosto de 1843.

[...] quando escrever com uma caneta é inconveniente devido à incompetência do usuário. Destina-se especialmente ao uso de cegos, que, ao tocar nas teclas com as letras feitas em relevo e que podem discriminar pelo tato, poderão colocar seus pensamentos no papel. Destina-se aos nervosos, da mesma forma, que não podem executar com uma caneta. É útil para fazer registros públicos, pois eles podem ser feitos com esta máquina com a mesma precisão que com uma prensa comum.

A máquina de Thurber foi a primeira com papel em um rolo, o que lhe dava "movimento longitudinal com provisão para espaçamento preciso entre letras e palavras"[114]. Embora inovador, o dispositivo lento e rudimentar nunca foi efetivamente fabricado.

Horace Smith deixou Allen & Thurber em 1848 para iniciar sua própria empresa de fabricação de armas. Quinze anos depois, Smith voltaria a negociar com Ethan Allen. Dessa vez, no entanto, os dois homens estariam em lados opostos, lutando no tribunal por uma patente de arma, tendo o antigo adolescente assistente de forjador de baionetas se tornado o principal parceiro de uma empresa chamada Smith & Wesson.

114. Jerome Bruce Crabtree, *The Marvels of Modern Mechanism and Their Relation to Social Betterment* (Springfield, MA: King-Richardson, 1901), p. 612.

O IRMÃO ESCRITURADO

Se ele não tivesse entrado para o ramo das armas, Daniel Baird Wesson poderia ter sido um bom sapateiro. Pelo menos era o que seu pai, Rufus, pensava[115]. Ele incentivou o menino a seguir esse ramo de trabalho, como fizeram dois dos quatro irmãos de Daniel. A fabricação de calçados havia se tornado um negócio próspero em Worcester, Massachusetts, cidade natal dos Wesson, desde que artesãos europeus qualificados chegaram lá antes da Revolução[116]. Depois que um canal foi aberto em 1828 e a Ferrovia de Worcester e Boston abriu sete anos depois, a cidade se transformou em um centro de transporte com manufatura vibrante. Em 1837, o condado vizinho, onde o bom solo fazia da agricultura a principal

---

115. Rufus Wesson incitando Daniel a entrar no negócio de calçados está em *"Death of Daniel B. Wesson", The Iron Age: A Review of the Hardware, Iron, Machinery and Metal Trades*, v. 78, nº 6 (9 de agosto de 1906): 385.
116. A informação sobre o número de localidades no condado de Worcester, incluindo a cidade de Worcester, onde os sapatos foram feitos em 1837, vem de Blanche Evans Hazard, *The Organization of the Boot and Shoe Industry in Massachusetts Before 1875* (Cambridge, MA: Harvard University Press, 1921), p. 212; Para a importância do negócio de sapatos e botas para Worcester, ver Franklin Pierce Rice, *Dictionary of Worcester (Massachusetts) and Its Vicinity with Maps of the City and of Worcester County, First Issue* (Worcester, MA: F. S. Blanchard, 1889), p. 45 .

atividade econômica, tinha trinta vilas e cidades fabricando botas e sapatos, tornando o negócio de calçados uma ocupação natural para qualquer um, especialmente os homens Wesson, os quais todos ganhavam a vida fabricando coisas.

Seguindo o exemplo dos irmãos, o adolescente Daniel tentou trabalhar em uma fábrica de calçados, mas logo descobriu que o trabalho não lhe agradava, então voltou para a escola e ajudou seu pai, que não era sapateiro, mas era conhecido na região por fazer excelentes arados de madeira cujas curvas convexas esculpidas "caíram no gosto" da região[117]. Quando o ferro fundido começou a substituir a madeira nos arados, Rufus desistiu disso para se tornar agricultor, adquirindo grandes propriedades imobiliárias. Por um tempo, Rufus foi topógrafo de estradas e cobrador de impostos.

A preferência de Daniel por armas de fogo em vez de cadarços e solas ou agricultura o tornou facilmente influenciado por outro irmão cujo gosto por armas era semelhante ao dele. Edwin Wesson, 13 anos mais velho que Daniel, estava se destacando como artesão responsável por alguns dos melhores rifles esportivos que alguém poderia comprar na região (Edwin insistia que eram os melhores). Sua oficina em Northborough, a apenas 16 quilômetros de Worcester, ia bem nos negócios[118]. Talvez o garoto pudesse ser útil lá.

Não foi um começo fácil para Edwin depois de experimentar um período como aprendiz de fabricante de armas. Quando ele abriu seu negócio, em 1839, em parte do que costumava ser uma fábrica de cardação, ele estava sem fundos. "A verdade é que", escreveu ele em um livro-razão em branco, "eu tenho tão pouco dinheiro que não vale a pena

---

117. Rufus Wesson informações são de William Richard Cutter e William Frederick Adams, *Genealogical and Personal Memoirs Relating to the Families of the State of Massachusetts IV* (Nova York: Lewis Historical, 1910), p. 2260; Roy G. Jinks, *History of Smith & Wesson: Nothing of Importance Will Come Without Effort*, 14ª edição (North Hollywood, CA: Beinfeld, 2004), p. 5-6; e Ellery Bicknell Crane, *Historic Homes and Institutions and Genealogical and Personal Memoirs of Worcester County Massachusetts With a History of Worcester Society of Antiquity*, v. 1 (Nova York: Lewis, 1907), p. 229-230.

118. A localização da loja de Edwin Wesson vem de Josiah Coleman Kent, *Northborough History* (Newton, MA: Garden City Press, 1921), p. 162.

manter um livro-razão de propósito"[119]. Então, com um toque que achou bem-humorado, Edwin continuou: "Portanto, eu transmografo [*sic*] você em um livro de encomendas, com a sua permissão".

Havia armeiros ao redor produzindo rifles que podiam fazer adequadamente o que era exigido de uma arma longa[120], mas o ambicioso Edwin Wesson queria que o seu fizesse mais que isso. Em uma época em que o tiro ao alvo era popular, Wesson decidiu produzir os rifles mais seguros e precisos disponíveis, aqueles que poderiam agrupar buracos de bala de tiros à distância, mais próximos do que qualquer um que viesse de armas feitas com menos habilidade e cuidado. Os rifles – ranhuras espirais cortadas dentro do cano – eram conhecidos por tornar uma arma mais precisa do que uma cujo alma do cilindro fosse lisa. Edwin pensou que aumentar a velocidade do giro da bala da culatra para a boca do cano – chamado de torção de "ganho" – aumentaria ainda mais a precisão, então foi o que ele fez[121].

Para tornar suas armas ainda mais precisas e ganhar dinheiro extra, Edwin juntou-se ao menino de fazenda que se tornou o seu gravador profissional e depois pintor de retratos em miniatura, Alvan Clark, de Boston. Clark era um entusiasta do tiro competitivo (então chamado de "atirador por prêmio") que se considerava "o melhor atirador de rifle do mundo". Ele sofria de uma disposição nervosa, uma característica estranha para um atirador[122]. Clark era

119. O livro de pedidos de Edwin Wesson está na coleção pessoal do historiador da Smith & Wesson, Roy G. Jinks.

120. Um autor contemporâneo se referiu ao rifle Wesson como "tão elegante na aparência" com "precisão insuperável". John Ratcliffe Chapman, *Instructions to Young Marksmen* (Nova York: D. Appleton, 1848), p. 11-12.

121. Em *Instructions to Young Marksmen*, Chapman discute a torção "de ganho" na espingarda de um cano e atribui seu uso inicial a Edwin Wesson, p. 137-38. Ver também *Clark's Illustrated Treatise on the Rifle, Shotgun and Pistol* (Memphis, TN: H. F. Clark, 1850), p. 12-13.

122. "The Smith & Wesson Revolver: Its Invention and Manufacture", *Springfield Republican* (MA), 18 de junho de 1893. O jornal atribui o comentário sobre o nervosismo de Clark a Daniel Wesson.

tão nervoso que mal conseguia levar um copo de água aos lábios sem derramar. Suas mãos tremiam até que ele começasse a mirar, e então elas ficariam tão rígidas quanto um torno até que o tiro fosse disparado.

Assim como Wesson, Clark tinha uma mente meticulosamente inventiva e teve uma ideia para tornar os melhores rifles ainda mais certeiros. Sua criação foi um bocal falso para colocar na ponta do cano[123]. Isso protegeria o verdadeiro bocal de ser amassado ou deformado quando o atirador enfiasse a bala e o remendo de pano que a envolvia. A ideia de Clark foi tão boa que ele a patenteou e deu a Edwin o direito exclusivo de torná-la parte dos rifles Wesson pelo preço de dois dólares cada[124].

Menos de um ano depois que seu bocal falso foi patenteado, Clark publicou *On Rifle Shooting* no *The American Repertory of Arts, Sciences, and Manufactures*[125], divulgando suas conquistas na criação da melhor combinação de miras, projéteis, equipamentos de carregamento e, é claro, seu bocal falso. Ele também elogiou Edwin Wesson: "Em termos de desempenho, os rifles deste cavalheiro têm uma reputação da mais alta ordem e uma elegância incomum na forma externa e no acabamento". Se alguém duvidasse dele, Clark publicou um anúncio que estava preparado para competir contra o atirador mais habilidoso para provar que uma arma Wesson era inigualável.

Com isso, a reputação de Edwin se tornou nacional.

Alvan Clark e Edwin Wesson rapidamente se tornaram amigos, trocando correspondências sobre tiro, constantemente pensando em maneiras de aumentar a precisão. "Devo ir logo aí e passar um ou dois

---

123. John D. Hamilton, "Alvan Clark and the False Muzzle", *American Society of Arms Collectors Bulletin*, nº 79, (outono de 1998): 31-37; e Ned H. Roberts, *The Muzzle-Loading Cap Lock Rifle*, revisor e editor (Harrisburg, PA: Stackpole Books, 1952): 66-69.

124. Embora não fosse um inventor tão prolífico quanto Walter Hunt, Alvan Clark era tão variado em seus talentos. Ele acabou abandonando a pintura de retratos para fazer telescópios que se tornaram mundialmente famosos por sua qualidade. Alguns dos retratos feitos por Clark estão na Galeria Nacional de Arte de Washington, DC e no Museu de Belas Artes de Boston.

125. Alvan Clark, "On Rifle Shooting", está em James J. Mapes, ed., *The American Repertory of Arts, Sciences, and Manufactures*, v. 3, nº 3 (Nova York: W. A. Cox, 1841): 164-69.

O IRMÃO ESCRITURADO

dias com você em experimentos"[126], escreveu Clark a seu parceiro na fabricação de rifles no verão de 1842. Ocasionalmente, em uma carta para o "amigo Wesson", ele desenhava círculos no papel na proporção exata dos buracos de bala nos alvos que ele havia atirado. Em uma, a maior distância era de 7,5 cm., impressionante para a distância entre o cano e o alvo, mas não boa o suficiente para Clark, a menos que ele pudesse ser consistente: "5 disparos a 91 metros com a arma que eu usei em sua casa, mas ele não se mantém assim sempre. Isso ainda me incomoda". Clark estava até tentado a produzir rifles por conta própria em tempo integral – ele já havia tentado uma vez no ofício –, mas disse a Edwin:

> Eu tenho cerca de US$ 100 em trabalho [com retratos] diante de mim e não posso fazer meus amigos pensarem que é melhor para mim virar fabricante de rifle no momento. Acho que devo adiar qualquer pensamento sobre isso até a próxima primavera, pelo menos.

Ele iria ficar com retratos em miniatura e tiro ao alvo.

Clark manteve sua promessa de enfrentar qualquer um tentado a se opor a ele em uma partida de tiro. Quando um homem chamado Lumas questionou na imprensa a alegação de superioridade do inventor do bocal, Clark escreveu a Edwin Wesson que ele havia desafiado o homem a

> atirar contra mim em repouso dez tiros em série a 91 metros por US$ 500 usando um rifle antiquado contra minha melhoria. Isso eu sei que posso vencer. Terei o prazer de receber a visita do Sr. Lumas.

Lumas nunca aceitou o desafio.

Outros armeiros gostaram do bocal falso de Clark. Gostaram até demais, na verdade, porque eles começaram a fabricá-los, violando a patente de Clark. "Foram cometidas infrações extensas, pelas quais estou

---

126. Citações da correspondência de Alvan Clark provêm de cartas na Edwin Wesson Collection do Harriet Beecher Stowe Center (HBSC), Hartford, CT. Sua afirmação de ser "o melhor atirador de rifle do mundo" é de Deborah Jean Warner, *Alvan Clark & Sons, Artists in Optics* (Washington, DC: Smithsonian Institution Press, 1968), p. 10, citando Garth Galbraith, "The American Telescope Makers", *Cambridge Chronicle* (MA), 12 de março de 1887.

sofrendo", escreveu ele em uma revista esportiva em abril de 1842[127]. Edwin Wesson era o único fabricante autorizado, anunciou Clark, ameaçando processar todos os infratores "na extensão máxima da lei". Com as encomendas de rifles chegando, graças, em parte, a Alvan Clark, e à necessidade de unir forças com o inventor do bocal em sua luta contra os infratores de patentes, era o momento certo para Edwin trazer Daniel para o negócio.

"Daniel gosta de caçar, mas ele prefere trabalhar na oficina com mecanismos de disparo ou molas ou algo desse tipo"[128], escreveu Rufus Jr., um dos dois Wesson sapateiros, a seu irmão Edwin no outono de 1842. A família concordou: Edwin traria Daniel, de 17 anos, a bordo como aprendiz a partir de dezembro daquele ano.

Esse acordo de irmão-contratando-irmão não foi casual. Como muitos relacionamentos de mestre-aprendiz na época, Daniel se permitiu ser formalmente escriturado por Edwin até completar 21 anos[129]. O contrato assinado com detalhes jurídicos em 12 de dezembro de 1842[130], por ambos os homens, bem como pelo patriarca Rufus Sr. e formalmente testemunhado por sua irmã, Jane, explicitava os deveres de todos. Edwin deveria pagar a Rufus $ 250 em parcelas ao longo de vários anos. Ele também concordou em "abrigar e vestir o dito Daniel B. Wesson de maneira adequada" e dar-lhe três meses de "escolaridade regular" todos os anos. Por sua vez, Daniel concordou em trabalhar duro para seu irmão mais velho enquanto aprendia o ofício. Se Daniel ficasse doente, o pai cobriria os custos e perdoaria parte dos pagamentos que Edwin devia.

....

127. A reclamação publicada de Clark sobre infratores de patentes apareceu em "Rifle Shooting", *American Turf Register e Sporting Magazine* 13 (New York: The Spirit of the Times, 1842): 244.
128. A carta sobre o gosto de Daniel por trabalhar com mecanismos de disparo está na Coleção Edwin Wesson (HBSC).
129. A servidão por contrato de escritura não era incomum na antiga América, embora estivesse em diminuição em meados do século XIX. Muitas vezes era uma forma de aprendizado, como foi o caso de Benjamin Franklin. Um livro que discute contratos de escritura e aprendizados na economia americana em evolução é W. J. Rorabaugh, *The Craft Apprentice: From Franklin to the Machine Age in America* (Nova York: Oxford University Press, 1986).
130. O contrato de escritura de Daniel Wesson está na coleção Edwin Wesson do HBSC.

Era o arranjo perfeito para os dois homens. O entusiasmo dos dois por armas de fogo finas estava em completa harmonia, pois Daniel se dedicou avidamente ao negócio de fabricar rifles de caça e esportivos para clientes exigentes em uma época em que a excelência artesanal era apreciada. Em 1844, depois de dois anos fazendo e aprendendo, Daniel começou a ter domínio da arte de armeiro.

E era mesmo uma arte, pois os rifles Edwin Wesson eram conhecidos tanto pela elegância quanto pela precisão. Edwin escolhia madeiras finas para suas coronhas de armas, geralmente nogueira ondulada, acrescentando toques como ornamentação de prata alemã em detalhes florais ou figuras de animais, mas nada que prejudicasse o declive suave das coronhas em sua inclinação descendente do guarda-mato à placa da coronha. Partes separadas dos rifles, incluindo lugares onde a madeira encontra o metal, encaixavam-se com exatidão requintada. A graciosidade era um bônus; a precisão era o diferencial de venda, inspirando compradores de muito além de Northborough a implorar a Edwin Wesson para produzir suas armas.

Apesar de um amor compartilhado por armas e tiro e reverência pela precisão, os irmãos tinham temperamentos diferentes. Embora jovem, Daniel era comedido, um homem modesto dedicado à família e à temperança. Edwin podia ser combativo, mas os dois homens complementavam-se. Quando Edwin tinha que deixar Northborough, como as batalhas de patentes com Clark frequentemente exigiam que ele fizesse, Daniel cuidava da oficina, gradualmente assumindo aspectos do negócio. Edwin aprendeu que podia confiar a Daniel mais responsabilidade do que a muitos aprendizes eram dadas.

. . .

Daniel tinha uma paixão por algo além das armas. Estava prestes a completar vinte anos quando presenteou Cynthia Maria Hawes com um livro precioso – precioso não porque tivesse valor de mercado, mas porque o presente era um gesto de cortejo[131]. No centro de sua elaborada capa de couro, a figura dourada de uma jovem caminhando descalça, espalhando

---

131. O livro que Daniel Wesson deu a Cynthia Hawes está na coleção de Roy G. Jinks.

rosas douradas de uma cesta que ela carregava na mão esquerda. Dentro, todas as páginas estavam em branco, exceto a primeira, onde, em uma caligrafia elegantemente precisa, mas forte, Daniel escreveu linhas de Lord Byron abaixo de uma dedicatória para Cynthia:

Como sobre a pedra sepulcral fria
Algum nome prende o passante;
Assim, quando verdes esta página sozinha,
Que o meu atraia teu olhar pensante!
E quando por ti esse nome for lido,
Talvez em algum ano por vir,
Reflita sobre mim como sobre um falecido,
E pense que meu coração está entesourado em ti[132].

Uma palavra diferia do original. Para a última linha, ele achou que "entesourado" combinava melhor com seu sentimento do que "enterrado", palavra no poema original de Byron.

Era 28 de fevereiro de 1845 e Daniel estava apaixonado. Ele continuaria apaixonado, assim como Cynthia, mas o casamento estava fora do alcance do jovem casal. O pai da moça, Luther Hawes, queria uma perspectiva melhor para sua filha do meio. Hawes era um carpinteiro respeitável que possuía uma pequena fazenda que produzia centeio e milho *flint*. Ele decidiu que Cynthia merecia alguém mais promissor do que um mero armeiro que provavelmente não sustentaria uma família no estilo que ele achava que era devido à sua filha. Nisso, Luther Hawes foi firme: o casal podia namorar, mas casar com Daniel Wesson estava fora de questão.

• • •

No outono de 1845, Edwin Wesson deu a seu irmão mais responsabilidade no negócio. Além de trabalhar com rifles, Daniel passou seu tempo fazendo um par de pistolas só para si mesmo – armas de cano

132. Tradução livre de "Lines Written, in an Album, At Malta". Texto original: *As o'er the cold sepulchral stone/ Some name arrests the passer-by;/ Thus, when thou view'st this page alone,/ May mine attract thy pensive eye!// And when by thee that name is read,/ Perchance in some succeeding year,/ Reflect on me as on the dead,/ And think my heart is buried here./* (N. T.)

longo, de tiro único, com empunhaduras levemente curvas – e um estojo para guardá-las. Edwin, enquanto defendia o bocal de Alvan Clark dos infratores de patentes, deixou Daniel tocar a operação. Edwin se preocupou com o negócio enquanto estava ausente. Daniel o tranquilizou. "Acho que estamos indo bem com o trabalho na oficina o tanto quanto se pode esperar", escreveu ele ao irmão em 30 de novembro. Os clientes estavam chegando, relatou Daniel, e ele estava cuidando deles. "Edwin", ele tranquilizou o irmão, "não tenha tanta ansiedade sobre suas coisas aqui a ponto de impedir que você aproveite sua excursão, pois eu cuidarei delas o melhor que eu sei. Eu estive em casa hoje. O pessoal está bem".

Embora Edwin se preocupasse com seus negócios – talvez fosse de sua natureza se preocupar –, ele parecia prosperar. Esferas de chumbo disparadas de seus rifles eram conhecidas por se agruparem firmemente em alvos distantes. Ele podia agradecer a Alvan Clark em parte por aumentar sua fama, mas outros atiradores também contribuíram. Um par de soldados de infantaria desafiou publicamente "quaisquer dois homens nos Estados Unidos a atirar fora de mão [atirar de pé], de 137 a 274 metros"[133] em uma aposta de US$ 250. Os desafiantes alertaram que "usariam rifles feitos por Edwin Wesson" contra qualquer arma que seus oponentes escolhessem. Os rifles de Edwin eram caros, o equivalente a milhares de dólares nos valores de hoje por cada um, mas atiradores com dinheiro e paixão pela precisão arcam alegremente com tais custos para possuir armas com o nome Wesson.

A família de Edwin também o via como um sucesso e contava com sua generosidade. Em dezembro de 1845, seu irmão de 28 anos, Martin, pediu um empréstimo de "151 ou 150 dólares" para quitar dívidas[134]. Três anos antes, Rufus Jr. escreveu para ele que "um pouco de dinheiro me faria muito bem, pois tenho que usar um pouco mais do que tenho ou posso conseguir aqui, e se for possível para você ajudar-me um pouco, eu gostaria muito".

Edwin também precisava de dinheiro. Menos de dois meses depois que o irmão Martin pediu um empréstimo, Edwin assinou uma hipoteca

---

133. O desafio foi publicado no *Philadelphia Daily Chronicle*, em 21 de dezembro de 1844.
134. Os pedidos de dinheiro dos irmãos de Edwin estão na Coleção Edwin Wesson no HBSC.

de quatrocentos dólares em grande parte de seu equipamento de fabricação de armas, incluindo tornos móveis, uma bigorna, um par de foles e uma variedade de ferramentas manuais. Com isso como garantia, ele prometeu pagar o empréstimo à vista com juros. Se Edwin tivesse mais encomendas, de preferência do exército, e não apenas para rifles finos e de mão de obra intensiva encomendados por clientes exigentes, ele poderia melhorar suas perspectivas.

A Califórnia atraiu um interesse crescente dos americanos em meados da década de 1840[135], incluindo o de uma empresa que estava preparando uma expedição de exploração e queria saber se Edwin poderia fornecer rifles e uma centena de grandes pistolas revólver. Wesson não tinha pistolas para vender, então procurou a Allen & Thurber para ver se poderia ser um intermediário para os revólveres pimenteiros daquela empresa, permitindo que ele "recebesse uma pequena comissão".

Dentro de um ano, uma oportunidade de ganhar mais do que uma mera comissão chegaria tentadoramente perto.

---

135. Informações sobre manufatura em Manchester são de Mathias Spiess e Percy W. Bidwell, *History of Manchester Connecticut* (Manchester, CT: Centennial Committee of the Town of Manchester, 1924), p. 91-03; e William E. Buckley, *A New England Pattern: The History of Manchester, Connecticut* (Chester, CT: Pequot, 1973), p. 80-94.

REVOLUÇÃO NO SANGUE

Mês após mês se passa, ano após ano;
Pensando, Pensando, Pensando;
Zombado e humilhado, visto como "estranho";
Pensando, pensando, pensando.
E então as ideias pelas quais lutou finalmente lhe atingem,
Pensando, Pensando, Pensando;
A inveja e a indolência chamam-na de pura sorte e fingem;
Pensando, Pensando, Pensando.[136,137]

Christopher Miner Spencer, "O Inventor"

Na época da colheita, Josiah Hollister tinha uma tarefa simples para o neto: levar um saco de batatas para a cidade e vendê-las. Então, depois, voltar para casa.

....

136. Tradução livre de "The Inventor". Texto original: *Month after month passes, year after year;/ Thinking, Thinking, Thinking;/ Jeered at and ridiculed, thought of as "queer";/ Thinking, Thinking, Thinking./ And then the idea you've slaved for is struck,/ Thinking, Thinking, Thinking;/ Envy and indolence call it pure luck;/ Thinking, Thinking, Thinking./* (N. T.)

137. Spencer recitou "O Inventor", um poema de sua autoria, em um banquete em 1917. A transcrição de seu discurso está na Coleção Christopher Miner Spencer da Sociedade Histórica de Windsor (WHS), Windsor, CT.

Embora ainda não fosse um adolescente no início da década de 1840, Christopher Miner Spencer estava disposto para a tarefa. E daria o melhor de si, pelo menos em parte, porque respeitava seu avô de 88 anos, que lhe contara sobre seu serviço na Revolução Americana. Na verdade, Hollister contara a todos sobre isso, e com um orgulho compreensível, não apenas porque ele era um veterano do que todos viam como uma luta gloriosa pela independência, mas porque ele conhecera pessoalmente George Washington como seu comandante[138]. Com suas próprias mãos, Hollister afirmou ter construído um guarda-roupa alto de madeira para as roupas de Martha Washington (ele a chamava de "Lady Washington"). As pessoas diziam que ela adorava o móvel. Ele sempre gostava de falar sobre isso.

A afinidade do velho por criar e refinar objetos físicos era reconhecida há muito tempo. Enquanto um relato credita Hollister com boa pontaria, sua principal contribuição para a luta pela independência foi algo totalmente diferente. Com 21 anos de idade quando a Declaração de Independência foi assinada, Josiah Hollister, de postura ereta, ativo, forte e ambicioso, se juntou à causa como um "artífice", alguém que podia criar e depois consertar qualquer coisa que exigisse conserto, de carroças a equipamentos necessários aos soldados, a meias, e até fazer tendas e roupas. Sob o comando imediato do veterano da Guerra Franco-Indígena, Jeduthan Baldwin, que demonstrou talento em engenharia durante o Cerco de Boston[139], o soldado Hollister utilizou seus dons de artesão para ajudar o exército dedicado a quebrar o domínio britânico em sua terra natal. Com seus colegas artífices, Hollister serviu em vários lugares, incluindo

---

138. Descrição de Josiah Hollister e seu serviço na Revolução vem de *The Hollister Family of America; Lieut. John Hollister of Wethersfield, Conn., and His Descendants*, compilado por Lafayette Wallace Case, M.D. (Chicago, IL: Fergus, 1886), p. 95-96; o pedido de Percival Hopkins Spencer para ser membro da Connecticut Society of the Sons of the American Revolution, 5 de março de 1929; e Mary Philotheta Root, ed., *Patriots' Daughters* (New Haven, CT: Connecticut Chapters, Daughters of the American Revolution, 1904), p. 220.

139. Ocorrido entre 4 de abril de 1775 a 17 de março de 1776, é costumeiramente tratado pelos historiadores e oficiais americanos como o marco inicial da guerra pela independência norte-americana. (N. E.)

REVOLUÇÃO NO SANGUE

Valley Forge, onde teve tempo para criar o guarda-roupa de Martha Washington. Quando a guerra terminou, Hollister voltou para casa em Connecticut, estabeleceu-se em uma fazenda, casou-se e começou uma família. Ele acabaria sendo pai de 13 filhos com duas esposas.

Spencer, cujo apelido de infância era "Crit", foi morar na fazenda de seu avô aos 11 anos[140]. Seus pais e irmãos moravam na cidade a uma curta distância dali, os motivos que levaram ele a passar alguns anos com seu avô não estão completamente claros, embora provavelmente tenha sido para ajudar o velho, cuja segunda esposa, avó materna de Crit, morreu aos oitenta anos no início de junho de 1844. Não há evidências de conflitos familiares sérios, e o pai de Crit, Ogden, um homem bem-sucedido no ramo da lã, estava longe de ser pobre. Parece que a família também queria que Hollister ensinasse a Crit algo sobre agricultura. Embora o homem fosse velho, ele tinha olhos e ouvidos aguçados, e sua memória era clara. Ele poderia cuidar de Crit.

A fazenda Hollister ficava nos arredores de Manchester[141], uma cidade a vários quilômetros a leste de Hartford e não muito longe de onde o velho nasceu em uma época muito diferente dos anos de prosperidade que se seguiram. Originalmente território indígena Podunk, a área foi colonizada por puritanos que a tornaram uma comunidade agrícola durante o século que levou à Revolução. Em meados de 1840, Manchester abrigava meia dúzia de fábricas de papel, duas fábricas de pólvora, cinco fábricas de lã, duas fábricas de algodão e duas fábricas de seda, além de alguns outros empreendimentos manufatureiros. A indústria chegou com energia. Os moinhos, movidos pela água que corre ao longo de vários riachos e do rio Hockanum, que deságua no longo e lânguido Rio Connecticut, estavam se expandindo, enquanto novos estavam sendo construídos. Suas rodas giravam máquinas que produziam uma variedade cada vez maior de produtos, do vidro à madeira e aos tecidos tradicionais da cidade. O

....

140. Relatos da juventude de Spencer vêm de um esboço autobiográfico no WHS; "A Conversation with Vesta Spencer Taylor, interviewed by Dick Bertel in 1965", WHS, Acessão nº 1984.63.1, Fita #30a, p. 3; e "Biography of Christopher Miner Spencer", de Vesta Spencer Taylor, WHS, Série II, Caixa 1.11.

141. Não confundir com a cidade homônima da Inglaterra, trata-se aqui da cidade localizada ao norte do estado de Nova Hampshire. (N. E.)

95

crescimento dos negócios em Manchester fez com que as fazendas vizinhas tivessem um mercado saudável para seus produtos. Daí a viagem de venda de batatas de Crit Spencer à cidade.

Agora que as batatas de Hollister foram vendidas e o dinheiro embolsado com segurança, Crit começou a jornada de volta para a fazenda de seu avô. Então o menino viu algo novo se movendo pela cidade, uma procissão colorida a caminho de um complexo erguido às pressas, diferente dos sóbrios moinhos de Manchester ou outros edifícios extremamente funcionais. O circo havia chegado, para pura diversão, e logo desapareceria. O desfile em direção às tendas foi emocionante, inspirador e sedutor para todos, especialmente crianças, e, talvez, especialmente Crit, um menino com uma curiosidade permanente sobre coisas novas, funcionais ou não. Ele se convenceu de que seu avô não se importaria se ele observasse um pouco.

Uma multidão crescente seguia o desfile, varrendo Crit Spencer até parar nas tendas. Lá, os gritos dos vendedores ambulantes e outros sons e visões diferentes de qualquer outra coisa na cidade em industrialização atraíram muitos a se tornarem parte da experiência. Seu avô não precisava dele imediatamente, Crit raciocinou. Havia muito tempo antes que ele tivesse que voltar para a fazenda, então por que não aproveitar o momento e explorar as maravilhosas oportunidades que agora se apresentava diante dele? O sol já havia se posto quando o menino começou a voltar para casa. Crit passou mais de horas no circo; ele também gastara o dinheiro das batatas – não todo, mas o suficiente para convencer Hollister a não confiar outra tarefa a seu neto tão cedo.

O caro desvio de circo de Crit seria apenas um pequeno obstáculo no seu relacionamento com Josiah Hollister. Neto e avô – com quase oito décadas de diferença de idade – estavam unidos por mais do que sangue e aparência (embora Crit nunca chegasse a ser tão alto quanto seu avô – ele atingiu um 1,63 m na idade adulta –, ambos mantiveram um físico magro, mas resistente, ao longo de suas vidas). Eles compartilhavam um interesse em construir coisas e fazer outras coisas funcionarem melhor. Eles tinham um talento especial para isso, talvez até uma paixão, pois quando sua mente se concentrava em tais tarefas, Crit não podia ser distraído, como havia sido pelo circo.

Quando Crit Spencer foi morar com seu avô, o número de combatentes da Guerra Revolucionária havia diminuído para uns poucos honrados. Durante o breve período em que viveu sob o teto de Hollister – apenas alguns anos –, Spencer se dedicou à arte da marcenaria. A relutância de seu avô em mandá-lo para mais missões de venda de batatas não o impediu de confiar no menino para usar um velho torno a pedal na fazenda. E ele o usava regularmente e com frequência, tanto que sua tia Harriet achava que o tempo do menino deveria ser gasto em outras atividades mais produtivas. Melhor cortar lenha, dizia ela, ou fazer algo prático em vez de fazer coisas extravagantes, mas inúteis na madeira. Hollister discordou. Ele viu algo de valor nos trabalhos de Crit, ou pelo menos um potencial.

"Deixe o menino em paz", ele disse a Harriet, "e ele ainda pode fazer alguma coisa".

Pode ter sido a tutela de seu avô que ajudou a inspirar Crit, ou talvez a inventividade e indústria estivessem em seus genes, e não apenas na linha dos Hollister. Os Spencer tinham como antepassado um respeitado fabricante de móveis que cruzou o Atlântico como parte da Grande Migração em 1600[142]. As cadeiras construídas por Thomas Spencer eram conhecidas por sua robustez e linhas agradáveis. Por décadas, seus descendentes continuaram a tradição.

Crit estava interessado em mais do que madeira. Armas de fogo também o atraíam, e quando Hollister finalmente lhe entregou o mosquete de pederneira que o velho portava na Revolução, o menino decidiu melhorá-lo. Como a maioria dos mosquetes da época, o cano da arma era longo – muito longo, na opinião de Crit –, então ele decidiu "consertá-lo". Na falta das ferramentas certas para a tarefa, o menino fez as suas próprias. Depois de tirar uma grande faca de sua bainha, ele abriu sulcos em sua lâmina com um machado para criar uma serra tosca. O metal da nova lâmina serrilhada era forte o suficiente – e o garoto

---

142. A história da família Spencer, incluindo os ancestrais de Crit fabricantes de cadeiras, está contida em Jack Taif Spencer e Edith Woolley Spencer, *The Spencers of the Great Migration, Volume I, 1300 AD – 1783 AD* (Baltimore: Gateway, 1997), p. 157-79 e 302-03.

também – para cortar uma parte do cano. Na mente de Crit, isso tornou a arma atraentemente moderna. A reação de seu avô à cirurgia realizada em seu mosquete não foi registrada.

Josiah Hollister viveu mais cinco anos além do verão de 1844. Sua longevidade forneceu uma conexão crucial entre a guerra que deu origem aos Estados Unidos e a guerra que o dividiria. Embora ele não vivesse para ver isso, a orientação de Crit ajudaria o país em um conflito tão monumental quanto aquele em que ele serviu.

COM OLHOS AO OESTE

A guerra era seu elemento, o acampamento seu deleite, e o campo de batalha seu *playground*, sua perfeição e inspiração[143].

Samuel Colt estava no limbo – ou melhor, tanto no limbo quanto esse inventor em constante movimento jamais chegaria. Era o final de 1844, e seu negócio de revólveres estava morto. Sua mina submarina, demonstrada de forma tão espetacular, não ia a lugar nenhum. Colt estava pensando no cabo elétrico que usou para detonar as minas. Se seu amigo Samuel F. B. Morse podia acelerar as palavras através dos fios, como fez durante a convenção presidencial democrata em Baltimore em maio daquele ano, por que ele não conseguia fazê-lo entrar em ação logo? Notícias de negócios que chegam rapidamente podiam ser uma mina de ouro. Colt estava convencido. Dessa vez, ele finalmente se tornaria rico e famoso.

Enquanto isso, o principal ganha-pão de Colt eram cartuchos de papel alumínio à prova d'água para armas, mas esse empreendimento não era a bonança de dinheiro que ele precisava para retomar a fabricação de armas. Ele ainda tinha a patente de seu revólver e estava inabalável em sua crença de que era uma arma digna – ou poderia se tornar uma, com

---

143. J. Jacob Oswandel, *Notes of the Mexican War, 1846-47-48* (Filadélfia: 1885), p. 354.

as melhorias certas, o endosso certo e as circunstâncias certas. Ao longo do próximo ano e meio, todos os três se alinhariam por Samuel Colt. Os Estados Unidos ansiavam por expandir. A guerra com o México se aproximava. E um ídolo dessa expansão, um homem elogiado nos meios militares e especialista em armamento de mão, acabara de escapar da morte nas mãos dos índios comanches, graças ao poder de fogo de um revólver Colt. Esse foi apenas o começo de uma colaboração que dobraria a trajetória do país.

· · ·

Samuel Hamilton Walker nasceu em Toaping Castle, que, na verdade, não era um castelo. Era uma casa de toras feita de carvalho-branco, em Maryland, uns vinte quilômetros a nordeste de Washington, D.C. Construído por seu avô e tios-avós, recebeu o nome da fortaleza ancestral da família na Escócia. Walker foi criado em Toaping ouvindo contos de bravuras e rebeliões. Seus ancestrais fugiram pelo Atlântico com uma recompensa por suas cabeças após tentativas fracassadas de expulsar o rei George I do trono escocês. O avô, pai e tios de Walker novamente lutaram contra a monarquia inglesa durante a Revolução Americana. Suas histórias de conflito heroico emocionaram o jovem Walker, que mais tarde escreveu que "nada me interessava tanto quanto ler sobre o cavalheirismo e os atos nobres de nossos antepassados nas guerras com a Grã-Bretanha"[144]. Ele reverenciava seu pai, Nathan, "sempre um verdadeiro amigo da causa da liberdade e da justiça", que eram "princípios que ele sempre tentava incutir na mente de seus filhos".

Nathan pôs seu filho adolescente para ser aprendiz de um carpinteiro, mas não havia glória em cortar e serrar madeira. Então, com a idade de 19 anos, Walker se ofereceu para ir para o sul para lutar contra os índios que estavam descontentes com os americanos, forçando-os a se

---

144. Samuel H. Walker, "Florida and Seminole Wars: Brief observations on the conduct of the officers, and on the discipline of the army of the United States", 1º de julho de 1840, Biblioteca Estadual do Texas e Arquivos, *Samuel Hamilton Walker Papers*, Box nº 1982/47, Item #43.

mudarem de suas terras natais. Primeiro, ele era um soldado que ajudou o Exército a reprimir uma revolta Creek no Alabama. Em seguida, ele estava nos pântanos da Flórida, participando da Segunda Guerra Seminole, uma disputa longa e custosa entre brancos ansiosos para remover índios da região e índios cuja "identidade cultural e espiritual estava fundamentalmente ligada à sua presença contínua na Flórida [...]"[145]. Após o seu primeiro ano de alistamento, Walker ficou no Sul como batedor do Exército. Alguns dizem que ele também passou algum tempo como topógrafo e, com um irmão mais velho, dirigiu um hotel e uma empresa de construção na Flórida, bem como uma serraria a vapor que acabou sendo destruída em um incêndio. Apesar de ter feito parte de um exército em guerra, não houve combate para ele, nada para provar sua coragem. Em vez disso, ele ficara frustrado com o trabalho árduo e regimentado da vida no Exército e o comportamento de alguns dos que estavam acima dele (como soldado, quase todos superavam Walker), homens que ele considerava indignos. Em 1840, Walker arriscou-se a jogar fora sua rasa reputação ao publicar um longo volume contra os militares que trovejava "nenhum homem com sentimentos puramente patrióticos pode se contentar em permanecer muito tempo no Exército dos Estados Unidos, sob os atuais abusos de poder que são praticados diariamente nele"[146]. Quanto aos oficiais, Walker disse que muitos deles eram "tirânicos, lamentáveis, covardes, repugnantes e desprezíveis [...]".

Os Estados Unidos estavam se tornando rapidamente em um lugar onde um homem incauto poderia se aventurar em busca de uma batalha. Walker era como grande parte da própria nação americana no início da década de 1840: jovem e ousado, ávido por alcançar o que via como sua devida grandeza, conquistar os limites da geografia e assumir sua posição de direito de levar o progresso até onde a dedicação permitisse. Em parte ideológica, em parte religiosa, em parte nacionalista, em parte

---

145. C. S. Monaco, *The Second Seminole War and the Limits of American Aggression* (Baltimore: Johns Hopkins University Press, 2018), p. 3.

146. O discurso de Walker contra o Exército é de seu "Florida and Seminole Wars [..]", p. 10-11.

racista, em parte repleta de simples juventude, tanto Walker quanto grande parte da população dos Estados Unidos se viam como soldados na vanguarda do destino.

A década de 1840 foi um período turbulento na história de um país igualmente turbulento. O Pânico de 1837[147], que contribuiu para o fim da companhia de armas de Samuel Colt, e a depressão que se seguiu aumentaram o desespero das pessoas que temiam que os bons tempos da jovem nação tivessem chegado ao fim. Problemas econômicos levaram muitos a novos tipos de cristianismo que romperam com as denominações rigidamente tradicionais e prometeram que, sob orientação adequada, os verdadeiros crentes encontrariam o caminho para a glória. O Segundo Grande Despertar, um frenesi de movimentos religiosos românticos, estava se espalhando pelo país. As reuniões de avivamento deixaram os devotos sedentos por reforma social e salvação e enfraqueceram o domínio do protestantismo antigo e insípido. Os movimentos promoviam a virtude, a temperança, o trabalho duro e a caridade. O mormonismo atraiu convertidos, bem como inimigos. Seu profeta, Joseph Smith, foi assassinado por uma multidão no final de junho de 1844, tornando-se o primeiro candidato a presidente dos EUA a ser assassinado. Os seguidores do milenarismo acreditavam que a segunda vinda de Cristo estava próxima. A "insanidade religiosa"[148], ligada ao evangelismo, aumentou nessa época, com internações em manicômios em Hartford, Boston e Worcester atingindo um pico na década de 1840.

O nativismo também estava em ascensão, impulsionado pelo medo do número crescente de imigrantes católicos, principalmente da Irlanda. A violência atingiu um pico em 1844, quando dois surtos de tumultos eclodiram na Filadélfia, um em maio e outro em julho. No primeiro, uma procissão de nativistas marchou pelas ruas da cidade segurando no alto

147. Para uma história do pânico, ver Alasdair Roberts, *America's First Great Depression: Economic Crisis and Political Disorder after the Panic of 1837* (Ithaca, NY: Cornell University Press, 2012).

148. Ver Ronald L. Numbers e Janet S. Numbers, "Millerism and Madness: A Study of 'Religious Insanity' in Nineteenth-Century America" em Ronald L. Numbers e Jonathan M. Butler, eds., *The Disappointed: Millerism and Millenarianism in the Nineteenth Century* (Knoxville: University of Tennessee Press, 1993), p. 94-97.

COM OLHOS AO OESTE

uma bandeira americana rasgada que trazia as palavras pintadas "Esta é a bandeira que foi pisada pelos papistas irlandeses"[149]. O jornal *The Native American* rugiu:

> A mão sangrenta do papa se estendeu para nossa destruição. Apelamos agora aos nossos concidadãos, que consideram as instituições livres, quer sejam nativos ou adotados, que se armem. Nossas liberdades são agora disputadas – não sejamos negligentes em nossa preparação.

O furor foi igualmente intenso dois meses depois. No meio do verão, dezenas de pessoas na Filadélfia foram feridas ou mortas.

Apesar da tempestade no país, ele voltou aos negócios e se recuperou de grande parte da devastação econômica causada pelo Pânico de 1837. Novas linhas ferroviárias chegaram a Springfield, Massachusetts, permitindo que o Armory enviasse armas para mais lugares mais rapidamente. Em 1844, um motor a vapor estacionário foi instalado no Armory. Quando funcionava, o que nem sempre acontecia, aliviava a fábrica de depender do humor dos rios para operar seu maquinário pesado. Os prédios e terrenos do Arsenal estavam sendo melhorados, graças ao superintendente Ripley, que aumentou a produção e ao mesmo tempo reduziu os custos.

Tanto a indústria americana quanto a alma americana estavam em ascensão. Um subproduto dessas forças gêmeas foi um senso de "destino manifesto", um termo cunhado pela primeira vez em 1845 para articular a sensação de que a mão da Providência estava direcionando os Estados Unidos para espalhar seu domínio sobre o continente, até o Oceano Pacífico[150]. Muitos viam a expansão do país para o Oeste como parte do plano de Deus para a jovem nação estabelecer uma civilização escolhida em terras "pagãs", independentemente da reivindicação ou direitos de

---

149. Amanda Beyer-Purvis, "The Philadelphia Bible Riots of 1844: Contest Over the Rights of Citizens", *Pennsylvania History: A Journal of Mid-Atlantic Studies*, v. 83, n° 3 (verão de 2016): 383.

150. O termo "Destino Manifesto" é geralmente atribuído a John L. O'Sullivan, influente editor da *Democratic Review*, em uma coluna de 27 de dezembro de 1845 que ele escreveu para o *New York Morning News*. Lá ele declarou que era "nosso destino manifesto espalhar e possuir todo o continente que a Providência nos deu para o desenvolvimento do grande experimento de liberdade e autogoverno federado que nos foi confiado".

seus primeiros habitantes. O que tinha sido um punhado de caçadores de peles e exploradores ao longo da Trilha do Oregon se transformou em uma multidão, à medida que os americanos brancos se dirigiam para o Oeste para criar vidas novas e melhores em um clima promissor. Em 1845, cinco mil pessoas fizeram a viagem. Muitos mais iriam em seguida.

E então havia o Texas. Os expansionistas, especialmente aqueles em estados escravagistas, queriam que a República da Estrela Solitária se tornasse parte dos Estados Unidos. O México considerava o Texas parte de seu território soberano e prometeu se opor a ser engolido pela nação anglo ao norte, à força, se necessário.

Samuel Walker, aos 25 anos, via o Texas como uma terra arrojada, rica em glória, nascida na liberdade, um oásis marcando o próximo passo da civilização em sua jornada. A jovem república, como os Estados Unidos, ainda lutava para se livrar do que via como uma velha ordem de hierarquia embrutecida tentando governar de longe. O México nunca aceitou a independência do Texas, então os invasores continuaram a vir de baixo de uma linha que a república considerava sua fronteira sul. Os índios também estavam saqueando assentamentos e precisavam ser rechaçados, na visão dos colonos.

"O amor pela fama cavalheiresca imortal ainda se apega ao meu coração" e "me impele", escreveu Walker à sua cunhada da Flórida em janeiro de 1842, pouco antes de partir para o Texas[151]. Ele encontrou sua tribo nos *Texas Rangers*, que lutaram contra invasores Comanches e mexicanos, e que compartilhavam o senso de risco e rebelião de Walker. Nenhum homem entre os *Rangers* queria matar mexicanos mais do que Sam Walker. No final de 1842, ele se juntou a uma expedição da milícia contra os assentamentos da fronteira mexicana, em parte em retaliação por um massacre de texanos pelo exército mexicano no início do ano. Quando ficou claro que a República do Texas não apoiaria mais a expedição, o

---

151. Trecho de uma carta de Walker para Ann Walker em 22 de janeiro de 1842, *Samuel Hamilton Walker Papers*, Divisão de Arquivos, Biblioteca Estadual do Texas e Arquivos, Austin, citado em Jimmy L. Bryan Jr., "The Patriot-Warrior Mystique", Alexander Mendoza e Charles David Grear, eds., *Texans and War: New Interpretations of the State's Military History* (College Station: Texas A&M University Press, 2012), p. 118.

oficial encarregado ordenou a seus homens que voltassem a cruzar o Rio Grande e voltassem para casa. Mas os *Rangers* odiavam fugir de um desafio, e pouco mais de trezentos deles, incluindo Walker, desobedeceram às ordens e foram mais a fundo no México. Eles acabaram sendo forçados a se render depois de encontrar uma força mexicana imensamente superior.

Os texanos capturados marcharam em direção à Cidade do México. Temendo que nunca mais voltassem para casa, 181 homens escaparam em fevereiro de 1843, mas a terra dura forçou 176 deles a se renderem ou serem recapturados dentro de algumas semanas. Enfurecido com a fuga dos texanos, o general Antonio López de Santa Anna ordenou que todos os fugitivos fossem executados. Recusando-se a tal matança em massa, outro general mexicano modificou a ordem: apenas um em cada dez morreria. Para selecionar quais homens seriam fuzilados, cada texano foi vendado e instruído a pegar um feijão de uma panela contendo 159 grãos de feijão branco e 17 grãos de feijão preto. Preto significava morte. Embora Walker tenha tirado um feijão branco, alguns de seus compatriotas não o fizeram. Ao anoitecer de 25 de março de 1843, os mexicanos fuzilaram 17 texanos. O resto permaneceu confinado em vários lugares, incluindo o Castelo de Perote, uma fortaleza de rocha vulcânica, de muralhas altas, a oeste de Vera Cruz, construída pelos espanhóis nos tempos coloniais para manter tesouros seguros antes de serem enviados para a metrópole. De vez em quando, alguns, incluindo Walker, conseguiam escapar.

"Escrevo para informá-la que estou bem de saúde, esperando que esta carta possa encontrá-la da mesma forma", escreveu Walker da prisão para sua cunhada[152], seis semanas depois do que veio a ser conhecido como o Episódio do Feijão Preto.

---

152. Trecho de uma carta de Walker a Ann Walker em 6 de maio de 1843. Box nº 1989/080, Item #10, *Samuel Hamilton Walker Papers*. Divisão de Arquivos e Papéis, Comissão da Biblioteca Estadual do Texas e Arquivos. Na carta, Walker disse que 18 homens foram executados no que ficou conhecido como Episódio do Feijão Preto. Dezessete homens foram executados de uma vez, enquanto outro homem, acusado de ser o líder do grupo, foi sumariamente executado depois. Ver Marilyn McAdams Sibley, ed., *Samuel H. Walker's Account of the Mier Expedition* (Austin: Texas State Historical Association, 1978), p. 59.

> Quando que eu voltarei não sei, pois minha experiência até agora só aumentou minha ansiedade e ambição de lutar contra os mexicanos. Eu testemunhei o assassinato de 18 de meus companheiros a sangue frio e estou determinado a vingar a morte deles se tiver uma oportunidade.

Dois meses depois, Walker escapou, voltando para o Texas, onde se juntou aos *Rangers*. Ele teria sua chance de vingança.

• • •

No início de 1844, o governo de John Tyler[153], então presidente dos Estados Unidos, juntou-se ao governo do presidente do Texas, Sam Houston, para elaborar um tratado que traria a República da Estrela Solitária para a União. Mas o Senado rejeitou esmagadoramente o tratado no exato momento em que os *Texas Rangers* – incluindo Jack Hays e Samuel Walker – derrotaram o bando Comanche de Lobo Amarelo na região das colinas. O destino do Texas, no entanto, permaneceu uma questão viva, tornando-se um ponto focal naquele outono nas eleições presidenciais.

Whigs[154] e Democratas selecionaram seus indicados nos meses que antecederam a eleição, e cada um teve um grande número de seguidores energizados. A escolha dos Whigs, como esperado, foi Henry Clay, do Kentucky, ex-senador e secretário de Estado dos EUA que há muito era considerado, particularmente por ele mesmo, perfeitamente adequado para a presidência. Como representante, os democratas escolheram James Knox Polk, um ex-presidente da Câmara e governador do Tennessee, proprietário de escravos. Clay e Polk tinham visões muito diferentes para o país. Os Whigs queriam que os Estados Unidos se desenvolvessem industrial e economicamente dentro de suas fronteiras, com a ajuda do governo federal. "É muito mais importante unir, harmonizar e melhorar o que temos", escreveu Clay a um colega político do Kentucky, "do que tentar adquirir mais"[155].

---

153. Nascido em 1790 e vindo a falecer em 1862, John Tyler foi o 10º presidente dos Estados Unidos; ficou conhecido, principalmente, por sua gana em trazer Texas para a União.

154. Ver nota 87.

155. Carta de Henry Clay a John J. Crittenden em 5 de janeiro de 1843, citada em Daniel Walker Howe, *What Hath God Wrought: The Transformation of America, 1815-1848* (Nova York: Oxford University Press, 2007), p. 706.

COM OLHOS AO OESTE

Os democratas queriam expandir os Estados Unidos para o Oeste expulsando os britânicos do Oregon e anexando a República do Texas. Eles tinham um verdadeiro campeão em Polk, um protegido de Andrew Jackson e um político trabalhador e vigoroso com uma disposição séria. Ele se esforçaria muito para adquirir o Texas, independentemente do recente bloqueio do Senado.

Os votos foram contados em dezembro e Polk obteve uma vitória. Clay poderia ter vencido se um terceiro candidato antiescravagista não tivesse desviado votos dos Whigs. O clima no Congresso estava mudando e os ventos estavam mudando para a anexação do Texas. A guerra com o México estava se aproximando da inevitabilidade.

Em 28 de fevereiro de 1845, quatro dias antes de sua posse, o presidente eleito Polk realizou seu desejo: o Congresso concordou em anexar o Texas. Quase oito meses depois, os eleitores do Texas aprovaram uma constituição abrindo caminho para que sua república se tornasse um estado dos EUA. Na primavera de 1846, exércitos inimigos se reuniram perto da fronteira do México com o Texas, embora não existisse uma fronteira universalmente reconhecida. Os Estados Unidos alegaram que o Rio Grande era a linha de demarcação. O México disse que era o rio Nueces, até 224 quilômetros ao norte do Rio Grande. A diferença levaria às primeiras batalhas e à declaração de guerra pelo Congresso dos Estados Unidos em 13 de maio de 1846. Com isso, os Estados Unidos iniciaram uma sangrenta investida imperial para o Oeste – e Samuel Colt iniciou sua própria campanha.

Colt queria vender suas armas para o Exército. Dois meses após o início oficial da guerra, ele escreveu ao presidente Polk pedindo uma comissão para liderar um regimento de infantaria "com base no fato de que passei os últimos dez anos da minha vida sem lucro no aperfeiçoamento de invenções militares [...]"[156]. Colt viu notícias de que Walker havia recusado um convite para assumir o comando de um regimento, então ele se ofereceu como um substituto adequado. Se o presidente desejasse,

---

156. A carta de Colt para Polk é reproduzida em *Sam Colt's Own Record of Transactions with Captain Walker and Eli Whitney Jr.*, em 1847, prefácio e notas de John E. Parsons (Prescott, AZ: Wolfe, 1992, originalmente publicado pela Connecticut Historical Society, 1949).

acrescentou Colt, ele estava pronto para apresentar seu caso pessoalmente. Mas Polk não deu ao inventor, que não tinha experiência militar, o que ele havia pedido. O homem por trás do revólver precisava encontrar outra maneira de alistar suas armas, então ele se voltou para os *Texas Rangers*, que estavam se juntando à guerra contra o México e usaram a primeira versão de sua pistola giratória. Colt esperava que eles pudessem fornecer um endosso vencedor.

Samuel Walker estava tão ansioso para entrar na luta que ele se alistou como soldado no exército voluntário do general Zachary "Old Rough and Ready" Taylor meses antes do início da guerra. Ele esteve com Taylor nas batalhas de Palo Alto e Resaca de la Palma no mês de maio anterior e foi recrutado pelo exército naquele verão, muitas vezes se escondendo atrás das linhas inimigas para trazer informações sobre a força opositora. Em um combate, o cavalo de Walker foi baleado enquanto ele estava na sela. Quando um lanceiro mexicano o atacou, Walker saiu de debaixo do animal morto, atirou no lanceiro, agarrou as rédeas do cavalo do homem e subiu na sela para mais luta (admirados, os cidadãos de Nova Orleans compraram para Walker um cavalo substituto chamado Toronado). Em Monterrey, em setembro, Walker e seus companheiros do *Texas Rangers* usaram suas habilidades em táticas de guerrilha contra as forças mexicanas na cidade, ensinando guerra urbana aos soldados regulares do Exército dos Estados Unidos. Em seus relatórios oficiais, Taylor destacou Walker pelo nome como tendo "realizado um serviço muito meritório como espião e *partisan*"[157].

Apesar de ocasionais esbarrões com autoridades, que incluíam ser amarrado a uma árvore como soldado na Flórida por desrespeitar um oficial que ele considerava um bêbado imoral, Walker era todo militar. Ele era geralmente discreto durante os momentos de baixa, mas quando a luta começava, ele também, tornava-se "rápido, incansável, terrível", um homem que naqueles momentos "parecia mudar todo o seu caráter e aparência e surgir um novo ser, inteiramente superior a si mesmo". Foi

---

157. O comentário de Taylor de que Walker "executou um serviço muito meritório como espião e *partisan*" é de J. Reese Fry, *A Life of Gen. Zachary Taylor* (Philadelphia: Grigg, Elliot, 1848), p. 147.

dito que não havia medo em Walker, pois ele "parecia buscar o perigo; amá-lo por si só"[158].

Exceto pelos olhos azuis e o mesmo nome de batismo, Samuel Colt e Samuel Walker eram homens muito diferentes. Colt era alto e impetuoso, carismático e confiante, sempre avançando. Walker, por outro lado, poderia ficar "quieto" longe do campo de batalha a ponto de ser pouco comunicativo. Com um corpo esguio, ombros ligeiramente arredondados e um rosto jovem e aparentemente suave, Walker não parecia o lutador que era. Enquanto Colt gostava de álcool e charutos, Walker era "exemplar em seus hábitos e não usava álcool nem tabaco de qualquer forma"[159].

O mais importante de tudo, o capitão Walker tinha a credibilidade militar – e a mística guerreira – que Colt não tinha. Quando voltou para o Leste, naquele novembro, para recrutar homens para sua companhia de soldados montados, sua reputação o precedeu. Walker rejeitou a ideia de um baile formal em sua homenagem, mas aceitou um convite para participar de uma reunião em um salão da sociedade Odd Fellows em Washington. Lá, as pessoas fizeram fila para elogiá-lo, um por um, como patriota e soldado. Três dias depois, o presidente Polk, que nomeara Walker como capitão do regimento de infantaria montada, recebeu-o para uma visita – honra negada a Colt.

· · ·

No início daquele ano, Colt escreveu para Jack Hays para promover seus sonhos de revólver, mas não recebeu uma resposta. Agora, Colt girava em torno de seu subordinado *superstar*.

> Tantas vezes ouvi falar de você por cavalheiros do Texas que me sinto suficientemente familiarizado para incomodá-lo com algumas perguntas sobre sua experiência no uso de minhas armas de fogo de repetição e sua opinião sobre sua *adopção* ao serviço militar na guerra contra México[160],

....

158. James C. Wilson, "Discurso por ocasião da remoção dos restos mortais dos capitães Walker e Gillespie em 21 de abril de 1856 d. C.". (San Antonio, TX: Publicado por um Comitê de Cidadãos), p. 14-15.

159. Edmund L. Dana, "Incidents in the Life of Capt. Samuel H. Walker, Texan Ranger," *Proceedings of The Wyoming Historical and Geological Society, For the Year ending February 11, 1882* (Wilkes-Barre, PA: The Society, 1882), p. 57.

160. A correspondência entre Walker e Colt vem do *Sam Colt's Own Record*.

escreveu Colt em uma carta que entregou em mãos a Walker após a chegada do capitão a Nova York, a bravata promocional do inventor eclipsando sua habilidade de soletrar. Ele ouvira histórias sobre as façanhas de Walker e Hays, explicou Colt, e "há muito desejava conhecê-lo pessoalmente [...]".

O problema com os militares modernos, Colt disse a Walker – talvez aproveitando a aversão do homem à hierarquia do Exército –, era que os oficiais de compras evitavam novas ferramentas, mesmo aquelas que funcionavam bem. Colt pediu a Walker que descrevesse seu triunfo no contexto do armamento e sugeriu que ele exortasse o presidente e o secretário de guerra a equipar seus homens com revólveres Colt. O *design* foi melhorado agora, afirmou Colt, mas a arma ainda pode se tornar "a coisa mais completa do mundo" – se alguém como Walker o aconselhasse.

Walker mordeu a isca. Em uma carta a Colt em 30 de novembro, quatro dias após sua audiência com Polk, ele escreveu:

> As pistolas que você fez para a Marinha do Texas estão em uso pelos *Rangers* há três anos, e posso dizer com confiança que é a única boa melhoria [em armas] que eu vi. Os texanos que aprenderam seu valor pela experiência prática, confiam nelas integralmente, tanto que eles estão dispostos a se envolver com quatro vezes mais inimigos.

Walker contou a Colt sobre a batalha com os Comanches, a qual Colt já conhecia.

> Até então esses índios ousados sempre se supunham superiores a nós, homem a homem, a cavalo [...]. Posso dizer com segurança que você merece grande parte do crédito pelo nosso sucesso. Sem suas pistolas, não teríamos a confiança de empreender aventuras tão ousadas.

De fato, pode haver melhorias, aconselhou Walker. Com a ajuda de um velho amigo fabricante de armas, Colt já estava mexendo no *design* do Paterson para eliminar pelo menos algumas preocupações que os militares tinham sobre sua confiabilidade. Juntos, Walker e Colt criaram algo que achavam que daria vantagem a qualquer soldado. Era uma arma gigantesca que empurrava esferas de chumbo maiores com maior força do que os antigos Patersons, enquanto usava o mesmo método patenteado de girar o cilindro e travá-lo no lugar para cada tiro. Em vez de cinco balas, o cilindro da nova pistola conteria seis. Foi-se o curioso gatilho que se mantinha escondido na armação da arma até emergir quando o atirador a engatilhava. Em seu lugar, havia um gatilho exposto protegido por uma moldura de metal presa à armação. E, desta vez, uma alavanca articulada abaixo de um cano de nove polegadas permitiu que o revólver fosse recarregado sem ter que desmontar a arma; o Paterson padrão exigia desmontagem, para que um cilindro cheio pudesse ser trocado por um usado. Cada soldado montado podia carregar dois desses revólveres em coldres pendurados na frente de sua sela, um de cada lado. Tal poder de fogo, 12 tiros mortais seguidos, nas mãos de um único cavaleiro, era inédito.

Em 7 de dezembro, o chefe de Compras do Exército, George Talcott, deu notícias emocionantes a Colt: o secretário de guerra queria mil pistolas a revólver imediatamente. Colt tinha três meses para entregar. Nesse mesmo dia, Walker escreveu uma carta para Colt:

> Duvido que você não receba pedidos de, pelo menos, mais dois mil em muito pouco tempo, caso você não receba, no entanto, não deixe que isso o impeça de fazer pelo menos esse número, pois estou confiante de que você pode vender esse número em Nova Orleans e no Texas a uma taxa que pagará bem [...]. Você não tem nada a temer em relação ao sucesso deles e também de serem postos em uso geral por nossas tropas leves montadas, que são indispensáveis para a proteção de nossa vasta e extensa Fronteira, acho que você faria bem em voltar sua atenção inteiramente para a fabricação dessas armas sentindo-se perfeitamente satisfeito que você será bem recompensado.

O eufórico Colt estava de volta aos negócios. Infelizmente, ele não tinha maquinário nem fábrica. Um prazo de produção de três meses era assustador, mas para Colt não havia opção: ele tinha que concordar. No dia seguinte, ele escreveu ao fabricante de armas, Eli Whitney Jr., filho do criador do descaroçador de algodão, em New Haven, Connecticut, e perguntou se o maquinário Whitney poderia fabricar seus revólveres[161].

Abaixo de sua assinatura, Colt acrescentou um pedido: "Whitney, lembra-se do nome de um cavalheiro que, dois ou três anos antes, havia

---

161. A carta de Whitney para Colt está no *Sam Colt's Own Record* .

mostrado espécimes de um cano de rifle de aço em Washington para conseguir um contrato com o governo? Colt queria saber quem era e onde ele estava". A resposta de Whitney foi imediata. Ele tinha muito trabalho a fazer para o governo, mas poderia assumir o projeto de Colt se realmente houvesse um pedido de revólveres. E ele sabia sobre o homem cuja identidade Colt estava procurando.

"O nome da pessoa por quem você pergunta", escreveu Whitney, "é o Sr. Remington [*sic*] da Remington Herkimer Co. N.Y.".

Enquanto Colt estava negociando com Whitney, ele manteve uma correspondência constante com Walker, em parte para obter a ajuda do capitão para garantir que as coisas corressem bem com o governo, mas também para mantê-lo feliz caso a produção não saísse como prometido.

"Tenho todos os motivos para acreditar que posso completar o pedido no tempo especificado, e se estiver ao alcance de alguém fazê-lo, será feito", escreveu Colt a Walker em 10 de dezembro, esperançoso de que mentes militares rígidas não se preocupassem com isso. Alterações de *design* ou desacelerar a produção com demandas inúteis. Então, Colt voltou-se para um elogio bajulador. Seus revólveres deviam sua reputação a Walker e Hays, Colt lembrou-se do capitão, e ele nunca lucraria colocando em suas mãos uma arma que não lhes daria crédito.

Colt decidiu não fazer um acordo com Eliphalet Remington para que os canos das armas fossem enviados para a fábrica de Whitney em New Haven, onde os trabalhadores deveriam moldar o complexo mecanismo da nova arma e juntar todas as peças. Mas ele procurou outro homem que tinha um talento afiado para fazer canos de armas finos. Na véspera de Natal de 1846, Colt enviou uma carta ao homem.

"Você pode esperar ver o capitão Walker do regimento de infantaria e eu em Northboro na terça ou quarta-feira que vem"[162], escreveu Colt a Edwin Wesson.

---

162. Trechos de uma carta na Coleção Edwin Wesson, Harriet Beecher Stowe Center, Hartford, CT.

CAPÍTULO 9
CRIANDO UMA FERRAMENTA DE GUERREIRO

Edwin Wesson ficou aliviado quando o capitão Samuel H. Walker entrou em sua oficina. Ali estava o tipo de cliente que poderia salvar a operação da família do perigo financeiro. Walker não era nenhum atirador esportivo de fim de semana em busca de um único rifle de prestígio, como muitos dos clientes de Edwin, mas um guerreiro recém-saído dos campos de batalha do México. Se Walker conseguisse convencer os militares a fazer uma encomenda em atacado de rifles de Edwin, os Wesson poderiam se livrar da hipoteca de quatrocentos dólares sobre seu equipamento de fabricação de armas.

Samuel Colt não estava com Walker quando o capitão chegou à oficina Wesson, mas manifestou seus desejos por escrito. Ele optou por não pedir a Edwin e Daniel que fizessem canos para seu novo revólver. Em vez disso, Colt disse aos Wesson que queria moldes nos quais o chumbo derretido seria despejado e endurecido para produzir balas para as novas armas. Ele também pediu um conjunto de ferramentas para alisar as superfícies das esferas de chumbo assim que saíssem dos moldes. Em uma carta de 5 de fevereiro de 1847, ele escreveu:

> Eu quero que você tenha em mente que é necessário que minhas esferas tenham um pouco de conicidade ou curva na extremidade

inferior para que elas entrem no cilindro pela pressão da vareta ou alavanca sem raspar ou cortar um lado ou outro, e as esferas quando dentro devem ser suficientemente retas na lateral para ficarem presas às câmaras de modo a não dispararem pelo recuo[163].

Com seu prazo de produção de três meses se aproximando, Colt estava com pressa. "Eu quero essas coisas assim que você puder fazê-las", disse Colt a Edwin. "Você pode enviar um por um ou tudo de uma vez, conforme sua conveniência.

Na opinião de Walker, não importava quem faria os canos ou moldes, desde que os revólveres de Colt chegassem às suas tropas a tempo. O que Walker queria de Edwin era aquilo no que o mestre de alvos se destacava: um rifle Wesson pessoal, pesando menos de quatro quilos, feito de acordo com as especificações de Walker. O capitão disse a Edwin que seu irmão, Jonathan, também queria um rifle feito para ele.

Os irmãos Walker e Wesson tinham mais em comum do que um interesse por rifles. Eles compartilhavam o respeito pela excelência artesanal. O pai de Walker havia passado para seus filhos tanto a ética do trabalho duro quanto a habilidade de fazer coisas, "para que todos nós sejamos mecânicos, uma distinção que tenho orgulho de reconhecer", escreveu Walker certa vez, mostrando seu desgosto pelo esnobismo e por aqueles exercendo autoridade imerecida[164].

> Estou ciente de que os aristocratas e amantes do poder e da tirania torcerão o nariz, como diz o velho ditado, para minhas observações, mas não me importo com isso, pois meu desejo é alertar os trabalhadores do país para observar com incessante vigilância todo movimento dos que estão no poder, que, em vez de serem servidores públicos como deveriam ser, preferem fazer do público seus servidores.

Walker apreciava um homem que trabalhava bem com as mãos, especialmente se essas mãos fizessem armas excepcionais, e por isso estava interessado em encomendar um item pessoal de Edwin Wesson.

163. As cartas de Colt e Walker para Wesson estão na Edwin Wesson Collection, Harriet Beecher Stowe Center, Hartford, CT.

164. Samuel H. Walker, *Brief observations on the conduct of the officers, and on the discipline of the army of the United States*, 1º de julho de 1840, Biblioteca Estadual do Texas e Arquivos, Samuel Hamilton Walker Papers, Box nº 1982/47, Item #43.

CRIANDO UMA FERRAMENTA DE GUERREIRO

Edwin ficou encantado em construir rifles para os Walker, mas queria algo para si mesmo. Se Colt não daria aos Wesson um grande contrato de canos, talvez o capitão pudesse convencer os militares a adotar seus rifles. Edwin sabia, assim como Colt, que a opinião de Walker tinha um grande peso entre os militares. E o capitão tinha todos os contatos certos, inclusive o presidente dos Estados Unidos. Além disso, Walker sabia como as armas deveriam funcionar, e os rifles Wesson funcionavam esplendidamente; não poderia haver melhor endosso do que o capitão ter encomendado um para si mesmo. Certamente, Walker disse a Edwin, ele promoveria com prazer o trabalho manual da família. E ele agiu rapidamente.

"Levei o assunto ao Congresso e está nas mãos do comitê militar", escreveu Walker a Edwin de Washington, em 18 de janeiro de 1847. "Todos parecem favoráveis às armas e equipamentos que recomendo. Assim que houver alguma ação, informarei tudo sobre isso". Walker também mostrou ao chefe de Compras Talcott um alvo atingido por balas de um rifle Wesson como evidência de sua precisão. No final da primeira semana de fevereiro, Walker havia deixado Washington rumo a Baltimore, onde continuou recrutando para os militares. Ser um nativo de Maryland, bem como um herói nacional, levou mais jovens a se juntarem a ele. Edwin Wesson estava trabalhando duro para fazer o rifle de Walker, sabendo que seria um cartão de visita nos círculos de influência de Washington.

"Acho que ainda posso garantir uma encomenda de rifles pelo menos suficiente para armar nosso regimento", escreveu Walker a Edwin. "Espero que as pistolas Colt cheguem na próxima sexta-feira e gostaria de receber o rifle ao mesmo tempo ou antes".

O senador do Texas Thomas Jefferson Rusk, que havia ajudado a vingar o Álamo[165] em San Jacinto e agora apoiava a guerra contra o México, pressionou o Senado a considerar os rifles de Edwin. "Tenho certeza de que consegui o suficiente para pelo menos armar minha companhia",

---

165. A Batalha do Álamo foi uma batalha na guerra de independência do Texas em que as tropas mexicanas atacaram o complexo Álamo, guarnecido por 100 soldados texanos. A batalha foi uma vitória para o México e inspirou colonos do Texas a se alistarem na guerra para se vingarem. A vingança dos texanos veio no mesmo ano, na Batalha de San Jacinto, onde os texanos derrotaram os mexicanos e deram fim à guerra, tornando-se a República do Texas. (N. E.)

escreveu Walker a Edwin, "e gostaria que você começasse a produzir cem [rifles] sem demora, pois não tenho dúvidas disso".

Os políticos de Maryland também cumpriram as ordens de seu filho nativo[166]. Em 24 de fevereiro, o Legislativo estadual aprovou uma resolução elogiando Walker por seus feitos de "ousadia e bravura pessoal", observando que mais de uma centena de habitantes de Maryland, "confiando implicitamente em sua reputação imaculada de cavalheirismo e coragem, escolheram voluntariamente segui-lo para uma vitória triunfante ou morte gloriosa [...]". Como esses soldados verdes precisavam ter armas confiáveis quando fossem para a guerra, a legislatura pediu à sua delegação de Washington que

> instasse ao governo geral a necessidade e a propriedade de fornecer ao referido regimento os rifles que puder, na opinião do capitão Samuel H. Walker, sejam mais adequados para o serviço em que o referido regimento está prestes a ser engajado.

O futuro de Edwin Wesson parecia mais brilhante do que nunca.

Em uma carta escrita no dia da resolução da legislatura de Maryland, Walker trouxe a Edwin boas e más notícias. "Estou muito satisfeito com meu rifle", escreveu ele. Ele "ainda não teve tempo de disparar, mas estou perfeitamente convencido de que vai me servir". Dois outros homens em sua companhia também queriam rifles Wesson. O mesmo fez um sargento, que pediu a Walker que incluísse quarenta dólares por um exatamente igual ao de seu capitão.

Aqui estava a má notícia: "[Eu] usei todos os esforços que estavam ao meu alcance para garantir a encomenda militar que eu contemplava e lamento informar que não tive sucesso". Walker não ofereceu mais explicações, pelo menos não naquela carta. Por alguma razão, a chance de a empresa Wesson se tornar uma produtora em massa para o Exército havia desaparecido. Edwin ainda tinha esperança na companhia de

---

166. A resolução da Assembleia Geral de Maryland pode ser encontrada em "Laws Made and Passed by the General Assembly of the State of Maryland, At a Session BeArma and Held at Annapolis, on Monday, the 28th Day of December, 1846, and Ended on the 10th Day of March, 1847", Resolução nº 22, aprovada em 24 de fevereiro de 1847, [Maryland] Assembleia Geral, Session Laws, v. 611, 382.

voluntários de Walker. Se o galante e célebre capitão tinha interesse em alguma coisa, certamente seria fornecer bons rifles aos homens sob seu comando pessoal.

Mas agora a mente de Walker estava nos revólveres de Colt. Logo ele voltaria aos campos de batalha, onde queria – onde *precisava de* – poder de fogo das pistolas de tiro múltiplo que ajudara a projetar. Em 6 de março, Walker chegou de trem a Newport Barracks, no lado de Kentucky do rio Ohio, em frente a Cincinnati. Ele estava cansado de recrutar nas cidades, com toda a algazarra e os mimos dos pais de jovens aspirantes a soldados, e queria se preparar para a batalha. Havia bons homens em sua companhia, ele disse a Colt, "e tudo que eu quero agora são as armas, espero que você apresse as coisas o mais rápido possível e me forneça o suficiente para minha companhia antes que eu seja ordenado a sair, escreva-me e me informe o mais cedo possível que você puder prepará-las, não há nada agora nem mesmo uma mulher que me dê tantos pensamentos [*sic*]"[167]. Mais duas semanas se passaram, e ainda sem armas. *Onde elas estavam?*

"Pelo amor de Deus, apresse as coisas o mais rápido possível e me envie algumas das pistolas imediatamente", Walker implorou a Colt em uma carta escrita às pressas do quartel. "Quero começar a treinar meus homens a cavalo com elas", disse ele ao seu *codesigner* de armas. "Tudo agora depende de você", enfatizou Walker, pedindo para ouvir de Colt "imediatamente, se não antes, e me avise quando eles estarão disponíveis, descubra como as coisas provavelmente funcionarão em relação à inspeção etc., e deixe-me saber tudo sobre isso". Talvez Eli Whitney pudesse acelerar a produção colocando toda a sua força de trabalho na fabricação dos revólveres, ele sugeriu. Se a fábrica conseguisse armas suficientes para armar seu destacamento antes de partirem para a batalha, Walker disse a Colt, "você usará a mais brilhante Coroa de Louros de nossa primeira vitória e a glória será toda sua".

---

167. A correspondência de Colt e Walker está *Sam Colt's Own Record of Transactions with Captain Walker and Eli Whitney Jr.*, em 1847, prefácio e notas de John E. Parsons (Prescott, AZ: Wolfe, 1992, originalmente publicado pela Connecticut Historical Society, 1949).

Colt estava tendo problemas com o Departamento de Compras. O coronel Talcott e seus subordinados tinham preconceito contra seus revólveres, queixou-se Colt em uma carta de 21 de março a Jack Hays, que estava, na época, em Washington. Talvez Hays pudesse levar as coisas adiante. Três dias depois, Walker escreveu outra carta a Colt, pedindo revólveres "o mais rápido possível". Mesmo uma pequena quantidade, digamos, apenas vinte de cada vez, "seria desejável, danem-se as probabilidades de todas as inspeções, envie-as para mim e eu as inspecionarei e farei tudo certo".

Colt tinha todos os motivos para pensar que seus revólveres não seriam feitos a tempo. Além das frustrações por lidar com o Departamento de Compras, ele teve problemas de produção. Ele certamente não iria piorar as coisas dizendo a Walker para não esperar que as armas chegassem em breve, especialmente quando rumores no Exército levaram o capitão a pensar que ele estava prestes a ser enviado à ação. "Nunca vai servir para mim entrar em outro combate sem algumas dessas pistolas".

Walker estava certo. "Estamos agora a caminho do centro da guerra", escreveu ele a Colt na noite de 1º de abril, a bordo de um navio a vapor no rio Ohio com destino a Nova Orleans. Walker e seus homens receberam uma grande despedida com mulheres acenando com lenços até que a embarcação estivesse fora de vista. Mais três semanas, e ainda sem revólveres. Depois de mais ou menos uma semana reunindo mais recrutas, Walker esperava partir para Vera Cruz. Em 28 de abril, ele escreveu a última carta para Colt de Nova Orleans: "Não tenho nada mais a escrever do que apenas expressar novamente minha esperança de que você faça algum arranjo para encaminhar minhas pistolas diretamente para Vera Cruz [...]". Os Colts chegaram a Vera Cruz eventualmente, mas acabaram parados em um depósito. Quando Walker finalmente voltou à guerra em maio, as armas que ele ajudou Colt a projetar ficaram sem uso.

· · ·

Com junho se aproximando, Daniel Wesson e Cynthia Hawes decidiram que esperaram tempo suficiente pela aprovação do pai da moça. Cynthia logo faria 22 anos; Daniel já estava lá. A relação deles era

CRIANDO UMA FERRAMENTA DE GUERREIRO

sólida. Hora de dar um passo ousado: fugir para casar-se. A cinquenta e poucos quilômetros de Northborough, do outro lado da divisa Massachusetts-Connecticut, havia uma cidade perfeitamente adequada para o propósito. Thompson era um destino bem conhecido para casamentos rápidos para os habitantes da Nova Inglaterra. Os estados vizinhos insistiam que os casais publicassem suas intenções de se casar com duas ou três semanas de antecedência. Não era assim em Connecticut, onde o único requisito era um único e breve aviso do púlpito. Como Thompson ficava perto de Massachusetts e Rhode Island, os casais desses estados podiam viajar para lá em uma manhã de domingo, o que costumavam fazer, e se casar prontamente na Stiles Tavern, onde o sociável senhorio e juiz de paz, capitão Vernon Stiles, (seu bar também era a sede local do Partido Democrata) realizou os serviços "com graça e simpatia que encantou a todos os participantes[168]. Dificilmente se passava um sábado sem trazer festas de casamento para participar do pão doce sempre preparado para elas". Para o casamento, no entanto, Daniel e Cynthia optaram pelo reverendo doutor Daniel Dow, o pastor de 75 anos de longa data da Igreja Congregacional local, para uni-los, o que ele fez em 26 de maio de 1847[169]. Gostasse ou não, Luther Hawes agora tinha um genro.

Um dia antes de os Wesson começarem a vida de casados, Samuel Walker entrou no Castelo de Perote, o mesmo lugar onde outros texanos haviam sido prisioneiros quatro anos antes e que os americanos haviam capturado um mês antes. Para os texanos, Perote tornou-se um símbolo de sofrimento, um lugar para inspirar retribuição. Tendo colhido um feijão branco em 1844, enquanto 17 de seus companheiros texanos escolheram o preto e foram executados, Walker atiçou seu próprio fogo retributivo. Se Santa Anna tivesse feito o que queria naquela época, Walker sabia, ele também teria sido baleado. Agora ele fazia parte de um exército conquistador. Chegara a hora da vingança pessoal.

....

168. Informações sobre as ofertas matrimoniais do Capitão Stiles e Thompson vêm de Ellen D. Larned, *History of Windham County, Connecticut 1760-1880, v. 2* (Worcester, MA: impresso pela autora, 1880), p. 535; e Richard M. Bayles, ed., *History of Windham County, Connecticut* (Nova York: W. W. Preston, 1889), p.705-06.

169. *The Barbour Collection of Connecticut Town Vital Records, Thompson 1785-1850* (Baltimore: Genealogical Publishing Co., 2002), p. 363.

WALKER CONSEGUE SEUS COLTS

*Nossas bandeiras flutuando, vamos logo,
Para conquistar todo o México.*

A. M. Wright, *Uma Canção Para o Exército*, 1846

Três meses depois de chegar a Vera Cruz, Walker acabou confinado no sombrio Castelo de Perote, com fosso e paredes grossas. Dessa vez, porém, não foram os mexicanos que o prenderam; foram seus próprios compatriotas. Walker acusou seu superior de covardia durante uma discussão e foi confinado no seu quarto por insubordinação. Mas o general Joseph Lane soltou Walker. Se os americanos iam lutar contra Santa Anna e encerrar essa guerra suja e cada vez mais impopular, o carismático e lutador Walker precisava estar no comando de sua própria companhia.

Era agora a primeira semana de outubro de 1847. Três semanas antes, a Cidade do México havia caído nas mãos dos americanos, mas ainda assim a guerra continuava, com bandidos e guerrilheiros, bem como soldados regulares mexicanos atacando as forças americanas. A guerra de guerrilha era uma especialidade dos *Texas Rangers*, e embora Walker fosse agora um capitão do Exército, ele ainda pensava e agia como um *Ranger*. O mesmo acontecia com seus homens, o que era bom para o Exército, desde que mantivessem o devido respeito pela propriedade e pelos não combatentes, o que muitas vezes não faziam.

Por essa razão, os mexicanos na área ao redor de Perote temiam e detestavam os cavaleiros de Walker[170].

A inimizade era recíproca. "Se o capitão Walker encontrar os guerrilheiros, que Deus os ajude, pois ele raramente traz prisioneiros", escreveu um colega soldado em seu diário em junho anterior[171]. "O capitão e a maioria de seus homens são muito preconceituosos e amargurados contra todos os guerrilheiros do país". Outro mantenedor de diário observou que Walker tinha "um ódio inveterado contra os mexicanos e, quando tem o poder, leva adiante a guerra de acordo com seus próprios sentimentos peculiares"[172].

A Walker estava faltando um certo poder, no entanto: as novas pistolas de Colt. Ele sabia que estavam em Vera Cruz, mas não conseguiu permissão para buscá-las. Se ele tivesse as pistolas, pensou Walker, certamente dominaria as forças mexicanas onde quer que estivessem e capturaria ou mataria o general, conhecido pelos americanos como "o Napoleão do Sul". Walker sonhava em possibilitar a anexação do México, para "abrir um novo e extenso campo para a exibição do gênio e empreendedorismo americanos", como descreveu em uma carta ao irmão. Ele tinha seu lindo rifle Wesson – e ainda devia a Edwin uma última parcela do pagamento, que ele disse ao irmão que enviaria com um soldado que estava a caminho de casa –, mas sua qualidade superava seu valor estratégico. Seus compatriotas admiravam o rifle, mas ele tinha apenas um tiro. A pistola de Colt poderia disparar seis em rápida sucessão.

Então o destino finalmente favoreceu Samuel Walker. Em 5 de outubro, chegou um par de novos revólveres da Colt, não como parte do

---

170. Para saber que os mexicanos temiam e odiavam os dragões de Walker, ver *Autobiography of an English Soldier in the United States Army* (Nova York, NY: Stringer & Townsend, 1854), p. 22.

171. J. Jacob Oswandel, *Notes of the Mexican War, 1846-47-48* (Filadélfia: 1885), p. 198.

172. Trecho de uma entrada de 20 de junho de 1847 no diário de Thomas Barclay, citado em Allan Peskin, ed., *Volunteers: The Mexican War Journals of Private Richard Coulter and Sergeant Thomas Barclay, Company E, Second Pennsylvania Infantary* (Kent, OH: Kent State University Press, 1991), p. 110.

WALKER CONSEGUE SEUS COLTS

carregamento parado em Vera Cruz, mas como um presente pessoal do inventor, que disse a Walker em uma carta escrita mais de dois meses antes, que esperava que "eles provassem ser amigos substanciais em tempo de necessidade". A tão desejada invenção da colaboração de Colt e Walker havia ido de New Haven a Nova Orleans e depois a Vera Cruz a bordo do barco a vapor *Martha Washington*, depois pelo interior e finalmente nas mãos de Walker. Os oficiais falavam deles "nos mais altos termos e todos os oficiais da Cavalaria estão determinados a comprá-los, se possível", escreveu Walker a seu irmão na noite em que as armas chegaram. "Col. Harney diz que eles são a melhor arma do mundo. Eles são tão eficazes quanto o fuzil comum a noventa metros e superiores a um mosquete mesmo a 180 metros"[173].

Walker finalmente tinha algo para colocar em seus coldres de sela, que eram infinitamente melhores do que as obsoletas pistolas de tiro único que o Departamento de Compras havia distribuído aos dragões. Se suas tropas não tinham seus próprios Colts, pelo menos seus gigantes de seis tiros estavam finalmente com ele, tão prontos para a ação quanto ele. E eram exatamente o que ele havia encomendado, incluindo a mira frontal em forma de lâmina feita de prata alemã. Colt tinha até acrescentado um toque de arte, algo que ele havia começado com seus revólveres Paterson[174]. Em torno de cada cilindro, havia uma cena criada pelo mestre gravador de Nova York, Waterman Ormsby, inventor de um processo de corte por rolo para incorporar arte em superfícies curvas. Por insistência de Colt, a cena de Ormsby foi uma homenagem aos *Texas Rangers*, retratando uma versão romantizada da Batalha de Walker's Creek com os *Rangers* vestidos com uniformes militares, não o traje de fronteira que eles realmente

---

173. *Samuel Hamilton Walker Papers* na Comissão de Biblioteca e Arquivos do Estado do Texas, Box N° 1982/47, Item #8, SHW to JTW, 10/5/1847. Está transcrito em Charles T. Haven e Frank A. Belden, *A History of the Colt Revolver and the Other Arms Made by Colt's Patent Fire Arms Manufacturing Company from 1836 to 1940* (Nova York: Bonanza Books, 1940), p. 292-93.

174. As cenas que Colt mandou gravar em torno dos cilindros de seus primeiros revólveres são discutidas em Arthur Tobias, *Colt Cylinder Scenes 1847-1851, W. L. Ormsby's Texas Rangers and Comanches Fight, Stagecoach Holdup e Naval Engagement Scene, Engravings On Samuel Colt's Revolvers* (Los Angeles: publicado pelo autor, 2011).

usavam. Tanto Jack Hays quanto Samuel Walker estavam em primeiro plano – Hays galopando em um cavalo claro, Walker, em um escuro –, cada homem segurando um revólver enquanto perseguiam os Comanches em plena cavalgada. O cano da arma recém-disparada de Walker derramava fumaça, enquanto o índio logo à frente caía para trás de seu cavalo.

• • •

Quatro dias após a chegada de seus Colts, Walker estava destinado à glória. Ele e suas tropas faziam parte da coluna de três mil homens do general Lane a caminho da Cidade do México. Ao se aproximarem de Huamantla, uma cidade no planalto central mexicano, Santa Anna estava esperando por eles, esperando que Lane passasse e expusesse a retaguarda de sua coluna a um ataque surpresa. Mas Lane tinha ouvido que o general mexicano poderia estar em Huamantla, então, naquela noite, ele enviou espiões à cidade para descobrir. Santa Anna e a maior parte de sua cavalaria haviam partido no dia anterior, relataram os espiões, mas alguma artilharia ainda estava lá. Lane decidiu que suas tropas montadas, incluindo Walker e seus homens, deveriam se preparar para marchar uns 19 km até Huamantla e tomar a cidade.

No início da manhã de 9 de outubro, o rufar dos tambores da infantaria e os sons da cavalaria se preparando para a batalha despertaram a coluna de Lane. A chuva tinha sido forte nos últimos dias, mas essa manhã amanheceu brilhante depois de uma noite estrelada, os raios do sol "dourando os picos das montanhas distantes, os pináculos das igrejas nas aldeias vizinhas, as fazendas de paredes brancas e bosques escuros nas encostas, até que tudo se assemelhasse a um brilho de ouro"[175]. O chão, úmido sob os soldados enquanto dormiam, secou rapidamente. Após a chamada, os homens tomaram o café da manhã com biscoitos duros regados com café e, em seguida, reuniram informações para aguardar ordens. A essa altura, um boato havia começado a circular: Santa Anna realmente estava lá. Todos ficaram encantados. Talvez eles pudessem capturá-lo.

175. Albert G. Brackett, *General Lane's Brigade in Central Mexico* (Cincinnati, OH: H. W. Derby, 1854), p. 88.

WALKER CONSEGUE SEUS COLTS

Às 11 horas, mais de mil americanos estavam a caminho de Huamantla, brisas quentes farfalhando seus estandartes, os cavalos de sua tropa levantando nuvens de poeira do terreno agora seco[176]. Os homens montados, incluindo Walker e sua companhia, receberam ordens de manter alguma distância à frente do corpo principal. A oito quilômetros da cidade, Walker decidiu avançar ainda mais rápido. Ele e seus duzentos cavaleiros se separaram do resto em ritmo acelerado, esperando pegar os mexicanos de surpresa. Um beco estreito flanqueado por agaves de folhas afiadas que levava a Huamantla obrigou os homens a trotarem de dois em dois, lado a lado, até chegarem ao centro da cidade, onde Walker ordenou que sacassem os sabres e atacassem. Com um grito selvagem, os cavaleiros esporearam os cavalos a galope, os cascos ressoando pelas ruas pavimentadas, e atacaram os mexicanos, que voltavam sua artilharia contra eles e atiravam quando podiam. Com um golpe de sua lâmina, Walker decapitou um homem tentando acender o pavio de um canhão. Os quinhentos lanceiros mexicanos ainda em Huamantla fugiram do ataque furioso dos americanos, os homens de Walker perseguindo, matando alguns enquanto tentavam encontrar segurança. Walker atravessou a cidade até os arredores, em busca de artilharia mexicana que tivesse sido deixada para trás. Então sua companhia começou a proteger os canhões que haviam capturado.

O que eles não capturaram, para seu desespero, foi Santa Anna. Quando os soldados atacaram, ele havia deixado Huamantla com a maior parte de sua cavalaria, como os espiões de Lane relataram. Mas ele não estava longe. De uma colina à vista da cidade, Santa Anna viu o que havia acontecido. Ele ordenou que seus lanceiros entrassem em ação.

• • •

176. Os relatos da batalha de Huamantla, incluindo a morte de Walker, variam. As descrições vêm de várias fontes, incluindo Oswandel, *Notes of the Mexican War*; Brackett, *General Lane's Brigade in Central Mexico*; Thomas Claiborne Papers, Coleção nº 00152, A Coleção Histórica do Sul na Biblioteca de Coleções Especiais Louis Round Wilson da Universidade da Carolina do Norte; *Niles' National Register* de 27 de novembro de 1847; Horatio O. Ladd, *History of the War with Mexico* (Nova York: Dodd, Mead, 1883), p. 260-64; e G. W. M., "Battle of Huamantla", *Brooklyn* (NY) *Daily Eagle*, 3 de dezembro de 1850.

A infantaria americana estava a 2,5 km de Huamantla quando ouviram tiros. Walker, eles sabiam, acabara de enfrentar o inimigo. Então eles viram os lanceiros mexicanos, dois mil deles, correndo em direção à cidade. "Eles fizeram uma aparição magnífica, vestidos como estavam com uniformes vermelhos e verdes", lembrou um soldado,

> e eu nunca vi uma exibição mais animadora. Suas lanças longas e brilhantes refletiam os raios do sol e brilhavam como um mar de diamantes. As flâmulas rubras de suas lanças esvoaçavam graciosamente nas hastes, enquanto acima do resto estava a bandeira nacional do México [...][177].

Os soldados de infantaria estavam cansados de marchar, mas não tinham escolha a não ser correr para Huamantla o mais rápido que pudessem para resgatar a força de Walker, em número muito inferior. Os lanceiros mexicanos chegaram primeiro, com os cavalos cobertos de espuma e suor de tanto cavalgar, e cercaram os americanos bloqueando todas as ruas. Por ordem de Walker, seus homens viraram os canhões capturados contra os mexicanos, tentando atirar no meio deles, mas eles não tinham pavios para fazer o trabalho. Um homem tentou, sem sucesso, usar sua pistola para detonar um canhão. Em um pátio de convento, perto de uma grande casa na esquina da praça principal, Walker continuou atirando e dando ordens, quando uma bala atravessou seu peito e outra a sua cabeça, derrubando-o no chão, morto.

A infantaria de Lane empurrou os soldados mexicanos para fora de Huamantla e depois assumiu o comando da cidade. Eles não foram graciosos na vitória. A morte de Walker os abalou com força. Aqueles que o conheciam, choraram abertamente. General Lane, conhecido por seu temperamento esquentado, liberou os soldados, deixando-os saquear, estuprar, assassinar e saquear, como desejassem. Houve "berros, gritos, relatos de armas de fogo e estrondos de madeira e vidro enquanto as tropas batiam contra as portas e janelas", lembrou um tenente[178].

177. Brackett, *General Lane's Brigade in Central Mexico*, p. 9.
178. Tenente William Wilkins, citado em Joseph Wheelan, *Invading Mexico: America's Continental Dream and the Mexican War, 1846-1848* (Nova York: Carroll & Graf, 2007), p. 387.

Cavalos e homens mortos jaziam por todo lado, enquanto soldados bêbados, gritando e guinchando, arrombavam casas ou perseguiam alguns pobres mexicanos que haviam abandonado suas casas e fugido por suas vidas.

Santa Anna havia escapado, mas sua carreira militar estava morta. Após a batalha de Huamantla, o governo mexicano o liberou do comando. As principais batalhas da Guerra Mexicano-Americana haviam acabado. As feias consequências de Huamantla, em que os americanos devassaram seu inimigo derrotado, seriam uma mancha indelével na honra americana.

Walker tornou-se, na morte, ainda mais, o herói que sempre quis ser em vida. Sua fama póstuma imbuiu o novo revólver de Colt de renome. Não importava que a arma apelidada de "Walker Colt" ainda tivesse falhas, que explodisse, por exemplo, se carregada com muita pólvora ou que sua alavanca de vareta às vezes caísse e impedisse o cilindro de girar depois que o revólver era disparado, tornando impossível um tiro seguinte até que a alavanca fosse empurrada de volta para a posição. Um herói de guerra liderou a invasão bem-sucedida de uma cidade mexicana com Colts em sua sela, e o governo dos EUA queria mais deles.

Walker estava morto, e o sonho de Colt estava totalmente, finalmente vivo.

A QUEDA DE EDWIN WESSON

Samuel Walker morreu com um revólver Colt na mão, não um rifle Wesson, e isso foi um problema para Edwin. Com seu patrono mais famoso desaparecido, as chances de que ele pudesse conseguir um contrato com o Exército agora eram pequenas. Mas Edwin não desistiu. Em vez disso, ele continuou pensando grande e mirando alto. Ele decidiu seguir em frente com um plano de realocar a empresa da família de seu centro em Northborough, Massachusetts, para a movimentada Hartford, Connecticut, 124 quilômetros a sudoeste. Lá os Wesson poderiam expandir suas atividades em uma sede maior.

A mudança fazia sentido. Embora com uma população em crescimento, Northborough ainda era uma cidade pequena na década de 1840[179]. Era principalmente agrícola, com um punhado de indústrias:

---

179. A história inicial de Northborough veio de várias fontes, incluindo Rev. Joseph Allen, *Topographic and Historical Sketches of the Town of Northborough, with the Early History of Marlborough, in the Commonwealth of Massachusetts, Furnished for the Worcester Magazine* (Worcester, MA: W. Lincoln & C. C. Baldwin, 1826); Josiah Coleman Kent, *Northborough History* (Newton, MA: Garden City Press, 1921); Bruce Clouette, *Phase II Historic Properties Survey Town of Northborough, Massachusetts*, preparado para a Comissão Histórica de Northborough pela Equipe de Levantamento de Arqueologia Pública, Inc., 2009; e William H. Mulligan, Jr., *Northborough: A Town and Its People, 1638-1975* (Comissão do Bicentenário da Revolução Americana de Northborough, 1977, 1982).

fábricas e empresas têxteis, fabricantes de tijolos e sapateiros de botas. A fabricação de pentes – versões ornamentais, bem como de pentear – feitos principalmente de chifres e cascos de animais fornecidos por matadouros locais, havia começado lá em 1839 e agora estava se tornando o maior empreendimento da cidade[180]. E, claro, Northborough tinha o negócio de rifles Wesson. O que não tinha na época eram rotas de transporte rápidas para mercados maiores ou o tipo de energia hidráulica necessária para operar grandes fábricas. Embora o adorável rio Assabet e os muitos riachos da cidade fossem bons para os negócios de Northborough, seu poder empalidecia em comparação com o do forte e estável Rio Connecticut que atravessa Hartford, cuja população era nove vezes maior. Edwin Wesson queria poder e magnitude, e por isso ele estava disposto a abandonar sua sólida reputação como cidadão de Northborough (ele foi um membro da comissão de cinco homens escolhidos pela população para decidir se comprariam um carro de bombeiros para a cidade). Ele e o irmão Daniel decidiram partir para Hartford, levando consigo vários trabalhadores e suas famílias.

Em sua oficina e forja alugada em Northborough, Edwin conseguia produzir menos de 150 armas por ano, incluindo rifles de caça e de tiro ao alvo, uma pistola ocasional e armas de ombro relativamente pequenas chamadas "rifles de *buggy*", que muitas vezes vinham com coronhas destacáveis. Se quisesse conquistar um mercado maior, precisava expandir o negócio drasticamente. Para sua fábrica em Hartford, Edwin decidiu não alugar ou comprar. Dessa vez, ele iria construir.

Edwin Wesson escolheu um terreno de 15 metros por 40 metros na esquina de duas ruas do centro e perto da estação de frete ferroviário e do Rio Connecticut, um local perfeito para um futuro titã. Durante o inverno, quando 1847 deu lugar a 1848, sua visão rapidamente se tornou realidade tijolo por tijolo, três andares de altura, coberta de metal, pronta para fazer rifles em maior número do que Edwin tinha antes. Ele também construiu uma oficina de ferreiro, uma casa de carvão e vários

180. Sobre a confecção de pentes em Northborough, ver Victoria Sherrow, *Encyclopedia of Hair: A Cultural History* (Westport, CT: Greenwood, 2006), p. 92; e Mulligan, *Northborough: A Town and Its People,* p. 123-124.

outros pequenos prédios em seu terreno. Antes do final do verão de 1848, a maior parte do maquinário de fabricação de rifles de Wesson estava pronta, logo seguido por um motor a vapor de oito cavalos de potência fabricado localmente para operá-lo.

Tudo isso exigia muito dinheiro, que Edwin não tinha. Um grupo de credores locais o viu como uma boa perspectiva de investimento, então, em abril de 1848, eles obtiveram US$ 4.000 para ele por meio de um empréstimo com a Sociedade de Poupança de Hartford, o primeiro banco de poupança local em Connecticut, que já havia emprestado US$ 5.500 a Wesson[181]. Esses credores tinham grande fé nele, e por que não teriam, dadas as notícias positivas que Wesson estava recebendo? Naquele mesmo mês, a *Scientific American* declarou que Wesson era o "fabricante de rifles mais famoso do mundo"[182]. No mês seguinte, Wesson tomou emprestado outros trezentos dólares da George S. Lincoln & Co., cuja Phoenix Iron Works fabricava uma variedade de produtos, incluindo furadeiras e tornos.

Edwin Wesson achava que tinha todos os motivos para estar otimista. Em junho anterior, ele havia patenteado uma nova arma com sete canos ligados, todos disparados simultaneamente. Os militares não iriam querer uma arma tão poderosa? Um escritor do *The Hartford Daily Courant* pensou assim. "Esta é, sem dúvida, a arma mais destrutiva já inventada"[183], escreveu ele, e um exército que tivesse as armas de Wesson e Colt "poderia facilmente cortar quase qualquer força de um inimigo". O escritor recomendou que o Exército os obtivesse "em grande número. O governo não pode ignorar uma invenção tão importante como esta". Edwin também ouviu que um rico engenheiro britânico e apreciador de armas que tinha vindo para os Estados Unidos alguns anos antes, estava prestes a publicar um livro elogiando especificamente os rifles Wesson[184]. O futuro parecia brilhante para Edwin.

181. O empréstimo de Wesson é revelado na Edwin Wesson Collection, Harriet Beecher Stowe Center (HBSC), Hartford, CT.

182. *Scientific American*, v. 3, nº 30 (15 de abril de 1848): 235.

183. "Postscript: By Magnetic Telegraph", *Hartford Daily Courant*, 9 de novembro de 1847.

184. O engenheiro britânico apaixonado por armas era John Ratcliffe Chapman, autor de *Instructions to Young Marksmen* (Nova York: D. Appleton, 1848). Chapman é creditado como um dos primeiros fabricantes de miras telescópicas para rifles.

Seu irmão mais novo também estava ganhando destaque. A servidão por contrato de Daniel estava chegando ao fim e suas responsabilidades na fábrica estavam aumentando. Ele estava encarregado de suas operações mecânicas, o que era um papel natural para um homem cuja inclinação para mexer com máquinas o acompanhava desde a infância. E ele estava inventando. No porão da fábrica, havia uma máquina que Daniel projetou para aplainar tábuas de madeira usando um vagão ferroviário pesado que podia segurar madeira bruta enquanto uma roda com cortadores cortava a madeira em uma largura uniforme. Quando a máquina completasse sua tarefa, a superfície da prancha estaria nivelada, lisa e reta. Daniel tinha mais responsabilidades do que apenas fazer a fábrica de Wesson funcionar bem. Ele agora era um homem de família, pois, em 21 de maio de 1848, três dias depois que seu marido completou 23 anos, Cynthia Wesson deu à luz uma filha que eles chamaram de Sarah Jeannette.

Com o talento de Daniel e a visão de Edwin, o sucesso parecia certo, se você pudesse ignorar as dívidas.

. . .

A 800 metros da fábrica de Wesson, descendo o Rio Connecticut, Samuel Colt começara a preparar sua próxima arma. Em um prédio de tijolos alugado um andar mais alto que o de Wesson, Colt estava fazendo uma versão ligeiramente reduzida do revólver Walker que corrigia a maioria dos *bugs* do original. Pela primeira vez, desde que seu empreendimento Paterson faliu, Colt tinha uma fábrica própria. Além disso, ele e sua empresa estavam em Hartford com um contrato com o governo para fabricar dois mil grandes revólveres "*Dragoon*", ainda poderosos, mas menos pesados que seus predecessores, para serem usados por tropas montadas. O secretário de guerra queria mais 1.500 deles no início de 1848, mas o preço de Colt era muito alto. Uma tradição antiga era de que os fabricantes de armas e o governo cooperassem até certo ponto, prestando menos atenção à proteção de patentes. Mas Colt manteve seus direitos de patente. Esse precedente inovador irritou o presidente Polk, que resmungou que o governo não poderia fabricar revólveres adicionais

A QUEDA DE EDWIN WESSON

sem a permissão de Colt, a qual "o inventor não está disposto a conceder por um preço considerado razoável"[185].

Edwin Wesson também tinha patentes em mente, embora no seu caso estivesse tentando obter uma, não negociar com o Exército sobre isso. Se sua "arma mais destrutiva já inventada" não conseguisse encontrar um lugar no mercado, Edwin tinha esperanças em uma arma de fogo que ele estava tentando patentear junto do inventor de armas, Daniel Leavitt. Esse era um revólver que, segundo ele, operava de maneira diferente da arma de Samuel Colt e era igualmente digno de um contrato com o governo. Edwin estava apresentando pedidos ao Escritório de Patentes dos EUA, mas todas as vezes ele era recusado, pelo menos em parte, porque um examinador achava que seu revólver infringia a patente de Colt. Não infringia, Edwin insistiu, e ele acusou o inspetor de preconceito, dizendo que o homem estava em conluio com Colt. Wesson até visitou Washington para defender seu caso. Apesar de não ter uma patente preciosa, ele tentou convencer o Departamento de Compras a adquirir seu revólver.

"Sei que minha pistola não é uma infração contra Colt", escreveu ele ao chefe de Compras Talcott em 3 de outubro de 1848[186]. Se Colt pensa que é, Edwin continuou,

> ele só tem que levar seu caso à justiça e deixar que ela decida. Não tenho ideia se ele realmente faria isso, mas, como ele poderia, se eu fizesse um contrato, preferiria que fosse por uma quantia considerável.

O pedido de Wesson não deu em nada.

• • •

Até onde os outros membros da família Wesson sabiam, Edwin estava indo muito bem. Seu irmão, Rufus Jr., evidentemente pensava assim, porque em 19 de março de 1848, ele se aproximou de Edwin para pedir mais um empréstimo. "Não tenho notícias suas desde que estive em

---

185. *A Compilation of the Messages and Papers of the Presidents* 6 (New York: Bureau of National Literature, 1897) p. 2430-31.

186. Sua alegação de que a patente não infringiu os direitos da Colt está documentada na Edwin Wesson Collection, HBSC.

Northboro, mas ouvi dizer que você foi para Hartford", escreveu Rufus Jr. "Nossos respeitos a todos vocês aí. Estamos todos bem, sem muitas novidades. Estou precisando muito desse dinheiro nestes tempos difíceis. Por favor, envie-me e você me deixará muito grato"[187].

Havia todos os motivos para o público pensar que os negócios de Edwin estavam crescendo, apesar de sua frustração por não ter conseguido patentear seu trabalho em colaboração com Leavitt. No início de 1849, o *Connecticut Courant* relatou entusiasticamente que mais de vinte trabalhadores da fábrica de Wesson produziam US$ 30.000 em rifles a cada ano, "ganhando para nossa cidade o crédito no exterior de fornecer o rifle mais célebre conhecido nos Estados Unidos"[188]. Daniel era talvez a única pessoa que sabia que as finanças de Edwin estavam abaladas.

No dia em que ele apelou para o coronel Talcott por um contrato com o Exército, os credores de Edwin se aproximaram, pois o grande fabricante de rifles não conseguiu pagar as parcelas dos empréstimos. Em nome de George S. Lincoln & Co., um juiz de paz ordenou que o xerife de Hartford confiscasse US$ 1.200 dos bens de Edwin para cobrir dívidas não pagas. Nesse mesmo dia, outro credor apresentou um pedido de penhora com base em duas notas promissórias que Edwin lhe dera, uma datada de 26 de julho e outra da primavera anterior à sua mudança para Hartford[189]. No dia seguinte, 4 de outubro, uma empresa madeireira local chamou a atenção do xerife de Hartford para propriedades específicas de Wesson. Incluídos na lista estavam 16 rifles, três pistolas inacabadas, treze coronhas de nogueira preta parcialmente acabadas, duas mós, uma máquina a vapor então em pedaços, trinta e cinco estojos de mogno, uma balança com pesos, uma mesa de escritório cujas gavetas estavam cheias de diversas ferramentas e peças de armas, barras de aço e ferro, baldes, pás, uma casa de carvão com todo o seu carvão – trinta –alqueires de

---

187. A carta de 19 de março de 1848 de Rufus Jr. HBSC.

188. "Notes by a Man about Town", nº 14, *Connecticut Courant*, 17 de fevereiro de 1849.

189. Informações sobre a fábrica de Wesson em Hartford vêm de "Death of Edwin Wesson", *Hartford* (CT) *Weekly Times*, 3 de fevereiro de 1849; anúncio de leilão para a fábrica e seu conteúdo publicado no *Hartford* (CT) *Daily Courant*, 14 de novembro de 1849; e "Notes by a Man about Town", nº 14, *Hartford* (CT) *Daily Courant*, 30 de janeiro de 1849.

A QUEDA DE EDWIN WESSON

carvão, uma bigorna, um torno e banco de ferro e uma oficina de ferreiro com todo o seu conteúdo, incluindo um fole. Tudo permaneceu no lugar enquanto a disputa legal avançava. Depois, ainda havia a dívida que Edwin tinha sobre os empréstimos da Sociedade de Poupança. Para a operação Wesson, o tempo e o dinheiro estavam acabando[190].

A sorte de Colt continuou se movendo na direção oposta. No início do outono de 1848, ele havia superado sua primeira fábrica em Hartford e mudou o negócio para um novo prédio, este medindo 15 por 45 metros, sem incluir oficinas de ferreiro, e tinha cinco andares de altura em uma seção da cidade repleta de novas estruturas industriais. A fábrica de Colt era uma verdadeira fábrica com linhas de montagem que anunciavam uma nova era.

"Agora, que cena pode ser mais cativante aos olhos de um mecânico vivo"[191], perguntou retoricamente um correspondente do *Hartford Daily Courant* na primeira semana de 1849, "do que aquelas longas filas de eixos e máquinas, e aquela vista de trabalhadores ocupados, em fileiras, por toda a extensão do edifício? Cada homem e cada máquina se dedicam a sua própria tarefa e sabem exatamente do que se trata".

À medida que o inverno de 1848-1849 se aproximava do fim, a fábrica da Colt estava em pleno funcionamento. Edwin Wesson, por outro lado, estava atolado em dívidas. Ele também estava com a saúde debilitada. No final de janeiro de 1849, ele teve calafrios e outros sintomas semelhantes aos da gripe. Ataques crônicos de erisipela, uma infecção bacteriana de pele persistente, apenas intensificaram o sofrimento de Edwin. Ao longo de vários dias, sua condição piorou. A infecção inflamou seus pulmões. À 1h da manhã de 31 de janeiro, Edwin Wesson morreu em sua casa, deixando uma viúva, dois filhos adotivos e um sonho endividado. Ele tinha 37 anos.

Ao anunciar a morte de Edwin três dias depois, o *Hartford Weekly Times* disse a seus leitores que Daniel Wesson, "um mecânico habilidoso", era "plenamente capaz de conduzir" os negócios de fabricação de rifles

---

190. Os documentos financeiros e a correspondência de Wesson estão na Edwin Wesson Collection no HBSC; na coleção pessoal de Roy G. Jinks, historiador aposentado da Smith & Wesson; e na Sociedade Histórica de Connecticut, Hartford, CT.

191. "Notes by a Man about Town", nº 10, *Hartford* (CT) *Daily Courant*, 5 de janeiro de 1849.

de seu falecido irmão[192]. Era certo, previa o jornal, "que um arranjo será feito no devido tempo, que garantirá a continuação da fabricação do muito admirado 'Rifle de Bocal Patenteado', em toda a sua perfeição". A *Scientific American* ecoou essa garantia para uma audiência nacional: "Seu irmão, o Sr. Daniel Wesson, toma seu lugar e a fabricação do rifle ainda continuará em Hartford com a mesma perfeição de antes". Somente a ignorância das finanças precárias de Edwin poderia permitir o otimismo animado demonstrado pelo *Times*, que dizia a seus leitores: "se a Divina Providência lhe permitisse viver, ele teria sido um dos mais ricos e amados entre nós"[193].

Os fiadores que planejaram os empréstimos da Sociedade de Poupança não tinham tanta certeza, pelo menos sobre as perspectivas de riqueza de Edwin se ele tivesse vivido. No dia em que o *Hartford Weekly Times* publicou seu obituário, eles se reuniram para decidir o que fazer com suas dívidas. Vender a fábrica, seu conteúdo e o terreno não cobriria os valores devidos. Quanto ao famoso bocal patenteado que Alvan Clark inventou e depois licenciou para Edwin, algumas pessoas acharam que era valioso, enquanto outras disseram que seria difícil encontrar um comprador. Além disso, Edwin comprara a patente por oito parcelas anuais de cem dólares cada, mas também não cumprira essa obrigação; ele pagou a Clark apenas duas delas. Os credores veriam se Thomas Warner – que havia sido um mestre armeiro no Springfield Armory, supervisionou a produção de Walker Colts no arsenal de Eli Whitney e trabalhou com Edwin Wesson – poderia fazer parceria com Daniel para manter o negócio funcionando, mas eles sabiam que a excelência dos rifles Wesson era tanto um ponto positivo quanto um negativo.

"Essas armas são quase universalmente reconhecidas como as armas de fogo mais perfeitas e eficazes já testadas"[194], concluíram os fiadores em um relatório sobre sua reunião, "mas são, ao mesmo tempo, muito

---

192. "Death of Edwin Wesson", *Hartford* (CT) *Weekly Times*, 3 de fevereiro de 1849, e *Scientific American*, v. 4, nº 21, (10 de fevereiro de 1849): 162.

193. "Death of Edwin Wesson", *Hartford* (CT) *Weekly Times*, 3 de fevereiro de 1849.

194. O relatório dos homens de confiança está no arquivo do Espólio de Edwin Wesson no HBSC.

caras e além dos meios de muitas pessoas que seriam compradoras pela metade do custo desta arma". Talvez uma sociedade anônima pudesse ser formada para pagar a Warner para fabricar as armas e deixar para a empresa encontrar um mercado para elas. De qualquer forma, eles decidiram que a Sociedade de Poupança deveria executar a hipoteca e tomar posse de tudo.

Daniel parece não ter tido participação financeira nos negócios de seu irmão. Sua contribuição foi talento e tempo. Mas ele queria suas ferramentas de volta. Ele as usara na fábrica, admitiu Daniel, mas insistiu que pertenciam a ele e nunca foram de Edwin. Ele até foi ao tribunal para argumentar pelo seu retorno. Um juiz discordou. Essas ferramentas, ele decidiu, faziam parte do patrimônio de Edwin e, portanto, pertenciam a seus credores.

Alguns meses depois, no final do verão de 1849, aconteceu um pequeno milagre. O revólver Wesson & Leavitt, pelo qual Edwin lutou tanto, recebeu finalmente uma patente. Agora, quem fosse o dono dessa patente poderia desafiar Samuel Colt no mercado por uma fatia do lucrativo negócio de revólveres. Edwin Wesson seria vingado. Enquanto isso, porém, a fábrica de rifles Wesson − e tudo o que havia nela − foi leiloada às 10h do dia 22 de novembro, no terreno que Edwin havia comprado apenas dois anos antes.

Naquele outono, Daniel Wesson fechou o livro de encomendas, agora inútil, de seu irmão, aquele mesmo livro que Edwin havia aberto com uma piada sobre não ter dinheiro, mas antes disso, Daniel escreveu nele algo que não tinha nada a ver com fatos e números, ou armas que nunca foram feitas. Em forte tinta preta, o jovem armeiro escreveu uma reflexão pessoal sobre o que havia sido a companhia e uma advertência para o futuro: "E assim terminou a produção de rifles pelo muito famoso E. Wesson. Nada de importância virá sem esforço"[195].

---

195. Conforme o livro de encomendas de Edwin Wesson, que está na coleção Roy G. Jinks.

A FÚRIA DE SAMUEL COLT

Após a morte de Edwin, Daniel Wesson permaneceu em Hartford, onde fundou uma empresa para fabricar rifles em seu próprio nome. "Wesson" significava algo no mundo das boas armas, e Daniel tinha a habilidade de produzir armas de fogo dignas de seu falecido irmão – e de si mesmo. O que ele não tinha na época era dinheiro para continuar, então Cynthia o ajudou com quatrocentos dólares de economias que sua família lhe dera.

Daniel tinha outras perspectivas de ganhar dinheiro com armas. Embora Edwin Wesson estivesse morto, sua última patente não estava. Seu irmão mais novo tinha grandes esperanças de restaurar o nome da família como a principal marca de armas de fogo de elite, sozinho ou, melhor ainda, com uma arma produzida em massa, e o revólver Wesson & Leavitt era o produto ideal para realizar os sonhos de Edwin postumamente[196]. Depois que o martelo do leiloeiro caiu pela última vez sobre os ativos de Edwin, o momento de começar a fabricar armas novamente estava próximo, desde que os investidores pudessem ser encontrados para ressuscitar o negócio. Avançar, porém, desencadearia uma batalha real no tribunal federal entre dois dos maiores nomes em armas.

---

196. Informações sobre revólveres Wesson & Leavitt podem ser encontradas em Frank M. Sellers e Samuel E. Smith, *American Percussion Revolvers* (Ottawa, ON: Museum Restoration Service, 1971), p. 90-92.

Em 5 de março de 1850, Daniel Wesson e vários outros homens uniram forças para lançar uma nova empresa de armas, a Massachusetts Arms Company[197], em Chicopee Falls, uma cidade industrial ao norte de Springfield, perto da margem leste do Rio Connecticut. Entre as partes interessadas que viam um futuro na empresa estava outro fabricante de armas de Massachusetts interessado em armas de fogo de repetição, homem que Wesson conheceu enquanto ambos trabalhavam em Worcester: Horace Smith. Seus nomes estariam para sempre ligados. O único objetivo da nova empresa era fabricar o revólver Wesson & Leavitt, uma pistola de aparência desajeitada, com quase 37 centímetros de comprimento, com o cilindro e o cano bem à frente do cabo, como se esticado na direção de um alvo. Os *Dragoons* da Colt também eram pesados na frente, mas tinham uma aparência mais equilibrada, talvez porque o olho americano estivesse começando a se acostumar a vê-los nas mãos dos atiradores. O martelo do Wesson & Leavitt era aparafusado no lado direito da arma, curvando-se para cima e para a frente até o meio, enquanto um martelo Colt ficava quase escondido, bem no meio da arma. Um revólver nunca seria confundido com o outro, mas alguns mecanismos internos eram semelhantes, talvez semelhantes até demais.

O metal dos primeiros revólveres Wesson & Leavitt que saíram da fábrica no início de 1851 continha várias designações de patentes, uma tão recente quanto a 26 de novembro do ano anterior. A empresa os apelidou de revólveres de "exército", aparentemente esperançosa por contratos militares. A marcação em uma engrenagem cônica, que ajudava o cilindro a girar quando o martelo fosse engatilhado, teria agradado particularmente a Edwin: "WESSON'S / PATENT / AUG. 28, 1849". Essa coordenação quase simultânea de movimentos em frações de segundo – martelo engatilhado, gatilho puxado, giro do cilindro, disparo de bala – foi um grande ponto de venda e a chave para desafiar Samuel Colt no mercado. Nesse ponto, Colt concordava, e ele não gostou.

---

197. Para uma discussão sobre a Massachusetts Arms Company, veja L. W. Jones, "Handguns of the Massachusetts Arms Co.", *American Society of Arms Collectors Bulletin* 37 (Fall 1977): 13-19.

A essa altura, Colt estava ganhando dinheiro com vários modelos, incluindo os grandes *Dragoons*, um *"Baby" Dragoon* e uma pequena pistola de bolso para carregar discretamente, que era popular entre os caçadores de ouro no Oeste. Ele se viu no caminho certo para ganhar ainda mais dinheiro com um revólver de tamanho médio adequado para caber confortavelmente em um coldre de cinto. Este era o *1851 Navy* de calibre .36, assim chamado porque a cena em torno de seu cilindro – outra criação de Waterman Ormsby, como a dos grandes revólveres Walker – mostrava a marinha do Texas lutando contra os mexicanos em 1843. Esse foi o tributo de Colt ao que era então a República da Estrela Solitária por favorecer seu revólver Paterson durante suas primeiras dificuldades nos negócios. A fábrica da Colt em Hartford estava aumentando a produção com a esperança de armar o maior número possível de pessoas com armas multitiros superiores aos antigos revólveres pimenteiro. Havia bastantes clientes.

O cilindro de cada Colt girava com precisão graciosa enquanto a arma era engatilhada, alinhando uma câmara carregada com o cano, preparando a arma para atirar em um único e suave movimento de uma mão. Colt insistia que o direito de fabricar uma arma com tal mecanismo era apenas dele, e ele detinha uma patente para provar isso, uma que ele havia convencido o Escritório de Patentes a estender além de sua data de validade original, apesar das objeções de outros, incluindo Edwin Wesson. Se um arrivista bem-posicionado como a Massachusetts Arms Company também pudesse reivindicar o direito de fazer uma arma que funcionasse como um Colt, ele perderia uma vantagem que desfrutava há anos. Tudo o que Colt tinha construído estava em jogo.

O que também irritou Colt foi o fato de que Edwin Wesson se opôs a seus esforços para que o governo reeditasse sua patente de revólver em 1848. Colt teve sucesso na época, mas agora parecia que o fantasma de Edwin Wesson, na forma dessa nova empresa, estava novamente tentando derrotá-lo – e com seus próprios ex-aliados. Já era ruim o suficiente que Thomas Warner tivesse sido contratado pelo inventariante do espólio de Edwin Wesson para terminar mais de uma centena de rifles que estavam em construção quando Edwin morreu. Agora, Warner estava fabricando revólveres Wesson & Leavitt para a Massachusetts Arms Company. Além disso, Colt tinha sentimentos nada calorosos por dois mecânicos criativos que estavam entre os fundadores da Massachusetts Arms Company: Joshua Stevens e William Miller. Ele havia contratado ambos da Eli Whitney em novembro de 1847 para fazer peças para seus *Dragoons* apenas para descobrir, em julho seguinte, que Stevens e Miller também estavam desenvolvendo seus próprios revólveres. Enfurecido por sua deslealdade, Colt os demitiu. E o que Stevens e Miller fizeram em seguida? Eles imediatamente foram trabalhar para Edwin Wesson no mesmo ano em que Wesson estava se opondo à reedição da patente da Colt.

Era hora de Colt ir atrás da Massachusetts Arms Company com tudo o que tinha. Para isso, ele precisava de um advogado resolvedor como Ned Dickerson.

Edward Nicoll Dickerson tinha apenas 27 anos e era advogado há apenas três anos, mas já havia se destacado nos círculos jurídicos. Como Colt, Dickerson era apaixonado por coisas mecânicas, tendo sido inspirado pela amizade com o chefe da Smithsonian Institution, na faculdade, bem como seus estudos em mecânica. O direito patentário era um assunto natural para Dickerson porque fundia seus interesses: como as coisas funcionavam, quem as fazia funcionar e os direitos e proteções concedidos a esses fabricantes.

Ned Dickerson tinha outra vantagem durante o julgamento: sua aparência. Quando esse "homem extraordinariamente bonito" se ergueu, seu corpo maciço e robusto – 1,88 m de altura – poderia dominar um tribunal[198]. "Seu rosto, finamente moldado, com olhos aguçados, nariz reto e boca forte, era extremamente atraente de se ver enquanto falava". E ele era um orador impressionante, com um toque de carisma indispensável ao advogado de julgamento. Samuel Colt certamente apreciou isso. Dickerson, com sua presença imponente aliada à habilidade jurídica, mente mecânica e dom para entretenimento, era exatamente o persuasor que Colt queria para enfrentar a Massachusetts Arms Company.

Dickerson não perdeu tempo. Ele entrou com uma ação contra a empresa no tribunal federal de Boston em 28 de setembro de 1850. Algumas semanas depois, a dependência de Daniel Wesson no negócio de revólveres aumentou quando ele desligou seu empreendimento solo, tendo

198. "Edward N. Dickerson Dead", *New York Tribune*, 13 de dezembro de 1889.

feito menos de cem rifles. Confiante na justiça de sua própria patente, a Massachusetts Arms Company não foi dissuadida pelo processo de Colt. A empresa estava preparando a produção, que começou para valer antes do final do ano. Ambos os lados sabiam que havia muito em jogo.

A Massachusetts Arms Company contratou como seu próprio superadvogado o ex-senador e congressista americano Rufus Choate, um advogado especialista em julgamentos, o qual um jornal chamou de "grande bateria galvânica de oratória humana"[199]. Quatro anos antes, em um julgamento lúgubre que empolgou a imprensa, Choate havia defendido um homem acusado de cortar a garganta de sua amante e depois incendiar a casa antes de fugir da cidade. O assassino, ele argumentou, não poderia ser responsabilizado, porque o homem estava sonâmbulo na época[200]. Em suas últimas palavras aos jurados, tentando poupar seu cliente de uma viagem à forca, Choate disse em voz baixa: "Na antiga Roma, sempre era prática dar uma coroa cívica a quem salvava a vida de um cidadão; uma coroa para a qual todos os louros de César eram apenas ervas daninhas. Cumpra seu dever hoje e você pode ganhar essa coroa". O fechamento grandioso funcionou. O júri levou duas horas para absolver o homem.

Agora era Dickerson contra Choate, Colt lutando contra Wesson, em um confronto de titãs de armas que testaria o significado de invenção e decidiria o direito de lucrar com ela.

● ● ●

Duas equipes de advogados se enfrentaram em um tribunal de Boston no último dia de junho de 1851, quando o julgamento de *Samuel Colt v. The Massachusetts Arms Company* começou[201]. Em sua declaração de abertura, Ned Dickerson deu o tom:

....

199. "Trial of Albert J. Tirrell for the murder of Maria A. Bickford!", *Boston Daily Mail*, 28 de março de 1846.
200. Para uma discussão sobre a defesa do sonambulismo de Rufus Choate, ver Karen Abbott, "O Caso do Assassino Sonâmbulo", "The Case of the Sleepwalking Killer," smithsonianmag.com, 30 de abril de 2012. www.smithsonianmag.com/history/the-case-of-the-sleepwalking-killer-77584095/
201. Testemunho, argumentos do advogado e opinião do juiz vêm de Robert M. Patterson, *Samuel Colt v. The Mass. Arms Company* (Boston: White & Potter, 1851).

> Algum homem, que tem mais inteligência do que discrição, põe-se a trabalhar para fazer melhorias. Ele é um entusiasta; um poeta em madeira e aço, como foi definido. Ele segue essa ideia com um grau de entusiasmo totalmente inexplicável, principalmente quando sabe como será recompensado por todo o tempo e problemas inerentes ao trabalho que se concedeu.

Dickerson falou de Colt como um inventor solitário e esforçado, buscando fazer algo de si mesmo e de sua criação, trabalhando durante anos a serviço de seus sonhos, enquanto luta "para superar os preconceitos daqueles que estão usando velhas invenções, para derrubar a oposição dos interessados contra ele, para colocar sua invenção em uso, para torná-la prática e valiosa". Então, quando o sucesso está próximo, quando o inventor vê a possibilidade de finalmente colher pelo menos alguma recompensa por tudo o que fez, "o infrator se interpõe entre ele e o prêmio".

A abertura de Dickerson foi eloquente, mas incompleta. Ele não mencionou as conexões familiares de Colt que ajudaram a lançar a empresa de armas Paterson. Tampouco disse nada sobre o encorajamento pessoal que Colt recebeu de Henry L. Ellsworth, um proeminente nativo de Connecticut que se tornaria o primeiro comissário de patentes do país e cujo pai havia sido um formulador da Constituição dos EUA, um senador dos EUA e o terceiro ministro da Suprema Corte do país. Em uma carta do início de 1832 de Washington[202], Ellsworth relatou ao pai de Colt, um amigo de Ellsworth, que "Samuel não está se dando muito bem com sua nova invenção. Homens científicos e grandes pessoas falam muito bem da coisa. Espero que ele seja bem recompensado por seu trabalho. Ficarei feliz em ajudá-lo". Ellsworth fez exatamente isso nos anos seguintes, apresentando Colt a pessoas úteis. E Dickerson não mencionou Rufus Porter, pintor, inventor prolífico e fundador da revista *Scientific American*, que, apenas três meses depois de Colt receber sua primeira patente em 1836, vendeu a ele por cem dólares os direitos de um revólver que o próprio

---

202. A carta de Ellsworth para Christopher Colt está nos *Samuel Colt Papers*, MS 28415, Box 1, Folder 1, Connecticut Historical Society, Hartford, CT.

Porter tinha inventado[203]; isso teria reforçado a alegação da defesa de que outros estavam inventando revólveres como o de Colt. Em vez disso, Dickerson disse ao júri que, quando seu cliente recebeu sua patente, ele era "um jovem sem recursos e sem muitos amigos. Ele era um garoto da Nova Inglaterra. Ele veio de Ware, em Massachusetts, e fez esta invenção sem dinheiro para colocá-la em operação prática".

Dickerson argumentou que inventar não era apenas para enriquecer o inventor, mas para promover o bem público. "É do interesse do público ter a melhor arma que pode ser feita", disse Dickerson.

> Os homens que vão domar a floresta indomável e encontram os Camanches [*sic*] ou *Blackfoots*, querem algo em que possam confiar. A melhor arma é a que o interesse do público exige. Eles devem ter uma que faça seu trabalho com certeza, rapidez e destrutividade.

Os advogados da Massachusetts Arms Company não discordaram de que o público precisava da melhor arma disponível. O revólver de seu cliente também era bom, alegaram; tinha uma patente válida e não deveria ser barrada no mercado. O advogado de defesa Reuben A. Chapman começou a desmontar a mitologia de Colt. Ele não era um pobretão genial que havia lutado na solidão apenas para ver seu sucesso ser sugado. Quando Colt obteve sua primeira patente em 1836, Chapman disse aos jurados que ele "nunca foi um mecânico; nunca, creio eu, tendo dado tempo ao estudo mecânico; criou-se como o filho de um cavalheiro; tendo viajado pela Europa e estado na Índia [...]". Ele "recrutou muitas pessoas de capital – suponho, alguns dos jovens muito inteligentes da cidade de Nova York que tinham muito dinheiro – em seu empreendimento, na Paterson [...]". E agora, Chapman disse: "Sr. Colt veio aqui, ele fez suas ameaças de que tem US$ 50.000 para gastar contra nós e, se o vencermos, ele entrará no mercado e oferecerá preços abaixo dos nossos".

203. A liberação de Rufus Porter de seus direitos de revólver para a Colt está no RG 103, Registros dos arquivos jurídicos da Colt Patent Fire Arms Manufacturing Company, Series III-IV, Complaints and Law Suits – Patents, Box 45, Biblioteca Estadual de Connecticut, Hartford, CT.

"Fizemos tais ameaças?", interrompeu George T. Curtis, um dos advogados de Colt. "Não ouvi nada do tipo nesta causa".

"Na verdade, fizeram sim", insistiu Chapman.

"Não é do seu conhecimento afirmar isso", respondeu Dickerson.

"Ele tem o direito de vir aqui", disse Chapman, "mas pedimos justiça".

Mais tarde, no julgamento, Dickerson voltou à alegação de Chapman:

Meu colega Chapman alegou, em sua abertura, que o Sr. Colt havia ameaçado a essas partes gastar US$ 50.000 para processá-las. Só posso dizer a isso que o Sr. Colt ficaria encantado se alguém pudesse provar, para sua inteira satisfação, que ele tinha tanto dinheiro para gastar para qualquer finalidade; e, portanto, suponho que a ameaça não foi feita. Mas direi isto, para satisfação de nossos amigos do outro lado, que tudo o que ele tem, será dedicado, se necessário, à defesa de seus direitos, sejam $ 50.000 ou $ 10.000.

Dickerson levou armas ao tribunal, bem como desenhos de patentes para mostrar aos jurados como elas funcionavam. Ele até pôs para depor o venerável Thomas Blanchard, o renomado inventor cujas muitas criações no Springfield Armory, além do torno que duplicava coronhas de armas copiando mecanicamente um modelo, incluíam uma máquina que agilizava a fabricação de canos de armas e uma carruagem a vapor sem cavalos. Suas palavras tinham grande peso no mundo da criação mecânica.

Dickerson perguntou a seu especialista se o revólver Colt e o Wesson & Leavitt operavam com o mesmo princípio.

"Eles são substancialmente os mesmos", testemunhou Blanchard.

A defesa tinha duas linhas de ataque. Uma era insistir que Blanchard estava errado, que a patente de Wesson & Leavitt era suficientemente diferente da de Colt. Mas estava ficando cada vez mais claro que os dois mecanismos eram dolorosamente parecidos – angustiantemente do ponto de vista da Massachusetts Arms Company, isto é.

A outra linha de ataque era mais promissora: mostrar que Colt não foi o primeiro inventor a fazer um revólver com um cilindro que girava e travava quando o martelo era puxado para trás. Se outros tivessem feito a descoberta antes dele, Colt não teria direito à originalidade. Rufus Choate levou mais de um revólver antigo ao tribunal como prova de que o conceito era anterior ao sucesso de Colt. À medida que as provas eram apresentadas, parecia que talvez Choate tivesse razão. Até o advogado da Colt, George Curtis, se preocupou durante o julgamento que seu lado pudesse perder. Ele e Dickerson não cederiam ao ponto, é claro. Era função do júri decidir quem estava certo. Então, graças à extensa preparação do julgamento de Dickerson, generosamente financiada por seu cliente, aconteceu algo que ameaçou causar danos irreparáveis ao caso da Massachusetts Arms Company.

Dickerson conseguiu arrancar de uma testemunha de defesa uma admissão surpreendente. Um dos mecanismos de revólver supostamente antigos que os advogados de defesa disseram ser semelhante ao de Colt não era original e tinha sido feito para parecer tão antigo quanto o resto da arma. Isso foi uma tentativa de fraudar o tribunal, de enganar os homens honestos do júri? Dickerson disse isso, certificando-se de que os jurados entenderam.

• • •

O testemunho terminou no início de agosto. Era hora de os advogados apresentarem ao júri suas alegações finais, marcadas para começar na segunda-feira, 4 de agosto. Quando o julgamento começou no final de junho, foi Reuben Chapman quem fez a declaração de abertura da Massachusetts Arms Company, enquanto o importantíssimo encerramento seria deixado para o eloquente Rufus Choate, que se limitara a interrogar testemunhas. Mas por azar da defesa, Choate estava doente na cama quando seu momento chegou. O julgamento foi adiado um dia na esperança de que ele se recuperasse, mas na terça-feira, Choate ainda estava confinado à cama. Chapman assumiu, pedindo desculpas ao júri por não ter tido tempo de se preparar adequadamente.

No entanto, Chapman fez o trabalho com perfeição. Depois de percorrer um a um o depoimento das testemunhas, ele disse ao júri: "Pegue, então, nossa pistola e pegue a dele. As grandes diferenças entre os dois são óbvias aos olhos". Além do mais, argumentou Chapman, Colt havia apressado sua extensão de patente, que era na verdade uma grande revisão do mecanismo, violando o procedimento estabelecido, com o único propósito de inviabilizar o pedido de patente de Edwin Wesson. Isso, insistiu Chapman, foi uma espécie de fraude perpetrada por Colt em outro inventor.

George Curtis então falou ao júri em nome de Colt, retornando ao tema com o qual Dickerson havia aberto o julgamento: o inventor individual contra parasitas corporativos vorazes.

> Há agora, vivendo neste país, tantas pessoas de gênio inventivo, cujas invenções produziram um efeito notável, importante e mais benéfico na civilização da época, como em qualquer país da cristandade. No entanto, essas pessoas, tão logo tenham buscado a proteção que a Constituição e as leis de seu país se comprometem a dar, assim que começarem a colher os frutos do que pode ser chamado de sucesso, devem entrar nesse campo de luta e contencioso, de concorrência desleal e injusta, que a ânsia de rivais, imitadores e copistas espalha por toda parte.

Depois que os advogados se manifestaram, coube ao juiz Levi Woodbury instruir os jurados sobre a lei. Woodbury não era um jurista comum. Ele havia sido juiz do estado de New Hampshire, secretário da Marinha e do Tesouro sob Andrew Jackson, governador de New Hampshire e senador dos Estados Unidos. Um "advogado amplamente culto"[204], Woodbury lecionou sobre uma variedade de tópicos enquanto estava na Suprema Corte, como "Traços do Caráter Americano" e "O Direito e o Dever de Formar Pareceres Individuais Independentes". Ele também concorreu à indicação democrata para candidatura a presidente. Na visão de Woodbury[205], a missão dos Estados Unidos era ultrapassar outros países em comércio e tecnologia e mostrar "que nossa nova teoria de direitos privados e deveres públicos conduz ao progresso em tudo o que é útil [...]". Agora ele era um juiz da Suprema Corte dos Estados Unidos indicado por Polk, cumprindo dever de julgamento. E diante dele havia um caso envolvendo direitos privados e progresso tecnológico. Ele estava em seu elemento.

204. William D. Bader e Roy M. Mersky, "Justice Levi Woodbury: A Reputational Study", *Journal of Supreme Court History*, v. 23, nº 2 (1998): 129-42.
205. Citação de Levi Woodbury, "The Annual Address Delivered Before The National Institute in the Hall of the House of Representatives, January 15, 1845" (Washington, DC: J. and G. S. Gideon, 1845): 25.

"Recomendo a vocês, cavalheiros", disse Woodbury aos jurados,

> começar a investigação desta controvérsia [...] com um sentimento de nenhuma hostilidade ou preconceito contra [a Massachusetts Arms Company], porque acontece de ser uma corporação, ou acontece de ser uma provável superação para qualquer indivíduo.

Faça apenas o que é legalmente exigido, disse ele; não deixe o preconceito te influenciar. Mas suas instruções se inclinavam para um lado. "Você não deve deixar suas simpatias irem além do estado de direito e do dever, porque [Samuel Colt] está sozinho, e porque ele evidentemente tem lutado por 15 ou 20 anos sobre este assunto, para fazer algo que possa trazer um benefício para sua vida, país e recompensar seus próprios esforços".

Quando Woodbury terminou, os jurados saíram para deliberar. Não demorou muito para que chegassem a uma conclusão: a Massachusetts Arms Company havia violado a patente do revólver de Samuel Colt.

· · ·

Quando os jurados tomaram sua decisão, a Massachusetts Arms Company havia produzido cerca de oitocentos revólveres Wesson & Leavitt em tamanhos diferentes. Não haveria mais, pelo menos, nenhum que usasse o sistema de cilindro Colt enquanto durasse a patente de Colt. Embora a empresa tenha levado seu caso mais acima na escada legal, o julgamento contra ela permaneceria. E a mensagem iria para outros fabricantes de armas de fogo: infrinja a patente de Samuel Colt por sua conta e risco.

Nem Horace Smith nem Daniel Wesson testemunharam no julgamento. Não havia razão para eles também, pois eram apenas investidores. E eles não apostaram seu futuro na Massachusetts Arms Company esmagando Samuel Colt. Nem tudo, de qualquer maneira. Como sempre, Smith tinha suas próprias ideias mecânicas, incluindo modificações no *Volition Repeater* de Walter Hunt, que já havia sido aprimorado por um armeiro chamado Lewis Jennings. Mas a coisa ainda não estava certa. A contribuição de Smith, se conseguisse patenteá-la, simplificaria o mecanismo e facilitaria sua operação. Talvez então o conceito brilhante, mas falho, que surgiu da mente hiperativa de Hunt pudesse estar a caminho de se tornar algo que realmente funcionasse.

Em 26 de agosto, quase três semanas depois que o júri de Massachusetts deu a vitória a Samuel Colt, o governo dos Estados Unidos deu a Smith a patente que ele queria. Aos 42 anos, Smith já tinha passado muitos anos involucrado com armas – fabricando-as, refinando-as, descobrindo como melhorá-las –, mas essa era sua primeira patente. Isso aproximou a tecnologia do armamento de tiro rápido da realidade. Mas ele realmente não segurou o direito. Em vez disso, ele atribuiu sua patente ao comerciante e capitalista de risco Courtlandt Palmer, que vinha gastando seu dinheiro apoiando esforços para fazer uma arma de fogo de repetição lucrativa, até agora sem sucesso. Ele havia contratado Smith para reverter seu infortúnio com armas. Em menos de três anos, Smith teria uma segunda patente de arma de repetição, que compartilharia com Daniel Wesson; esta seria a primeira patente de Wesson. Ambos os homens eram agora veteranos da guerra de patentes.

Eles se agarrariam aos seus novos direitos firmemente – por um ano.

CONQUISTANDO A GOLA MÁ

Os dois primeiros dias de fevereiro de 1848 trouxeram eventos decisivos: um para o país, outro para Oliver Winchester.

Em 2 de fevereiro, o Tratado de Guadalupe Hidalgo encerrou a Guerra Mexicano-Americana. Apesar de seu título conciliatório – Tratado de Paz, Amizade, Limites e Acordo entre os Estados Unidos da América e os Estados Unidos Mexicanos –, o documento significava que o México havia perdido a guerra. Mais do que isso, o México havia perdido uma grande parte de seu território (mais da metade, se você incluir o Texas, cuja independência o México nunca reconheceu), embora o país tenha recebido um pagamento de US$ 15 milhões dos Estados Unidos, o qual também concordou em assumir mais de US$ 3 milhões em dívidas que o México devia a cidadãos americanos. O vizinho do norte do México tornou-se, assim, a nação transcontinental que o presidente Polk queria que fosse. A terra que os Estados Unidos da América controlavam agora começava em um oceano ao leste e terminava em outro oceano, quase 4.800 km ao oeste. O orgulho nacional aumentou. Muitos viam o triunfo como o curso natural dos eventos para um país abençoado pela Divina Providência e pela superioridade cultural – muitos pensavam racial – manifestada no progresso da civilização promovido pela excelência industrial.

Nem todo americano ficou feliz com o resultado da guerra, no entanto. Muitos democratas queriam que seu país tomasse todo o México, enquanto os Whigs, que achavam que travar a guerra era moralmente errado desde o início, não queriam nenhum dos territórios conquistados pelos soldados americanos. Mas a questão estava resolvida e o Tratado de Guadalupe Hidalgo acabaria por receber a bênção do Senado.

O outro evento decisivo ocorreu no dia anterior à assinatura do tratado, quando o Escritório de Patentes dos Estados Unidos concedeu uma patente a Oliver Winchester[206]. Não era por uma arma ou qualquer coisa remotamente perigosa, mas por uma nova maneira de fabricar golas de camisa com um método que o próprio Winchester havia inventado. Havia um "mal" (palavra usada por Winchester) em como os suspensórios no ombro puxavam para baixo a gola da camisa de um homem, causando desconforto ao usuário. O "remédio" de Winchester (palavra também usada por Winchester) foi mudar a maneira como o tecido seria cortado. Acompanhado de desenhos feitos com a precisão delicada esperada de inventores esperançosos, seu pedido mostrou como isso poderia ser feito. Simplificando, a camisa de Winchester teria uma costura curvada ao longo da parte superior do corpo, da base do pescoço até a ponta de cada ombro. Uma camisa masculina padrão da época tinha uma costura reta entre esses dois pontos e não tocava no corpo. Os suspensórios puxavam o pano da camisa para baixo até os ombros, puxando a gola com ele; não era assim com o *design* de Winchester. Sua ideia pode parecer óbvia agora, mas não era naquela ocasião, dados os estilos da época, então Winchester conseguiu sua patente. Mas o que é uma patente sem um mercado?

Os anos em que Winchester administrou um negócio de vestuário lhe ensinaram algo sobre mercados. Ele sabia como os homens queriam se vestir e estava convencido de que seu processo patenteado de camisa atrairia clientes que então espalhariam a notícia de sua maravilha. Baltimore, embora fosse uma cidade importante, poderia ser adequada para alguém cujas ambições paravam em ter clientes locais ou homens que estivessem de passagem e precisavam de trajes adequados, mas o

---

206. "Improvements in the Method of Cutting and Fitting Shirts," de Winchester, patente US nº 5.421, foi emitida em 1º de fevereiro de 1848.

apetite de Winchester era maior. Ele precisava estar em outro lugar, em algum lugar onde pudesse mergulhar em um mercado maior, até mesmo combativo, com um produto que ninguém poderia fazer ou lucrar legalmente sem sua autorização e onde ninguém que o conhecesse duvidaria que o homem atarracado, com feições de buldogue e presença inabalável, defenderia esse direito contra quem tentasse infringi-lo. Quando solicitou a patente, Winchester ainda estava em Baltimore. No momento em que foi concedida, ele estava orquestrando seu retorno à Nova Inglaterra com Jane e seus dois filhos, criando raízes, não em sua cidade natal, Boston, mas em New Haven, a tempo de Jane, um mês antes de seu aniversário de quarenta anos, dar à luz a filha Hannah Jane, a quem os Winchester chamariam de Jennie.

New Haven era mais do que a cidade que hospedava o arsenal de Eli Whitney, a empresa de fabricação de armas que salvou Samuel Colt da obscuridade ao produzir os revólveres Walker do inventor. Outrora um importante centro de comércio em Connecticut, New Haven era agora o lar de uma comunidade movimentada de muitas indústrias novas, um lugar conhecido especialmente por carruagens e relógios, operações que atraíam uma força de trabalho sábia nas maneiras de manipular madeiras e metais em coisas mais finas, que encontravam seus próprios mercados. Um ano antes de os Winchester se estabelecerem lá, um relojoeiro inovador chamado Chauncey Jerome concluiu a mudança de seu negócio de Bristol, 48 km ao sul, para New Haven, onde construiu relógios com técnicas de produção em massa[207]. Os movimentos dos relógios eram, em grande parte, de madeira, mas Jerome ajudou a ser pioneiro em fabricá-los com latão estampado na mesma fábrica que produzia as caixas do relógio. Movimentos de metal que não se deformavam como madeira significavam que sua cronometragem não seria prejudicada por mudanças no clima, e eles poderiam suportar viagens marítimas para mercados no exterior. Dentro de alguns anos, os relógios de Jerome e outros feitos nos Estados Unidos marcariam o tempo de forma confiável nas prateleiras do outro

---

207. Sobre relógios e produção em massa, veja David A. Hounshell. *From the American System to Mass Production, 1800-1932: The Development of Manufacturing Technology in the United States* (Baltimore: Johns Hopkins University Press, 1984), 51-61.

lado do Atlântico. E eles também contavam as horas em casas modestas em toda a América, não apenas onde os ricos moravam.

A Revolução Industrial pode ter trazido a compra de relógios ao alcance de pessoas com meios limitados, mas o comércio de carruagens de New Haven tinha em mente pessoas mais ricas[208]. Sempre houve charretes e carroças, mas carruagens de quatro rodas eram para os abastados. Graças, em parte, ao descaroçador de algodão do velho Eli Whitney – e ao crescimento da escravidão que tornou isso possível –, o Sul estava indo bem financeiramente. Pelo menos os proprietários de plantações e seus dependentes iam bem, e as carruagens tornaram-se símbolos de prosperidade em que os abastados podiam se exibir em dias de corrida ou quando iam à igreja ou em qualquer lugar onde o público se reunisse. Às vezes, as pessoas com linhagem de elite exibiam brasões de família nas portas das carruagens, deixando aqueles "de fora" saberem o valor daqueles "de dentro". Desde a década de 1830, New Haven era amplamente reconhecida como uma fonte de carruagens de primeira classe que eram enviadas em navios pela costa, para o Caribe e até mesmo para longe, para as ilhas do Pacífico. Mas não foram apenas as empresas de carruagens e relógios que trouxeram prosperidade ao crescente setor industrial da cidade quando Oliver Winchester chegou. Uma variedade de ofícios significava que New Haven não era uma cidade com uma única indústria.

O fabricante de camisas de Baltimore tinha vindo para a Nova Inglaterra para vestir muitos, não poucos, mas ele começou pequeno, carregando roupas debaixo do braço ou sobre o ombro a caminho de casa,

---

208. Sobre a construção de carruagens de New Haven, ver Ben Ford, "The Cruttenden Carriage Works: The Development and Decline of Carriage Production in New Haven, Connecticut", *Journal of the Society for Industrial Archaeology*, v. 38, nº 1 (2012): 55-74; Richard Hegel, *Carriages from New Haven: New Haven's Nineteenth- Century Carriage Industry* (Hamden, CT: Archon Books, 1974); Preston Maynard e Marjorie B. Noyes, eds., *Carriages and Clocks, Corsets and Locks, The Rise and Fall of an Industrial City – New Haven, Connecticut* (Lebanon, NH: University Press of New England, 2004); e Rollin G. Osterweis, *Three Centuries of New Haven, 1638-1938* (New Haven, CT: Yale University Press, 1953), 251-52.

onde ele mesmo cortava e costurava[209]. Jane ajudava a fazer as camisas. Logo, Winchester tinha clientes suficientes para recrutar mulheres locais para costurar em suas casas, um sistema comum na época. O corte de tecidos – o coração da alfaiataria, que exigia experiência e talento – ainda era feito em sua fábrica. Os negócios iam bem, então Winchester mudou suas operações para uma casa maior nas proximidades, que havia sido uma escola para meninas administrada por um padre episcopal. Mas Winchester queria mercados ainda maiores, do tipo que os relógios de Chauncey Jerome alcançavam. Se os relógios produzidos em massa eram agora para o homem comum, por que não roupas?

O momento foi perfeito. Roupas prontas para homens, mas ainda não para mulheres, estavam se destacando. Os comerciantes de Nova York e da Nova Inglaterra enviaram roupas prontas para fora da região, pois a confecção de roupas em casa, tão comum nas comunidades rurais durante os tempos coloniais, estava diminuindo. "De fato", observou um jornal de comércio em 1840, "a arte da manufatura doméstica está rapidamente se perdendo totalmente; e o agricultor está se tornando tão dependente do fabricante para se vestir quanto o fabricante depende do agricultor para se alimentar"[210]. Alfaiates estavam experimentando novos padrões de roupas com base em proporções-padrão, não em medidas individuais, outro passo em direção à produção em massa, enquanto mais e melhores redes de transporte permitiam que as mercadorias fossem enviadas para mais longe da fonte. E o nascimento na década de 1830 da imprensa barata – jornais baratos e de grande circulação – deu aos fabricantes a chance de anunciar seus produtos para um público maior.

Com uma patente própria de camisa firmemente em suas mãos e um negócio em crescimento sob seu comando, Winchester estava bem-posicionado para fazer roupas masculinas em massa. Mas para tirar

209. Sobre Winchester e camisas em New Haven, ver Edward E. Atwater, *History of the City of New Haven to the Present Time* (Nova York: W. W. Munsell, 1887), 628; e Robert B. Gordon, "Industrial Archaeology of New Haven's Harborside Area", *in*: Maynard and Noyes, *Carriages and Clocks*, 29.

210. Freeman Hunt, *Merchants' Magazine e Commercial Review*, v. 3, nº 4 (outubro de 1840): 308. Ver também Michael Zakim, *Ready-made Democracy: A History of Men's Dress in the American Republic, 1760-1860* (Chicago: University of Chicago Press, 2003), 55.

proveito máximo do novo mundo da produção em massa, ele precisaria de um sócio, de preferência um empresário estabelecido que conhecesse o jogo e o produto. Esse homem era John May Davies.

Para Davies, as roupas eram um negócio de pai e filho[211]. Quando ele tinha dois anos, seu pai, Luke, começou a fazer bonés de couro e tecido, supostamente a primeira pessoa no país a fazê-lo em larga escala[212]. Com sede em Nova York, Luke também tinha uma pequena loja perto de Yale, em New Haven, onde vendia camisas para estudantes universitários, eventualmente expandindo para uma variedade de acessórios masculinos e tornando seu filho um sócio no negócio. Com sua reputação em ascensão, Luke ganhou um prêmio "pela melhor variedade de bonés de tecido e couro e sedas impermeáveis" em 1829[213]. Em 1837, quando seu pai se aposentou, John Davies, de 24 anos, estava em Nova York, administrando uma das maiores importadoras e fabricantes de roupas do país, empregando pelo menos duzentos trabalhadores, que fabricavam cem mil bonés para enviar para o Sul a cada ano e muitos mais para os mercados do Norte. E o negócio de Davies continuou crescendo[214].

A parceria de Oliver Winchester e John Davies foi uma conclusão lógica. Em vez de competir por participação de mercado, eles combinaram forças: Davies com sua rede e reputação duradoura e Winchester com sua motivação, talento e especialmente seu colarinho patenteado. Com um empréstimo de Davies, o negócio de camisas de Winchester decolou ainda mais rápido, e Davies começou a vender a camisa patenteada, dizendo ao público que sua própria empresa poderia equipá-los com camisas "de linho, cambraia com acabamentos de linho e cambraia especial, cortada curva nos hombros [*sic*] e garantido para um perfeito acabamento". Os

....

211. Informações sobre Davies vêm em grande parte de Edwin T. Freedley, ed., *Leading Pursuits and Leading Men: A Treatise on the Principal Trades and Manufactures of the United States* (Philadelphia: Edward Young, 1856), p. 141-144, 147-148.

212. Sobre Luke Davies, ver Frederick Converse Beach, ed., *The Encyclopedia Americana*, v. 5 (Nova York: Americana, 1904).

213. O prêmio que Luke ganhou é mencionado no *Niles' Weekly Register* de 24 de outubro de 1829.

214. A produtividade do negócio Davies vem do "American Institute, Stocks", *New York Daily Herald*, 24 de outubro de 1837.

dois homens eram parceiros sólidos. Mais do que isso, eles estavam se tornando amigos.

A loja de Winchester em Baltimore continuou sendo um empreendimento lucrativo. O cunhado Cyrus Brett, que havia representado Winchester na questão imobiliária que trouxe os gêmeos para Baltimore, também se mudou para New Haven, deixando O. F. Winchester & Co. sob os cuidados de dois sócios alistados por Oliver enquanto ele estava na Nova Inglaterra. O irmão gêmeo Samuel, que viveria o resto de sua vida em Baltimore, também vendeu a linha de roupas Winchester, eventualmente trazendo dois de seus filhos para o negócio[215]. No início da década de 1850, a loja de Baltimore mudou-se para Carroll Hall, um edifício novo e elegante com um requinte europeu perfeito para vender roupas finas. Um salão de reuniões no segundo andar abrigava todos os tipos de eventos, incluindo reuniões políticas e trabalhistas, formaturas e bailes. As lojas, incluindo a Winchester's, ficavam no térreo, bem localizadas para atrair clientes. Algo novo acrescentou brilho ao que Winchester tinha a oferecer em seu empório de Baltimore[216]. Ele não venderia mais apenas roupas masculinas padrão, mas também "camisas com costura de ombro patenteada, feitas sob encomenda e com garantia de ajuste"[217], assim como ele estava vendendo em New Haven e além. Os negócios em Baltimore estavam bem — os peitos e colarinhos de sua camisa ganharam uma medalha de prata na feira do Maryland Institute de 1851 —, tão bem, de fato, que Winchester convocou ajuda através do jornal local: "AVISO ÀS SENHORAS. 30 a 50 boas COSTUREIRAS podem encontrar emprego constante mediante solicitação na fábrica de camisas de patente, rua Baltimore, nº 145, sob Carroll Hall", dizia um anúncio no *The Baltimore Sun*[218]; "nenhuma outra precisa se candidatar, pois somente as melhores serão empregadas".

---

215. Winchester estava entre os primeiros produtores em massa de camisas. Claudia B. Kidwell e Margaret C. Christman, *Suiting Everyone: The Democratization of Clothing in America* (Washington, DC: Smithsonian Institution Press, 1974), 55.

216. Anúncios nos jornais de Massachusetts e Vermont na primavera de 1849.

217. *Matchett's Baltimore Director for 1853-1854.*

218. *Baltimore Sun*, 30 de outubro de 1851.

• • •

Em 1851, as armas ainda não estavam na mente de Oliver Winchester, mas as plantas, sim[219]. Naquele ano, tornou-se diretor da Sociedade de Horticultura do Condado de New Haven, graças ao seu crescente interesse por flores, frutas e outras formas de vida verde. E, claro, sua crescente riqueza elevou sua posição na comunidade. Mas seu entusiasmo por cultivar coisas era genuíno. Ele trouxe um buquê de flores variadas para a exposição semanal de 3 de setembro e um prato de peras grandes para a feira anual da Sociedade.

Enquanto Winchester desfrutava da horticultura e fabricava suas camisas patenteadas em New Haven e Baltimore, Samuel Colt estava ocupado, a 64 km de distância, em Hartford, fabricando armas e aproveitando os resultados de esmagar a Massachusetts Arms Company na justiça. Ele teria a ocasião perfeita para exibir suas mercadorias. A Grã-Bretanha estava prestes a sediar uma feira mundial da indústria, onde países poderiam exibir quaisquer coisas maravilhosas que fizessem, e todos saudariam a nova era das maravilhas das máquinas. Para o Império Britânico, foi uma ocasião para desfrutar do brilho de sua própria excelência. Para Samuel Colt foi uma chance de ser um *showman* mais uma vez, dessa vez em um cenário mundial. Dez dias após sua vitória legal em Boston, Colt estava a bordo de um navio com destino a Londres.

219. As façanhas hortícolas de Winchester são encontradas no *Relatório Anual da Sociedade de Horticultura do Condado de New Haven* para o ano de 1851 (New Haven, CT: B. L. Hamlen, printer, 1851).

CAPÍTULO 14
PARA LONDRES ENTRE O AÇO E O VIDRO

> Aqui você pode se familiarizar com o novo método de vacinação realizado pelos profissionais do Extremo Oeste nas tribos rudes que ainda obstruem a terra selvagem com sua presença.
>
> Trecho do jornal londrino *Times*, em 27 de maio de 1851, descrevendo sarcasticamente um *display* dos revólveres Colt para a Grande Exposição Universal em Londres.

Samuel Colt zarpou para a Inglaterra, recém-saído de sua vitória sobre a Massachusetts Arms Company, rumo a outro triunfo. A Grande Exposição da Indústria de Todas as Nações – talvez a primeira feira mundial verdadeira – estava em andamento em Londres há mais de três meses. As armas de Colt já estavam lá, é claro, mais de quinhentas delas, cuidadas por um assistente com instruções estritas sobre como exibi-las e ordens para que ninguém disparasse nenhuma até que o próprio inventor chegasse. Essa reunião de gala da indústria foi justamente a oportunidade que Colt desejava para brilhar ainda mais e ser visto mais longe do que nunca. E a modesta presença americana lá precisava de um *showman* como Samuel Colt.

A estrutura erguida especificamente para a exposição era espetacular, diferente de tudo visto antes em Londres ou, aliás, na Europa em geral. Erguia-se sobre o Hyde Park como uma estufa colossal (foi projetada por um mestre jardineiro) com mais de mil colunas de ferro sustentando trezentos mil painéis de vidro em mais de 7.400 m^2 de área útil. Trezentos e vinte quilômetros de barras de ferro cruzadas mantinham a estrutura unida. Para evitar que três magníficos olmos fossem cortados, um transepto com abóbada cilíndrica foi construído sobre eles, vidro e ferro formando arcos sobre seus topos como o alcance celestial do teto de uma catedral, deixando o sol passar para continuar nutrindo-os. O futuro primeiro-ministro Benjamin Disraeli chamou o edifício altaneiro de "uma colina encantada [...] criada para a glória da Inglaterra e o deleite e instrução de dois hemisférios"[220]. Chamava-se Palácio de Cristal.

A Grande Exposição foi concebida em parte como uma celebração da industrialização pacífica. Nesse espírito, os pacifistas britânicos fizeram *lobby* para excluir a exibição de "tais armas, pois foram construídas apenas para a destruição de vidas humanas". Uma carta ao jornal religioso britânico *The Nonconformist*[221] insistia que barrar "destruidores mecânicos de vida" da exposição mostraria "um desejo de paz por parte da Inglaterra, o que não poderia deixar de ter um efeito benéfico" no mundo em geral. Os pacifistas perderam essa batalha.

A paz era um objetivo louvável, mas a Grande Exposição também foi uma oportunidade para os britânicos exibirem conquistas que os colocaram na primeira divisão das nações modernas, tarefa que assumiram com entusiasmo. Os meados do século XIX foram uma época de patentes, de projetos, de novas formas de forjar e dobrar metais para servirem ao bem da humanidade e ao avanço da civilização. E que lugar melhor para tal exposição do que o coração do Império Britânico, o berço da Revolução Industrial?

---

220. Discurso do Sr. Disraeli sobre a Política Financeira do Governo, feito na Câmara dos Comuns. 30 de junho de 1851 (Londres: Thomas Lewis, 1851), p. 15.
221. Geoffrey Cantor, *Religion and the Great Exhibition of 1851* (Oxford: Oxford University Press, 2011), p. 181.

PARA LONDRES ENTRE O AÇO E O VIDRO

Os portões do Palácio de Cristal abriram-se aos visitantes em 1º de maio de 1851, um dia ensolarado, mas com uma breve chuva no final da manhã. A rainha Victoria fez as honras. Com apenas 31 anos, mas já com quase uma década e meia de reinado, Sua Majestade estava deslumbrante: vestida de crinolina rosa com joias cintilantes e bordados de prata brilhante, perfumada com um ar inconfundível de comando real. Ao lado da rainha, estava seu marido, o príncipe Albert, que era apaixonado por livre comércio e invenções e foi uma força motriz para a Grande Exposição desde o início. Diante da multidão do dia de abertura, Victoria orou para que Deus abençoasse "este empreendimento", para que

> conduza ao bem-estar de meu povo e aos interesses comuns da raça humana, incentivando as artes da paz e da indústria, fortalecendo os laços de união entre as nações da Terra e promovendo uma rivalidade amistosa e honrosa no exercício útil daquelas faculdades que foram conferidas por uma providência benéfica para o bem e a felicidade da humanidade[222].

Depois que o arcebispo da Cantuária concedeu sua bênção e um coro cantou o Coro Aleluia de Handel, a rainha declarou aberta a Grande Exposição, enquanto "um floreio de trombetas" eclodiu a notícia para o mundo exterior.

A panóplia de produtos industriais e artísticos espalhados pelo Palácio de Cristal era mais extensa e variada do que se poderia imaginar de antemão. O que se acreditava ser o maior espelho do mundo percorria toda a avenida principal do prédio, e uma máquina de fazer envelopes dobrava 45 folhas de papel a cada minuto, como se suas saliências de metal fossem os dedos delicados de uma secretária. Além das maravilhas da indústria moderna, das belas artes e das matérias-primas, havia esquisitices, como o "prognosticador de tormentas", um barômetro vivo com uma dúzia de sanguessugas alojadas em pequenas garrafas. Quando uma tempestade se aproximava, segundo a teoria, as sanguessugas reagiriam à mudança

222. Os comentários da rainha Victoria e "um floreio de trombetas" são de Joseph Irving, *The Annals of Our Time: A Diurnal of Events, Social and Political, Which Have Happened In, or Had Relation to, the Kingdom of Great Britain, from the Accession of Queen Victoria to the Opening of the Present Parliament* (Londres: Macmillan, 1869), p. 203-204.

de pressão saindo do confinamento e acionando pequenos martelos que tocariam um sino. Quanto mais as sanguessugas fossem perturbadas para escapar de suas garrafas, mais o sino soaria, indicando que uma forte tempestade estava a caminho. A coisa funcionava de verdade.

Na noite da abertura, depois que ela voltou para seu próprio palácio, a rainha Victoria escreveu em seu diário: "O nome do querido Albert está para sempre imortalizado". Não demorou muito para que a Grande Exposição fosse declarada um sucesso. Não surpreendentemente, as atrações da Grã-Bretanha triunfaram. Multidões afluíam para se maravilhar com os quase oito hectares de exibições e com o próprio edifício. Quando fechou, mais de seis milhões de visitantes viram a vasta gama de arte e indústria da Inglaterra e de outras partes do mundo, banhadas pela luz natural que o teto de vidro permitia passar.

Charlotte Brontë, autora de *Jane Eyre*, escreveu:

> Parece que somente magia poderia ter reunido essa massa de riqueza de todos os confins da Terra – como se ninguém, a não ser mãos sobrenaturais, pudesse organizá-la desta forma, com tamanho brilho e contraste de cores e poder de efeito maravilhoso. A multidão que enche os grandes corredores parece governada e subjugada por alguma influência invisível. Entre as trinta mil almas que os povoaram no dia em que estive lá, não se ouviu um barulho alto, não se viu um só movimento irregular – a maré viva passa calmamente, com um zumbido profundo como o do mar ouvido de longe[223].

Nem tudo na Grande Exposição agradou à Rainha Victoria. Em 19 de maio, ela foi novamente ao Palácio de Cristal, dessa vez para ver o que a seção estrangeira tinha a oferecer. Quando ela chegou às exibições dos Estados Unidos, ela as achou "certamente não muito interessantes"[224]. Sua Majestade dificilmente poderia ser culpada. Os americanos solicitaram um

223. Trecho de uma carta que Charlotte Brontë escreveu ao pai em 7 de junho de 1851; pode ser encontrada em Clement Shorter, *The Brontës Life and Letters*, vol. 2, (Londres: Hodder e Stoughton, 1908), p. 215-216.

224. O relato da rainha na Exposição em C. R. Fay, *Palace of Industry, 1851: A Study of the Great Exhibition and Its Fruits* (Cambridge, Reino Unido: Cambridge University Press, 1951, primeira edição em brochura 2010), p. 54.

PARA LONDRES ENTRE O AÇO E O VIDRO

espaço considerável, mas tiveram grande dificuldade em preenchê-lo. Suas atrações eram terrivelmente simplórias em comparação com os opulentos artefatos vitorianos e a elegância oferecida por outras regiões do mundo.

A revista satírica britânica *Punch* se deleitou com a apresentação insignificante dos Estados Unidos. Os americanos desculparam suas deficiências, disse o jornal, alegando que suas invenções industriais eram "gigantes demais", de natureza complexa demais. "A realidade é tão impossível de ser compreendida ou descrita", segundo *Punch*, "que a única maneira de nos dar uma ideia é deixar tudo para nossa imaginação".

Talvez, a *Punch* sugeriu prestativamente, o espaço vazio na seção americana pudesse ser oferecido como hospedagem para os visitantes da Grande Exposição:

> Juntando os artigos americanos um pouco mais perto um do outro, exibindo os revólveres da COLT sobre o sabão e empilhando os picles de Cincinnati sobre o mel da Virgínia, concentraremos todos os tesouros da arte e da manufatura americana em poucos metros quadrados, e camas podem ser postas para acomodar centenas de pessoas no espaço dedicado aos produtos da indústria dos Estados Unidos, os quais não conseguem ocupar nem um quarto do espaço[225].

O revólver Colt, no entanto, estava recebendo atenção favorável antes mesmo da chegada de seu vendedor entusiasmado. O duque de Wellington, herói da Batalha de Waterloo, que completou 82 anos de idade no dia da abertura da Grande Exposição, também ficou impressionado com o trabalho de Colt. Várias vezes, ele voltou à vitrine para outra olhada e foi ouvido elogiando o valor de armas de repetição. "A invenção mais popular e famosa da indústria americana", disse o *Times* de Londres a seus leitores no início de junho, "é uma pistola capaz de matar oito vezes mais rápido do que a arma antecessora"[226].

Para atrair vendas para países com domínios coloniais, um aviso anexado ao *display* do revólver de Colt citou um relatório militar americano de que

....

225. Citações da *Punch* podem ser encontradas em Marcus Cunliffe, "America at the Great Exhibition of 1851", *American Quarterly,* v. 3, nº 2 (verão de 1951): 119-120.
226. *The Times* (Reino Unido), 9 de junho de 1851.

163

na fronteira texana e nas várias rotas para a Califórnia, as tribos indígenas estão melhorando suas táticas de guerra assassina, e é provável que uma guerra geral com os índios aconteça, a menos que batalhões de homens montados, eficientemente equipados para tal serviço, sejam empregados contra eles [...]. Alguns homens corajosos, bem versados no uso dessas armas, podem, em tais circunstâncias, encontrar e dispersar quase qualquer número de selvagens[227].

Os militares britânicos tomaram nota. Naquele verão, eles estavam travando mais uma guerra na África do Sul, onde guerreiros Xhosa haviam dizimado seus soldados. O *Maidstone Gazette,* um jornal de uma cidade que era o principal paiol de cavalaria das Forças Armadas britânicas na Grã-Bretanha, observou:

> Entre as circunstâncias mais humilhantes da recente guerra no Cabo, estava a de uma horda de Cafres[228] avançando sobre um pequeno destacamento de nossas tropas e arrancando seus mosquetes de suas mãos após a primeira descarga, antes que pudessem recarregar [...]. O mosquete pode ser uma arma admirável para operar em massas de inimigos juntos, mas na corrida impetuosa irregular de tribos guerreiras como os Cafres, os afegãos, os índios americanos e os neozelandeses, é necessária uma descrição diferente de arma, que dará o maior número de tiros em um determinado momento. Se os Cafres tivessem sido atacados pela cavalaria armada com tais armas [...] o inimigo já teria sido caçado para fora da colônia[229].

Um item americano que o público britânico gostou foi *A Escrava Grega,* uma estátua de mármore de uma jovem, nua, com as mãos acorrentadas e segurando uma pequena cruz, sequestrada pelos turcos para ser vendida por prazer sexual. Ela "fica exposta ao olhar das pessoas que abomina e aguarda seu destino com intensa ansiedade, temperada por sua confiança

227. Citado em John R. Davis, *The Great Exhibition* (Thrupp, UK: Sutton, 1999), p. 161.

228. Cafre é a ortografia em português da palavra *kaffir,* termo originalmente usado para designar os povos da África negra. Aparece no Canto V (47) dos *Lusíadas,* de Camões. Com o colonialismo europeu na África no século XIX, tornou-se um termo pejorativo para uma pessoa negra na África do Sul e outros países do continente. (N. T.)

229. O *Maidstone Gazette* (Reino Unido), citado em Charles T. Rodgers, *American Superiority at the World's Fair* (Philadelphia: John J. Hawkins, 1852), p. 31.

na bondade de Deus", explicou seu escultor[230]. A ironia de que essa lamentação sobre a escravidão viesse de um país que continuava a lucrar com pessoas em cativeiro não passou despercebida pelos britânicos. Mais uma vez, da revista *Punch*: "Por que não nos enviou alguns espécimes seletos de escravos? Temos a Cativa Grega em pedra morta – por que não a escrava da Virgínia em ébano vivo?

Apesar da contínua tolerância do país à escravidão, pelo menos no Sul, as atrações dos Estados Unidos na exposição eram frutos de um republicanismo democrático evidente até mesmo no catálogo. Os exemplos da indústria americana tendiam a ser diferentes dos de outros países. Tomou nota um catálogo da exposição:

> O gasto de meses ou anos de trabalho em um único artigo, não para aumentar seu valor intrínseco, mas apenas para aumentar seu custo ou sua estimativa como objeto de valor, não é comum nos Estados Unidos. Pelo contrário, tanto o trabalho manual como o mecânico são aplicados com referência direta ao aumento do número ou da quantidade de artigos adequados às necessidades de todo um povo e adaptados para promover o gozo daquela competência moderada que prevalece entre eles[231].

Essa observação pode ter sido um pouco fria e prolixa, mas a mensagem era clara: os americanos estavam produzindo para as pessoas comuns, não para uma nobreza ociosa. Isso significava produção em massa e empreendedorismo. Em 1852, a revista *The North American Review* observou:

> A Grande Exposição fez mais do que qualquer outra coisa – talvez, do que todas as outras coisas – para ilustrar aos europeus a missão do anglo-americano [...]. Outras nações dispenderam toda a sua habilidade para fabricar bugigangas brilhantes, do tipo que possam servir ao orgulho de nobres e potentados; enquanto nós trouxemos uma série de máquinas destinadas a mitigar a labuta do trabalhador comum e baratear a comida, as roupas e os móveis da vida comum[232].

---

230. A descrição do escultor Hiram Powers de sua *Escrava Grega* é citada em Henry T. Tuckerman, *Book of the Artists* (Nova York: G. P. Putnam & Sons, 1867), p. 285.

231. *Great Exhibition of the Works of Industry of All Nations, 1851, Official Descriptive and Illustrated Catalogue Volume III* (Londres: W. Clowes and Sons, 1851), p. 1431.

232. *The North American Review*, v. 74, n° 154 (janeiro de 1852), p. 199.

Os americanos se orgulhavam de seus produtos plebeus, de sua evolução inovadora a partir de uma simples economia agrícola, e não tinham nenhum problema em se gabar disso. "Difunda, então, o conhecimento em todos os lugares, por toda a extensão e vastidão deste grande país", proclamou a *De Bow's Review*[233], uma revista americana dedicada a celebrar o progresso, no ano anterior à Grande Exposição.

> Que as influências civilizadoras e divinas da maquinaria se estendam ininterruptamente – então o futuro de nosso país, aberto, ilimitado e grande, além de todo exemplo, além de toda comparação, e incontáveis eras abençoarão sua missão e reconhecerão seu glorioso domínio.

Alguns achavam os americanos individualistas, grosseiros, fanfarrões, insuportáveis, e perigosos também. Os britânicos ficaram encantados com as histórias de rufiões americanos ansiosos para lutarem com armas ou facas. Depois de ver "os mais belos talheres" na vitrine de Sheffield, a rainha Victoria escreveu em seu diário que havia "facas Bowie em profusão, feitas inteiramente para os americanos, que nunca se movem sem uma dessas"[234].

Com a chegada do verão, o contingente americano na Grande Exposição começou a receber mais respeito. Primeiro, havia a ceifadora de McCormick, um dispositivo agrícola anunciado como uma ferramenta para tornar a colheita mais rápida, fácil, completa e, o mais importante, mais econômica. Em 24 de julho, em uma fazenda encharcada de chuva a 72 km de Londres, a máquina McCormick provou que nada que o Império tinha poderia se igualar a ela. Os britânicos deram à ceifadora americana uma saudação de três vivas por sua vitória. A Robbins & Lawrence, uma equipe de fabricação de armas de Vermont, também estava ganhando elogios por seu sistema de fabricação, com máquinas produzindo armas de ombro a um ritmo mais rápido do que os fabricantes mais tradicionais. Por isso, eles poderiam agradecer à maquinaria de última geração movida por um afluente do Rio Connecticut que passava por sua fábrica de pedra, girando uma roda d'água cujo eixo se projetava para dentro do prédio

---

233. *De Bow's Review of the Southern and Western States 9* – New Series, v. 1 (Nova Orleans, LA: J. D. B. De Bow, 1850): 271.

234. O relato da rainha na Exposição em C. R. Fay, *Palace of Industry, 1851*, p. 52.

para dar vida às máquinas. O que realmente chamou atenção para a Robbins & Lawrence foi que a empresa estava a caminho de fabricar peças intercambiáveis.

A exposição montada pelos *vermonters*[235] era tão simples quanto o resto das atrações americanas. Robbins & Lawrence trouxe seis rifles que podiam ser desmontados, suas peças podiam ser embaralhadas indiscriminadamente, e montadas novamente sem levar em conta que peça estava em qual arma. Essa façanha surpreendeu os britânicos. Como o Springfield Armory, a fábrica Robbins & Lawrence na Zona Rural de Windsor, Vermont, era uma incubadora de criatividade. Na época da Grande Exposição, Horace Smith estava em Windsor, tentando transformar o *Volition Repeater*, de Walter Hunt, em algo que funcionasse bem o suficiente para ser comercializável. Seu futuro sócio, Daniel Baird Wesson, também foi para a Robbins & Lawrence, onde supervisionou a fabricação de pistolas pimenteiro.

Enquanto os visitantes do Palácio de Cristal ficaram impressionados com as realizações da Robbins & Lawrence – a empresa seria premiada com uma medalha –, a estrela emergente do *show* americano no final de agosto foi o ianque de Connecticut, de 37 anos, com gosto pela atenção e uma patente para armas de tiro rápido. Sempre o exibido com uma paixão ao longo da vida por coisas físicas, especialmente aquelas que explodiam de forma espetacular, Colt estava no paraíso no Palácio de Cristal.

Em sua exibição, Colt se divertiu ao mostrar como ele também poderia montar suas armas a partir de peças aleatórias. Em um armário próximo, ele guardava charutos e conhaque para o deleite dos clientes favoritos, assim como para si mesmo (Colt gostava de bebidas finas). Ele também chegou trazendo presentes, como um par de revólveres gravados – um modelo *1851 Navy* e um modelo *Dragoon* da 3ª geração – para o príncipe Albert[236]. Para abrigar essas armas, a Colt mandou uma empresa austríaca fazer uma caixa de apresentação de jacarandá-da-baía forrada com veludo azul e incrustada com latão, madrepérola, marfim e metal branco. Ele deu outro par de revólveres em uma caixa semelhante para o advogado

---

235. Nativos do estado americano de Vermont. (N. T.)

236. Os revólveres do príncipe Albert em sua caixa de apresentação estão no *Royal Collection Trust*. www.rct.uk/collection/71649/pair-of -revolvers, acesso em 29/ago/2022.

Ned Dickerson como agradecimento por derrotar a Massachusetts Arms Company na justiça. Colt continuaria a dar muitos outros revólveres, seja como sinal de gratidão ou para obter favores.

Ao final do verão, os americanos passaram da ignomínia ao triunfo. Não só as inovações de Colt e McCormick demonstraram excelência tecnológica, mas Charles Goodyear mostrou os méritos de sua borracha vulcanizada, e os biscoitos de carne de Gail Borden ganharam a Grande Medalha do Conselho. Borden, mais tarde, ganharia ainda mais renome por condensar leite. Um chaveiro de Nova York abriu uma fechadura britânica famosa por ser indecifrável, e a escuna *America* venceu todos os iates britânicos em uma regata ao redor da ilha de Wight para ganhar o que veio a ser conhecida como a *America's Cup*.

Nos anos subsequentes à Grande Exposição, viajantes europeus nos Estados Unidos notaram o crescimento da população do país, suas linhas ferroviárias e telegráficas em rápida expansão e o uso abundante de máquinas. "Estando em solo americano", escreveu um, "penso no futuro"[237]. Tal como o seu país, Samuel Colt também experimentava o verdadeiro sucesso em nível internacional. Ele não iria deixá-lo decair. "Se eu não puder ser o primeiro, não serei o segundo em nada"[238], ele proclamou uma vez, e estava cumprindo a promessa. Em breve, ele estabeleceria uma fábrica de armas na Inglaterra, projetada de acordo com suas especificações e repleta de maquinário americano. O Império Britânico já havia estabelecido os padrões para a produção industrial. Agora eram os americanos, especialmente Robbins & Lawrence e a Colt's Patent Fire Arms Manufacturing Company, que começavam a criá-los. Dessas duas empresas, apenas a Colt's ainda existiria seis anos depois.

237. William Edward Baxter, *America and the Americans*, (Londres: Geo Routledge & Co., 1855), p. 17, citado em Joshua Taylor, "'I Think of the Future': The Long 1850s and the Origins of the Americanization of the World". Tese de doutorado, University of South Florida, 2019, p. 16. A tese de Taylor é que a ascensão americana à proeminência industrial começou na década de 1850 e não foi um salto repentino décadas depois, como alguns argumentaram. A década de 1850 também foi um período de rápida inovação nas armas americanas.

238. Trecho de uma carta de Colt ao seu meio-irmão, William, em 21 de julho de 1844, citado em William B. Edwards, *The Story of Colt's Revolver: The Biography of Col. Samuel Colt* (Nova York: Castle Books, 1957), p. 153.

PERFEIÇÃO NA ARTE DA DESTRUIÇÃO

Agora era *coronel* Colt.

Durante anos, seu irmão o chamou assim sem justificativa, assim como ele nunca foi realmente o "Dr. Coult" em seus anos de gás do riso. Ele não tinha experiência militar, seu único combate foi no tribunal – bater fisicamente em um advogado que tentou cobrar uma dívida não conta[239]. Mas ele havia apoiado a bem-sucedida campanha governamental de 1850 de seu amigo e colega democrata Thomas Henry Seymour, um célebre veterano de combate na Guerra Mexicano-Americana. Em aparente gratidão, um dos primeiros atos de Seymour como governador foi fazer de Colt um tenente-coronel e ajudante de campo na milícia estadual de Connecticut.

Era um título honorário, que vinha sem soldados para comandar em batalha, mas, a partir de então, Colt poderia legitimamente se chamar "coronel". E ele esperava que outros fizessem o mesmo. Colt começou a anexar o título não apenas à sua correspondência, mas às linhas de endereço em cima de alguns de seus revólveres:

---

[239]. Para saber de Colt agredindo um advogado, ver "In the Blood", *Morning News* (New London, CT), 4 de agosto de 1845.

"ENDEREÇO COL. SAML COLT NEW-YORK U.S. AMERICA" era uma das variações. Ele contratou um fabricante de roupas militares da mais alta reputação de Nova York para vesti-lo com um uniforme de lã feito do mais caro tecido, 8 pontos por centímetro, encimado por um chapéu de oficial com uma insígnia de corneta bordada e uma pena preta de avestruz[240].

O que "coronel" deu a Samuel Colt foi mais do que um novo título para se pavonear. Isso lhe trouxe prestígio militar, um ativo valioso quando se tratava de vender armas para os exércitos. Ele não precisaria de outro porta-voz lendário como Samuel H. Walker, e não teria que arriscar sua pele em batalha, embora ele se oferecesse para servir, se pudesse liderar tropas fornecidas com suas armas a revólver (ninguém aceitou sua oferta). Seu sucesso na Grande Exposição ajudaria ainda mais, e ele não perdeu tempo para contar ao mundo sobre isso.

"Entre todos os objetos de interesse que a habilidade e o empreendimento de nossos compatriotas apresentaram ao mundo neste grande teatro", gabava-se um panfleto da companhia no ano seguinte ao encerramento da Grande Exposição, "nenhum atraiu mais atenção do que as pistolas Colt de repetição"[241]. No Palácio de Cristal, continuava o panfleto:

> [...] encontravam-se os guerreiros de todas as nações – desde o soldado de infantaria chinês – cujo conhecimento não o leva mais longe do que dar saltos para amedrontar o inimigo – até o esplêndido soldado do *Horse Guards*, cujos apetrechos tilintantes, brilhando ao sol, encantavam o soldado mais primitivo. Todos esses homens de guerra se aglomeravam naturalmente em torno das arquibancadas onde eram exibidos instrumentos de destruição; o soldado mais refinado vê no maior poder das armas modernas os elementos mais potentes de paz; e o mais selvagem só considerando o quanto mais vingança ele poderia tomar contra seu inimigo semicivilizado.

---

240. O uniforme de Colt está no Museu de História de Connecticut da Biblioteca Estadual de Connecticut, Hartford, CT.

241. "Testimonials of the Usefulness of Colt's Repeating Firearms from European Journals and Officers of the British Army and Navy", extratos de um panfleto publicado em 1852 pela companhia Colt, reproduzido em Charles T. Haven e Frank A. Belden, *A History of the Colt Revolver and the Other Arms Made by Colt's Patent Fire Arms Manufacturing Company from 1836 to 1940* (New York: Bonanza Books, 1940), p. 327-335.

PERFEIÇÃO NA ARTE DA DESTRUIÇÃO

Por mais diferentes que fossem esses combatentes, insistia a companhia, todos concordavam em uma coisa: o revólver de Samuel Colt "atingiu a perfeição na arte da destruição".

Os britânicos ficaram tão impressionados que a Instituição Britânica de Engenheiros Civis, uma das associações profissionais de engenharia mais respeitadas do mundo, convidou Colt para discursar para seus membros em novembro de 1851, um mês após o encerramento da Grande Exposição. Ele foi o primeiro estrangeiro a falar diante do grupo, o que posteriormente faria dele um membro honorário.

"A experiência mostra", disse Colt aos engenheiros, "que armas de defesa perfeitas são indispensáveis para os pioneiros da civilização em novos países e ainda são igualmente necessárias para a preservação da paz nos países antigos [...]"[242].

O melhor meio de produzi-las, ele insistia, não era à mão, mas por máquinas como a instalação industrial em sua fábrica em Hartford. As armas de tiro rápido também eram valiosas para o pioneiro americano proteger a si mesmo e sua família "vivendo em um país de fronteira mais extensa, ainda habitado por hordas de aborígenes [...]". A mensagem para a Grã-Bretanha, uma nação com colônias distantes, era inconfundível: uma ex-colônia está se beneficiando do meu produto, e um império não deve se acomodar com as vitórias do passado.

O participante Abbott Lawrence, embaixador dos EUA no Reino Unido e rico empresário têxtil, foi convidado a ouvir o discurso de Colt. O general William Harney, que havia lutado nas guerras Seminole e Mexicano-Americana, gostava dos revólveres Colt, disse Lawrence. Falando por si mesmo, Lawrence disse que os militares americanos pensavam que os revólveres Colt eram

> as armas mais eficientes já introduzidas, particularmente para a guerra de fronteira, contra tribos selvagens, cuja astúcia, resistência, coragem e habilidade os tornavam inimigos formidáveis.

242. Citações da palestra de Colt para a Instituição de Engenheiros Civis vêm de Samuel Colt, *On the Application of Machinery to the Manufacture of Rotating Chambered-Breech Fire-Arms, and Their Peculiarities*, 3ª ed. por Charles Manby, (Londres: William Clowes and Sons, 1855). Os comentários atribuídos a Abbott Lawrence são citações do documento que parafraseou o que Lawrence disse.

Em sua operação de fabricação de revólveres em Hartford, trinta mil armas estavam no momento "em vários estágios de progresso", disse Colt. Sua força de trabalho de trezentos estava terminando cerca de cem armas todos os dias. A demanda era tão grande, ele afirmou, que ele estava pensando em aumentar a produção anual para 55 mil.

Como o ramo de revólveres era excelente, especialmente para armas que funcionavam como uma Colt, outros fabricantes estavam lançando suas próprias versões. Algumas eram parecidas demais para o gosto de Samuel Colt, então, mais uma vez, ele colocou Ned Dickerson atrás de um par de homens que ele acusou de violar sua patente. E novamente Dickerson triunfou no julgamento. Caso alguém fosse tolo o suficiente para pensar em entrar no mercado com uma imitação de revólver, Colt fez Dickerson enviar um aviso às pessoas no segmento de comércio de armas de fogo no início de novembro de 1852[243]:

> Por favor, tome nota para desistir daqui em diante da venda de quaisquer ARMAS DE FOGO DE REPETIÇÃO, nas quais a rotação, ou travamento e liberação do tambor, seja produzida pela combinação da culatra com o mecanismo de disparo; ou em que os cones são separados por divisórias ou colocados em recessos; exceto os feitos pelo Cel. Colt, em Hartford.
>
> Todas as armas rotativas construídas com tais combinações, sejam elas feitas pela Springfield Arms Co., pela Young & Leavitt, pela Allen & Thurber, pela Blunt & Syms, pela Marstin & Sprague, pela Bolen ou por qualquer outra pessoa, são uma violação clara da patente do Cel. Colt; e eu procederei contra você e o responsabilizarei por danos, se você persistir na venda de tais armas.

A patente de Colt estava programada para expirar somente em 1857, o que lhe deu tempo de sobra para armar o maior número possível de pessoas e militares que quisessem armamento de última geração. Sempre disposto a dar presentes quando achava que isso o beneficiaria, Colt

---

243. O aviso de Dickerson para o comércio de armas é citado em Herbert G. Houze, *Samuel Colt Arms, Art, and Invention* (New Haven, CT: Yale University Press, 2006), p. 125. Um dos avisos originais pode ser encontrado em *Samuel Colt Papers*, Box 7, Connecticut Historical Society, Hartford, CT.

mantinha seus favores fluindo. Um destinatário de sua generosidade em 1852 foi Franklin Pierce, um político de New Hampshire e general da Guerra Mexicano-Americana que ganhou a indicação democrata para presidente. Enquanto Pierce estava a caminho de se tornar o décimo quarto presidente do país, Colt deu a ele um revólver *1851 Navy* em um estojo de mogno forrado de veludo azul contendo ferramentas e um frasco de pólvora. A arma foi elaboradamente gravada no estilo "rolo de rosquinha" com grossas folhas espiraladas; até as cabeças dos parafusos tinham um toque de floreio, e uma cabeça de lobo adornava cada lado do martelo. Se Colt também deu um revólver ao oponente de Pierce nas eleições gerais, o general Winfield Scott, não se sabe ao certo, mas Scott recebeu outro tipo de presente promocional de Colt: uma transcrição do julgamento de patentes da Massachusetts Arms Company encadernada em couro marroquino com letras douradas.

. . .

Colt já se fez presente em outros países antes mesmo da Grande Exposição. Seus agentes estavam agora em vários países europeus, enquanto representantes exploravam perspectivas em seu nome nas Américas, incluindo o México, o país recentemente derrotado pelas tropas dos Estados Unidos, algumas das quais carregavam revólveres Colt em combate (os mexicanos aprenderam a apreciar o poder de um Colt). Ele também estabeleceu uma cabeça de ponte na Inglaterra. No dia de Ano-Novo de 1853, ele abriu uma fábrica às margens do rio Tâmisa, em Londres. De lá, ele enviava armas para clientes, principalmente os militares britânicos, bem como agentes em busca de mais clientes.

Colt também estava de olho nos mercados asiáticos. Seu amigo comodoro Matthew C. Perry estava se preparando para levar uma pequena frota de navios ao Japão em 1853 para convencer aquele país isolacionista – pela força, se necessário – a abrir relações com os Estados Unidos. O livre comércio era visto como uma coisa boa para os EUA, uma nação cujos produtos se beneficiariam com mais mercados. E o Japão tinha muito carvão, o que a América queria. A proteção de marinheiros americanos naufragados também era uma prioridade, porque o Japão os considerava fora da lei se por acaso fossem parar em solo japonês. Perry deveria levar presentes para os japoneses, pelo menos em parte, para mostrar como seu país era tecnologicamente avançado. Colt estava ansioso para incluir seus revólveres e disse a Perry, em uma carta, que ficaria feliz "em fornecê-los gratuitamente, tendo em vista o objetivo especial de sua missão e a reputação de nosso governo"[244]. Cem revólveres Colt foram para o Japão com Perry.

A diplomacia da canhoneira funcionou. Os únicos tiros disparados foram saudações dos navios americanos, supostamente comemorando o 4 de julho, embora a ameaça de combate pairasse sobre a expedição em seus estágios iniciais, exemplificada por uma bandeira branca que Perry deu aos japoneses. Uma carta que acompanhava a bandeira não deixava dúvidas sobre seu significado: se você optar por lutar e aprender como nossos canhões são destrutivos, levante isso e pararemos de atirar. Os Estados Unidos e o Japão finalmente assinaram um tratado e o comércio começou.

A guerra de verdade, sempre amiga do negócio de armas, voltou para Colt no outono de 1853. Uma briga entre a Rússia e o decadente Império Otomano estava atraindo outras potências imperiais. A Grã-Bretanha e a França temiam que a Rússia quisesse obter acesso ao Mediterrâneo através de estreitos controlados pela Turquia. Isso ameaçaria suas rotas comerciais, então os franceses e britânicos se juntaram ao lado da Turquia em março de 1854, e a Guerra da Crimeia começou. Os militares britânicos na época não tinham armas suficientes para travar uma guerra séria como a guerra no Báltico estava se tornando rapidamente. E sua dependência em artesãos qualificados que estavam em oferta limitada, em vez de fábricas que empregavam trabalhadores médios, significava que eles não conseguiam se atualizar tão rápido quanto precisavam.

Os Estados Unidos eram oficialmente neutros, o que deu cobertura a Colt para vender armas para ambos os lados, embora ele tenha dito aos britânicos que não estava fazendo isso. Seu amigo, Thomas Seymour, o ajudou com os russos, já que ele era agora representante dos EUA na

---

244. A carta de Colt para Perry é citada em Steven Lubar, "In the Footsteps of Perry: The Smithsonian Goes to Japan", *The Public Historian* 17, nº 3 (julho de 1995): 37.

Rússia, tendo sido nomeado pelo presidente Pierce, a quem Seymour havia apoiado para a presidência. No quesito de dar revólveres, Seymour havia presenteado Pierce com um Colt *Dragoon* em um estojo, e Colt havia dado a Seymour uma pistola de bolso decorada pelo mestre gravador Gustave Young. Mas nada se comparava às armas elaboradamente gravadas e com detalhes em ouro que Colt havia feito para os monarcas dos oponentes na guerra, o sultão Abdul Mejid I, que então concedeu a Colt o *status* de nobre turco, e o czar Nicolau I[245]. Graças a Seymour, um admirador do czar, Colt e seu companheiro de viagem, o fiel e útil Ned Dickerson, tiveram uma audiência pessoal com Nicolau, que estava hospedado na residência real nos arredores de São Petersburgo, mas veio ao Palácio de Inverno apenas para conhecer Colt[246].

Quando Colt deixou São Petersburgo no final de 1854 – ele faria mais viagens depois –, a marinha russa havia encomendado três mil de seus revólveres. Em abril seguinte, a Prússia fechou sua fronteira para armas destinadas à Rússia, o que ameaçava inviabilizar o acordo de revólveres. Uma maneira de contornar o problema, decidiu Colt, era contrabandear as armas. Isso poderia ter funcionado, exceto porque os revólveres foram descobertos escondidos em fardos de algodão na fronteira prussiana e confiscados.

Logo após o início da guerra, encomendas de armas – encomendas britânicas, não russas – do cenário de combate no Báltico chegaram à fábrica da Colt em Londres, onde mantinha sua força de trabalho ocupada produzindo trezentas pistolas por semana. Em um prédio de tijolos de três andares alugado, que parecia um quartel em uma "região sombria e enfumaçada" da cidade, Colt colocou em ação o que havia falado em seu discurso à sociedade de engenharia[247]. Máquinas, não músculos humanos,

....

245. O *Dragoon* que Colt deu ao sultão está agora no Metropolitan Museum of Art em Nova York. O *Dragoon* do czar está no Museu Hermitage, São Petersburgo, Rússia.

246. As notas sobre o czar vindo ao Palácio de Inverno para conhecer Colt e as informações sobre a tentativa fracassada de contrabandear revólveres são de Joseph Bradley, *Guns for the Tsar: American Technology and the Small Arms Industry in Nineteenth-Century Russia* (Dekalb: Northern Illinois University Press, 1990), p. 56-57.

247. *Household Words. A Weekly Journal.* Conduzido por Charles Dickens 9, nº 218 (27 de maio de 1854): 354-56.

realizavam a maior parte do trabalho, e tudo era feito sob o mesmo teto, não por verdadeiros artesãos, mas por trabalhadores que não tinham experiência em fabricação de armas, mas eram treinados para tarefas específicas e fáceis de aprender.

> Carpinteiros, marceneiros, ex-policiais, açougueiros, cocheiros, chapeleiros, instaladores de gás, carregadores ou, pelo menos, um representante de cada um desses ofícios, estão constantemente perfurando e furando em tornos o dia todo nas salas superiores,

escreveu um jornalista depois de visitar a fábrica. O trabalho árduo foi feito por uma máquina a vapor "incansavelmente labutando no cheiro quente e sufocante de óleo fétido, na pequena câmara de pedra abaixo". A Colt agora tinha as duas fábricas de armas mais modernas do mundo, uma em Londres e outra em Hartford, mais avançadas e eficientes até do que o Arsenal dos Estados Unidos em Springfield.

A fabricação de armas não era mais um trabalho exclusivamente masculino. Colt também empregava mulheres, cujo pagamento diário em Londres era de dois a três xelins – o mesmo valor pago às crianças –, em comparação com os ganhos dos homens, esses ganhavam de três a oito xelins por dia.

> Meninas limpas e de mãos delicadas fazem o trabalho que ferreiros musculosos ainda fazem em outras lojas de armas. A maioria delas foram costureiras e modistas, desacostumadas ao trabalho fabril, mas foram induzidas a vencer algum preconceito contra isso, pela atração a salários melhores do que poderiam esperar obter com bordados.

Samuel Colt não foi o único empreendedor que adicionou mulheres à sua força de trabalho no início da década de 1850. Oliver Winchester também as contratou para fabricar camisas masculinas em New Haven, quando o negócio com John Davies decolou. Remendar e fazer roupas era tradicionalmente mais "trabalho de mulher" do que fazer armas, então, no caso de Winchester, a contratação foi mais natural do que Colt trazer trabalhadoras para sua fábrica.

Para que a produção acompanhasse os pedidos, a Winchester & Davies precisava de muitas mulheres ansiosas para costurar. "VAGAS DE EMPREGO PARA COSTUREIRAS DE CAMISA", anunciou um anúncio de 1848 no *Hartford Daily Courant*[248]. "100 Boas Costureiras serão fornecidas com emprego constante na fabricação de camisas de costura de ombros patenteada, para a New Haven Shirt Manufactory". Três anos depois, a empresa aumentou seu pedido:

> Um número ilimitado de costureiras profissionais encontrará emprego constante (e pagamentos em dinheiro) fazendo CAMISAS brancas e coloridas, ou costurando peitos, colarinhos e punhos.

As mulheres recrutadas pela Winchester & Davies costuravam em casa, às vezes longe da fábrica – até Nathaniel Wheeler se apresentar a Oliver Winchester em 1852.

Fabricante de pequenos objetos de metal, como fivelas e botões, Wheeler fez parceria com o inventor de uma máquina que ele achava que poderia ser útil a Winchester. Seu talento era a habilidade de costurar mais rápido que as mãos humanas – muito mais rápido.

Coloque o suficiente dessas "máquinas de costura" para trabalhar, afirmou Wheeler, e Winchester poderia aumentar a produção enquanto economizava dinheiro. Aparelhos que prometiam costurar começaram a aparecer nos últimos anos, mas ainda não tinham se destacado comercialmente. Seus fabricantes também estavam brigando por patentes nos tribunais, o que tornava a produção confusa. A princípio, Winchester estava cético sobre a máquina que Wheeler estava vendendo. "Eu não consegui convencê-lo a fornecer tecido para uma demonstração", disse Wheeler mais tarde.

> No dia seguinte, voltei, com um pano já cortado, e minha esposa demonstrou para ele costurando uma camisa diante de seus olhos. Com isso, Winchester ficou tão surpreso que me fez um pedido grande e, em uma semana, concordou conosco em comprar mais máquinas[249].

---

248. *The Hartford* (CT) *Daily Courant*, 22 de setembro de 1848, e o *Semi-Weekly Eagle* (Brattleboro, VT), 10 de novembro de 1851.

249. As citações de Nathaniel Wheeler vêm de George Madis, *The Winchester Era* (Brownsboro, TX: Art and Reference House, 1984), 29, 31. Outras fontes dizem que foi a esposa do inventor Allen B. Wilson que demonstrou a máquina para Winchester ou que foi Wilson, não Wheeler, que apresentou o produto.

Mais uma semana e Winchester & Davies eram investidores na empresa de máquinas de costura Wheeler & Wilson. Então eles se tornaram o primeiro fabricante a usar máquinas de costura para camisas feitas comercialmente[250]. De uma força de trabalho de duzentos em 1847, quando a Winchester & Davies começou, a empresa cresceu para empregar quatro mil pessoas em 1855[251], um número impressionante por si só, mas ainda mais considerando o aumento da produtividade das máquinas de costura. Winchester dirigia a fábrica em New Haven, enquanto Davies se encarregava do armazém em Nova York, onde as vendas eram feitas. A fábrica, agora com quatro andares e cobrindo 6.070 m² de terreno, estava fazendo camisas para todo o país, embora principalmente para o Sul e Sudoeste. O salário líquido das mulheres nas salas de passar ferro era de três a seis dólares por semana. Aquelas que trabalhavam em máquinas de costura recebiam mais.

Oliver Winchester tinha feito boas apostas tanto na confecção de camisas quanto no investimento em máquinas de costura. "Quando olhamos para o progresso feito nas máquinas de costura", escreveu a *Scientific American* no verão de 1852,

> esperamos que elas criem uma revolução social, pois uma boa dona de casa pode costurar uma camisa social, fazendo todas as costuras com costura fina, com uma das pequenas máquinas de Wilson, em uma única hora [...]. Supomos que, dentro de alguns anos, estaremos todos vestindo camisas, casacos, botas e sapatos – todas as vestimentas do gênero humano – costuradas e completadas pela Máquina de Costura[252].

Até o pastor abolicionista Henry Ward Beecher, irmão da autora de *A Cabana do Pai Tomás*, Harriet Beecher Stowe, ficou atordoado com a máquina de costura quando uma jovem, de cerca de 16 anos, trouxe

---

250. Informações sobre Winchester & Davies terem sido os primeiros a usar máquinas de costura para fazer camisas vêm de "Romance of the Shirt Trade", *The Haberdasher*, v. 69, nº 4 (abril de 1919): 68.

251. Os detalhes da produção na Winchester & Davies vêm de Edwin T. Freedley, ed., *Leading Pursuits and Leading Men: A Treatise on the Principal Trades and Manufactures of the United States* (Filadélfia: Edward Young, 1856), p. 141-144, 147-148.

252. *Scientific American*, v. 7, nº 44 (17 de julho de 1852): 349.

uma Wheeler & Wilson para sua casa. "Acreditávamos firmemente que algumas coisas nunca seriam feitas por nenhum dedo que não o humano", escreveu ele, "e eminente entre essas coisas impossíveis, era costurar! Nada, tínhamos certeza, jamais poderia realizar isso, exceto a mais recente e melhor invenção do paraíso: a mulher!"[253].

Depois que a máquina embarcou em sua missão, seu pedal agilmente empregado pela jovem operadora, Beecher ficou estupefato. Uma camisa "fluiu pela tão perfurante Wheeler & Wilson tão rápido quanto uma bandeira de bom tamanho sendo içada, desenrolaria e fluiria para o mundo", escreveu ele.

> Uma pilha de linho virou um colarinho, um lenço, um gorro. Lá entra um pedaço de pano, sai uma camisa! Estávamos desnorteados. Não foi feito muito naquela casa por algumas horas além de olharmos e nos maravilharmos.

No final de junho de 1852, com seu negócio de camisas prosperando, Oliver Winchester decidiu dar uma festa[254]. Os convidados que ele queria homenagear eram os funcionários da New Haven Shirt Manufactory, que se reuniram em seu jardim ao lado da fábrica no início de uma noite de sexta--feira. Lá, sob um longo caramanchão enfeitado em cada extremidade com bandeiras e sempre-vivas, as costureiras, lavadeiras, passadeiras, auxiliares de administração e cortadores de tecido da empresa foram convidados a se sentarem a uma mesa de 36 metros de comprimento decorada com flores arranjadas por Jane Winchester e a filha do casal, Ann Rebecca, agora com 17 anos. Aqueles que trabalharam a serviço de Winchester foram servidos com morangos, sorvete e bolos, enquanto a *Old Gents Band* os entretinha com música. O prefeito de New Haven fez um discurso.

Quando foi a vez de Winchester se dirigir à reunião, ele disse a eles que havia escolhido não começar com o típico "Senhoras e senhores", mas chamou os trabalhadores reunidos de seus "irmãos e irmãs, companheiros

---

253. Henry Ward Beecher, "Our First Experience with a Sewing Machine", *The Massachusetts Teacher* (1858-1871) 13, n° 1 (janeiro de 1860): 12-15.

254. Informações sobre a festa da New Haven Shirt Manufactory e o discurso de Oliver Winchester aos trabalhadores estão em *Festival at the New Haven Shirt Manufactory, June 25th, 1852* (New Haven, CT: J. H. Benham, 1852).

de trabalho em uma causa comum". Sim, admitiu Winchester, ele era crítico. Mas quando encontrava falhas, disse ele, estava usando "a grande força motriz que impulsiona o mundo em seu atual curso rápido de melhoria, como o elemento de progresso da época". Sem essa pressão, não teríamos ferrovias e navios a vapor rápidos ou "a mais maravilhosa das invenções humanas, o Telégrafo Elétrico [...]". O princípio de deixar tudo no "está bom o bastante", disse Winchester a seus funcionários, não deve impedir o progresso.

O objetivo da festa era celebrar sua força de trabalho, bem como inspirá-los, então Winchester elogiou os homens e mulheres da New Haven Shirt Manufactory presenteando taças de prata pela excelência singular no trabalho. Ao encerrar seu discurso, Winchester convocou a todos a se esforçarem ainda mais em sua busca compartilhada para melhorar a qualidade das camisas:

> A perfeição pertence apenas à Divindade; ainda assim, embora estejamos aquém desse ponto, há muito espaço para melhorias. Vamos, portanto, estar unidos em nossos esforços e propósitos, para dedicar aos nossos diversos departamentos, todas as energias que possuímos, nem ficar satisfeitos enquanto um ponto for mal colocado, uma mancha não removida ou uma ruga não alisada; lembrando que uma camisa, por mais grosseira que seja, é um emblema de pureza e, como obra de nossas mãos, que são dirigidas por nossas mentes, é o índice de nosso caráter, para o qual o observador atento da natureza humana não requer mais nenhum outro sinal mais certo.

Para o agora rico Oliver Winchester, chegou a hora de olhar além das camisas para ainda mais oportunidades de ganhar dinheiro. Em 1855, outra nova máquina chamou sua atenção, uma que ele achava que tinha potencial. Dessa vez era uma arma de repetição usando um novo tipo de munição que encarnava o futuro: um cartucho com todos os ingredientes para atirar em um único pacote. Horace Smith e Daniel Baird Wesson, os homens por trás da nova arma e a empresa que a fabricou, estavam procurando investidores. Winchester decidiu arriscar.

EVOLUÇÃO

O cidadão da Nova Inglaterra mecaniza, assim como um grego antigo esculpe, como o veneziano pinta, ou o italiano moderno canta; cresceu uma escola cuja qualidade dominante, curiosamente intensa, difundida e ousada, é a imaginação mecânica.

Trecho do jornal londrino *Times*, em 22 de maio de 1878.

Momentos de descoberta "Eureka" não são a regra no reino da criatividade mecânica. Eles acontecem, mas mesmo as invenções revolucionárias que recebem patentes são muitas vezes o produto de várias mentes irrigadas pelas demandas de uma determinada época e pelas ferramentas disponíveis no momento, o que permite construir sobre o que veio antes[255].

....

255. "A história de inovação significativa neste país é, ao contrário do mito popular, uma história de melhorias incrementais geralmente feitas por vários inventores diferentes aproximadamente ao mesmo tempo". Mark A. Lemley, "O Mito do Único Inventor", *Michigan Law Review*, v. 110, nº 5 (2012): 760. Nas páginas 718-720, Lemley discute Whitney e Morse.

O cilindro giratório de uma arma, por exemplo, estava em uso limitado antes de Samuel Colt melhorá-lo. O velho Eli Whitney não inventou o descaroçador de algodão; várias formas já existiam; o que Whitney fez foi melhorar a maneira como uma máquina separava a fibra de algodão das sementes. Samuel F. B. Morse não foi a primeira pessoa a desenvolver um telégrafo funcional; outros, inclusive europeus e ingleses, também o vinham desenvolvendo. A contribuição de Morse foi usar o método de outra pessoa de enrolar fios para aumentar a força dos sinais elétricos.

Certamente Walter Hunt, apesar de todo o seu brilhantismo, dependeu daqueles que vieram antes dele, assim como aqueles que vieram depois dependeram nele. Uma década antes de o Escritório de Patentes emitir a Hunt a patente de seu *Volition Repeater*[256], três homens no norte da Nova Inglaterra receberam direitos exclusivos de um rifle que poderia alimentar 15 cartuchos um por um no cano de um tubo dentro de sua coronha de madeira. Esses inventores chamaram seu mecanismo de "câmaras deslizantes", cada cartucho contendo todos os elementos essenciais para atirar, incluindo uma espoleta, montada antecipadamente pelo atirador. Embora essa arma de repetição pudesse ter tido possibilidades – seus inventores pensavam assim, de qualquer maneira –, não foi um sucesso.

O alfinete de segurança que Hunt inventou era impressionante em sua pureza mecânica. Ele executava uma tarefa simples sem complicações ou várias partes. Mas seu problemático *Volition Repeater* não era tão puro. Era uma combinação complexa de peças de metal, muitas delas delicadas, de formas e funções variadas que precisavam interagir em perfeita harmonia para que a coisa funcionasse. E isso não estava acontecendo.

Hunt achava que sua curiosa arma de fogo era promissora e queria vê-la entrar em produção, mas, como sempre, não tinha recursos. O maquinista e especulador George A. Arrowsmith tinha. Arrowsmith aceitou o desafio de transformar o *Volition Repeater* de uma excelente ideia em um produto viável e, com isso, a linha de montagem da invenção ganhou vida. Com o tempo, a criação de Hunt passaria pelas mãos de outros homens inclinados à mecânica, alguns deles futuros gigantes da indústria

....

256. A "arma de carregador" que precedeu o *Volition Repeater* de Hunt é a patente US nº 1.084, de 20 de fevereiro de 1839.

EVOLUÇÃO

de armas, cada um com seu próprio currículo de invenções, cada um acrescentando suas próprias melhorias. Era uma corrida de revezamento para aperfeiçoar um produto e depois lucrar com ele, um processo que precisava de dois conjuntos de atores mutuamente dependentes: homens com ideias e homens com dinheiro que estavam dispostos a arriscar. A corrida começou com George Arrowsmith.

. . .

Arrowsmith sabia bem da paixão de Hunt por inventar e queria colher recompensas disso muito antes do *Volition Repeater* entrar em cena. Em 11 de dezembro de 1845, quase quatro anos antes de seu rifle multitiro receber sua patente nos EUA, Hunt cedeu a Arrowsmith sua patente de um tinteiro com mola que abria quando a ponta de uma caneta o pressionava. Uma vez que a quantidade de tinta desejada fosse coletada, o instrumento de escrita seria retirado e a abertura seria fechada. No início do mesmo ano, Hunt cedeu patentes de dois outros tinteiros ao filho de Arrowsmith, Augustus. Em meados da década de 1830, ele também vendeu a George Arrowsmith os direitos de sua versão da máquina de costura, a qual Arrowsmith não conseguiu patentear. Não está claro se ele ganhou algum dinheiro com o tinteiro de fechamento automático de Hunt, mas Arrowsmith estava confiante o suficiente sobre as perspectivas do *Volition Repeater* para recrutar o armeiro e mago mecânico, Lewis Jennings, para trabalhar nele.

Como Walter Hunt, Lewis Jennings habitualmente virava sua mente em muitas direções inventivas, e a Corrida do Ouro da Califórnia provavelmente o estimulou a inventar um dispositivo para separar ouro de sujeira inútil. Em 1º de maio de 1849, Jennings patenteou o que ele chamou de "Lava-Ouro", que forçava água contendo o metal precioso, terra e outras "matérias estranhas" através de tubos para que o ouro pesado afundasse. Essa invenção, uma espécie de decantador mecanizado reverso, foi uma versão inicial do que mais tarde seria chamado de elutriador, que continua sendo usado hoje para separar minerais. Então Jennings voltou sua atenção para fechaduras, patenteando um mecanismo aprimorado para proteger portas e cofres de bancos.

Mas o grande desafio de Jennings foi o *Volition Repeater*. Se ele pudesse resolver seus problemas, havia esperança de ganhar dinheiro de verdade com os militares nos Estados Unidos e talvez em outros países ansiosos para tirar proveito de uma arma de fogo multitiro. Arrowsmith estava contando com isso. Jennings simplificou o mecanismo, mas manteve o importantíssimo carregador tubular *Rocket Ball* embaixo do cano[257]. Ele trabalhou rapidamente. No dia de Natal de 1849, Jennings recebeu uma patente por sua atualização do *Volition Repeater*, que ele imediatamente cedeu a seu chefe, George Arrowsmith. Essas melhorias foram suficientes para Arrowsmith acreditar que o momento da produção havia chegado. Arrowsmith, no entanto, não dispunha dos recursos necessários para a fabricação de armas em grande escala. Sua melhor opção era convencer alguém com mais recursos financeiros a se comprometer a transformar o que agora era o repetidor Jennings em uma realidade produzida em massa. O nova-iorquino Courtlandt Palmer era esse alguém[258].

Palmer era rico e também bem relacionado, tendo ganhado dinheiro com ferramentas. O Pânico de 1837 havia paralisado seus negócios, mas ele sobreviveu e reconstruiu sua fortuna expandindo para o setor imobiliário. Palmer também havia sido presidente da ferrovia de Nova York, Providence & Boston, até ser derrubado pelo magnata da ferrovia e do transporte marítimo Cornelius Vanderbilt, um homem que ele considerava traiçoeiro. Talvez Palmer não fosse tão experiente quanto Vanderbilt quando se tratava de ferrovias, ou tão implacavelmente combativo, mas ele tinha noção das possibilidades da tecnologia. É por isso que ele gastou US$ 10.000 (cerca de US$ 350.000 de hoje) para comprar de Arrowsmith todos os direitos do repetidor Jennings, mesmo sabendo pouco sobre armas de fogo.

---

257. Descrições do que Jennings fez com o *Volition Repeater* podem ser encontradas em Joseph G. Bilby, *A Revolution in Arms: A History of the First Repeating Rifles* (Yardley, PA: Westholme, 2006), p. 54-56; R. Bruce McDowell diz que Walter Hunt e Jennings trabalharam juntos quase desde o início. Veja seu *Evolution of the Winchester* (Tacoma, WA: Armory, 1985), p. 1-4.

258. Fontes de informações sobre Palmer incluem seus obituários no *New York Times*, *New York Tribune* e *New York Daily Herald*, todos de 12 de maio de 1874. A visão de Cornelius Vanderbilt sobre Palmer é encontrada em T. J. Stiles, *The First Tycoon: The Epic Life of Cornelius Vanderbilt* (Nova York: Knopf, 2009).

EVOLUÇÃO

Palmer tinha a patente da arma, mas precisava de uma fábrica para produzi-la. Ele se estabeleceu na Robbins & Lawrence, a empresa relativamente nova a 400 quilômetros ao norte em Windsor, Vermont, uma cidade no Rio Connecticut com uma reputação crescente de fabricar máquinas-ferramentas que aumentaria ainda mais com o sucesso da empresa na Grande Exposição em Londres. Em seus curtos cinco anos de existência, a Robbins & Lawrence havia se tornado a maior fábrica privada de armas pequenas do país – ainda maior que a de Samuel Colt na época – superada em tamanho apenas pelos dois arsenais do governo. Foram agraciados com um grande contrato para rifles e os entregaram antes do prazo. A figura principal da fábrica, o inventor e armeiro, Richard S. Lawrence, era conhecido como um inovador de ponta que ganhou destaque crescendo do nada. As histórias da fábrica de armas Robbins & Lawrence e do próprio Richard Lawrence são contos por excelência do capitalismo ianque do século XIX[259]. Ambos desempenhariam papéis no desenvolvimento de armas de fogo de repetição. E, como Samuel Colt, sua salvação seria a guerra.

• • •

Richard Lawrence tinha nove anos quando seu pai morreu, e coube a ele ajudar a sustentar a família[260]. No início, era trabalho agrícola em terrenos familiares perto de Watertown, Nova York, sem tempo para estudar, exceto para aprender a fazer ferramentas de carpinteiro e marceneiro em uma marcenaria. Lawrence era moderadamente bem-sucedido em seus deveres, manuseando ferramentas com facilidade e eficiência, mas o que realmente o intrigava eram as atividades no porão da oficina. Armas personalizadas eram feitas lá, e era onde Lawrence passava seu tempo livre. Ele logo desenvolveu experiência no reparo de armas de fogo.

....

259. Um relato da Robbins & Lawrence e sua importância no desenvolvimento industrial podem ser encontrados em Joseph Wickham Roe, *English and American Tool Builders* (Nova York: McGraw-Hill, 1926), p. 186-201; e Ross Thomson, "The Firm and Technological Change: From Managerial Capitalism to Nineteenth-Century Innovation and Back Again", *Business and Economic History*, v. 22, n° 2 (inverno de 1993): p. 118-119.

260. O relato de Lawrence sobre sua vida, incluindo seu trabalho no rifle de Story, está no Apêndice A em Roe, *English and American Tool Builders*.

Em 1838, após um período breve e sem intercorrências no Exército, Lawrence, de 21 anos, chegou a Windsor em busca de um novo começo. Um médico local chamado Dyer Story possuía um rifle que precisava ser consertado e perguntou a Lawrence, que dizia saber algo sobre armas, se ele poderia consertá-lo. Lawrence desmontou o rifle e executou uma variedade de tarefas com uma destreza que surpreendeu aqueles que o observavam. Ele instalou uma mira – um disco com um buraco no centro – no topo do cano, perto do olho do atirador. Uma mira traseira típica tendia a ser um sulco em forma de V. O atirador olharia sobre o cano e aninharia a mira frontal no sulco. A mira circular de Lawrence era algo que ninguém na área tinha visto antes.

Quando o trabalho no rifle de Story terminou, os dois homens saíram para testá-lo. Seu alvo era um buraco perfurado por um trado manual em uma árvore de bordo, anteriormente o local de um bico de seiva. Ficou combinado que Lawrence atiraria a uma distância de cerca de sessenta metros.

"O doutor foi verificar o alvo", lembrou Lawrence.

> Não foi possível encontrar nenhum buraco de bola. Disse que eu tinha errado a árvore. Atirei de novo – nenhum buraco de bola foi encontrado. O doutor veio até mim e disse que eu tinha estragado seu rifle.

Lawrence se desculpou profusamente, prometendo fazer a arma funcionar corretamente se tivesse outra chance.

> Ele disse que não podia consentir que eu fizesse mais nada para melhorar as qualidades de tiro – a mira, ele gostou muito. Eu disse que já que a arma estava carregada, eu daria mais um tiro e veria se conseguia não acertar a árvore. Após o terceiro tiro, fui até a árvore para investigar, e todas as três bolas que eu havia disparado foram encontradas no buraco do trado.

O médico ficou espantado. Nunca tinha ouvido falar de tamanha pontaria. Os dois homens passaram metade daquela noite conversando sobre armas. No dia seguinte, Story levou Lawrence para visitar a N. Kendall & Co., uma empresa que fabricava armas em uma prisão local, usando mão de obra de presidiários para as tarefas mais pesadas e homens livres para os trabalhos mais complexos. Por recomendação do

EVOLUÇÃO

médico, Lawrence foi contratado imediatamente e começou a encaixar mecanismos de disparo e coronhas com os canos à mão. Após seis meses, Lawrence havia dominado tudo sobre a pequena fábrica – cada tarefa, cada desafio – até a intrincada arte da gravura. Por causa de seu sucesso, ele foi encarregado da oficina.

Depois de alguns anos longe da fabricação de armas, Nicanor Kendall e Lawrence abriram uma pequena operação de fabricação de armas personalizadas em Windsor. Os negócios iam bem, mas no inverno de 1844, teriam a chance de estarem melhor. Seu futuro sócio, Samuel E. Robbins, um empresário de Boston que fez fortuna com madeira e se aposentou para a área de Windsor aos 33 anos, disse a Kendall e Lawrence que soubera que o governo estava no mercado para comprar dez mil novos rifles. Esse tipo de pedido estava muito além da capacidade do pequeno negócio, então Robbins – que queria usar parte de seu capital em um novo empreendimento – teve uma proposta: fazer uma parceria, com Robbins como um dos sócios, e enviar uma oferta para Washington. Eles veriam o que aconteceria e fariam o próximo movimento de acordo.

O governo aceitou a oferta: dez mil fuzis a US$ 10,90 cada para serem concluídos em três anos. Agora cabia a Kendall, Robbins & Lawrence entregar. Infelizmente, a parceria não tinha maquinário que pudesse dar conta de um trabalho tão grande. Assim como Samuel Colt quando conseguiu seu contrato para revólveres Walker, os sócios nem sequer tinham um prédio grande o suficiente ou um lugar para colocar um. Então, eles compraram terras ao longo de um afluente do Rio Connecticut, cujo forte fluxo poderia girar as enormes rodas necessárias para operar grandes máquinas fabris. Então eles construíram sua fábrica – um prédio de tijolos de três andares e meio com trinta metros de comprimento e 13,5 m de largura, encimado por uma veleta na forma do rifle que foram contratados para fabricar – e fabricavam ou compravam maquinaria que eles adaptariam às tarefas sob a direção de Lawrence[261]. A fábrica de Windsor atraiu

....

261. A construção da fábrica Robbins & Lawrence é discutida em John P. Johnson, "Robbins & Lawrence Armory (American Precision Museum)", *Historic American Engineering Record* No. VT-39, National Park Service, Washington, D.C., 2009.

artesãos de toda a região: maquinistas do Eli Whitney Armory em New Haven, oficinas mecânicas em Massachusetts e Connecticut, Springfield Armory e até mesmo do Harpers Ferry Armory, na Virgínia.

Lawrence, cujo gênio visionário, mas prático, guiava tudo, garantiu que esse empreendimento, maior do que qualquer outra coisa em Windsor, fosse executado com a precisão de um bom relógio. As coronhas das armas não eram esculpidas à mão, mas por uma máquina cujas correia, engrenagens, eixos e cortadores faziam cópias idênticas em madeira de um original de ferro, muito parecido com o sistema inventado por Thomas Blanchard no Springfield Armory. Os calibradores garantiam que as peças de metal fossem as mesmas de uma arma para a outra. Não só os rifles eram feitos e bem-feitos lá, mas todos os dez mil saíram da linha de montagem 18 meses antes do previsto e com um bom lucro. O governo dos Estados Unidos teve o prazer de dar a Robbins & Lawrence – a essas alturas eles já haviam comprado a parte de Kendall – um segundo contrato, dessa vez de 15 mil rifles.

Como a empresa de Vermont tinha os talentos, espaço e maquinário para o tipo de produção que Courtlandt Palmer queria para seu rifle, sem mencionar a admirável reputação do Armory, ele contratou a Robbins & Lawrence para construir cinco mil rifles de repetição Jennings poucas semanas depois de receber os direitos da patente. Lewis Jennings fez o possível para que o rifle de Hunt valesse a pena, mas não foi bom o suficiente. A coisa estava tão cheia de *bugs* que a Robbins & Lawrence fez apenas cerca de mil, incluindo repetidores e versões de tiro único. Havia também alguns rifles Jennings de carregamento pelo bocal – na verdade, um passo para trás na evolução.

Até agora, o investimento de Palmer no futuro das armas de fogo foi um fracasso. Ele havia investido uma fortuna no que pensava ser um risco razoável, apenas para ver nada além de algumas máquinas sofisticadas e algumas armas complexas e de baixa potência que ninguém queria comprar. Mas com tanto em jogo, Palmer não estava pronto para desistir. Se ele investisse um pouco mais de dinheiro para fazer o rifle funcionar corretamente, as recompensas poderiam ser enormes. O que ele precisava era de outro mecânico talentoso que pudesse continuar de onde os outros pararam, alguém com uma nova perspectiva, que sonhasse com ousadia,

EVOLUÇÃO

mas permanecesse razoável e focado. A escolha dele foi boa. O novo homem de ideias de Palmer era Horace Smith.

• • •

Quando deixou a fábrica da Allen & Thurber em Norwich para trabalhar por conta própria, Horace Smith continuou fazendo aquilo em que era melhor: fabricando armas de fogo. Ele ficou em Norwich trabalhando principalmente em espingardas, embora tenha encontrado um mercado para algo novo: armas baleeiras.

Era a idade de ouro da caça às baleias. Ao longo da costa da Nova Inglaterra, as cidades enviavam navios navegando pelos oceanos do mundo para colher óleos preciosos de dentro dos corpos dos leviatãs. O óleo de baleia lubrificou o crescente número de máquinas das quais a Revolução Industrial dependia, ardeu intensamente em lâmpadas, faróis náuticos e faróis de locomotivas e se tornou sabão. O espermacete, um material branco parecido com cera, tirado das cabeças dos cachalotes, fazia as melhores velas, e o âmbar cinza dos intestinos dos animais estabilizava os aromas dos melhores perfumes. Ossos de baleia tornavam-se espartilhos, palhetas de colarinho, brinquedos e chicotes de carruagens. Caçar baleias era um grande negócio em meados do século XIX, especialmente para os Estados Unidos, cujos mercadores construíram a maior frota de navios baleeiros da história. Apenas têxteis e fabricação de armas superavam a caça às baleias como indústrias da Nova Inglaterra na década de 1840. A caça às baleias também foi pioneira no capitalismo de alto risco e alta recompensa[262], com agentes conectando investidores ricos interessados em comprar navios e contratar tripulações em um sistema em que todos tinham participação no lucro em potencial. Mas a caça às baleias também era um negócio perigoso para os arpoadores, bem como para os capitães e imediatos que empunhavam as lanças mortais. Eles tinham que se aproximar dos mamíferos gigantes na superfície do oceano em barcos estreitos de nove metros e enfiar suas armas o mais forte que podiam nas

---

262. A caça à baleia como o capitalismo de risco inicial é discutida em "Fin-tech: Before there were tech startups, there was whaling", *The Economist*, 30 de dezembro de 2015.

laterais das baleias. Muito melhor do ponto de vista dos baleeiros seria lançar seus mísseis à distância, que era onde as armas entravam[263].

Uns 19 km ao sul de Norwich estava New London, na época um dos três portos baleeiros mais movimentados do mundo, junto ao New Bedford e Nantucket em Massachusetts, então era natural para Horace Smith usar seu talento para fazer um lançador de arpões que encontraria um lugar na indústria baleeira. Um colega armeiro de Norwich, Oliver Allen[264], que é possível que tenha trabalhado com Smith, decidiu dar um passo adiante e fazer uma lança que explodiria dentro da baleia. Uma tal "lança-bomba" precisava de uma arma poderosa para lançá-la, então Allen as fez pesadas – dez quilos ou mais –, cada uma com um furo grande o suficiente para conter uma haste que pudesse ser mergulhada profundamente no corpo de uma baleia. Foi-se um pouco do romantismo de empurrar ferro a meros metros de distância, mas era mais seguro para os homens que matavam. Supostamente, Horace Smith também inventou uma bala explosiva para matar baleias. Se assim for, parece não ter havido nenhuma patente para isso.

Allen não ficou muito tempo em Norwich. Notícias de que era fácil encontrar ouro na Califórnia iniciaram uma epidemia nacional de febre do ouro que não poupou as cidades baleeiras da Costa Leste. Homens que teriam buscado suas fortunas no mar ou em negócios que se beneficiavam da caça às baleias dirigiram-se, em vez disso, para as minas de ouro da Califórnia. Entre eles estava Oliver Allen, que se juntou a sessenta outros garimpeiros de ouro em 1849 para comprar um navio e navegar ao redor do cabo Horn a caminho da costa do Pacífico[265]. Allen passaria o resto de sua vida na Califórnia.

---

263. Para uma discussão sobre armas baleeiras, veja Robert E. Hellman, "Whaling Tools in the Nantucket Whaling Museum", *Historic Nantucket*, v. 47, nº 3 (verão de 1998): 16-17; e Lance E. Davis, Robert E. Gallman e Karin Gleiter, *In Pursuit of Leviathan: Technology, Institutions, Productivity, and Profits in American Whaling, 1816-1906* (Chicago: University of Chicago Press, 1997), p. 288-94.

264. James Temple Brown discutiu sobre Oliver Allen e sua lança-bomba em *The Whale Fishery and Its Appliances* (Washington, D.C.: Government Printing Office, 1883), p. 15-16, 58.

265. A mudança de Allen para a Califórnia é mencionada em um obituário de seu filho no *Norwich Bulletin* (CT), 19 de março de 1921.

EVOLUÇÃO

Horace Smith também seguiu em frente, mas não com uma jornada para campos de ouro distantes. As armas baleeiras não estavam funcionando para ele, mas ele continuou fabricando outras armas de fogo em Norwich, agora auxiliado por seu filho adolescente, Dexter, que tinha pelo menos duas das qualidades de seu pai: talento para mecânica e disposição tranquila. O Smith mais velho também fazia armas de repetição, embora não de seu próprio projeto. Dois inventores que patentearam uma arma de fogo excêntrica com compartimentos separados para pólvora e balas pagaram a Smith para produzir algumas delas, o que ele fez. Essas armas não chegaram a lugar algum no mercado.

Então veio a tentação do capitalista de risco Courtland Palmer para enfrentar a arma de Jennings em troca de um salário fixo e uma parte dos lucros. Smith simplificou o que Jennings havia feito e ressuscitou o carregador de munição tubular, que era o principal componente que permitia que a arma fosse de repetição. Menos de dois anos depois que Lewis Jennings obteve sua patente e a produção de seu modelo começou, Smith teve sua própria patente para o que seria conhecido como rifle Smith-Jennings. Mas a arma ainda tinha seus problemas. Um era algo que o atormentava desde o início: a *Rocket Ball*, enquanto um prenúncio do que estava por vir, era pateticamente insignificante. Faltava a influência que se espera de uma arma séria. Além disso, uma pílula explosiva separada que tinha que se encaixar a cada tiro desacelerava as coisas, seu resíduo ocasionalmente estragava o mecanismo. E o mecanismo complicado e não confiável da arma, embora melhor do que quando chegou às mãos de Smith, contribuiu para seu fim.

Em 1852, era hora de desistir. Os descendentes mecânicos do *Volition Repeater* de Walter Hunt quase valeram a pena. Com certeza eles estavam mais perto de encontrar um lugar no mercado do que seu ancestral estivera, mas não o suficiente, apesar do dinheiro de Courtlandt Palmer e das mentes criativas de Lewis Jennings e Horace Smith. Até Richard Lawrence e o talentoso chefe da oficina da Robbins & Lawrence, Benjamin Tyler Henry, geralmente chamado de B. Tyler Henry, fizeram sugestões de melhorias desde o início, mas elas não ajudaram muito. O sucesso parecia fora de alcance.

Para Palmer, parecia ser o fim da linha. Sua ânsia de gastar dinheiro na esperança de grandes recompensas se foi. Apenas como precaução, ele manteve a patente que Horace Smith havia atribuído a ele. Quanto a Smith, ele continuaria a mexer no mecanismo problemático que ele sabia que tinha possibilidades. Henry permaneceria na Robbins & Lawrence até ser atraído por outro capitalista de risco que, como Courtland Palmer, sabia pouco sobre armas, mas estava pronto para investir seu dinheiro em armas de fogo de repetição na linhagem iniciada por Walter Hunt. Este homem do dinheiro era Oliver Fisher Winchester.

Ao longo dos anos, o talento criativo foi incorporado à Robbins & Lawrence, e novos métodos de fabricação surgiram. Christian Sharps, cujas carabinas e rifles de carregamento pela culatra seriam utilizados pelas tropas da União na Guerra Civil, trabalhou com eles. O mesmo aconteceu com J. D. Alvord, que aplicou seu aprendizado de Robbins & Lawrence para ajudar Wheeler & Wilson a fabricar máquinas de costura. Trabalhadores treinados no arsenal do meio do mato no norte da Nova Inglaterra promoveram a inovação em armas de fogo, metalurgia, máquinas-ferramentas, máquinas de calçados e ferrovias. Mas, apesar do sucesso da empresa e dos aplausos que recebeu no Palácio de Cristal, problemas com um contrato britânico para armas a serem usadas na Guerra da Crimeia, além de um empreendimento imprudente em vagões ferroviários, a paralisaram. Robbins & Lawrence faliu em 1856, uma década depois de seu nascimento.

Ainda assim, a arma da imaginação de Walter Hunt continuou a evoluir nas mãos de Horace Smith, que combinaria forças com outro inventor interessado em armas de fogo de repetição, um jovem chamado Daniel Baird Wesson, que se tornaria seu parceiro de negócios por toda a vida. Com a ajuda de Wesson, cuja criatividade mecânica Smith passou a respeitar, talvez produzir um rifle de repetição finalmente seria lucrativo.

UM NOVO ÓRGÃO DE DESTRUIÇÃO

Exatamente quando e onde Smith conheceu Wesson é discutível[266]. Pode ter sido na Robbins & Lawrence quando Smith estava tentando fazer algo com o repetidor Jennings. Eles certamente tiveram a oportunidade. Wesson estava lá na época supervisionando a produção de pistolas pimenteiro para seu então empregador, a Leonard Pistol Works, que havia contratado a Robbins & Lawrence para fabricar suas armas. Ou eles podem ter se conhecido quando eram acionistas da Massachusetts Arms Company durante sua tentativa malfadada de fabricar revólveres Wesson & Leavitt.

Muito provavelmente os dois se conheceram na Allen, Brown & Luther, uma fabricante de armas e ferramentas na cidade natal de Daniel Wesson, Worcester, Massachusetts. Os dois homens precisavam de trabalho, e a próspera Worcester era um destino lógico, embora para Smith ficasse a mais de oitenta quilômetros de Norwich. Com mentes curiosas, cada um desejoso de inventar uma arma de fogo de repetição que vendesse,

---

266. Informações sobre os primeiros anos de Smith & Wesson, bem como informações sobre os fundadores, vêm de várias fontes, incluindo Roy G. Jinks, *History of Smith & Wesson: No Thing of Importance Will Come Without Effort*, 14ª impressão (North Hollywood, CA: Beinfeld, 2004).

Horace Smith e Daniel Wesson eram colegas naturais. No entanto, suas histórias e temperamentos eram muito diferentes.

Smith era mais de 16 anos mais velho que Wesson e sofrera tragédias gêmeas de perder sua esposa e filho quando Wesson ainda era criança. Quando adolescente, ele havia aprendido, ao longo de muitos anos, como domar o metal dentro da vasta ordem do arsenal do governo em Springfield, onde as máquinas dominavam tudo e todos, para fazer armas para os militares. O tempo de Smith no arsenal de Eli Whitney, outra grande empresa que se alimentava do trabalho do governo, também o educou na produção em larga escala. Wesson, por outro lado, aprendeu a fazer armas com um irmão mais velho em uma oficina particular com uma clientela de indivíduos exigentes. Talvez seu histórico de trabalho constante e muitas vezes tedioso tenha feito de Smith o homem sério que era, um indivíduo focado cuja abordagem dos problemas era metódica e deliberada. Wesson era mais dinâmico, com o entusiasmo da juventude e um toque da efervescência do irmão. Assim, fazia sentido que Smith fosse o sócio sênior e não apenas por causa da diferença de idade. Entendendo que seus pontos fortes se complementavam, Horace Smith e Daniel Wesson formaram uma parceria aberta em 1852 em Norwich, a cidade de Connecticut onde a indústria de armas prosperava e Smith havia tentado atingir sucesso por conta própria. Juntos, eles aplicaram seus talentos ao único objetivo de transformar o mais recente descendente do *Volition Repeater* de Walter Hunt em algo que dispararia rapidamente, com frequência, confiança e poder. Eles queriam ter sucesso onde outros falharam.

A solução, eles decidiram, estava menos na arma do que no cartucho. Primeiro, a impotente *Rocket Ball* não fazia jus ao seu nome. Em seguida, a manobra de colocar uma pequena pílula explosiva atrás da bala que abrigava a pólvora nem sempre era fácil, apesar de qualquer dispositivo engenhoso que o lançasse, e às vezes falhava. Colocar a pílula no lugar também era um passo extra que retardava o processo de preparar a arma para o próximo tiro. Combinar tudo – projétil, pólvora e espoleta – em um único pacote compacto seria uma grande melhoria. Ainda melhor seria uma bala que conseguisse um impacto maior do que a anêmica *Rocket Ball*.

• • •

UM NOVO ÓRGÃO DE DESTRUIÇÃO

Como de costume na cadeia da engenhosidade humana, nem Smith nem Wesson foram os primeiros a inventar um cartucho tudo-em-um. Foram os europeus que abriram o caminho. Jean Samuel Pauly, um suíço radicado em Paris, começou tudo no início do século XIX com um cartucho feito de papel ou metal sobre uma base de cobre. Então, na década de 1840, um armeiro parisiense chamado Louis Nicolas Auguste Flobert projetou um cartucho contendo fulminato volátil dentro ao redor da borda da base. A invenção de Flobert não tinha poder, mas isso não importava para seus clientes, já que eles a usavam apenas para o esporte leve de tiro ao alvo com pistolas "de salão" de tiro único dentro de casa, também produzidas por Flobert. Elas eram, na prática, um brinquedo. O cartucho de Flobert não continha pólvora a ser acesa pelo fulminato, então a única propulsão era o fulminato. Isso significava que a bala quase não tinha potência. Isso não era um problema para atirar em alvos dentro de casa; na verdade, a suavidade da pistola de Flobert foi um trunfo para aqueles que queriam o mínimo de ruído e recuo. Mas para os militares, o poder de matar era essencial. O Flobert não serviria para combate.

Wesson não gostava muito da pistola Flobert, embora acabasse fazendo algumas. O que o interessava era sua munição. Coloque todos os componentes necessários para atirar em um pacote de metal, alinhe vários desses pacotes em um mecanismo que os alimenta um de cada vez em uma câmara na extremidade traseira do cano de uma arma, e você terá uma arma de fogo de repetição. Esse pacote, chamado cartucho, foi a chave para o sucesso. Os europeus vinham experimentando vários cartuchos há algum tempo com algum progresso. Um tipo que estava pegando era o chamado *"pinfire"*, fogo no pino. Como o nome indica, disparava quando o martelo da arma atingia um pino saindo de um cartucho de cobre. O *pinfire* nunca se saiu bem nos Estados Unidos, em parte porque o pino exposto tornava a descarga acidental um perigo, especialmente se alguém carregasse vários juntos no bolso.

Ainda assim, o pequeno cartucho do parisiense era promissor para Smith e Wesson. Se pudesse ser reforçado – era delicado demais para lidar com uma carga de pólvora séria – e mantido em um pacote completo, talvez eles pudessem modificar o rifle Smith-Jennings para atirar com ele. Smith e Wesson viram tantas promessas no futuro do Flobert e ficaram tão intrigados com as possibilidades que dedicaram praticamente todo o seu tempo para encontrar a combinação perfeita de cartucho e rifle de repetição. Fazer armas para vender ficou em segundo plano em relação à experimentação. Courtlandt Palmer tinha cavado fundo em seus bolsos para apostar em um novo tipo de rifle. Agora eram Wesson e Smith que estavam assumindo um risco financeiro.

Durante a maior parte de 1852 e em 1853, os parceiros trabalharam na correção de problemas com o rifle Jennings. Wesson tentou um cartucho mais pesado baseado no Flobert, mas quando não funcionou bem na arma, ele voltou para o *Rocket Ball*, dessa vez com uma espoleta na base em vez de separada. Ele e Smith entraram com pedido de patentes sobre melhorias no cartucho e em uma nova arma que eles criaram, que alimentava cargas na câmara e engatilhava o martelo em um movimento, usando uma alavanca que funcionava como guarda-mato. Levaria meses até que o governo decidisse se iria emitir as patentes que eles buscavam. Enquanto isso, com pouco dinheiro entrando, os sócios estavam se sentindo financeiramente apertados.

Então um salvador chegou – ou melhor, voltou. Afinal, Courtlandt Palmer não terminou com o repetidor problemático. Cornelius Vanderbilt podia estar certo em pensar que ele cedia sob pressão, mas Palmer era tenaz quando se tratava do rifle de repetição que ele havia apoiado com seu capital. Ele ainda tinha esperanças, assim como fé nos talentos de Smith e Wesson, então fez um acordo com os parceiros. Em troca de licenciar os direitos das patentes de Hunt, Smith e Jennings, Palmer seria um parceiro formal de Wesson e Smith e ficaria com a maior parte dos lucros que certamente viriam da arma que os inventores finalmente produziram. Na verdade, se Smith e Wesson não tivessem feito um acordo com Palmer, eles poderiam estar em terreno perigoso se o que quer que eles inventassem chegasse perto das patentes de propriedade do capitalista de Nova York. Pelo menos agora eles estavam seguros. Palmer também investiu US$ 10.000 em dinheiro para iniciar a nova empresa. Ele ficaria em segundo plano, deixando o centro do palco para os dois inventores trabalhando juntos na oficina de Smith em Norwich.

Em agosto de 1854, o Escritório de Patentes emitiu as patentes de armas e cartuchos para Smith e Wesson. Agora o desafio era convencer

UM NOVO ÓRGÃO DE DESTRUIÇÃO

o público de que eles tinham uma arma que valia a pena comprar. Uma coisa que valeu para a arma era seu apelido: *Volcanic*, "Vulcânico", que trazia à mente uma força de poder implacável, uma erupção de balas. Era perfeito para publicidade, mesmo que seus projéteis *Rocket Ball* fossem menos potentes.

Para impulsionar seu produto, Smith e Wesson entraram em contato com a imprensa e encontraram um amigo no *New Haven Palladium*. No início de 1855, o jornal deu-lhes a publicidade que desejavam. "Vimos e disparamos uma pistola, recentemente inventada e patenteada, que se propõe a superar tudo nessa linha que ainda foi oferecido à atenção do público", delirou o *Palladium* sob o título "Pistola de Repetição *Volcanic*". Essa arma, continuou o jornal, "parece combinar tudo o que poderia ser desejado em tal arma"[267]. Então mirou no maior nome em armas, o homem que havia matado a tentativa de Daniel Wesson de trazer o revólver de seu falecido irmão para o mercado: "Comparada com ela, a pistola de Colt parece uma distorção, ou um projeto desengonçado, rude e ridículo de arma de fogo".

O que o *New Haven Palladium* – ou melhor, a parceria Smith e Wesson – tinha a dizer sobre a suposta maravilha do *Volcanic* foi divulgado palavra por palavra em jornais de Bangor, Maine, a Shreveport e Baton Rouge, Louisiana; para Platteville, Wisconsin; Detroit, Michigan; e Louisville, Kentucky. Quando um carregamento de *Volcanics* chegou em um navio a vapor em Charleston, Carolina do Sul, em fevereiro de 1855, um comerciante de ferragens local anunciou que eles poderiam "ser descarregados com maior rapidez e certeza do que qualquer outra pistola agora em uso"[268].

No final de março de 1855, um agente da Smith & Wesson estava em Wisconsin divulgando a excelência do *Volcanic*. "Este é um novo 'órgão de destruição', que excede em rapidez e eficiência de execução qualquer coisa que já vimos", declarou uma promoção no *The Milwaukee Daily*

---

267. "Vimos e disparamos uma pistola": atribuído ao *New Haven* (CT) *Palladium* no *Washington* (AR) *Telegraph*, 21 de março de 1855, e outros jornais.

268. O comerciante de ferragens de Charleston que oferecia *Volcanics* à venda foi J. Van Winkle. Seu anúncio apareceu no *Charleston Daily Courier*, 14 de fevereiro de 1855.

Sentinel[269]. Referindo-se ao novo cartucho independente, o aviso dizia: "A 'bola, pó e espoleta' são todos feitos juntos em uma pílula de aparência elegante – embora, como outras pílulas, muito desagradáveis de tomar [...]". Alguns meses depois, um importante negociante de ferragens disse aos *Milwaukeeans* que ele também tinha essas novas armas maravilhosas para vender. "OS ASSINANTES ACABARAM DE receber um pequeno lote das famosas Pistolas de Repetição *Volcanic*", anunciou H. J. Nazro & Co. várias vezes no final de maio e início de junho de 1855[270]. "Trinta cargas podem ser carregadas e descarregadas em 50 segundos. A munição é à prova d'água, superior a qualquer coisa já lançada". Apesar de toda a algazarra promocional, os *Volcanics* não conseguiram pular das prateleiras das lojas. As vendas foram lentas. Os *bugs* ainda precisavam ser corrigidos, e a fraca *Rocket Ball* não era a bala contundente que os clientes queriam.

A patente do *Volition Repeater* tinha menos de seis anos, mas já havia passado por muitas mudanças. Algumas das mudanças foram bastante inteligentes, mas todas terminaram como tentativas malsucedidas de transformar o repetidor problemático em uma arma que valesse a pena produzir. Esforços adicionais para salvar o último descendente da criação de Walter Hunt exigiam dinheiro, e isso estava acabando. Então, no início de julho, uma coleção de investidores, principalmente de New Haven, mas com alguns da cidade de Nova York, se ofereceu para assumir as patentes e a produção. Não eram pessoas das armas, mas capitalistas ansiosos para colocar seu dinheiro em empreendimentos que prometiam lucro. Até agora, a Vulcânica não parecia ter muita promessa. Isso não impediu os relojoeiros, comerciantes de navios, fabricantes de selas, fabricantes de carruagens, condutores de ferrovias e outros prontos para apostar na arma (Chauncey Jerome pensou em colocar parte de seu dinheiro de relógios no empreendimento, mas decidiu não, optando por fundir sua empresa com uma de propriedade do *showman* P. T. Barnum. Esse negócio então faliu, arruinando Jerome financeiramente). Também ansioso por esse investimento em armas havia um empresário de New Haven que ganhou uma fortuna fazendo camisas e queria se expandir. Ele sabia pouco sobre

---

269. "City Matters – Volcanic Repeating Pistol", *Milwaukee Daily Sentinel*, 30 de março de 1855.
270. Os anúncios do Nazro apareceram no *Milwaukee Daily Sentinel*.

UM NOVO ÓRGÃO DE DESTRUIÇÃO

armas de fogo, mas viu potencial para ganhar dinheiro com elas. Em pouco tempo, a mera menção de seu nome evocaria a imagem de um rifle de ação de alavanca.

• • •

Quando o verão de 1855 começou, Oliver Winchester estava confortavelmente bem. Sua fábrica de camisas estava indo esplendidamente, especialmente com máquinas de costura aumentando a produção em New Haven e nas casas das mulheres com quem ele e John Davies haviam contratado. Tinha 44 anos e era a força motriz por trás da empresa que o enriqueceu, Oliver Winchester era um homem de *status*. Dois anos antes, ele havia se juntado a um comitê para fazer *lobby* contra o uso das ferrovias para entregar correspondências entre Nova York e Boston aos domingos, "uma violação totalmente desnecessária daquele dia de descanso, que o grande corpo do povo americano honra com observância religiosa"[271]. Winchester, dizia o pensamento, estava entre aqueles com influência suficiente para buscar "reparar essa queixa, de modo que possa ser determinado se nossos sábados[272] estão doravante à mercê de algumas grandes corporações endinheiradas", ou seja, as ferrovias (o correio de domingo estava saindo de qualquer maneira). Ele também havia sido eleito para o conselho da Companhia de Água de New Haven, cujo trabalho era apresentar ideias para o primeiro sistema público de água da cidade industrializada.

O que estimulou Winchester a investir uma parte de sua fortuna em armas – especialmente aquelas com um histórico econômico ruim – é um mistério. O fracasso da Smith & Wesson e de seus predecessores em ganhar dinheiro apesar do apoio de um capitalista proeminente não foi algo facilmente esquecido por um empresário experiente e bem relacionado como Winchester. Foi um desejo insaciável de embarcar em

271. Relatório sobre a reunião anticorreio no domingo de New Haven em que Winchester se juntou a um comitê de *lobby* está em "Anti-Sunday Mail Meeting in New Haven", *Hartford* (CT) *Daily Courant*, 30 de março de 1853.

272. Sábados, no caso, no sentido do Velho Testamento: o dia de descanso e contemplação religiosa. Para a maioria das denominações cristãs, este dia é o domingo. (N. T.)

um empreendimento radicalmente diferente? Seja qual for o motivo, foi mais do que uma brincadeira ociosa. Não só Winchester investiu dinheiro na *Volcanic Repeating Arms Company* em sua criação em julho de 1855, mas também se tornou o vice-presidente da empresa.

Como parte do acordo para assumir tudo relacionado aos *Volcanics*, a nova empresa alocou algumas ações para Smith, Wesson e Palmer e também concordou em pagar-lhes parcelas em dinheiro em 1856[273]. O que Palmer recebeu não chegou nem perto do que ele havia investido na arma, mas pelo menos era alguma coisa. A empresa Volcanic adquiriu todas as patentes, incluindo a do revólver emitido para Smith e Wesson apenas no ano anterior. Então os investidores continuaram gastando, principalmente com máquinas novas, mas um problema permaneceu. Seus produtos eram a mesma arma e munição que se saíram tão mal no mercado quando Horace Smith e Daniel Wesson controlavam o negócio. Depois de alguns meses, a empresa decidiu que era hora de deixar Norwich e se estabelecer a cerca de oitenta quilômetros de distância, em New Haven, onde a maioria dos investidores vivia e trabalhava. Para Smith, isso foi um sinal para deixar a empresa e permanecer em Norwich. Wesson decidiu permanecer como superintendente da fábrica e se mudar para New Haven com a empresa.

A empresa Volcanic não estava se saindo melhor do que seus antecessores em vendas. No final de 1855, enviou um agente[274], Joseph W. Storrs, para St. Louis, Missouri, um centro comercial em rápido crescimento que Storrs chamou de "o melhor mercado de pistolas do país". Meia dúzia de lojas de armas ali faziam negócios suficientes para serem chamadas

---

273. Informações sobre a Volcanic Repeating Arms Company e a New Haven Arms Company vêm de uma variedade de fontes, incluindo D. H. Veader e A. W. Earle, *The Story of the Winchester Repeating Arms Company*, 1918, Coleção de Arquivos da Winchester Repeating Arms Company, MS 20, Biblioteca de Pesquisa McCracken, Centro Buffalo Bill do Oeste, Cody, Wyoming; Herbert G. Houze, *Winchester Repeating Arms Company: Its History & Development from 1865 to 1981* (Iola, WI: Krause, 1994 e 2004); Edmund E. Lewis e Stephen W. Rutter, *Volcanic Firearms: Predecessor to the Winchester Rifle* (Woonsocket, RI: Andrew Mowbray, 2011); e "The Story of the Rise of a Great Industry", *Winchester Record*, v. 1, nº 14 (14 de fevereiro de 1919).

274. A correspondência de Joseph Storrs com Samuel Talcott está em MS 20.67.29 na Biblioteca de Pesquisa McCracken do Buffalo Bill Center of the West, Cody, WY.

UM NOVO ÓRGÃO DE DESTRUIÇÃO

de atacadistas, vendendo "mais de sessenta mil dólares em pistolas Colt por ano". No entanto, mesmo na St. Louis faminta por armas, Storrs não conseguiu convencer os vendedores comerciais a se arriscarem nos *Volcanics*. O problema, disse ele ao secretário da empresa, Samuel Talcott, era que os grandes revendedores se sentiam no direito de comprar com desconto, enquanto sua diretriz era "vender para todos pelo mesmo preço". Se essa empresa fosse dele, disse Storrs, ele daria uma folga aos revendedores para conseguir seus negócios, "já que existem milhares de clientes que eles podem alcançar e que não serão alcançados de nenhuma outra maneira". Storrs viu algumas Vulcânicas que foram trazidas para reparos, mas as lojas "fazem maus trabalhos", o que prejudicou a reputação da arma. Se as grandes lojas vendessem os repetidores, disse Storrs a Talcott, "eles guardariam o material para reparos e fariam isso para a satisfação de todos. Eles usariam sua influência para fazer uma reputação para eles, enquanto agora é o contrário". A política da empresa não cabia a ele, reconheceu Storrs, mas como um aviso a Talcott, ele escreveu: "Sinto-me seguro em fazer a previsão de que, a menos que um curso de política diferente [*sic*] seja seguido [*sic*] em dois anos, a coisa será um fracasso total".

A empresa sabia que precisava dessas vendas. Os investidores gastaram muito dinheiro montando o negócio, que agora não tinha reservas operacionais suficientes para mantê-lo funcionando, a não ser que as armas vendessem bem. Se a empresa quisesse se manter viva, teria que pedir emprestado aos acionistas, especialmente ao vice-presidente Oliver Winchester e seu presidente, o comerciante de navios Nelson H. Gaston, que havia ganhado dinheiro na mineração. Esses empréstimos eram garantidos por hipotecas sobre os ativos da empresa, o que significava que as participações acionárias de Gaston e Winchester aumentariam se a empresa falisse.

As coisas pioraram. Em fevereiro de 1856, Daniel Wesson renunciou, deixando ninguém no comando que realmente entendesse de armas. A empresa começou a tomar empréstimos não apenas para cobrir a folha de pagamento, mas também para quitar dívidas, enquanto as vendas permaneciam fracas. Então aconteceu algo que abriu a porta para Winchester começar a assumir o negócio, não apesar de seus problemas financeiros, mas por causa deles. Em 23 de dezembro de 1856, Nelson

Gaston morreu inesperadamente aos 52 anos. Winchester tornou-se presidente e depois fez um acordo com os executores do espólio de Gaston. Eles forçariam a Volcanic Repeating Arms Company à falência para proteger seus investimentos no caso de credores externos apresentarem reclamações contra o negócio. Essa oportunidade surgiu em 10 e 13 de janeiro de 1857, quando as notas que a empresa devia a Winchester e Gaston venceram. Sem outro empréstimo, a empresa não poderia pagar as notas, então os executores de Winchester e Gaston foram ao tribunal para executar suas hipotecas, um movimento que forçou a Volcanic à insolvência um mês depois.

Se ainda restasse qualquer dúvida quanto a Oliver Winchester ser um mero diletante e não um empresário sagaz capaz de praticar o jogo corporativo, seus atos a seguir dispersariam essa dúvida. Ele emprestou dinheiro suficiente para o administrador judicial da companhia, que então controlava os ativos da Volcanic, para que pagasse outros empréstimos da empresa bem como as prestações restantes dos acordos com Smith, Wesson e Palmer. Quitar os débitos com Palmer e os outros dois inventores significava que as patentes estavam totalmente pagas e, portanto, estariam sob o controle dos trustes. Winchester ainda comprou o direito de resgate da hipoteca de Gaston e obteve outros ativos, incluindo duas mil armas quase finalizadas por um dólar cada. No final, o único dono daquilo que havia pertencido à moribunda Volcanic Repeating Arms Company, incluindo as suas preciosas patentes, era Oliver Winchester. Seu próximo passo foi montar uma nova empresa que fizesse exatamente aquilo que desejava.

Não demorou muito. Em 1º de maio de 1857, menos de três meses após a falência da Volcanic Company, a New Haven Arms Company renasceu de suas cinzas. No comando estava Oliver Winchester – presidente, tesoureiro e acionista majoritário. Com o tempo e com manobras mais habilidosas, ele exerceria controle quase total da empresa. A essa altura, Winchester sabia muito mais sobre armas do que quando despejou dinheiro na Volcanic Repeating Arms Company. Ele viu claramente o que estava errado com as gerações de armas descendentes do *Volition Repeater*. Era a munição. Horace Smith e Daniel Wesson também viram o problema, mas não conseguiram resolvê-lo, embora Wesson tenha chegado perto antes de retornar à sua *Rocket Ball* aprimorada. Winchester sabia que

UM NOVO ÓRGÃO DE DESTRUIÇÃO

era preciso pensar mais sobre a arma e sobre o que ela disparava. Ele percebeu que não era ele quem faria o trabalho cerebral mecânico, mas conhecia alguém que podia.

B. Tyler Henry, o talentoso superintendente da Robbins & Lawrence que ajudou a desenvolver o que se tornou o rifle Smith-Jennings, era o homem certo para o trabalho. O dia em que Winchester assumiu a presidência da New Haven Arms Company foi o dia em que Henry entrou a bordo. Winchester estava apostando que as mudanças de Henry na arma e sua munição resultariam em algo bem-vindo aos compradores, principalmente os militares com seus bolsos cheios.

* * *

Smith e Wesson não estavam ociosos desde que deixaram a Volcanic Repeating Arms Company. Wesson voltou a trabalhar em uma versão do cartucho Flobert para ser disparado em um revólver uma vez que a patente Colt não era mais um obstáculo. Ele também construiu um modelo de madeira de um revólver de seu próprio projeto que ele pensou que serviria bem para o cartucho. O que ele e Smith precisavam era de uma maneira de entrar no mercado com uma arma que ninguém pudesse desafiar. Uma patente sólida como rocha faria isso. Eles logo teriam uma, não de sua própria criação, mas da mente de um homem chamado Rollin White, que uma vez fez peças de revólver na fábrica de Samuel Colt, mas agora estava vendendo roupas em Hartford. O *timing* deles seria perfeito.

NA SOMBRA DO REI COLT

Rollin White tinha apenas dez anos quando viu pela primeira vez uma arma que não se carregava pela boca do cano[275]. A pistola pertencia a seu pai, Josiah, e tinha um mecanismo de pederneira, um sistema a caminho da obsolescência no final da década de 1820. O menino foi atraído por uma característica curiosa da pequena arma: o cano desaparafusava na culatra para que pudesse ser carregado por trás. Claro, o cano tinha que ser aparafusado de volta antes que a arma pudesse disparar. Uma ideia interessante, mas não um passo em direção ao fogo rápido. Ainda assim, Rollin White se lembraria desse recurso à medida que envelhecesse, eventualmente aplicando-o em sua carreira como fabricante de armas, garantindo uma patente e atraindo a perseguição de Daniel Wesson.

Não está claro por que o pai de Rollin White possuía essa pistola incomum, embora longe de ser única. Se Josiah tinha interesse em armas, não era profissional, pois era um fazendeiro que possuía várias serrarias, um moinho de cereais e uma fábrica de telhas em Williamstown, um

---

275. O relato do primeiro contato de White com uma arma de carga pela culatra e trabalhando com seu irmão em Vermont vem de seu depoimento de 9 de junho de 1862 em *Rollin White et al v. Ethan Allen et al.*, (doravante *White v. Allen*), Circuit Court of the United States, Massachusetts District (Boston: Alfred Mudge & Son, 1863), p. 188.

TITÃS DAS ARMAS | JOHN BAINBRIDGE, JR.

assentamento de cerca de 35 casas nas colinas e vales do interior de Vermont. Apesar do solo que era principalmente argiloso com algumas partes arenosas, Williamstown era uma comunidade próspera, e White possuía propriedades e influência[276]. Ele possuía um banco em uma sala de reuniões local, e os móveis em sua casa superavam os do ambiente rural da Nova Inglaterra[277].

Os invernos eram um inferno na serraria de Josiah. O edifício podia resistir ao frio e à neve, mas, como outros moinhos da Nova Inglaterra da década de 1830, seu maquinário dependia de energia de rodas d'água movidas pelo fluxo de um riacho.

Os invernos rigorosos de Vermont diminuíam a velocidade de todos os rios, exceto os mais fortes, e aquele que abastecia o moinho de Josiah White não tinha esse tipo de poder. Perder lucros quando o fluxo caiu para um fio não era do gosto de White, então ele decidiu aproveitar a natureza.

Sua solução foi direta. O córrego que seu moinho usava ficava logo abaixo de três hectares da lagoa Lime, cuja energia hídrica armazenada poderia ser um reservatório eficaz de força. Josiah imaginou que cortando uma brecha na barreira que mantinha o conteúdo da lagoa no lugar, ele poderia liberar a água quando precisasse de um impulso de força para as rodas de seu moinho. Mas quando ele abriu uma vala de três metros e sessenta, saiu mais água do que ele esperava. O dilúvio derrubou árvores ao longo das margens do córrego e jogou pedregulhos em direção ao moinho abaixo.

Felizmente, a inundação artificial de White poupou seu moinho.

Josiah White pode não ter tido interesse na fabricação de armas profissionais, especialmente considerando seus vários outros empreendimentos, mas seu filho mais velho tinha. Josiah Dennis White, conhecido como "J. D." assumiu o ofício quando jovem em Williamstown, fazendo

---

276. John Adams Vinton, *The Richardson Memorial, Comprising a Full History and Genealogy of the Posterity of the Three Brothers, Ezekiel, Samuel, and Thomas Richardson* (Portland, ME: Brown Thurston, 1876), p. 369.

277. A propriedade de Josiah White no momento de sua morte em 1852 é de ancestry. com, *Vermont, EUA, Wills and Probate Records, 1749-1999, Provo, UT,* dados originais do Vermont County, District and Probate Courts. <www.ancestry.com/imageviewer/collections/9084/images/004331124_00153?backlabel=ReturnSearchResults&queryId=f030d5b5250a426c106c8e6b3e3845b1&pId=92384>, acesso em 29/ago/2022.

pistolas, rifles e espingardas. Depois de um breve emprego na loja de selas de um cunhado e depois em uma serraria, onde se machucou em um acidente, e em uma moagem de propriedade de seu pai, Rollin começou a trabalhar para seu irmão. Assim que viu uma pistola pimenteiro na loja de J. D., Rollin pensou em fazer uma pistola de repetição.

"Eu sugeri ao meu irmão", recordou Rollin anos depois, "cortar o cano na frente da culatra, com o objetivo de carregá-lo na extremidade traseira"[278].

Esse foi, aparentemente, o fim de seus pensamentos sobre armas de fogo de repetição por vários anos. Rollin White não fez nenhum modelo de tal arma e não parece ter colocado nenhum projeto no papel. Em vez disso, White tornou-se balconista de loja, primeiro em Williamstown e depois em Boston, antes de retornar à sua cidade natal quando seu pai adoeceu. De volta a Williamstown, White começou a inventar seriamente, mas não com armas no início. Em 1842 ele patenteou um tear para tecer panos de coar e foi para Barre, Massachusetts, onde colocou em operação dois deles. Depois de menos de um ano em Barre, o errante White voltou a Williamstown, aparentemente em boas condições financeiras, porque conseguiu comprar uma serraria e um serraria.

Solteiro, mas disponível, bem estabelecido na cidade onde nasceu, Rollin White poderia ter se estabelecido em uma vida confortável. Mas em fevereiro de 1849, ele estava de volta ao negócio de armas, dessa vez na fábrica de Hartford, de Samuel Colt, a mais de trezentos quilômetros ao sul de Williamstown. E ele trouxe consigo uma ideia ainda fervendo para uma pistola de repetição que poderia ser carregada por trás.

• • •

Rollin não foi o primeiro irmão White a vir a Hartford em busca de sua fortuna. J. D. estava lá para recebê-lo, assim como Mason White, que era sete anos mais novo que Rollin, e no negócio de armas com J. D. Mas eles não fabricavam suas próprias armas; eles ajudaram Samuel Colt a fazer suas armas. Rollin White não foi contratado por seu talento

....

278. O relato de Rollin White sobre seus experimentos de emprego e fabricação de armas vem de *White v. Allen*, 187-89, 203. Testemunhos de White e Ferdinand Steele sobre experimentos com o cilindro perfurado vêm de *White v. Allen*, p. 190-95, 213-14.

nascente de inventor. Ele era apenas um trabalhador cuja função era "tornear" canos de revólver para seus irmãos a serviço do crescente império de armas de Colt nas margens do Rio Connecticut. Tornear significava colocar cada cano em um torno e garantir que o processo de corte resultasse em algo uniforme e de acordo com os padrões da Colt. Fazer isso direito exigia certa habilidade, mas era repetitivo, não criativo. Rollin parou de trabalhar para a Colt por alguns meses em 1849, mas voltou a trabalhar em agosto, virando e polindo canos enquanto seus irmãos faziam as ranhuras internas, uma tarefa que exigia um pouco mais de habilidade do que o torneamento, mas, como muitos trabalhos de fábrica, ainda era repetitivo.

Havia bastante trabalho para manter os irmãos White ocupados. Chegaram pedidos de revólveres Colt. A Corrida do Ouro da Califórnia atraiu aventureiros e caçadores de fortunas para o Oeste, seja de navio pela ponta da América do Sul ou de carroça pelas planícies e montanhas, com uma arma considerada essencial para todos, menos para os temerários. Um revólver com o nome Colt era o companheiro perfeito, não apenas para proteção contra os perigos da jornada, mas também para defesa nos buracos infernais sem lei que os americanos nativos da costa atlântica esperavam encontrar quando chegassem a seus destinos. Ter um Colt ao seu alcance pode até dar a um homem hesitante coragem suficiente para seguir para o Oeste. O negócio ia tão bem que, em 1849, Colt mudou sua operação da pequena fábrica quando começou a fabricar suas armas pós-Walker para bairros maiores em Hartford. Setenta homens trabalharam para Colt lá. Muitos mais seriam adicionados em breve à força de trabalho, incluindo um gênio mecânico que faria sua operação mais eficiente, mais produtiva e mais moderna do que qualquer outro grande empreendimento. Esse gênio não era ninguém mais que Elisha K. Root, que resgatou o Colt, na adolescência, da multidão do 4 de julho enfurecida e ensopada de lama em Ware, Massachusetts, lá em 1829. Root contribuiu com o seu senso de organização para grandes empresas como também com um número de invenções que aceleraram a evolução das tecnologias metalúrgicas e de produção em massa.

* * *

Rollin White ganhava a vida trabalhando para Colt, mas não estava satisfeito com seu trabalho. Ele estava no lugar certo para aprimorar suas habilidades de metalurgia, então passava suas horas livres inovando por conta própria, tentando fazer um revólver que carregasse por trás, algo que ele esperava que fosse uma melhoria nas armas de Colt. Carregar dessa maneira, pensou ele, tornaria o processo mais fácil e a arma seria mais fácil de manter limpa. White também estava no lugar perfeito para encontrar matérias-primas. Ele poderia ter comprado revólveres para experimentar, mas por que se esforçar, quando havia tantas peças espalhadas pelo seu local de trabalho? Ele escolheu dois cilindros Colt, cortou-os ao meio, em seu torno da empresa, usando uma ferramenta que havia pegado emprestado de um colega de trabalho da Colt, e juntou as extremidades dianteiras de cada um para fazer um único cilindro que estava totalmente aberto. Ele perfurou a parte traseira de cada câmara, onde uma bola de chumbo poderia ser inserida e espremida até parar na extremidade dianteira. Isso manteria a bola no lugar até que fosse soprada para fora do cano pela pólvora inflamada. White chamou o par de cilindros que ele começou como "refugo" ou lixo, porque eles não estavam de acordo com os padrões que a empresa exigia nas armas que saíam da fábrica. Ambos teriam sido reciclados ou considerados sucata, então eles não eram realmente de White. Não importa, eles não fariam falta.

O próximo passo de White foi ver se seu novo cilindro funcionava. Para isso ele precisava do resto da arma, então ele desmontou um Colt emprestado e o remontou com seu cilindro personalizado. Agora, precisava ir a um lugar para atirar sem chamar muita atenção para si mesmo, porque, ele afirmou mais tarde, temia que seu empregador não gostasse que ele experimentasse novas ideias para revólveres que pudessem ser concorrentes. Ferdinand Steele, um colega hóspede em sua pensão, disse a White que conhecia exatamente o local na Phoenix Iron Works, onde estava empregado, um negócio de propriedade, por acaso, de George S. Lincoln, filho de um inventor talentoso e um dos homens que emprestaram dinheiro a Edwin Wesson. E era quase em frente à pensão deles. No porão da fundição sob o prédio principal, disse Steele, algumas tábuas do piso soltas podem ser movidas, permitindo a White um tiro claro e imperturbável em um afluente do Rio Connecticut que corre diretamente abaixo.

Steele se ofereceu para acompanhar White até o porão da fundição depois do horário de trabalho para ver se o revólver modificado funcionaria. Em sua pensão, White colocou uma câmara cilíndrica com uma bola de chumbo e pólvora. Um grande desafio era evitar que chamas na parte traseira da câmara disparassem calamitosamente outras câmaras carregadas. Para seu primeiro experimento, White carregou apenas uma única câmara. Se resíduos de pólvora escapassem dali, isso mostraria que os outros canos poderiam ter disparado. Não há sentido em procurar causar uma queima de fogos de artifício não intencional com balas indo em todas as direções. Foi uma decisão sábia.

Mas a arma precisava de mais trabalho para torná-la uma arma de repetição adequada, raciocinou White. Então ele continuou experimentando, adicionando várias peças que ele achava que resultariam em uma arma de fogo perfeita. Em meados de 1854, White ainda fazia viagens de teste ao porão com sucesso variável. Agora ele estava trabalhando não para seu irmão, mas diretamente para Colt, fazendo peças de revólveres. White pensou que tinha algo que valia a pena patentear, mas desistiu de aplicar. Ele pensou em mostrar sua invenção para o próprio Samuel Colt[279], ele disse mais tarde, mas manteve-se calado quando seus irmãos lhe disseram que todos perderiam seus empregos se o chefe descobrisse que um deles estava fazendo experimentos com revólveres. Eles sabiam do que estavam falando, eles avisaram, porque isso já havia acontecido com outros funcionários que tentaram bancar o inventor. White decidiu esperar sua hora.

O trabalho de White na fábrica Colt terminou em dezembro de 1854, quando, disse ele posteriormente, Colt queria que seu trabalho fosse executado por um funcionário direto, não alguém contratado de fora. Livre do controle de Colt, White achou o momento oportuno para oferecer sua arma ao mundo, o que significava solicitar uma patente.

---

279. O advogado e colecionador de armas/pesquisador Robert Swartz argumenta que White mentiu sobre por que atrasou seu pedido de patente para convencer o juiz de que ele não havia enrolado. Veja "A Deplorable Madness – Part I", *Arms Heritage Magazine*, v. 5, nº 2 (abril de 2015); e "A Deplorable Madness – Part II", *Arms Heritage Magazine*, v. 5, nº 3 (junho de 2015).

NA SOMBRA DO REI COLT

Em 3 de abril de 1855, o Escritório de Patentes dos Estados Unidos deu a ele o que ele queria: Patente nº 12.648 por "Melhoria em armas de fogo de repetição"[280]. A arma que finalmente completou sua jornada da mente de White para a realidade, pelo menos no papel e em modelos de patentes, era um pouco curiosa. Primeiro porque White instalou "uma placa de metal robusta" cobrindo a frente do cilindro, caso as câmaras vizinhas incendiassem ao mesmo tempo, um desastre chamado "disparo em cadeia". Isso era para impedir que balas errantes destruíssem o mecanismo, embora parecesse representar tanto perigo quanto deveria evitar. Uma parte da patente era promissora: o cilindro perfurado. Mas White sabia – na verdade, todo mundo sabia – que um cilindro giratório que travava em linha com o cano quando o martelo da arma era puxado para trás só podia ser produzido legalmente por Samuel Colt. Qualquer um que quisesse ganhar dinheiro com cilindros de revólver perfurados sem ter que enfrentar Ned Dickerson no tribunal precisava esperar até que a patente de Colt expirasse em fevereiro de 1857 – e torcer para que Colt não estendesse sua patente.

• • •

Segundo todos os relatos, a fábrica de Samuel Colt em Londres deveria tê-lo tornado ainda mais rico[281]. O seu foi o primeiro arsenal americano no exterior em uma época em que o Velho Mundo começou a reconhecer a excelência dos Estados Unidos em inovação industrial, e quem melhor para impulsionar esse sucesso do que Samuel Colt? Melhor ainda, sua fábrica de armas nas margens do rio Tâmisa surgiu exatamente quando o país anfitrião se preparava para a guerra e precisava de armas. Mas Londres acabou sendo uma empreitada perdedora.

Havia vários possíveis fatores de culpa, incluindo a concorrência de uma empresa britânica de revólveres que o país anfitrião começou a

280. No mesmo dia em que Rollin White recebeu a patente nº 12.648, ele também recebeu a patente nº 12.649 para um revólver de carregamento frontal.

281. Um exame detalhado do empreendimento inglês de Colt está em Joseph G. Rosa, *Colonel Colt, London: The history of Colt's London firearms, 1851-1857* (London: Arms & Armour, 1976).

favorecer e a má gestão de James Colt, um dos irmãos do inventor, cujo trabalho era administrar a empresa de Londres. Houve até uma chance de James ter roubado parte dos lucros. O que quer que tenha acontecido, os laços fraternais desgastados ficaram tão severamente tensos que os dois irmãos acabaram brigando na Justiça por causa de dinheiro. A ferida nunca cicatrizou. E no outono de 1856, a fábrica da Colt em Londres parou de fabricar armas[282].

A partir de então, a fábrica de Connecticut teria que ser a fonte de armas Colt para quem no mundo as quisesse. O planejamento para um novo edifício começou no ano seguinte ao triunfo de Colt no Palácio de Cristal e sua palestra para a Instituição Britânica de Engenheiros Civis. Primeiro, ele comprou 101 hectares planos que todos os outros achavam adequados apenas para pastagem, porque, a cada primavera, as neves derretidas faziam o Rio Connecticut inundar suas margens e as terras baixas. Colt resolveu esse problema construindo um dique para manter o rio dentro dos limites.

A nova casa para o negócio de revólveres de Samuel Colt se tornaria o maior arsenal privado do mundo[283]. No topo de sua cúpula azul, em forma de cebola e salpicada de estrelas douradas, erguer-se-ia a estátua de um cavalo, chamado de "potro rampante", símbolo do homem por trás de tudo, o inventor e empresário cujo nome se tornou sinônimo de seu revólver. Colt era agora uma espécie de monarca, "Imperador de South Meadows", como o *Hartford Daily Courant*[284] o chamava ironicamente, dominando *Coltsville*, o complexo de duzentos acres onde seus trabalhadores e suas famílias viviam, rezavam, dançavam e passavam seu tempo quando não estavam envolvidos na produção de armas para o mundo.

282. Alguns na Grã-Bretanha reclamaram sobre o fracasso da Colt em fazer peças realmente intercambiáveis está em Robert A. Howard, "Interchangeable Parts Reexamined: The Private Sector of the American Arms Industry on the Eve of the Civil War". *Technology and Culture*, v. 19, n° 4 (outubro de 1978): 643.

283. Uma descrição detalhada da fábrica Colt em meados da década de 1850 – com um tratamento bajulador do homem – está em "Repeating Fire-Arms: A Day at the Armory of 'Colt's Patent Fire-Arms' Manufacturing Company". *United States Magazine*, v. 4, n° 3 (março de 1857): 221-249.

284. *Hartford* (CT) *Daily Courant*, 11 de agosto de 1855.

NA SOMBRA DO REI COLT

Em uma colina acima do feudo industrial de Colt, erguia-se uma mansão de esplendor baronial. Logo chamado de *Armsmear*, seria o lar de Samuel Colt pelo resto de sua vida.

Com sua patente de cilindro giratório se aproximando de sua data de expiração e outros fabricantes de armas ansiosos para mergulhar no mercado, pode parecer estranho Colt investir tão pesadamente em uma expansão massiva. Mas gastar, para ele, era um hábito de longa data. Além disso, ele tinha muitos clientes ansiosos nos Estados Unidos e no exterior e estava fazendo *lobby* em Washington para que sua patente fosse estendida mais uma vez. A Colt também procurava novos desenvolvimentos em tecnologia que acompanhassem o mercado, ou até mesmo ultrapassassem-no. Um deles foi o cartucho. Os experimentos na Europa eram promissores, mas ainda não o suficiente para a produção em grande escala nos Estados Unidos, na visão de Colt. Assim que um cartucho digno estivesse disponível, ele queria estar pronto. Para isso, ele precisaria de um cilindro perfurado.

Quer Colt soubesse ou não dos experimentos secretos de Rollin White em sua fábrica em Hartford, ele soube da patente de White. Aparentemente, ele estava interessado em apenas uma característica: o cilindro perfurado. Em uma carta no final de 1855[285], o advogado de patentes de Colt, J. N. McIntire, escreveu a seu cliente: "White tem 5 patentes e muitas reivindicações, mas a única reivindicação que cobre qualquer característica ampla é a 1ª reivindicação da pat. nº 12.648, datada de 3 de abril de 1855". Essa alegação cobria "a construção de um cilindro giratório com câmaras que se estendem 'através'". Charles M. Keller, um proeminente advogado de patentes, que foi a primeira pessoa a se tornar um examinador oficial de patentes, disse a Colt que as patentes de um inventor francês, de fato, invalidavam as de White. "Sou da opinião ponderada", disse Keller em uma carta a Colt, "que as

---

285. As cartas de McIntire e Keller para Colt são citadas em Herbert G. Houze, *Samuel Colt: Arms, Art, and Invention* (New Haven, CT: Yale University Press, 2006), 116. Keller mais tarde ofereceu seus serviços a Rollin White em *White v. Allen* e na tentativa de White de ter suas patentes estendidas. *Proceedings and Debates of the Forty-Third Congress, First Session*, 22 de maio de 1874, p. 4179-4180.

alegações de White podem ser anuladas se um processo for instaurado". No entanto, a Colt não tomou nenhuma medida para contestar a patente de White ou para licenciá-la.

Mas outro empresário de armas tomou essas medidas. Daniel Baird Wesson também soube da patente de White e, embora achasse que a estranha arma saída da imaginação de White fosse inútil, seu cilindro perfurado não era. Esse recurso por si só poderia ser a chave para o sucesso da nova parceria Smith & Wesson. Não apenas o recurso, mas a patente que vinha com ele. Enfiar couro na parte de trás da câmara de um cilindro para conter pólvora não era atraente para Wesson, porque ele estava trabalhando em uma maneira melhor de usar uma câmara aberta: o cartucho de metal completamente independente.

A perspectiva de um acordo com White era deliciosa para os sócios, especialmente Daniel Wesson, e não apenas porque prometia recompensas financeiras. Era também que ele podia virar o jogo contra o poderoso Samuel Colt. Cinco anos antes, no tribunal, Colt havia tirado o revólver de Edwin Wesson do mercado e privado Daniel de lucros potenciais alegando violação de patente. Agora, se ele pudesse bloquear a patente de Rollin White, Wesson teria seu nome em uma arma que Colt não ousaria copiar, a menos que ele próprio quisesse ser réu em outra luta de patentes, uma que até o engenhoso Ned Dickerson perderia.

Em 31 de outubro de 1856, menos de quatro meses antes da expiração da patente do revólver de Colt, Wesson entrou em contato com White.

"Observo em uma patente concedida a você na data de 3 de abril de 1855 uma reivindicação"[286], escreveu Wesson em uma carta repleta de precisão cuidadosa,

> estendendo as câmaras do cilindro rotativo até a extremidade traseira do referido cilindro, de modo a permitir que as referidas câmaras sejam carregadas pela extremidade traseira manualmente ou por meio de um carregador deslizante operando substancialmente como descrito.

---

286. A carta de D. B. Wesson é citada em Roy G. Jinks, *History of Smith & Wesson: No Thing of Importance Will Come Without Effort*, 14ª impressão (North Hollywood, CA: Beinfeld, 1977), outubro de 2004, p. 34-35.

Então Wesson foi direto ao ponto. "Esse recurso", e assim escreveu, "Eu gostaria de fazer acordos com você para usar na fabricação de armas de fogo. Meu objetivo nesta carta é perguntar se tal arranjo poderia ser feito e em que termos".

Cabia agora a Rollin White negociar o que deve ter parecido um presente do céu.

O MOMENTO DE SMITH & WESSON

Rollin White não perdeu tempo em responder à carta de Daniel Wesson. No dia em que a recebeu, White enviou uma mensagem de que estava disposto a encontrar Wesson e discutir os termos. Eles marcaram uma data: 17 de novembro de 1856.

Era esse o momento que White estava esperando. Ninguém tinha aproveitado a chance de colocar sua patente em uso[287], embora a notícia dela estivesse nos veículos habituais, incluindo a *Scientific American*, por mais de um ano e meio. Agora com uma esposa e uma filha de três anos para sustentar, White voltou ao emprego no varejo que havia abandonado para trabalhar na Colt e inventar armas. Dois dias antes de Wesson escrever para ele sobre sua patente de revólver, um anúncio apareceu no *The Hartford Daily Courant* anunciando que Rollin White & Co. estava aberta para negócios, pronta para vender roupas elegantes de acordo com as últimas modas, "TECIDOS ESTAMPADOS de todos os preços" assim como "ESTAMPAS FRANCESAS, XALES, FLANELAS FRANCESAS, TARTAN E XADREZ ESCOCÊS, POPELINA IRLANDESA, etc.,

---

287. As reivindicações de patente de Rollin White apareceram na *Scientific American*, v. 10, nº 31 (14 de abril de 1855): 246.

etc."[288]. Agora que Wesson tinha diante de si a perspectiva de produzir em massa uma arma com sua invenção como componente-chave, o mundo de White estava se abrindo.

• • •

A reunião foi satisfatória para todos. O documento que todos assinaram (Horace Smith também estava lá) deu aos fabricantes de armas o direito exclusivo de usar o cilindro aberto de White; o inventor reteve o direito de aprovar subcontratos[289]. No dia seguinte, White recebeu US$ 497,50 com a promessa de que receberia 25 centavos por cada revólver que Smith & Wesson produzisse, uma vez que a patente do cilindro Colt virasse história. Tudo o que White tinha que fazer era sentar e aproveitar o dinheiro que iria rolar. Havia um problema, baseado no exemplo dado pelo falecido irmão de Wesson. Edwin Wesson havia instruído Daniel de duas maneiras significativas. A primeira foi como fazer armas de fogo tão elegantes quanto obras de arte, tão finamente usinadas quanto mãos habilidosas pudessem fabricar. Mas, por seu exemplo trágico, Edwin também ensinou a Daniel o que não fazer nos negócios e ter muito cuidado com as patentes.

A memória de seu irmão mais velho correndo atrás dos infratores da patente do bocal de Alvan Clark era forte em Daniel. Wesson insistiu que White fosse obrigado a "defender-se contra e custear as despesas de qualquer violação" de sua patente. A parceria era licenciar a patente, não a possuir. Isso significava que, se alguém decidisse fazer uma arma usando a patente de White, caberia a ele, não a Smith & Wesson, gastar seu próprio dinheiro indo atrás do infrator. Pelos termos do acordo, White não tinha escolha; ele teria que ir atrás deles. Wesson sabia o quão doloroso e caro isso poderia ser, mas White estava ansioso para seguir em frente e assinar o contrato. O que tornou a situação mais agradável para Wesson foi que White teve sua ideia enquanto trabalhava para o inimigo de Wesson no

288. Anúncio na edição de 29 de outubro de 1856 do *Hartford* (CT) *Daily Courant*.

289. O acordo de licenciamento pode ser encontrado em "Mensagem do Presidente dos Estados Unidos, devolvendo o projeto de lei S. nº 273, intitulado 'Um ato para o alívio de Rollin White', com suas objeções", 41º Congresso, 2ª Sessão, Ex. Doc. nº 23, 5-6.

O MOMENTO DE SMITH & WESSON

tribunal, Samuel Colt. E que a ideia se tornou realidade com peças de revólver que White havia tirado da fábrica de Colt. Se tudo corresse como Wesson esperava, isso poderia significar que era a vez da Smith & Wesson ser autora em futuras guerras de patentes à custa de outra pessoa.

Quinhentos dólares eram bastante dinheiro em 1856, mas uma vez que se fosse, White não teria mais dinheiro das armas vindo até que Smith & Wesson vendesse revólveres. Isso eles não fariam até que a produção estivesse funcionando. E, claro, a patente de Colt ainda era um obstáculo, pelo menos por mais alguns meses. Melhor ficar com roupas enquanto isso, então a Rollin White & Co. permaneceu aberta.

• • •

No dia em que assinaram o contrato com White, os sócios abriram uma nova coleção de livros contábeis para lançar a *Smith & Wesson Revolver Factory de Springfield, Massachusetts*[290], a poucos quilômetros ao norte de Hartford. Wesson, que ainda morava em New Haven, mas se mudaria para Springfield em abril, fez a maior contribuição para a *startup*: US$ 2.003,63. A parte de Horace Smith foi de US$ 1.646,68. No final de janeiro de 1857, eles tinham um protótipo de metal do que esperavam ser seu primeiro revólver de produção. A loja onde Horace Smith e Daniel Wesson começaram a fabricar revólveres para competir com o império de Samuel Colt não era um arsenal de vários andares que dominasse a cidade. A fábrica deles, se é que se podia chamá-la assim, era um andar alugado em uma empresa de fabricação de fogões e chaminés na Market Street, no centro de Springfield. Abaixo deles, o negócio principal de William L. Wilcox podia ter fogão para cozinhar e aquecer, mas ele também oferecia uma variedade de produtos metálicos feitos sob encomenda, de fornalhas a cadeiras de jardim a suportes para chapéus e porta-guarda-chuvas feitos de ferro[291].

---

290. O início da nova empresa Smith & Wesson é discutido em Roy G. Jinks, *History of Smith & Wesson: No Thing of Importance Will Come Without Effort*, 14ª impressão (North Hollywood, CA: Beinfeld, 1977), outubro de 2004, p. 37.

291. A descrição do negócio de Wilcox vem de um anúncio em M. Bessey, *Bessey's Springfield Directory for 1854-1855* (Springfield, MA: Published by the author, 1854), p. 156.

No final de março de 1857 – um mês após a expiração da patente do revólver de Colt, apesar de seu intenso *lobby* por outra extensão –, a Smith & Wesson anunciou que em breve fabricaria revólveres cujos cilindros eram carregados por trás com cartuchos independentes. "Eles colocarão um motor de 12 cavalos de potência e provavelmente empregarão cerca de vinte homens", anunciou o *The Springfield Republican* em 26 de março em uma coluna intitulada "Novas Operações em Negócios e Propriedades"[292]. Os parceiros, disse o jornal, "calculam começar as operações em um mês".

Os cartuchos de cobre das novas armas "são estanques, e são colocados em seus locais com grande facilidade e rapidez", relatou o *Republican*, acrescentando que a arma era leve e imune a "todos os perigos de uma descarga dupla de canos". Encerrando seus elogios ao novo produto da cidade, o jornal disse a seus leitores: "A pistola é muito bonita – na verdade, um dos revólveres mais arrumados e bonitos que já vimos".

Este primeiro revólver Smith & Wesson certamente era pequeno – menor até que a pistola de bolso de 1849 da Colt. Não havia gravação extravagante em torno de seu cilindro, que continha sete rodadas de munição calibre .22 de baixa potência. Os parceiros o chamaram de Modelo 1. Smith & Wesson anunciou sua nova arma como *The Seven Shooter*, o "Sete-Tiros", proclamando que era "o revólver mais leve do mundo e atira com tanta força quanto qualquer outra arma"[293]. A primeira reivindicação pode ter sido verdadeira; a segunda não foi. Mark Twain, que voltou à sagacidade na pistola pimenteiro de Ethan Allen, também mirou no Modelo 1:

> Eu estava armado até os dentes com um triste revolverzinho de sete tiros da Smith & Wesson, que carregava uma bola como uma pílula homeopática, e foram necessários os sete inteiros para fazer uma dose para um adulto. Mas eu achava grandioso. Parecia-me uma arma perigosa. Só tinha um defeito – você não conseguia acertar nada com ela. Um de nossos "condutores" praticou um pouco em uma vaca com ele, e enquanto ela ficasse parada e se comportasse, ela estava segura;

---

292. "New Operations in Business and Property", *Springfield* (MA) *Republican*, 26 de março de 1857.

293. Um anúncio reimpresso em Jinks, *History of Smith & Wesson*, p. 39.

mas assim que ela começou a se mover, e ele começou a atirar em outras coisas, ela foi atingida[294].

Talvez as balas de pequeno calibre do revólver não tivessem muito impacto, mas o fato de aterrissarem em quantidade no destino ajudava a compensar o que lhes faltava em potência. A arma também era facilmente velada.

Rollin White manteve sua loja de roupas funcionando, e graças a Deus. Apesar dos elogios iniciais no *The Springfield Republican*, a Smith & Wesson quase não fabricava armas. De fato, no final de 1857, a empresa havia feito um total de quatro revólveres, o que significava que White recebeu apenas um mísero dólar pelo uso de sua patente de arma. Esse era o preço de uma empresa iniciante com um novo produto. Aguardando um ano melhor em 1858, White dependia das vendas de sua loja na rua principal de Hartford, onde oferecia vestidos para todas as ocasiões: "para café da manhã, jantar e bailes", como diziam os anúncios, e vestidos "para dançar, flertar e conversar", até se veste "para não fazer nada"[295]. O ano inexpressivo na produção de armas para Smith & Wesson terminou com um estouro mais amplo na Crise de 1857.

Até então, a década de 1850 havia sido uma década próspera para os Estados Unidos. A economia do país havia se expandido, alimentada em parte pelo ouro da Califórnia, e a migração para o Oeste estava em pleno andamento. Quando o suprimento de ouro começou a cair, os investimentos de alto nível pareciam mais arriscados do que em alguns meses antes, o que de fato eram. Empréstimos bancários, especialmente para ferrovias, acabaram sendo mais especulativos do que os banqueiros pensavam. Quando a notícia de que a *Ohio Life Insurance and Trust Company* havia suspendido os pagamentos de suas notas promissórias se espalhou rapidamente pelo mundo financeiro (graças ao telégrafo de Morse), o pânico começou. Como outros bancos se recusaram a honrar suas notas promissórias, o crédito secou. Hartford não foi poupada. Em outubro, vários comerciantes de lá, incluindo Rollin White & Co., anunciaram

....

294. Mark Twain, *Roughing It* (Hartford, CT: American, 1872), p. 22-23.
295. Trechos de vários anúncios que a Rollin White & Co. colocou no *Hartford* (CT) *Daily Courant* em agosto e setembro de 1857.

que ainda aceitariam pagamento por seus produtos em notas de bancos que se recusassem a trocar moeda forte por elas. A Smith & Wesson sobreviveu até 1858, aparentemente com poucos problemas. A Rollin White & Co., não. No final da primeira semana de janeiro, White saiu da loja na Main Street com seu conteúdo vendido para encerrar o negócio. Em abril, ele e sua família se mudaram para Iowa, onde seu irmão mais novo, Mason, morava.

• • •

Samuel Colt também sobreviveu ao Pânico de 1857 — confortavelmente. para o Oeste a migração atingiu o pico nos anos anteriores ao Pânico, mas os do Leste, incluindo os recém-chegados da Europa, continuaram a cruzar o continente em busca de vidas melhores. E, como sempre, precisavam de armas, especialmente os Colts.

A iminente expiração de sua patente de cilindro giratório não impediu os gastos de Colt. Depois de uma longa lua de mel na Europa – Colt casou-se com Elizabeth Jarvis, filha de um ministro episcopal, em junho de 1856 –, ele e sua noiva se estabeleceram em *Armsmear*. Durante sua estada no exterior, Colt encomendou os melhores móveis à elegante firma Ringuet-LePrince & Marcotte de Nova York e Paris[296], escolhendo, ele mesmo, alguns dos acessórios. A mobília francesa era chique, pelo menos para os outros clientes ricos da Marcotte. Naturalmente, Colt tendia a ser ostentador, mas em alguns quartos de *Armsmear*, ele se afastou da opulência excessiva. As seleções para sua biblioteca e sala de jantar, por exemplo, eram "robustas, fortes e conservadoras".

Depois que as entregas começaram a chegar a *Armsmear*, no final de janeiro de 1857, Leon Marcotte achou que era hora de Colt começar a pagar por elas. Colt pensava o contrário. Ele queria esperar até que tudo estivesse terminado. Em seguida, ele reclamou dos custos. Quando ele era um inventor esforçado e animador de gás hilariante, Colt podia ter um

296. As relações de Colt com Marcotte são de Phillip M. Johnston, "Dialogues between Designer and Client: Furnishings Proposed by Leon Marcotte to Samuel Colt in the 1850s". *Winterthur Portfolio,* v. 19, nº 4 (inverno 1984): 264-66. "robustas, fortes e conservadoras" está na p. 275.

motivo para se esquivar de contas, como fez com o armeiro de Baltimore, John Pearson. Mas, na década de 1850, quando era um homem de sérios recursos, ele continuava a prática.

"Fiquei desapontado por você não ter notado minha demanda de dinheiro, pois queremos agora, depois de um adiantamento tão grande de fundos", escreveu Marcotte em uma carta a Colt. "Nós não pediríamos a você que nos enviasse o valor total da conta, mas metade disso seria de grande conveniência agora".

Não tendo ouvido nada de seu cliente, Marcotte escreveu novamente.

> Pressionado por falta de dinheiro, fui a Hartford […] com a expectativa de conhecê-lo e obter algo por conta da nossa conta, mas fiquei muito decepcionado por não o encontrar em casa. Por favor, envie-nos $ 5.000 ou $ 6.000 ou mais por correio de retorno, se puder, pois necessitamos muito desse dinheiro, você nos deixaria muito agradecidos.

Dessa vez Colt retornou a mensagem. "Acabei de voltar para casa e encontrei sua carta urgente para um adiantamento de $ 5.000 sobre sua conta de móveis. Anexo meu cheque no valor para acomodá-lo [*sic*], mesmo que seja diretamente contra minhas regras pagar ou adiantar dinheiro para a conta do contrato até que todos os negócios relacionados a ele sejam concluídos para minha total satisfação". Não era assim que seus negócios eram normalmente conduzidos, aconselhou Marcotte. Para o futuro, a Colt e a Marcotte concordaram em concluir os pedidos em etapas com o pagamento de uma peça antes do início da próxima.

CRIANDO UMA DE SEDA E AÇO

Christopher Spencer poderia agradecer ao avô Josiah Hollister por alimentar seu interesse natural por armas, mas também tinha uma dívida com o *Rixford Roller* aprimorado de Frank Cheney. O *Roller*, que não tinha nada a ver com armamento, mas tudo a ver com o futuro de Spencer, revolucionou a fabricação de seda e ajudou a salvar a fabriqueta de seda de Cheney, onde Spencer conseguiu seu primeiro emprego de verdade.

O arsenal de Colt estava recebendo um fluxo constante de dinheiro para gastar enquanto as armas fluíam. O Springfield Armory tinha sido um local de treinamento para mecânicos qualificados, bem como um laboratório para inovação industrial. Assim também foi a Robbins & Lawrence em Vermont. Agora, a fábrica de Colt desempenhava praticamente o mesmo papel. Outro inventor que deixaria sua marca na repetição de armas de fogo estava aprendendo e inventando sob a cúpula azul da fábrica Colt. Em três anos, Christopher Miner Spencer anexaria seu próprio nome a uma arma que ajudaria a restaurar a União.

No início do século XIX, grande parte do país, incluindo Connecticut, enlouqueceu com a seda[297]. Plante algumas amoreiras, cujas folhas os bichos-da-seda se banqueteiam, deixe as criaturas tecerem casulos, depois desfie os casulos e, voilà, você terá seda em abundância para vender. Ou assim era a ideia. E funcionou, por um tempo. Os preços das amoreiras brancas importadas dispararam – eram melhores para esse propósito do que as amoreiras vermelhas nativas. As amoreiras brancas eram plantadas onde quer que crescessem, e isso acontecia em praticamente todos os lugares. A produção de seda era popular em outros locais, mas em 1840 a produção de Connecticut era três vezes maior que a de qualquer outro estado. Então a bolha estourou.

Primeiro veio o Pânico de 1837 que abalou os negócios em todo o país e ajudou a levar o primeiro empreendimento de armas de fogo de Samuel Colt à falência. Depois, veio o colapso do mercado das amoreiras. Então, em 1844, a praga os atingiu. Mesmo as amoras brancas saudáveis despencaram de valor. Fortunas foram perdidas; negócios fechados. Os Cheney investiram com força total no negócio da seda, plantando viveiros não apenas em Manchester, mas também em terras arrendadas em Nova Jersey e em uma fazenda em Ohio. A fiação de Connecticut fechou por um tempo, mas foi ressuscitada por dois irmãos Cheney, ambos retratistas de sucesso, de suas próprias finanças.

Que os Cheney estavam de volta aos negócios era uma boa notícia para Christopher Spencer, cujo tio Owen era um bom amigo de Frank Cheney, o membro da família mais propenso a invenções e um gerente prático[298]. Uma apresentação foi feita e o jovem Spencer se juntou à

....

297. Sobre o *boom* do bicho-da-seda de Connecticut, ver Bob Wyss, "Connecticut's Mulberry Craze", 30 de agosto de 2020, https:// connecticuthistory.org/connecticuts-mulberry-craze/; Patrick Skahill, "The Cheney Brothers' Rise in the Silk Industry", 9 de fevereiro de 2013, https://connecticuthistory.org/the-cheney-brothers-rise-in-the-silk-industry/; e H. H. Manchester, *The Story of Silk and Cheney Silks* (South Manchester, CT: Cheney Brothers, 1916, rev. 1924).

298. Sobre os Cheney em geral, bem como seu relacionamento com os Spencer, ver Alice Farley Williams, *Silk and Guns: The Life of a Connecticut Yankee, Frank Cheney, 1817-1904* (Manchester, CT: Manchester Historical Society, 1996).

força de trabalho de Cheney como aprendiz[299]. Imediatamente Frank Cheney e o garoto estabeleceram um vínculo que levaria "Crit" a seguir uma carreira.

Spencer escreveu sobre Frank Cheney no final de sua vida:

> Lembro-me dele no pequeno e velho moinho à beira do riacho com sua maquinaria girada pela roda d'água que ele tão laboriosamente instalou, andando entre as máquinas de enrolar com palavras de encorajamento e instruções para toda a pequena companhia de meninas e meninos então envolvidos na operação de bobinagem, enrolamento e fiação. O hábil atar dos nós e a retirada dos fios dos novelos emaranhados são lembranças agradáveis do meu primeiro verão no Moinho, aos 14 anos, quando pela primeira vez tive a ideia de me tornar um mecânico[300].

Frank Cheney – "o espírito dominante no trabalho da fiação"[301], na visão de Spencer – fez mais do que encorajar jovens trabalhadores. Quando algo precisava ser consertado, muitas vezes ele mesmo fazia o trabalho, chegando até a entrar no córrego para consertar a roda d'água do moinho, da qual toda a operação dependia. Às vezes, Frank assumia o serviço de vigia noturno e limpava as lamparinas. Para Spencer, a fiação era um lugar saudável onde gerentes e trabalhadores se esforçavam juntos.

A ligação de Spencer com os Cheney e o seu *timing* foram afortunados. Em 1847, ano em que Spencer entrou na empresa, Frank Cheney teve a ideia de tornar a seda mais lucrativa novamente. Dobrar, enrolar e torcer os finos fios de seda era um processo tedioso e trabalhoso. Usando dispositivos desenvolvidos para fiação de algodão, Frank patenteou uma

---

299. O histórico de trabalho de Spencer vem de "A Conversation with Vesta Spencer Taylor", 3-4; e Roy M. Marcot, *Spencer Repeating Firearms* (Rochester, NY: Rowe, 1983, 1990), p. 12-13.

300. Trecho de uma carta que Spencer escreveu para uma das filhas de Frank Cheney em 21 de março de 1904, *Christopher Miner Spencer Collection*, Box 1, Folder 2, Windsor Historical Society (WHS), Windsor, CT.

301. De "A Conversation with Vesta Spencer Taylor, Interviewed by Dick Bertel in 1965", WHS, Accession nº 1984.63.1, Tape #30a, 4.

máquina que fazia o trabalho com mais eficiência e rapidez do que o chamado *Rixford Roller*, inventado pelo funcionário de Cheney, Nathan Rixford, fazia. Os custos caíram e os lucros aumentaram.

O primeiro emprego de Spencer com os Cheney – haveria vários – durou apenas um ano. Em 1848, tornou-se aprendiz de um maquinista de Manchester chamado Samuel Loomis, aparentemente em um nível mais avançado do que havia desfrutado na fábrica de Cheney. Inspirado pela leitura do *Common School Philosophy* de Comstock, que discutia a ciência das coisas mecânicas, Spencer fez sua primeira máquina: um motor a vapor estacionário.

Naquele inverno, ele fez uma pausa para frequentar uma escola preparatória em Wilbraham, Massachusetts, a única educação formal que o rapaz teria. Então, na primavera de 1849, ele estava de volta à oficina de Loomis por alguns meses antes de retornar à fiação de Cheney, dessa vez como um maquinista. Enquanto Spencer estava desenvolvendo sua habilidade com máquinas, seu mentor, Frank, foi atingido pela febre do ouro como tantos outros e se juntou ao tio do rapaz, Owen, em uma viagem à Califórnia em busca de riquezas. Eles estariam em casa 18 meses depois sem ouro, mas tendo estabelecido uma serraria perto de São Francisco.

Incentivado por Frank, Spencer deixou a fiação Cheney novamente para passar seis meses fazendo ferramentas de maquinista em Rochester, Nova York, seguidos por outros seis meses em uma oficina de conserto de locomotivas e depois algum tempo em um arsenal de Massachusetts. Em 1854, Spencer retornou a Connecticut para trabalhar no arsenal de Samuel Colt, ajudando a construir e melhorar a maquinaria de fabricação de armas. Ele ficaria com Colt por cerca de um ano antes que os Cheney o atraíssem de volta.

Naquela época, os saltos de Spencer entre vários negócios onde as máquinas eram cruciais lhe deram amplo conhecimento mecânico. Na fiação de Cheney, mais uma vez, tornou-se superintendente da oficina de maquinaria na operação da família em Hartford. E ele continuou mexendo em máquinas. Embora agora um homem, Spencer permaneceu alegremente jovem, sempre tentando descobrir como algo poderia ser melhorado, nunca

DE SEDA E AÇO

importunado pela melancolia. Problemas mecânicos não o mantinham acordado à noite. "Vou dormir pensando neles", disse ele a um amigo mais tarde na vida, "e muitas vezes pela manhã, tenho a solução"[302].

• • •

O pecado da escravidão putrefazia a nação mais do que nunca à medida que 1860 se aproximava. As tensões seccionais estavam aumentando. Os abolicionistas, principalmente no Norte, clamavam pelo fim de um sistema em que um ser humano poderia possuir outro. Os sulistas, cuja economia dependia do trabalho escravo, resistiam a qualquer pensamento de que os milhões de homens, mulheres e crianças negros que mantinham em cativeiro seriam livres. Os esforços para apaziguar os dois lados, permitindo que alguns territórios no Oeste decidissem se permitiriam a escravidão, estavam se mostrando insatisfatórios. A Lei do Escravo Fugitivo de 1850, que exigia que os escravos fugitivos capturados em estados livres fossem devolvidos a seus senhores, causou crescente atrito no Norte, onde menos cidadãos estavam dispostos a tolerar a desumanidade da "instituição peculiar".

Os Cheney detestavam a escravidão[303]. O irmão de Frank, Charles, por exemplo, era "um maldito abolicionista", para usar o termo que o filho de Charles, também chamado Frank, ouviu colegas de escola gritarem quando ele e sua família viveram por alguns anos em Mount Healthy, Ohio. Ohio havia abolido a escravidão em 1802, mas o sentimento antinegro permaneceu forte o suficiente em muitos cidadãos para tornar perigoso abrigar escravos fugindo para o Norte. O jovem Frank se perguntou sobre os visitantes transitórios que chegavam à fazenda Cheney depois do anoitecer e partiam antes do amanhecer – homens, mulheres e crianças negros cujas chegadas eram sinalizadas por batidas misteriosas em uma

302. Dr. W. A. Bartlett, "An Appreciation of [Christopher] Spencer prepared for the Windsor Historical Society", sem data, *Spencer Collection*, Series II, Box 1.11, WHS.
303. A evidência das tendências abolicionistas dos Cheney vem de "The Underground Railroad", um artigo apresentado por Frank Woodbridge Cheney no Hartford Monday Evening Club, 11 de fevereiro de 1901, preservado na história da família não publicada, Connecticut Historical Society, Harford, CT.

janela em uma sequência que a família reconhecia. Depois de insistir repetidamente, Charles decidiu confiar um segredo ao filho. Eram escravos fugitivos que precisavam de um lugar seguro para permanecer em sua jornada para a liberdade, e a fazenda Cheney era a primeira estação da *Underground Railroad*[304] de Cincinnati.

"Nunca me ocorreu nada que trouxesse tamanho sentimento de responsabilidade individual quanto ao conhecimento desse segredo", recordou o jovem Frank anos depois, "que meu pai achou que era melhor e mais seguro me transmitir, embora eu fosse apenas um menino de 10 ou 12 anos".

O menino dormia no quarto do pai e nem sempre ouvia as batidas reveladoras, mas às vezes o acordavam em sobressalto. Em vozes sussurradas, os recém-chegados e "o condutor" que os trazia davam a Charles as informações de que ele precisava sobre seus convidados pela noite e como colocá-los em rota novamente pela manhã. Se os Cheney temiam que os caçadores de escravos estivessem em perseguição, eles alimentavam os viajantes e os mandavam embora rapidamente. Certa vez, Charles manteve um homem e uma mulher com seus três filhos fora de vista por vários dias, "pois se sabia que estávamos sob suspeita e os caçadores de escravos estavam em seu encalço".

• • •

Foi enquanto trabalhava para os Cheney em 1857 que Christopher Spencer começou a pensar em como inventar um rifle de repetição que mantinha seus cartuchos na coronha, não sob o cano[305]. Essa era uma proposta complicada, exigindo mais movimentos e complexidade mecânica do que alimentar os cartuchos pela frente. No entanto, é isso que Spencer queria fazer desde o início. Ele não disse por que optou por um carregador na coronha, mas podia ser por querer evitar uma briga

---

304. *Underground Railroad*, a "Ferrovia Subterrânea", que não era ferrovia nem era subterrânea, era uma rede de contatos e de abrigos para os escravos fugitivos dos estados escravagistas a caminho dos estados livres ou para o Canadá. (N. T.)

305. O relato manuscrito de Spencer sobre o desenvolvimento de uma arma de repetição está na *Coleção Christopher Miner Spencer*, Série IA, Caixa de Correspondência 1.2, WHS.

DE SEDA E AÇO

de patentes com Oliver Winchester, cujo repetidor Vulcânico usava o carregador abaixo do cano[306].

Nos dois anos seguintes, Spencer passou seu tempo livre – que era escasso, considerando suas 66 horas semanais de trabalho – experimentando para encontrar o sistema certo. Quando ele estava avançado o suficiente, fez um modelo de madeira. Em seguida, ele procurou a ajuda de Richard S. Lawrence, que havia deixado Vermont e agora era superintendente da Sharps Rifle Manufacturing Company em Hartford, fabricando rifles de carga pela culatra. Lawrence vendeu peças da Sharps para Spencer, que projetou alguns de seus próprios mecanismos em torno delas. Com o apoio financeiro de seu pai comerciante de lã bem-sucedido, Spencer fez um protótipo e se preparou para solicitar uma patente. Ele também deixou seus empregadores felizes fazendo algumas invenções para eles, o que resultou em suas duas primeiras patentes: uma para uma máquina que rotulava carretéis de linha e outra para uma máquina que fazia o carretel.

Spencer finalmente ficou satisfeito com sua nova arma. Embora o mecanismo fosse intrincado e complexo, fazê-lo funcionar não era. Puxe para baixo o longo guarda-mato em *loop* e a ação se abria, ejetando um cartucho gasto e permitindo que o próximo cartucho fosse alimentado por uma mola em um tubo na coronha para uma câmara na parte traseira do cano. Puxe a alavanca para cima e a ação se fechava. Então, tudo o que o atirador tinha que fazer era engatilhar o martelo e atirar. Depois que seus sete tiros fossem disparados, o tubo vazio que continha os cartuchos seria retirado e preenchido com mais sete cartuchos antes de ser empurrado de volta para a arma para mais tiros. Nas mãos de soldados treinados, essa arma pode ser devastadora.

Em 6 de março de 1860, menos de cinco meses depois de receber sua primeira patente, Christopher Spencer recebeu sua terceira, dessa vez não por uma máquina fabril, mas por sua nova arma. Como em todas as

....

306. Um professor de engenharia mecânica e de fabricação e curador-chefe do *Royal Armouries* em Leeds, Inglaterra, concluiu que Spencer provavelmente colocou o carregador na coronha e não embaixo do cano para evitar a violação de patentes descendentes do *Volition Repeater* de Walter Hunt controlado pela Winchester. David Williams e Peter Smithurst, "Christopher Spencer: the manufacturing technology of his repeating rifle", *Arms & Armor*, v. 1, nº 2 (2004): p. 165-182.

criações, uma patente leva o inventor apenas até certo ponto. A menos que Spencer pudesse fabricar a arma e encontrar um mercado, tudo o que a patente lhe dava era o direito de chamar a ideia de sua. Frank Cheney, torcendo por ele, tinha fé na invenção de Spencer. Se a guerra estivesse por vir, talvez essa nova arma de tiro rápido pudesse ser útil ao governo. Os Cheney tinham dinheiro e amigos bem colocados. Talvez eles pudessem ajudar Spencer novamente.

CAPÍTULO 21

UMA CORRIDA PELAS ARMAS

Na tarde de 5 de março de 1860, um dia antes de o Escritório de Patentes dos EUA conceder a Christopher Spencer os direitos exclusivos de seu projeto para um rifle de repetição, um trem transportando um passageiro programado para fazer um discurso na Prefeitura naquela noite chegou à estação de Hartford. Abraham Lincoln estava em New Hampshire para visitar um filho na escola e dar-lhe o incentivo necessário em seus estudos. O objetivo público da viagem era fazer campanha pela presidência de uma nação às vésperas de se despedaçar.

    A luta entre o Norte e o Sul, entre estados livres e escravagistas, vinha se intensificando há anos, alimentada em parte pelas vastas novas terras que o país conquistara na Guerra Mexicano-Americana. Os novos territórios de Kansas e Nebraska permitiriam a escravidão dentro de suas fronteiras? Em 1854, o Congresso votou para deixar as pessoas decidirem por si mesmas, um movimento que levou a um influxo de colonos pró e antiescravidão e tanta violência que o termo *"Bleeding Kansas"* (Kansas Sangrento) nasceu. Um dos homens que derramaram sangue lá foi o abolicionista John Brown, que passou a atacar o arsenal federal em Harpers Ferry, Virgínia, em outubro de 1859, na esperança de apreender armas que ele entregaria a escravos que se revoltariam contra aqueles que os mantinham em escravidão. Dois de seus filhos foram mortos no ataque, Brown foi capturado e não houve revolta de escravos, embora Brown e suas forças tenham conseguido ter controle sobre o arsenal por um curto período de tempo. Eles prenderiam a atenção da nação por muito mais tempo.

O objetivo de curto prazo do ataque falhou, mas ajudou a polarizar ainda mais a nação sobre a escravidão. Os temores sulistas dos programas antiescravidão do norte aumentaram ainda mais, enquanto muitos nortistas viram em Brown um mártir da nobre luta contra os males da escravização. Seis dias depois que Brown foi sentenciado à forca, Ralph Waldo Emerson chamou o condenado de "o novo santo que aguarda seu martírio e que, se sofrer, tornará a forca gloriosa como a cruz". Quando ele deixou sua cela para ser enforcado, em 2 de dezembro, Brown deixou um bilhete para um guarda. Nele, havia escrito uma profecia: "Eu, John Brown, agora tenho certeza de que os crimes desta terra culpada nunca serão expurgados, senão pelo sangue".

Três meses depois, quando Abraham Lincoln começou sua turnê de palestras na Nova Inglaterra, a política presidencial chamou cada vez mais a atenção do país, com a escravidão sendo uma questão candente. O republicano favorito naquele inverno minguante do início de 1860 era o senador abolicionista de Nova York, William H. Seward, mas Lincoln estava chegando, impulsionado por um discurso que havia feito na semana anterior no Cooper Union na cidade de Nova York. Nesse discurso, o magrelo conhecido como "lenhador"[307] de Illinois havia agitado aqueles que ouviram o que ele tinha a dizer e aqueles que leram sobre isso. Se a escravidão seria permitida nos territórios, foi um assunto que Lincoln abordou de frente. Em seu discurso na Cooper Union, com força eloquente, Lincoln declarou que não deveria ser permitida. No final, elevando a voz, convocou a multidão à sua frente para combater a propagação da escravidão: "Tenhamos fé que o certo faz a força e, nessa fé, ousemos até o fim cumprir nosso dever como nós o entendemos!" A multidão adorou essas palavras – e o homem que as proferiu.

---

307. O apelido de Abraham Lincoln como "lenhador" surgiu como parte de sua campanha para a presidência, ressaltando suas origens humildes em trabalhos braçais antes de tornar-se advogado e político. (N. E.)

UMA CORRIDA PELAS ARMAS

Agora, em sua parada de um dia em Hartford, o cansado Lincoln estava pronto para seu próximo discurso[308]. Com tempo para gastar antes de discursar, foi à livraria Brown & Gross em frente à State House, no coração da cidade. Lá, Lincoln conheceu o famoso editor de jornal Gideon Welles, membro do comitê nacional republicano e ex-democrata que havia trabalhado contra Seward, alguém de quem Welles não gostava. Os dois homens sentaram-se juntos em frente à Brown & Gross em um banco que os donos da livraria haviam colocado ali para as pessoas que aguardavam suas carruagens[309]. O que eles conversaram não está registrado, mas eles ficaram sentados o tempo suficiente para chamar a atenção. Welles, proeminente na cidade e além, era fácil de reconhecer, com sua volumosa barba branca e peruca mal ajustada de um tom diferente sobre sua cabeça grande. Os transeuntes paravam para conversar, perguntando-se se o homem alto com Welles era o "matador de gigantes"[310] de Illinois sobre o qual haviam lido nos jornais. Nenhum dos dois sabia disso na época, mas ambos teriam um impacto enorme no que estava por vir: Lincoln no futuro do país, Welles no futuro de Christopher Spencer.

· · ·

308. A visita de Abraham Lincoln a Hartford é relatada em Daniel D. Bidwell, "Lincoln in Hartford", em William Hayes Ward, ed., *Abraham Lincoln: Tributes from his Associates – Reminiscences of Soldiers, Statesmen and Citizens* (Nova York: Thomas Y. Crowell, 1895), p. 182-84; Doris Kearns Goodwin, *Team of Rivals: The Political Genius of Abraham Lincoln* (Nova York: Simon & Schuster, 2006), p. 232-34; John Niven, *Gideon Welles: Lincoln's Secretary of the Navy* (Baton Rouge: Louisiana State University Press, 1973), p. 287-89; e J. Doyle DeWitt, *Lincoln in Hartford*, um panfleto impresso em particular em apoio às atividades da Comissão do Centenário da Guerra Civil de Connecticut, publicado em 1960, sem local de publicação listado.
309. Há relatos diferentes de quando Lincoln e Gideon Welles se reuniram na livraria. Alguns dizem que foi no dia seguinte à palestra e que Lincoln não chegou a Hartford até pouco antes de fazer seu discurso na noite de 5 de março.
310. O epíteto de Lincoln como "matador de gigantes" surgiu após derrotar outros pré-candidatos à presidência com mais capital político, John Breckinridge e Stephen A. Douglas. (N. E.)

TITÃS DAS ARMAS | JOHN BAINBRIDGE, JR.

Naquela noite, uma multidão "cheia, recalcada e transbordante"[311] na Prefeitura se reuniu para ouvir o que o ex-fronteiriço sem-graça e magricela tinha a dizer. Centenas mais não conseguiram chegar perto o suficiente para ouvi-lo. Lincoln chegou na carruagem do prefeito, a qual seu companheiro da tarde na livraria recusou a oferta de um assento; Welles preferiu caminhar com amigos e aliados políticos em uma procissão de tochas até a Prefeitura, um poderoso templo dórico com grandes pórticos em cada extremidade. Uma vez, no salão do terceiro andar, onde o evento seria realizado, no entanto, Welles sentou-se no estrado, de onde podia ver e ouvir o orador de perto. Lincoln não decepcionou. Ele seguiu o modelo de seu discurso na Cooper Union, incluindo seu retumbante apelo à ação no final, que levou a multidão, incluindo Welles, a se levantar, com rugidos de aprovação.

Depois que Lincoln terminou, ele foi escoltado para fora do salão por uma banda de cornetas e mais tochas, jovens em formação militarista, que faziam parte de um movimento chamado *"Wide Awakes"*, os Despertos, cujo objetivo era proteger os manifestantes e oradores republicanos dos ataques democratas. Essa noite foi uma das primeiras missões dos Despertos – eles haviam surgido apenas alguns dias antes – seus distintos gorros e capas pretas impermeáveis os protegendo do óleo que pingava de suas tochas. O movimento logo se espalharia de Hartford por todo o Norte, com milhares de jovens desfilando à noite, lutando arduamente pelas vitórias republicanas.

No final da tarde seguinte, um 6 de março frio e tempestuoso, Lincoln estava de volta ao trem, indo para New Haven, onde faria outro discurso naquela noite. Mas antes de partir, ele tinha duas missões. Uma era visitar a fábrica Colt nas margens do Rio Connecticut, no lado leste da cidade, e a fábrica de rifles Sharps, na apropriadamente chamada Rifle Avenue, no Oeste. A segunda missão de Lincoln era sentar-se novamente com

....

311. Esta citação e o "grande em todos os sentidos" são de "Republican Mass Meeting at the City Hall!" e "Sr. Lincoln", *Hartford* (CT) *Evening Press*, 6 de março de 1860. A inspiração para a linguagem na primeira citação foi o Novo Testamento, Lucas 6,38: "Dai, e vos será dado. Será colocada em vosso regaço medida boa, cheia, recalcada e transbordante, porque, com a mesma medida com que medirdes, sereis medido vós também".

Gideon Welles, dessa vez apenas os dois, na privacidade do escritório de Welles no *The Hartford Evening Press*.

Lincoln impressionou Welles, que o achou

> grande em todos os sentidos, incluindo no cérebro, mas seu semblante mostra intelecto, generosidade, grande bondade e discernimento aguçado [...]. Ele é um orador eficaz, porque é sério, forte, honesto, simples em estilo e claro como cristal em sua lógica.

Welles era uma força, um homem de influência e opinião. Com Abraham Lincoln em ascensão, Welles — e seu prestígio — podia ascender também e, assim, aumentar a fortuna de Christopher Spencer. Entre os amigos íntimos e vizinhos de Welles estava Charles Cheney, que, como seu irmão Frank, apoiava a recém-patenteada arma de fogo de tiro rápido de Spencer. Se a guerra viesse, o Exército poderia usar tal arma. Embora não houvesse fábrica para fazer o trabalho nem fundos para construir uma, os Cheney estavam bem posicionados para colocar o rifle Spencer em produção quando chegasse a hora certa — e para obter lucro. Se Gideon Welles encontrasse um lugar na administração de Lincoln, sua amizade poderia ser útil[312]. Talvez a inventividade implacável de Christopher Spencer possa ter mais impacto do que apenas aumentar a eficiência das fábricas de seda. Ela poderia equipar um exército.

. . .

Quando Lincoln visitou Hartford, o rifle Spencer não passava de um sonho reduzido a um papel acompanhado de um modelo. As armas das fábricas Colt e Sharps, por outro lado, eram isso e muito mais. A força de trabalho da Colt havia aumentado de 150 funcionários fazendo 9.000 pistolas em 1850 para 369 funcionários produzindo 45.000 armas e máquinas para venda em 1860. A fábrica da Sharps, uma vez associada a Robbins & Lawrence, não existia em 1850, mas, dez anos depois, seus 300 trabalhadores construíram 10.000 rifles de carregamento pela culatra inventados por Christian Sharps, que havia trabalhado em estreita colaboração com a

---

312. *"The Wide Awakes"* é o tema de Jon Grinspan "'Young Men for War': The Wide Awakes and Lincoln's 1860 Presidential Campaign", *Journal of American History* 96, nº 2 (setembro de 2009): 357-378.

empresa de Vermont para desenvolver e fabricar suas armas no início da década de 1850[313]. O mundo da fabricação de armas americanas percorreu um longo caminho desde que Samuel Colt lançou seu primeiro negócio de revólveres em 1836. O antigo sistema de pequenos fabricantes (Eli Whitney era uma exceção) que trabalhavam para os arsenais nacionais dos quais dependiam, estava dando lugar a grandes corporações cujos proprietários se puseram no caminho da riqueza pessoal[314]. O capital privado lançou esses negócios e enquanto eles cortejavam contratos governamentais, eles atacavam por conta própria os projetos que eles ou aqueles que eles empregavam inventavam. Eles eram uma nova geração que defendia as patentes com energia, correndo para a Justiça para derrotar a concorrência. Entre eles, estavam construtores de impérios de negócios.

Colt liderou o caminho. Ele tentou estender sua patente de cilindro giratório mesmo depois de expirada, cortejando pessoas poderosas que ele achava que poderiam lhe fazer algum bem, incluindo legisladores que ele favorecia com atenção e presentes. Colt perdeu essa batalha, mas sua produção de revólveres continuou forte. Em 1860, Colt adicionou um novo revólver à sua linha, maior que o *Navy*, menor que o *Dragoon*, perfeito para portar no coldre de quadril. Seria chamado de *1860 Army* e começaria a sair de sua linha de montagem bem a tempo de receber encomendas sérias de um exército engajado em guerra total. E por que Samuel Colt não seria um sucesso mesmo sem sua patente exclusiva? Ele era agora mais do que um homem; ele era uma marca. Mais do que uma marca, ele era uma arma, seu nome cada vez mais sinônimo de revólver. As pessoas que se deslocavam para o Oeste eram encorajadas a seguir este conselho de um manual de 1859[315] para viajantes atravessando o país:

· ·

313. Estatísticas sobre a produção de Colt e Sharps vêm de Felicia Johnson Deyrup, *Arms Makers of the Connecticut Valley: A Regional Study of the Economic Development of the Small Arms Industry, 1798-1870* (Menasha, WI: George Banta, 1948), 220, Apêndice A, Tabela 4.

314. O crescimento de fabricantes de armas privados e independentes nas décadas anteriores à Guerra Civil é discutido em Deyrup, *Arms Makers of the Connecticut Valley*, p. 120-32.

315. O manual aconselhando aqueles que viajavam para o continente a serem armados com revólveres Colt é de Randolph B. Marcy, *Prairie Traveler, a Handbook for Overland Expeditions* (Nova York: Harper & Brothers, 1859), p. 41-43.

UMA CORRIDA PELAS ARMAS

> Todo homem que entra no território indígena deve estar armado com um rifle e um revólver, e nunca deve perdê-los de vista, seja no acampamento ou fora dele. Quando não estiverem em marcha, as armas devem ser colocadas em uma posição que possam ser sacadas em um instante de aviso; e ao se deslocar fora do acampamento, o revólver deve ser sempre usado no cinto, pois a pessoa não sabe em que momento pode ter uso para isso.

Que tipo de revólver seria mais adequado para a viagem? O manual também tinha conselhos sobre isso: "O revólver da Colt é geralmente reconhecido, tanto na Europa quanto na América, como a arma mais eficiente de seu tipo conhecida nos dias atuais".

As coisas estavam indo muito bem para Samuel Colt em 1860, exceto sua saúde. Em seus quarenta e poucos anos, ele manteve o hábito de beber destilados, muitas vezes dos melhores, e desfrutar da fumaça que ele soltava dos charutos que comprava em abundância.

Depois veio a gota, que lhe causava dor e limitava seus movimentos. Colt continuou se movendo, como sempre fazia.

• • •

Outros grandes fabricantes de armas também estavam se preparando quando a década de 1850 chegou ao fim.

A Smith & Wesson tinha uma vantagem óbvia quando fez o cilindro patenteado de Rollin White uma característica de seu primeiro revólver. Se uma arma de múltiplas câmaras que disparasse, de forma confiável, cartuchos de metal autônomos atraísse boa parte do público comprador, a dupla poderia dominar o mercado, pois o deles era o único disponível legalmente. E o tamanho diminuto do Modelo 1 da Smith & Wesson o tornou atraente para moradores de zonas urbanas e outros que preferiam se armar discretamente.

Nos primeiros três anos depois que começaram a produzir seu pequeno revólver, Horace Smith e Daniel Baird Wesson fizeram seis mudanças no projeto[316]. Alterar uma arma enquanto ela estava em

---

316. As informações sobre mudanças de produção e engenharia nos revólveres Smith & Wesson Modelo 1 são de David R. Burghoff, "Smith & Wesson Rarities, 1854-1900", *American Society of Arms Collectors Bulletin*, nº 56 (primavera de 1987): 9-11.

produção era comum na indústria privada de armas de fogo na época — menos nos arsenais do governo —, mas a extensão dos ajustes da Smith & Wesson era incomum. A essa altura, os parceiros tinham muita experiência em fabricar e projetar armas, então pode parecer uma surpresa que houvesse tanta necessidade de melhorias. Sua arma também era difícil de trabalhar, graças à pequena placa lateral que servia como abertura para o mecanismo interno da arma. Esse problema, embora pequeno, limitava a produção. No entanto, os sócios apostavam tudo em sua pistola de bolso e em seu cartucho de cobre de calibre .22. A aposta estava dando certo. Eles produziram mais de 11 mil Modelos 1 nos primeiros três anos, com pedidos pendentes suficientes para justificar a mudança de sua força de trabalho para fora do espaço apertado que alugaram acima da fábrica de fogões de William Wilcox.

No final de 1859, eles construíram o que precisavam: um prédio de quatro andares na Stockbridge Street, perto do Rio Connecticut, no centro de Springfield[317]. Era uma estrutura impressionante, com 45 metros de comprimento e 10 metros de largura, ocupando, com suas dependências, um terreno de dois mil metros quadrados onde capim e macieiras haviam crescido alguns anos antes. Para Smith e Wesson, a conclusão de seu novo prédio foi um motivo perfeito para comemorar. Então, na última sexta-feira de dezembro, eles abriram as portas para um grande baile, com jantar servido no segundo andar e dançando ao som da *Hampden Quadrille Band* no andar de cima, onde os vestidos de crinolina das mulheres tinham amplo espaço para rodopiar. Wesson e Smith convidaram seus funcionários para participar, com o público também recebido por um dólar por ingresso.

Quando a nova fábrica começou a produzir armas em janeiro de 1860, a Smith & Wesson tinha quatro vezes o número de funcionários que trabalhavam em sua fábrica na Market Street, incluindo dezenas de mulheres fazendo a munição especial necessária para os revólveres. Os sócios rapidamente encheram o primeiro e o segundo andares com as mais modernas máquinas de fabricação de armas disponíveis, alugando parte

---

317. A descrição da nova fábrica da Smith & Wesson na Stockbridge Street é do *Springfield* (MA) *Republican*, 20 de janeiro de 1860. As informações sobre o baile da empresa vêm do *Springfield* (MA) *Republican*, 26 de dezembro de 1859 e 30 de dezembro de 1859.

UMA CORRIDA PELAS ARMAS

do porão para a Burbank Brothers, que fabricava dedais e óculos de ouro e prata, e o terceiro andar para uma empresa que fabricava correntes de ouro. "Por mais amplos que sejam seus novos aposentos", observou o *The Springfield Republican* em um artigo comemorando o novo prédio da Smith & Wesson, "a sala já está totalmente ocupada e o momento em que eles vão 'chorar por mais' se aproxima em um futuro próximo".

A previsão do *Republican* não estava longe da verdade. No início de março, três meses após o início da operação no novo prédio, a Smith & Wesson recebeu um pedido de quinhentas pistolas da América do Sul[318], com outros pedidos vindos de Londres, bem como de muitas cidades do Oeste e do Sul dos EUA, na ordem de duzentos a quinhentos revólveres por mês. Com mais pedidos do que poderiam atender, a Smith & Wesson tinha planos de adicionar um novo revólver à sua linha de produto único até então, um maior e mais poderoso que o pequeno Modelo 1. Isso, eles esperavam, encontraria o favor dos soldados se a guerra viesse.

• • •

Em 1858, a Remington adicionou à linha de produtos um novo item patenteado por um mestre mecânico que trabalhava para a empresa, destinado a dar proteção adicional aos cavalheiros ao caminhar: uma bengala que funcionava como um rifle[319]. Há algum tempo os europeus fabricavam armas, incluindo revólveres, escondidos em bengalas, como Allen & Thurber, mas a versão Remington era especialmente discreta porque todo o mecanismo de disparo único estava na parte superior da bengala. Um botão discreto servia como gatilho. E, claro, o cano era feito de aço fundido Remington. Anunciada como "simples, segura e eficiente", a bengala Remington era mais fina do que a típica bengala armada, fazendo com que parecesse mais com a coisa comum que um cavalheiro carregaria com ele em um passeio. Para maior brio, um cliente pode ter uma empunhadura em forma de cabeça de cachorro. As bengalas rifle

....

318. Os pedidos que a Smith & Wesson recebeu da América do Sul e de outros lugares foram relatadas no *Springfield Republican*, 1º de março de 1860.
319. A arma de bengala é discutida em Elliot L. Burka, "Remington Rifle Cane", *American Society of Arms Collectors Bulletin*, nº 85 (primavera de 2002): 1-10.

eram boas para os membros masculinos da elite urbana, mas o dinheiro real tinha que vir de produtos que atraíssem uma clientela mais ampla, então Remington também estava no mercado de revólveres e se juntaria à Colt para armar a União para a Guerra Civil.

• • •

As camisas de Oliver Winchester vendiam bem em 1860, mas sua New Haven Arms Company mal se mantinha de pé. A empresa continuou a alardear a suposta excelência de seu repetidor Vulcânico em anúncios e folhetos com depoimentos como este de um ex-capitão de um veleiro em outubro de 1859:

> Considero a Pistola de Repetição *Volcanic* o *ne plus ultra* das armas de repetição ou revólveres, e muito superior em muitos aspectos ao revólver muito elogiado da Colt. Eu mesmo disparei mais de 200 tiros sem nem mesmo limpar o cano – esta é uma vantagem que nenhuma outra arma que conheço possui. Estou com a pistola no mar há mais de 18 meses, em uma viagem ao redor do mundo, e descobri que, com os cuidados mais comuns, ela se manterá livre de ferrugem, muito mais do que a da Colt[320].

O comandante de outro navio também se entusiasmou com a arma de Winchester:

> Usei uma pistola de repetição vulcânica por alguns meses, em minha última viagem a São Francisco, e em tudo o que constitui uma boa pistola ou arma de fogo, não tem igual, e supera todas as outras que já vi em rapidez, eficiência e certeza de execução.

Mas nada superou a afirmação de uma agência que vende as armas em Illinois: "A Pistola de Repetição Vulcânica é a maior invenção da época"[321].

Um punhado de depoimentos elogiosos sobre seu produto não retardou a provável jornada da New Haven Arms Company para a

320. O anúncio de jornal do *Volcanic* é reproduzido em Edmund E. Lewis e Stephen W. Rutter, *Volcanic Firearms: Predecessor to the Winchester Rifle* (Woonsocket, RI: Andrew Mowbray, 2011), p. 124.

321. Trecho de um anúncio na Rock Island (IL) Argus, 23 de janeiro de 1856.

insolvência, o mesmo destino que sua antecessora, a Volcanic Repeating Arms Company, sofreu apenas três anos antes. O principal problema ainda era a munição fraca da arma; seu calibre era grande o suficiente, mas era lamentavelmente fraco. Demorou um pouco, mas o superintendente da oficina, B. Tyler Henry, elaborou um cartucho de metal calibre .44 com muito mais potência[322]. Ele também redesenhou o próprio *Volcanic* para acomodar a carga maior. Para a nova arma, ele recebeu a patente n° 30.446 em 16 de outubro de 1860. Henry imediatamente cedeu os direitos ao seu empregador, Oliver Winchester. Apesar de suas deficiências agora óbvias e da prospectiva de uma arma muito melhor assim que a produção permitisse, a New Haven Arms Company continuou insistindo que carabinas e pistolas *Volcanic* eram exatamente o que o atirador moderno queria. "Estas armas", afirmou o agente da empresa em Baltimore, que por acaso era George Winchester, filho do irmão gêmeo de Oliver, Samuel, "foram inventadas por vários dos mecânicos mais engenhosos do país, que passaram anos trazendo este maravilhoso triunfo de habilidade à perfeição"[323]. Enquanto Oliver Winchester arrecadava fundos suficientes para começar a se preparar para fazer um rifle melhor, o sobrinho George apregoou o problemático *Volcanic* como "a arma mais poderosa e eficaz já inventada e, sem dúvida, substituirá quase todas as armas no mercado"[324].

Exatamente três semanas depois de o que seria chamado de rifle Henry receber sua patente, a nação foi às urnas e elegeu Abraham Lincoln como presidente. A guerra estava mais perto do que nunca. Assim como a oportunidade.

---

322. Sobre o cartucho inventado por B. Tyler Henry, ver R. Bruce McDowell, *Development of the Henry Cartridge and Self-Contained Cartridges for the Toggle-Link Winchesters* (Metuchen, NJ: A.M.B., 1984).

323. De um anúncio no *Baltimore Daily Exchange*, 18 de fevereiro de 1861.

324. De um anúncio que apareceu várias vezes no *Baltimore Sun* em fevereiro de 1861.

CHAMADO ÀS ARMAS, QUAISQUER ARMAS

Samuel Colt estava sempre pronto para a guerra, mas a perspectiva de talvez o mercado mais rico de todos após a eleição de Lincoln significava expandir sua já enorme fábrica. Em 20 de dezembro, a Carolina do Sul tornou-se o primeiro estado a emancipar-se da União. O Mississippi e outros quatro logo se seguiram, aos quais se juntaria o Texas em fevereiro, um mês antes de Lincoln tomar posse. Vender armas para estados que haviam rompido com a União era errado, de acordo com Remington, mas Colt continuou enviando seu armamento para o Sul por um período, como fazia há algum tempo.

"Dirija o arsenal dia e noite com mão de obra duplicada até que tenhamos 5.000 ou 10.000 já prontos de cada tipo no estoque", ele havia instruído em uma carta de 18 de fevereiro de 1860, vinda de Cuba, onde estava descansando e restaurando sua saúde[325]. "Prefiro acumular nossas armas a ter dinheiro ocioso, e não sobrarão muitas armas à mão dadas as exigências [sic] da época [...]". Para enfatizar, Colt fechou com "Aproveite para produzir enquanto as condições estão boas ainda".

---

325. A carta de Colt é citada em James L. Mitchell, *Colt: A collection of letters and photographs about the man, the arms, the company* (Harrisburg, PA: Stackpole, 1959), p. 75-76.

Canhões confederados bombardeando o Fort Sumter no porto de Charleston destruíram qualquer dúvida persistente sobre se a guerra viria. E ela chegou. Naquela manhã e na tarde do dia seguinte – 12 e 13 de abril de 1861 –, ficou claro que não haveria como voltar atrás, não para o norte, que queria unir a nação ainda jovem, não para o sul, que queria preservar um modo de vida dependente da escravidão.

Foi uma batalha modesta, em termos de como as batalhas ocorrem, a sua única baixa imediata foi um soldado da artilharia da União morto quando um canhão disparou prematuramente durante uma salva de cem tiros planejada quando a bandeira do forte foi arriada em rendição. Daniel Hough, um imigrante irlandês do Condado de Tipperary, recebeu a distinção de se tornar o primeiro homem morto na Guerra Civil Americana.

• • •

O Exército da União tinha armas suficientes para os homens já em serviço quando a guerra começou. De acordo com o senso comum da época, o conflito não duraria muito tempo. No mínimo, o Norte precisava reforçar suas Forças Armadas com voluntários, incluindo os 75 mil que o presidente Lincoln convocou após a perda do Fort Sumter, e o governo rapidamente percebeu que não havia armas pequenas suficientes para lhes fornecer. A produção no Arsenal de Springfield era boa e eficiente. Assim era com o outro arsenal nacional em Harpers Ferry, Virgínia, até que as tropas federais o queimaram em 18 de abril, um dia depois que a Virgínia votou para se separar da União, para manter seu estoque de armas fora das mãos dos confederados. Como fez quando a Revolução começou, o governo dos Estados Unidos inicialmente voltou-se para a Europa em busca de poder de fogo adicional, às vezes se contentando com armas que não eram da melhor qualidade[326]. O governo também fez contratos com fabricantes de armas americanos privados. Aqui estava uma abertura para a nova geração de capitalistas de armas de fogo, e os Cheney não demoraram a agir.

326. Para saber das primeiras escassezes de armas e a compra de armas da Europa, veja Carl L. Davis, *Arming the Union: Small Arms in the Civil War* (Port Washington, NY: National University Publications, 1973), p. 45-80.

CHAMADO ÀS ARMAS, QUAISQUER ARMAS

Christopher Spencer era mais inventor do que empresário, mas os membros da família Cheney eram ambos. E eles tinham dinheiro e conexões. Para fazer as coisas andarem no novo rifle de repetição, os irmãos Cheney fizeram um acordo com Spencer. Tirando dinheiro de seus próprios bolsos, eles colocariam a produção em funcionamento e fariam tudo o que pudessem para colocá-lo no mercado. Eles também dariam *royalties* ao inventor, enquanto retinham os lucros, se houvesse. Em troca, o entusiasmado e efervescente Spencer seria o principal vendedor da arma. Assim que o acordo foi assinado, os irmãos Cheney entraram em ação convocando amigos de alto escalão. Entre eles, estava o governador de Connecticut, William A. Buckingham, um sólido homem da União e leal a Lincoln, que apresentou o futuro presidente quando ele falou na prefeitura de Hartford.

"Permita-me apresentar o Exmo. Charles Cheney desta cidade que tem alguns negócios com seu Departamento", escreveu Buckingham em uma carta de 28 de maio de 1861 ao secretário de guerra, Simon Cameron[327]. O "Senhor Cheney é um cavalheiro de alta respeitabilidade e posição nesta comunidade e digno de sua confiança".

Sete dias depois, mais pressão de alto nível foi exercida em nome dos Cheney. Dessa vez veio do velho amigo e vizinho de Cheney, Gideon Welles, que Lincoln havia nomeado secretário da Marinha três meses antes. Em uma carta para John A. Dahlgren, o recém-nomeado comandante do *Washington Navy Yard*, Welles apresentou seus "amigos especiais"[328], os Cheney, que tinham "um rifle de carregamento pela culatra recém-inventado, que eles e outros consideram superior a qualquer coisa já inventada; e eu, com eles, desejo ter sua opinião a respeito, ou, em todo caso, desejo que você faça o exame que seu tempo permitir". No caso de Dahlgren não levar essa instrução a sério, Welles encerrou com "Não preciso dizer a você que meus amigos, os Srs. Cheney, estão entre nossos melhores cidadãos, e que qualquer atenção a eles considerarei um favor especial".

. . . .

327. Uma fotocópia da carta de Buckingham para Cameron está na coleção do autor.
328. Uma cópia da carta de Welles para Dahlgren faz parte da coleção do autor de livros sobre armas de fogo, Andrew F. Lustyik.

TITÃS DAS ARMAS | JOHN BAINBRIDGE, JR.

Dahlgren pode não ter precisado de estímulo de seu chefe. Ele conhecia armas e estava interessado em inovações, então a chance de examinar uma arma de fogo radicalmente nova o interessaria. Na verdade, o próprio Dahlgren inventou um canhão naval com o seu nome e desenvolveu um novo amigo e companheiro entusiasta da mecânica ainda mais alto na escada política do que o secretário da Marinha. Esse amigo era Abraham Lincoln, que ocasionalmente passava pelo Estaleiro da Marinha para pedir conselhos a Dahlgren sobre armamento ou apenas para passar o tempo com ele, até mesmo praticando tiro com a companhia dele lá de vez em quando[329].

Seja para agradar Welles ou para satisfazer sua própria curiosidade, Dahlgren rapidamente colocou a arma de Spencer à prova. Quatro dias depois que o secretário da Marinha lhe apresentou os irmãos Cheney, que carregavam rifles, Dahlgren escreveu ao capitão Andrew A. Harwood, chefe do Departamento de Compras e Hidrografia, dizendo que o Spencer "funciona tão bem que sou induzido a trazê-lo para sua atenção"[330]. Apesar de ter uma mistura complicada de peças, disse ele, "o mecanismo é compacto e forte". Ao longo de duas manhãs, relatou Dahlgren, a arma foi disparada quinhentas vezes com apenas uma falha, e isso provavelmente foi causado por um cartucho defeituoso. "Posso recomendar que várias dessas peças sejam introduzidas para teste em serviço".

Nesse momento, não havia nenhuma fábrica produzindo rifles de repetição Spencer, apenas alguns modelos de teste surgindo das salas de trabalho de Cheney. Se o Exército, em seu desespero por armas, fizesse aos Cheney um grande pedido para que as armas fossem entregues rapidamente, eles enfrentariam uma tarefa impossível. A posição deles era como a de Samuel Colt quando ele concordou em fabricar revólveres Walker para a Guerra Mexicano-Americana, ou como a Robbins & Lawrence quando aquela firma conseguiu um pedido de dez mil fuzis:

---

329. A relação próxima entre Dahlgren e Lincoln é discutida em Robert J. Schneller, Jr., *A Quest for Glory: A Biography of Rear Admiral John A. Dahlgren* (Annapolis, MD: Naval Institute Press, 1996), p. 183-89.

330. A carta de Dahlgren para Harwood é reproduzida em Roy M. Marcot, *Spencer Repeating Firearms* (Rochester, NY: Rowe, 1983, 1990), p. 28.

sem fábrica, sem força de trabalho, sem maquinário, sem materiais. No entanto, eles continuaram recebendo comentários positivos de pessoas que poderiam ajudar.

Se quisessem ganhar contratos sérios com o governo, os Cheney teriam que contornar o novo chefe de Compras e ex-superintendente do Arsenal de Springfield, James Wolfe Ripley. O duro e teimoso Ripley era admirado por suas habilidades organizacionais e devoção ao dever. Ele estava fora do país inspecionando arsenais e fábricas militares estrangeiras quando rumores sobre uma próxima Guerra Civil chegaram até ele no Mar Vermelho. Embora estivesse ficando velho para o serviço – Ripley era um dos poucos oficiais em serviço nascidos no século XVIII –, ele correu para casa. "Seu país precisa de você", disse-lhe um amigo quando voltou aos Estados Unidos[331]. Ripley respondeu: "Pode ter a mim e cada gota de meu sangue".

Embora defendesse alguns projetos avançados de armas, Ripley era um inimigo ferrenho de rifles de repetição, bloqueando sua adoção sempre que podia. Não há necessidade de "truques modernos" em sua opinião[332]; rifles de tiro único testados e comprovados eram tudo o que os soldados precisavam em armas de ombro. A resistência de Ripley às novas tecnologias lhe rendeu o apelido de "Ripley Van Winkle"[333, 334]. Spencer tinha um termo de uma palavra para o homem: "fossilizado"[335]. Embora Spencer não possa ser culpado por reclamar da animosidade de Ripley em relação aos rifles de repetição, o chefe de Compras tinha seus motivos. Inventores de armas

· ·

331. Ripley é citado em George W. Cullum, *Biographic Register of the Officers and Graduates of the U. S. Military Academy at West Point, N.Y.*, 3ª ed., v. 1 (Boston: Houghton, Mifflin, 1891), p. 122.

332. Robert V. Bruce, *Lincoln and the Tools of War* (Indianapolis, IN: Bobbs-Merrill, 1956), p. 112.

333. Allan Nevins, *The War for the Union*, v. 1, The Improvised War, 1861-1862 (Nova York: Charles Scribner's Sons, 1959), p. 351.

334. Trocadilho com alusão ao personagem literário Rip Van Winkle. No conto homônimo, situado no século XVIII, Rip Van Winkle dorme após tomar uma poção mágica inadvertidamente e acorda 20 anos depois, e tudo ao seu redor mudou, incluindo o país não ser mais uma colônia. (N. E.)

335. Seu comentário veio em uma carta sem data para Horace Cheney, MS79282.XXI, *Cheney Family – Cartas 1778-1933*, Connecticut Historical Society, Hartford, CT.

de todos os tipos apresentavam suas ideias para o Exército na esperança de lucrar com grandes vendas de armas nunca testadas em batalha e que provavelmente não seriam produzidas em quantidade com rapidez suficiente. "Um grande mal agora, especialmente prevalente em relação às armas para o serviço militar"[336], escreveu Ripley ao secretário de Guerra Cameron em 11 de junho de 1861, "é a grande variedade de novas invenções, cada uma tendo, é claro, seus defensores, insistindo sobre a superioridade de sua arma sobre todas as outras e instando sua adoção pelo governo". Armas como a Spencer, que usava munição especial, também poderiam ser um problema para o fornecimento às tropas no campo.

• • •

Samuel Colt estava aproveitando seu sucesso com o rápido aumento da produção, embora tivesse parado de vender armas para o Sul e declarado publicamente que apoiaria a União. "Como há muito tempo ele os fabrica [revólveres] para os rebeldes", repreendeu o *New York Times* duas semanas após a queda de Fort Sumter, "é hora de ele fazer algo pelos Estados Unidos"[337]. Sob a manchete "Um patriota giratório", o jornal acusou Colt de ter dado aos compradores do Sul um desconto que não estava oferecendo ao Norte. "Em outras palavras, ele vende para os rebeldes mais barato do que para as autoridades da República. Se ele pudesse inventar alguma maneira segura de ajudar mais eficazmente a rebelião, o Sr. Colt provavelmente a abraçaria".

Christopher Spencer e os irmãos Cheney estavam chamando a atenção, mas não tinham armas para vender; eles ainda não tinham como fazê-las. Horace Smith e Daniel Wesson continuaram a vender tantos de seus minirrevólveres quanto podiam e estavam se preparando para produzir o revólver maior, adequado para trabalhos mais sérios, talvez como uma arma reserva para soldados. Muito atrás dos outros, estava Oliver Winchester, cuja esperança de salvação estava no *Volcanic*

---

336. *The War of the Rebellion: A Compilation of the Official Records of the Union and Confederate Armies* (doravante OR), (Washington, DC: Government Printing Office, 1880-1901), Série III, Volume I, p. 264-65.

337. "A Revolving Patriot", estava no *New York Times*, 26 de abril de 1861.

CHAMADO ÀS ARMAS, QUAISQUER ARMAS

radicalmente transformado de B. Tyler Henry. Preparar-se para fazer aquela arma ainda estava muito longe.

• • •

A empresa de Eliphalet Remington estava indo bem fabricando canos e outras peças de armas para soldados e cidadãos, mas ele ficou longe de mecanismos para rifles de repetição. Revólveres eram outra questão. Ele e seus filhos mergulharam no negócio de revólveres com entusiasmo, lançando um que o chefe de Compras Ripley gostou o suficiente para encomendar cinco mil deles em 13 de junho de 1861, para ser entregues "no maior despacho possível"[338]. No mês seguinte, na Batalha de Bull Run, ao sul de Washington, as forças confederadas derrotaram os soldados da União, um sinal de que a guerra não terminaria rapidamente. A fábrica de Remington aumentou ainda mais a produção, fazendo exigências físicas que atingiram duramente a Eliphalet, de 67 anos. Pode ter sido uma apendicite, embora os médicos da época dissessem que eram problemas intestinais, que finalmente o levaram para a cama em sua casa no canal Erie, em meados do verão de 1861. Lá, o sempre poeta Lite virou-se para o verso, ditando para sua filha, Maria, que se sentou ao seu lado,

No auge forte e vigoroso da masculinidade
Plantei uma jovem tília
Perto da minha morada, que com o tempo
Espalhou seus galhos largos e livres.

Muitas vezes eu vi seu crescimento saudável
Com algo como o orgulho de um pai
Que vê a prole de sua juventude
Cresça para uma masculinidade forte ao seu lado.

Mas agora, a velhice amorteceu a chama
Que brilhou dentro de mim naquele dia
Energia e força abandonam meu corpo
E estou afundando em decadência.

338. O pedido de revólveres Remington de Ripley é citado em Roy Marcot, *The History of Remington Firearms* (Guilford, CT: Lyons Press, 2005), p. 26.

Mas obrigado! Eu vivi e por muito tempo compartilhei
Saúde e vigor como esta árvore
E quando eu for, que seja poupada
Uma lembrança muda de mim[339, 340].

Em 12 de julho faleceu o fundador da E. Remington & Sons.

A empresa estava agora nas mãos dos três filhos do fundador, cada um trazendo características úteis para o trabalho. Philo, o mais velho, era um metodista dedicado, severo e rigoroso como seu pai, embora supostamente pronto para levantar os caídos. De acordo com um relato, Philo aproximou--se de um funcionário da Remington que frequentemente estava bêbado e disse a ele: "Vá à igreja. Isso o ajudará a superar sua fraqueza"[341]. Mas o homem era católico; ele não iria a uma igreja metodista. Então Philo fez o que achou ser a alternativa: enviar ao trabalhador um livro de orações católico, junto ao discurso de um cardeal católico sobre abusar do álcool. O irmão Remington mais velho era mais que um moralista. Ele era bom em organização e, como seu pai, tinha um dom para a mecânica. Samuel, o segundo filho de Remington, era um *bon vivant* simpático que gostava de viver bem, perfeito para ser o vendedor e negociador encantadoramente eficaz da empresa e ansioso por ganhar dinheiro[342]. Ele havia tentado

339. Tradução livre. Texto original: *In manhood's strong and vigorous prime/I planted a young linden tree/ Near to my dwelling, which in time/ Has spread its branches wide and free./ Oft have I viewed its healthful growth/ With something like a parent's pride/ Who sees the offspring of his youth/ Grow to strong manhood by his side./ But now, old age had damped the flame/ That glowed within me at that day/ Energy and strength desert my frame/ And I am sinking in decay./ But thanks! I've lived and long have shared/ Health and vigor like this tree/ And when I'm gone let it be spared/ A mute remembrance of me./* (N. T.)

340. O poema de Eliphalet Remington no leito de morte e as descrições de seus filhos vêm em parte de Hatch, *Remington Arms in American History*, p. 79-80.

341. Philo dizendo a um trabalhador com uma fraqueza por álcool para frequentar a igreja é de Alden Hatch, *Remington Arms in American History* (EUA: Remington Arms, 1856, rev. 1972), p. 80.

342. Os vários empreendimentos e atributos dos irmãos Remington são discutidos em Hatch, *Remington Arms in American History*, e em "Ilion and the Remingtons", um discurso proferido por Albert N. Russell perante a Herkimer County Historical Society, 14 de setembro de 1897, *Papers Read Before the Herkimer County Historical Society During the Years 1896, 1897 e 1898*, v. 1, pt. 1, compilado por Arthur T. Smith, Secretário da Sociedade (Herkimer, NY: Citizen, 1899), p. 79-85 dos artigos de 1897.

CHAMADO ÀS ARMAS, QUAISQUER ARMAS

construir ferrovias no Oeste, mas quando isso não deu certo, ele voltou para Ilion, onde abriu uma loja às margens do canal em 1845. Samuel fez vassouras e cabos de vassouras, eventualmente virando sua atenção para fechaduras e cofres, bem como algumas armas de carregamento por culatra, antes de finalmente se estabelecer como parceiro de seus dois irmãos nos negócios da Remington. O mais jovem, Eliphalet III, era um homem estudioso de temperamento tranquilo, com afeição por fatos e números. Seu papel era nas finanças da empresa e na supervisão do escritório, especialmente da correspondência da empresa, graças à sua caligrafia fina e facilidade com as palavras. O objetivo dos Remington agora era fazer o que pudessem para armar a União – e competir com Samuel Colt pelo domínio no mercado de revólveres.

• • •

Os relatórios favoráveis sobre o rifle Spencer que os Cheney estavam fabricando não os ajudaram muito com Ripley no caminho, então em outubro eles contrataram um lobista para empurrar o general. Quando isso não funcionou, eles despacharam o próprio Christopher Spencer para Washington em nome de seu rifle. Lá, em 4 de novembro, ele mostrou o rifle de repetição ao general George B. McClellan, comandante do Exército do Potomac. Isso levou a um exame por um conselho de julgamento, que gostou do Spencer. Ainda nenhum contrato do Exército. Era hora, Charles Cheney percebeu, de mais *lobby*, o que resultou no secretário adjunto de Guerra, Thomas A. Scott, instar Ripley, por escrito, a examinar os relatórios de teste dos rifles Henry e Spencer e dar sua opinião sobre eles, "pois armas como estas são necessárias ao governo".

Ripley prontamente deu sua resposta: os rifles Henry e Spencer eram pesados demais; eram inúteis sem suas munições especiais, as quais podiam ser danificadas quando transportadas a cavalo; tinham molas espirais em seus carregadores, que poderiam sofrer com o uso prolongado no campo; e eram muito caros. E, escreveu ele diretamente ao secretário de Guerra Cameron, porque "o governo já está comprometido em encomendas e contratos para cerca de 73.000 rifles e carabinas de carregamento pela culatra, no valor de $ 2.250.000, eu não considero aconselhável acolher nenhuma das proposições para comprar essas armas"[343].

Charles Cheney tinha muita coisa em jogo pelos rifles para permitir que as coisas desandassem[344]. Warren Fisher Jr., o tesoureiro da Spencer Repeating Rifle Company, escreveu então a Cameron oferecendo dez mil rifles de repetição a quarenta dólares cada para serem entregues em lotes, o primeiro lote de quinhentos em março de 1862, seguido por parcelas a cada mês a partir de então até o pedido ser concluído. Era um negócio bom demais para deixar passar, apesar da aversão de Ripley a rifles de cartucho de repetição. Em 24 de dezembro de 1861, o secretário adjunto da Guerra Scott passou a ordem para o Departamento de Compras. Ripley foi forçado a obedecer.

Dois dias depois, os Cheney finalmente conseguiram um contrato para fabricar rifles, muitos deles, para a União, para serem usados em uma guerra que estava em andamento desde a primavera anterior. Agora eles tinham que encontrar um lugar para produzi-los – e as máquinas e mão de obra para fazer o trabalho. Eles estavam na mesma situação em que Samuel Colt estivera quando embarcou na fabricação do revólver Walker e como Robbins & Lawrence estiveram quando concordaram em fazer milhares de rifles para o governo. Três meses não era muito tempo para os Cheney cumprirem sua promessa. Realisticamente, não havia como eles conseguirem.

---

343. A carta de Ripley a Cameron sobre os rifles Henry e Spencer está em OR, Série III, Volume I, p. 733-734.

344. As negociações que resultaram em um contrato para os rifles Spencer são apresentadas em Marcot, *Spencer Repeating Firearms*, p. 29-35.

ACOMPANHANDO A GUERRA: 1862

Em janeiro de 1862, os Cheney deram um passo mais perto da produção quando incorporaram a Spencer Repeating Rifle Company. Eles estavam prontos para colocar uma parte de sua fortuna na fabricação de armas, mas atrair outros patrocinadores para compartilhar o risco era prudente. Uma empresa formal era uma boa maneira de fazer isso.

Dois dias após a criação da empresa, a *Scientific American* publicou um artigo ilustrado elogiando "o famoso rifle de carregamento pela culatra da Spencer, sobre o qual tanto se falou e para o qual grandes encomendas foram emitidas pelo governo para uso tanto do Exército quanto da Marinha"[345]. O artigo foi uma boa publicidade, mas os Cheney e os Spencer não estavam em posição de fornecer armas a ninguém. Primeiro, eles precisavam de um lugar para produzi-los. Eles rapidamente o encontraram em parte de uma fábrica de pianos em Boston.

A *Chickering Piano-Forte Company* era mais do que uma grande empresa que fabricava um específico instrumento musical[346]. A Chickering foi parcialmente responsável pela "mania do piano" que varreu o país em

---

345. "Improvement in Breech-Loading Rifles". *Scientific American*, v. 6, nº 4 (25 de janeiro de 1862), p. 49.
346. Sobre pianos e a companhia Chickering, ver Dale Tsang-Hall, "The Chickering Piano Company in the Nineteenth Century". Tese de doutorado em artes musicais, Rice University, Houston, 2001.

meados de 1800, quando um sinal de nobreza americana era ter um piano no salão. "Os *Piano-Fortes* estão se tornando um *móvel* tão na moda", observou um escritor em 1823[347],

> que nenhuma casa é considerada adequadamente mobiliada, atualmente, a menos que um desses instrumentos, polido e com filigrana de ouro feito da maneira mais extravagante, ocupe um lugar de destaque no cômodo principal.

A tendência foi boa para o fundador da empresa, Jonas Chickering. Não só ele era excelente na fabricação de pianos, mas também sabia como ganhar dinheiro, tendo provado ser habilidoso para inventar maneiras melhores de fabricar os instrumentos – ele patenteou um método de fundição de estruturas de piano – e para administrar um grande negócio. Como muitos outros inovadores de sucesso de seu tempo, Chickering era artesão e industrial, empregando uma divisão avançada de trabalho para um processo de fabricação complexo. A qualidade de seus pianos foi até reconhecida do outro lado do Atlântico, ganhando-lhe uma medalha na Grande Exposição de 1851 em Londres.

Jonas já tinha morrido quando os Cheney apareceram, mas seus filhos dirigiam o negócio como ele. O sócio mais velho e sênior da empresa, Thomas E. Chickering, também era coronel do 41º Regimento de Infantaria Voluntária de Massachusetts, tão dedicado à União que ofereceu uma recompensa de duzentos dólares a homens dispostos a se alistar com seu regimento, com uma recompensa extra de cem dólares para quem se alistasse por três anos[348]. Esse era o tipo de pessoa com quem os Cheney se sentiam à vontade.

O ano de 1862 ainda era uma criança quando os Cheney converteram sua parte alugada da fábrica de pianos para fabricar armas. Christopher Spencer, agora morando em Boston, projetou o maquinário necessário para o trabalho, o que fazia sentido, porque ele era o homem que melhor conhecia as armas e havia inventado máquinas fabris antes. O tempo era

---

347. Citado em Gary J. Kornblith, "The Craftsman as Industrialist: Jonas Chickering and the Transformation of American Piano Making", *The Business History Review*, v. 59, nº 3 (outono de 1985): 353.

348. O coronel Thomas E. Chickering anunciou a recompensa no *Boston Evening Transcript*, 17 de setembro de 1862.

ACOMPANHANDO A GUERRA: 1862

precioso. O prazo de março da empresa Spencer para entregar o primeiro pedido de rifles de repetição estava desconfortavelmente próximo.

Nem tudo que sai de uma linha de montagem atende às especificações de um fabricante, é claro, e as peças Spencer não foram exceção, incluindo os canos de rifle. Tentar disparar uma bala através de um cano defeituoso poderia ser desastroso para o atirador e qualquer pessoa próxima, mas Christopher Spencer conseguiu encontrar um uso para alguns deles que eram fortes o suficiente para canalizar vapor sob pressão. O objetivo, como de costume com vapor controlado, era mover uma máquina na direção desejada. Para Spencer, isso significava girar eixos que acionavam rodas em uma carruagem[349]. Um sistema de catracas e linguetas permitia que as rodas externas girassem mais rápido do que as internas quando Spencer arrodeava os cantos. Com uma caldeira de cem quilos na traseira da carroça bombeando energia através de canos de rifle rejeitados, a charrete de Spencer o levava pela cidade com a mesma facilidade como se houvesse um cavalo puxando-a. E esta era a ideia: não há necessidade de um cavalo, apenas carvão para manter a caldeira funcionando. As únicas desvantagens de dirigir seu automóvel nas ruas da cidade eram a fumaça proveniente do fogo do carvão e o barulho. Nuvens da chaminé de um metro e vinte não eram tão ruins, mas o barulho feito pelo motor de dois cilindros assustava os cavalos o suficiente para alguns cidadãos reclamarem. Certa vez, quando uma mulher não conseguiu persuadir o cavalo que puxava sua carruagem a contornar o carro barulhento de Spencer, ele saiu, desatrelou o animal, conduziu-o ao redor do carro e depois arrastou a carruagem da mulher para um lugar onde o cavalo se permitia ser atrelado novamente. De acordo com um relato, Spencer foi responsável por um dos primeiros acidentes automobilísticos quando ele bateu lateralmente em uma carroça de leite.

· · ·

349. Relatos da carruagem sem cavalos de Spencer podem ser encontrados em "The First Steam Car", *Hartford* (CT) *Daily Courant*, 29 de maio de 1913; "Abraham Lincoln and the Repeating Rifle". *Scientific American*, v. 125, nº 18 (dezembro de 1921): 102-3; e de uma palestra dada pela filha de Spencer, Vesta Spencer Taylor, em uma reunião da Windsor Historical Society em setembro de 1922, transcrição na Windsor Historical Society, Windsor, CT.

TITÃS DAS ARMAS | JOHN BAINBRIDGE, JR.

Talvez tenha sido uma vida inteira de trabalho duro misturada com excesso de álcool que ajudaram a minar a saúde de Samuel Colt nas últimas semanas de 1861. A febre reumática e a gota foram as principais causas, com um resfriado de Natal contribuindo. Enquanto Colt estava doente, sua fábrica fervilhava, fabricando revólveres e armas longas, incluindo 25 mil mosquetes ranhurados que ele vendeu ao governo no dia seguinte ao Natal. No final da primeira semana de 1862, a mente de Colt estava vacilando, puxando-o para fora da realidade e depois de volta, enquanto sua esposa, Elizabeth, cuidava dele. Ele disse a ela que esperava morrer.

"Então ele me deu um último adeus, chamando-me de sua esposa fiel e amorosa", ela escreveu mais tarde, "pedindo-me para realizar todos os seus planos até onde eu pudesse; e com seu último beijo sussurrou que, quando Deus quisesse, eu deveria ir até ele além da sepultura, onde as despedidas nunca entram. Então sua razão novamente cedeu e, como ele mesmo disse, 'está tudo acabado agora'"[350]. Dois dias dolorosos depois, às 9 horas da manhã de 10 de janeiro, Samuel Colt morreu aos 47 anos de idade. O *New York Times* chamou de "um ataque agudo no cérebro"[351].

O funeral de Colt foi tão espetacular quanto o próprio homem[352]. Mais de 1.500 operários passaram de dois em dois por um salão em Armsmear onde seu empregador estava em um caixão de metal coberto com coroas de camélias e rosas brancas em sempre-vivas. A *Armory Band* tocou um canto fúnebre e uma guarda de honra cerimonial quase militar chamada Putnam Phalanx marchou. No início da noite, Samuel Colt foi enterrado no terreno de sua mansão ducal.

• • •

No momento de sua morte, Colt havia deixado seu nome em todos os lugares: em sua empresa, na vila de Coltsville e na enxurrada de armas que ele enviou ao redor do mundo, incluindo a miríade de armas

350. O relato de Elizabeth Colt sobre os últimos dias de seu marido está em Henry Barnard, *Armsmear: The Home, the Arm, and the Armory of Samuel Colt. A Memorial* (Nova York: Alvord, 1866), p. 323.

351. "Death of Col. Samuel Colt", *New York Times*, 11 de janeiro de 1862.

352. Uma descrição do funeral está em "The Funeral of Col. Sam Colt", *Hartford Daily* (CT) *Courant*, 15 de janeiro de 1862.

258

luxuosamente decoradas e encaixotadas que ele concedeu a pessoas poderosas para induzi-las a se tornarem clientes. Colt não estava sozinho quando se tratava de generosidade proposital. Oliver Winchester também estava no jogo, embora nunca tenha chegado perto de distribuir belas armas de presente na medida em que Colt o fez. No entanto, a madeira em seus presentes tendia a ser mais elaborada.

Quando os rifles de Winchester finalmente começaram a sair regularmente da fábrica da New Haven Arms Company, em meados de 1862, ele presenteou um Henry gravado e folheado a ouro com uma coronha de jacarandá-da-baía ao homem no topo, alguém que apreciava novas invenções, especialmente aquelas que disparavam balas. A meio caminho entre a mira traseira da arma e sua alavanca de operação em um oval cercado por flores douradas e trepadeiras no lado direito de seu mecanismo, havia esta inscrição:

LINCOLN PRESIDENTE E.U.A.

Durante séculos, as armas de propriedade da realeza foram ricamente adornadas com ouro, marfim e até pedras preciosas, tornando-as sinais de riqueza e poder, bem como exemplos de arte que valem a pena serem exibidos. Embora não usasse joias, o requintado rifle Henry de Abraham Lincoln se comparava favoravelmente à arma de um rei.

Presentes presidenciais não precisavam ser relatados na época, ao contrário do que as regras de ética atuais exigem, e geralmente não eram considerados impróprios para um alto funcionário do governo aceitá-los. Lincoln recebeu muitos durante e depois da campanha, de xales e meias a bengalas e botões de camisa, relógios de ouro, comida, um apito feito de rabo de porco, até um terno caro para usar em sua primeira posse[353]. O soldado bom de tiro e inventor Hiram Berdan criou um rifle para o presidente com uma pequena representação da cabeça de Lincoln servindo como martelo da arma. O presidente recusou uma manada reprodutora

353. A vasta gama de presentes dados a Lincoln é discutida por Harold Holzer em "'Tokens of Respect' and 'Heartfelt Thanks': How Abraham Lincoln Coped with Presidential Gifts," *Illinois Historical Journal*, v. 77, nº 3 (outono de 1984): 177-192.

de elefantes oferecida a ele pelo rei do Sião. "Nossa jurisdição política", explicou Lincoln, "não atinge uma latitude tão baixa que favoreça a multiplicação dos elefantes".

A maioria dos presentes para Lincoln eram simplesmente expressões de respeito ou apoio.

O rifle Henry de Winchester, por outro lado, foi uma tentativa de estimular os negócios para sua New Haven Arms Company. Não há evidências de que o presente de Winchester a Lincoln tenha cumprido sua missão. Nem, ao que parece, o rifle Henry banhado a prata e luxuosamente gravado dado por ele a Gideon Welles, nem o Henry que ele presenteou a Edwin M. Stanton, que substituiu Simon Cameron como secretário de Guerra. O rifle de Stanton tinha a distinção de ter o número de série 1; o de Lincoln era o número 6.

• • •

Mesmo que os extravagantes Henrys presenteados tivessem seduzido seus novos proprietários a encomendar grandes lotes de seus primos da linha de montagem, os rifles de repetição de Oliver Winchester não poderiam estar nas mãos da União a tempo da maior batalha da Guerra Civil até agora, porque eles ainda não estavam em produção plena. Nem os repetidores de Christopher Spencer. A guerra, é claro, não esperaria por eles. Nem os dois exércitos adversários, totalizando mais de cem mil homens, que se aproximavam no sudoeste do Tennessee, quando a primeira semana de abril se aproximava do fim, quase um ano depois de Fort Sumter ter caído nas mãos dos confederados. Uma igreja de madeira de um cômodo só chamada Shiloh Meeting House em uma pequena encruzilhada nos planaltos arborizados do Tennessee daria um nome à próxima batalha.

Durante dois dias, 6 e 7 de abril de 1862, os exércitos da União e Confederados, com muitos soldados verdes que não haviam conhecido o combate, entraram em confronto no terreno de primavera, enlameado pela chuva dos dias anteriores, e depois ensanguentado enquanto os homens morriam. "Ouvi falar de guerras e li sobre guerras"[354], escreveu

354. Citado em Allen C. Guelzo, *Fateful Lightning: A New History of the Civil War & Reconstruction* (Oxford: Oxford University Press, 2012), p. 207.

ACOMPANHANDO A GUERRA: 1862

um membro da 19ª Infantaria da Louisiana, dois dias após a batalha, "mas nunca pensei que seria meu destino participar de uma cena tão horrível". A União venceu, mas a um custo assombroso. Mais de 23 mil soldados foram mortos, feridos ou desaparecidos, um número muito maior do que as baixas americanas em toda a Guerra Mexicano-Americana.

Cavalgando sobre o campo de matança após a batalha, o comandante das forças da União, general Ulysses S. Grant, "viu um campo aberto, em nossa posse no segundo dia, sobre o qual os confederados haviam feito repetidos ataques no dia anterior, tão coberto com mortos que seria possível atravessar a clareira, em qualquer direção, pisando em cadáveres, sem um pé tocar o chão"[355]. Antes de Shiloh, Grant e outros acreditavam que a rebelião terminaria se a Confederação perdesse uma batalha significativa. Agora ele percebia que os soldados de cinza e cáqui não cederiam mesmo sob torrentes de tiros de rifle, preferindo lutar com seriedade mortal. Sobre Shiloh, Grant lembrou anos depois, "desisti de toda ideia de salvar a União, exceto pela conquista completa".

* * *

Os irmãos Remington estavam ansiosos para contribuir para essa conquista. Em 1862, eles tinham contratos com o governo para vender um revólver militar que, alegavam, era tão bom quanto o de Colt, só que mais barato. Colt era dominante no setor de revólveres quando Eliphalet Remington III disse a uma comissão de compras, três meses após a morte de Samuel Colt, que a empresa da família poderia fazer uma arma Colt "tão barata ou mais barata que o nosso próprio modelo equivalente"[356], mas não seria tão boa quanto o Remington mais robusto. O Exército poderia ter revólveres Remington calibre .44 por 12 dólares cada, ele afirmou, se o pedido fosse grande o suficiente. A implicação era que a empresa Colt

---

355. As citações de Grant são de *Personal Memoirs of U. S. Grant*, v. 1 (Nova York: Charles L. Webster, 1885), p. 356. Sua citação sobre perceber que apenas a "conquista completa" acabaria com a guerra está na p. 368.

356. Stuart C. Mowbray e Jennifer Heroux, eds., *Civil War Arms Makers and Their Contracts* (reedição fac-símile de *The Report by the Commission on Ordnance and Ordnance Stores, 1862*) (Lincoln, RI : Andrew Mowbray, 1998), p. 133.

estava lucrando demasiado. Para competir com os Remington, a Colt cortou o preço de seu revólver .44 de US$ 25 para U$ 14,50.

A Smith & Wesson não estava no negócio de cortejar grandes ordens do governo – mesmo seu novo revólver maior não era grande o suficiente para o serviço militar –, mas a empresa deu aos soldados a chance de carregar uma arma extra em caso de emergência.

Como esperado, a empresa Spencer não conseguiu cumprir o prazo de março, mas os Cheney ainda estavam se atualizando, seu rifle de repetição recebendo tratamento cada vez mais favorável nos testes.

Quanto a Oliver Winchester, o verão de 1862 viu seus rifles Henry entrarem em produção séria, embora não na escala necessária para prover um exército, mesmo que o Exército da União os quisesse, o que não aconteceu. Apenas cerca de 125 armas saíram das linhas de montagem da New Haven Arms Company em julho, seguidas pela mesma quantidade em agosto[357]. A empresa produziu mais alguns rifles Henry em setembro, ainda não o suficiente para aumentar seu balanço patrimonial para mostrar lucro. No entanto, aquele mês seria inesquecível, pois uma batalha de setembro seria o dia mais sangrento da Guerra Civil, com mais soldados mortos em solo americano do que em qualquer outro dia da história do país. Para Oliver Winchester, setembro de 1862 também seria um mês para um casamento.

---

357. Os números de produção dos rifles Henry em 1862 são de Wiley Sword, *The Historic Henry Rifle: Oliver Winchester's Famous Civil War Repeater* (Lincoln, RI: Andrew Mowbray, 2002), Apêndice A.

O ESFORÇO DO TITÃ POR UMA DINASTIA

Winchester fez questão de dar ao filho a criação confortável que ele nunca teve[358]. O mundo de William Winchester não deveria ser uma agricultura miserável e pobreza culminada pela rejeição de um padrasto, mas um mundo de amenidades materiais condizentes com o herdeiro de um industrial. Wirt – como a família o chamava, usando seu nome do meio – tinha duas irmãs, mas ele era o único filho homem sobrevivente de Oliver e Jane (outro filho morreu antes de completar dois anos) e, portanto, estava destinado a assumir os negócios de Winchester quando chegasse sua vez.

Até então, William se preparava para a vida entre os abastados, que incluía se formar na Hopkins Grammar School em New Haven, uma das escolas secundárias independentes mais antigas do país. Conforme planejado, um pouco de viagem e tempo gasto trabalhando na fábrica de camisas de seu pai o ajudaram a aprender a administrar a empresa.

....

358. Informações sobre William Wirt Winchester e Sarah Pardee vêm em parte de Mary Jo Ignoffo, *Captive of the Labyrinth: Sarah L. Winchester, Heiress to the Rifle Fortune* (Columbia: University of Missouri Press, 2010); e Laura Trevelyan, *The Winchester: The Gun That Built an American Dynasty* (New Haven, CT: Yale University Press, 2016). A descrição de William está em seu pedido de passaporte quando ele tinha 20 anos.

O filho não era o homem robusto, contundente e exigente que o pai era. Enquanto o rosto barbeado de Oliver era forte e severo, o de William era pálido, suas bochechas flanqueadas por bigodes caindo por suas clavículas. Seus olhos azuis eram gentis, quase suplicantes, seu cabelo ruivo macio. Dizia-se que ele tinha "uma disposição para o repouso"[359].

Ele também tinha perspectivas, então era natural que William Winchester, de 25 anos, e a tímida e pequena Sarah Lockwood Pardee, de 23 anos, se encontrassem. As famílias Winchester e Pardee eram vizinhas, e ambos os patriarcas eram oficiais da Primeira Igreja Batista de New Haven. Como Oliver Winchester, o pai de Sarah, Leonard, havia patenteado algo, um meio de juntar aduelas de madeira para construção, seis meses depois de Oliver patentear seu sistema de confecção de camisas[360]. Agora, Leonard Pardee era um fabricante bem-sucedido de "todos os tipos de esculturas arquitetônicas", incluindo caixilhos, portas, persianas e pernas de piano, e por alguns anos na década de 1840 ele administrou a casa de banhos da cidade. Os Pardee estavam bem de vida – não tão bem como os Winchester, mas respeitavelmente estabelecidos. A vida de Sarah tinha sido preenchida com os benefícios de uma riqueza modesta e uma educação adequada. A educação condizente com uma filha de posses, incluindo instrução musical (ela era hábil no piano) e aulas particulares de francês, que lhe deram a devida medida de refinamento, sua considerável inteligência tornando-a ainda mais interessante – e desejável. Não era surpresa que William se apaixonasse por ela.

O casamento foi marcado para terça-feira, 30 de setembro de 1862, com o verão acabando e as árvores da Nova Inglaterra mostrando as cores do início do outono. Um evento social de tamanha importância, embora não luxuoso, fez a Guerra Civil parecer distante, ainda que o dia mais sangrento da história americana tivesse terminado apenas 13 dias antes, nos campos e bosques do oeste de Maryland, flanqueando o

---

359. "William W. Winchester", *New Haven* (CT) *Register*, 8 de março de 1881.

360. Informações sobre Leonard Pardee vêm em parte de Donald Lines Jacobus, ed., *The Pardee Genealogy* (New Haven, CT: New Haven Colony Historical Society, 1927), p. 244-45; e um anúncio de Leonard Pardee & Co. no *The New England Business Directory* (Boston: Adams, Sampson, 1865), p. 187.

riacho Antietam. Mais de vinte mil homens foram mortos ou feridos em combates que começaram ao amanhecer e continuaram até o anoitecer. Uma estrada de fazenda que atravessava parte do campo de batalha, desgastada por anos de clima e tráfego de carroças, era chamada de *Sunken Road*, Estrada Afundada, antes da batalha. Depois que milhares de soldados morreram lá, ela ganhou um novo nome. Agora era *Bloody Lane*, Estrada Sangrenta.

Embora o Exército da Virgínia do Norte de Robert E. Lee não tenha sido destruído em Antietam e tenha conseguido atravessar o Rio Potomac, a batalha foi uma vitória suficiente para dar a Abraham Lincoln a oportunidade de emitir sua Proclamação de Emancipação preliminar. Lincoln queria emiti-la mais cedo, mas foi instado a não fazê-lo, pois poderia ser visto como uma tentativa desesperada da União de evitar a derrota. Espere por uma grande vitória no campo de batalha, aconselharam alguns membros de seu gabinete. Antietam deu ao presidente essa oportunidade, que ele aproveitou cinco dias depois, declarando que os escravos mantidos em estados ainda em rebelião em 1º de janeiro de 1863 seriam "então, daí em diante e para sempre, livres". A liberdade dos escravos, além de salvar a União, tornou-se um motivo para continuar lutando.

• • •

"Tudo agora está quieto", escreveu George Washington Whitman, soldado irmão do poeta Walt Whitman, para sua mãe, no dia do casamento de Sarah Pardee, "e é um alívio estar fora do som dos canhões depois de ouvi-los quase diariamente, e às vezes todas as noites, por duas ou três semanas"[361]. Enquanto colocava seus pensamentos no papel, o lar temporário de George Whitman era uma lona leve, uma tenda para dois homens nas montanhas, a vários quilômetros do campo de batalha onde ele lutou e milhares morreram. Um fotógrafo e seu assistente do estúdio de Mathew Brady chegaram a Antietam dois dias após a batalha e registraram imagens de homens deitados onde morreram, dando ao

361. A carta de George Washington Whitman para sua mãe está na *Trent Collection of Whitmaniana*, na Rare Book, Manuscript, and Special Collections Library da Duke University.

público uma visão de perto de como eram as consequências de um conflito real antes de os mortos serem enterrados. Suas fotografias, no preto e branco austero da época, não mostravam nada da glória heroica tão frequentemente vista nas pinturas.

Apesar da calma, as mortes da Batalha de Antietam continuaram em 30 de setembro, quando os homens sucumbiram à infecção em feridas que não podiam cicatrizar em corpos fracos demais para resistir. Em outros lugares da nação lesada naquele dia, mais tiros ceifaram mais vidas, incluindo os quase quatrocentos homens que caíram lutando no sudoeste do Missouri no que veio a ser chamado de primeira Batalha de Newtonia[362]. Foi também uma batalha da Guerra Civil em que nativos americanos lutaram em lados opostos.

A maré pode ter virado a favor da União em Antietam, mas ninguém pensava que a guerra estava prestes a terminar. Haveria necessidade de mais e melhores armas. Se os soldados de infantaria da União tivessem carregado o rifle Henry de Winchester, a Batalha de Antietam teria terminado mais rapidamente? Talvez Robert E. Lee e suas tropas confederadas sobreviventes não teriam conseguido fugir tão facilmente pelo Rio Potomac até a Virgínia. Se sua infantaria tivesse carregado Henrys, talvez o excessivamente cauteloso general da União, George B. McClellan, teria mais coragem para seguir Lee, dizimando o Exército da Virgínia do Norte com tiros rápidos e encurtando o que parecia ser uma longa guerra. Isso foi especulação bruta, embora, talvez, fosse um potencial ponto de venda para Oliver Winchester. Teria que ter muitos rifles Henry para acelerar o fim da guerra, porém muito mais do que ele tinha a capacidade de produzir.

Mas o assunto em questão era casar o filho de Oliver. No momento, as armas podiam esperar. Até que sua própria casa pudesse ser construída, o novo Sr. e Sra. Winchester se mudaram para a propriedade palaciana do patriarca na apropriadamente chamada Prospect Street, não muito longe da fábrica de camisas. Eles ficariam lá por vários anos.

---

362. Para um relato da Primeira Batalha de Newtonia, ver Larry Wood, *The Two Civil War Battles of Newtonia* (Charleston, SC: History Press, 2010).

O ESFORÇO DO TITÃ POR UMA DINASTIA

Com Sarah fazendo parte da família Winchester e a expectativa de que o casamento de seu filho produziria um herdeiro, Oliver Winchester se preparou para viajar novamente para Washington para vender seus produtos. Mais batalhas estavam por vir. Quando outubro começou, a New Haven Arms Company estava a caminho de obter lucro, seus ativos se aproximando do valor de suas dívidas. Um desafio imediato, mas delicado para Winchester, foi controlar um agente valioso, mas problemático, no Oeste, cujo comportamento ameaçava pôr em perigo o futuro da empresa.

CAPÍTULO 25

HENRY OU SPENCER?

No início de outubro de 1862, Oliver Winchester já estava farto de George Dennison Prentice.

A rede de revendedores de Winchester – que incluía George Prentice, de Kentucky – geralmente fazia o que lhes mandavam quando se tratava de lançar rifles Henry para os clientes: fazer representações honestas sobre o maravilhoso novo repetidor, mostrar como era melhor do que a arma de um único tiro de ontem e vender cada um pelo preço especificado pela New Haven Arms Company de Winchester. Mas quando os confederados estavam prestes a invadir sua cidade em setembro, Prentice entrou em pânico e vendeu parte de sua cota para partidários da União abaixo do custo, para irritação de outros agentes em estados próximos, que rapidamente acusaram Winchester de ter um relacionamento próximo demais com seu homem em Louisville.

"Nós não venderemos ou forneceremos rifles a terceiros que não cumpram os preços", Winchester repreendeu Prentice em uma carta de 8 de outubro. "Eles são baixos o suficiente para sermos justos com todos"[363].

---

363. Livro de Cartas da *New Haven Arms Company*, p. 100, Winchester Repeating Arms Company Archives Collection, MS20.50.25, Biblioteca de Pesquisa McCracken, Buffalo Bill Center of the West, Cody, WY.

Com a guerra esquentando e sua empresa lutando para encontrar uma base financeira sólida, Winchester não precisava de dores de cabeça de pessoas como Prentice. Mas ele ainda precisava de Prentice, que não era apenas um revendedor do rifle Henry, mas também o poderoso fundador e editor do *Louisville Daily Journal*, jornal amplamente lido. Prentice elogiou o Henry por escrito como "o rifle mais bonito e eficiente que já vimos"[364]. O jornalista não fez segredo de trabalhar em nome de Winchester. Ele disse isso a seus leitores com avisos impressos em seu artigo iniciado em 30 de agosto de 1862: "o título de agente desta arma foi tirado do Sr. W. C. Stanton pelo editor sênior do *Journal*. A ele, bons homens da União podem se candidatar. Se outros se candidatarem, ele apresentará informações contra eles como figuras suspeitas. Que todos os verdadeiros patriotas façam seus pedidos". O rifle Henry estava vendendo rapidamente, Prentice proclamou, porque todo "homem que a possui é uma guarnição, toda companhia é um exército. Nestes tempos terríveis, nenhum homem leal deve ficar sem ele".

O *Journal* manteve o roteiro de vendas. Em 2 de outubro, os leitores foram informados:

> Os pedidos contínuos pelo rifle Henry levaram quase todo o lote disponível. Não sabemos quando haverá mais, pois a demanda é muito grande em todo o país e a oferta na fábrica é muito limitada. Chame imediatamente todo homem que, nestes tempos de perigo, se igualaria a 15 homens, ou melhor, 30 ou 40. Ligue imediatamente.

O entusiasmo de Prentice foi bem-vindo; sua venda abaixo do custo, não. Mas Winchester respeitava o velho ditado: não brigue com alguém que compra tinta em barris, especialmente um homem com uma sagacidade selvagem habilidosa de fazer editoriais tão especiais. Além disso, Prentice não era um jornalista comum. Seu estilo pungente e muitas vezes sarcástico trouxe ao *Journal* leitores muito além das fronteiras de Kentucky. O secretário da Marinha Welles se referiu a ele como "o jornalista distinto e patriótico"[365]. Graças à orientação de Prentice, o *Journal*

364. "A Terrible Weapon", *Louisville* (KY) *Daily Journal*, 26 de junho de 1862.
365. Trecho de uma carta que Welles escreveu em novembro de 1861. *Gideon Welles Correspondence*, v. I, Caixa III. Pasta 1, Sociedade Histórica de Connecticut, Hartford, CT.

tornou-se o jornal de maior circulação além das Montanhas Apalaches. "As mães batizaram seus filhos em homenagem a ele", observou certo historiador, "poetas e poetisas o honravam em versos"[366]. Os parágrafos que fluíam da caneta Prentice e, mais tarde, do ditado exigido por sua mão aleijada e sobrecarregada de trabalho, encontraram lares em jornais nos Estados Unidos e na Europa sob uma coluna intitulada "Prenticeana". Salivando do poder e alcance de Prentice, Winchester continuaria a cortejá-lo enviando-lhe um anúncio do rifle Henry para ser inserido nas edições diárias e semanais com o pedido: "Por favor, exiba e torne-o o mais atraente possível. Um aviso editorial, chamando a atenção para isso, será devidamente apreciado [...]"[367]. Ele também deu a Prentice um rifle Henry.

Talvez também fizesse sentido para Winchester aliviar um pouco com o editor depois do que ele acabara de passar. Apesar da oposição apaixonada de Prentice à Secessão em um estado cheio de lealdades divididas mesmo dentro das famílias, seus dois filhos resistiram aos pais e se juntaram ao Exército Confederado. Somando-se ao tormento de Prentice, seu filho mais velho, William Courtland Prentice, de 25 anos, foi morto por fogo amigo uma semana antes de Winchester repreendê-lo na carta de 8 de outubro.

"Este jovem, se sempre tivesse dirigido suas energias criteriosamente, poderia ter se tornado um ornamento distinto em qualquer profissão da vida"[368], escreveu Prentice, despejando sua angústia no *Journal* depois de saber da morte de seu filho. "Mas uma intensa simpatia sulista, apesar dos argumentos, dos protestos e das súplicas daqueles que o amavam, fez dele um rebelde ativo contra seu país". Em uma carta a um amigo, algumas semanas após a morte de Courtland, Prentice escreveu: "Estou de mau humor, meu caro amigo, para meu próprio bem e de nosso país.

---

366. Betty Carolyn Congleton, "George D. Prentice: Editor do Sul do Século XIX", *Register of the Kentucky Historical Society*, v. 65, nº 2 (abril de 1967): 108.

367. Trecho de uma carta em nome de Oliver Winchester de J. H. Conklin para Prentice, 3 de março de 1863, *Livro de Cartas da New Haven Arms Company*, p. 188.

368. A coluna de Prentice no *Journal* lamentando a morte de seu filho foi publicada por vários outros jornais, incluindo o *New York Times*, 12 de outubro de 1862.

Meu filho está morto, e às vezes quase temo que meu país também pereça. Não vejo palmeira no deserto que me cerca"[369].

Além disso, o medo generalizado de que as forças rebeldes estivessem às portas de Louisville era justificado. Um Exército Confederado estava de fato se preparando para atacar a cidade, levando o general da União, William Nelson, vulgo *Bull*, a emitir uma ordem de evacuação no dia seguinte à queda do filho de Prentice em batalha. Nessa ordem, Nelson falou com urgência: "As mulheres e crianças desta cidade vão se preparar para deixá-la sem demora". Todos os moradores que optarem por não lutar, alertou Nelson, devem ficar em suas casas ou correm o risco de serem baleados[370].

Prentice não era covarde. Em 1857, ele enfrentou o editor de um jornal rival em um duelo de pistolas (a única vítima teria sido um espectador atingido na perna pela bala de Prentice)[371]. Mas no outono de 1862, toda a sua cidade enfrentou perigo. Parapeitos e trincheiras estavam sendo construídos ao redor de Louisville para protegê-la do cerco. Os moradores estavam fugindo. Melhor garantir que os cidadãos remanescentes leais à União pudessem se armar com Henrys de tiro rápido, pensou Prentice, mesmo que isso significasse quebrar seu acordo com Oliver Winchester. E ele não queria que aqueles rifles de tiro rápido caíssem em mãos inimigas. Tradicionalmente duro e exigente com seus agentes e praticamente todos os outros, Winchester ainda continuou fornecendo a Prentice rifles e peças, mesmo que Prentice continuasse vendendo abaixo do custo. Winchester escreveu-lhe novamente em 25 de outubro:

369. John James Piatt, ed., *The Poems of George D. Prentice Edited with a Biographic Sketch* (Cincinnati, OH: Robert Clarke, 1876), p. 39.

370. O relatório de evacuação de Nelson foi impresso no *Louisville Daily Journal*, 23 de setembro de 1862. Seu aviso para ficar em casa ou ser baleado vem de Bryan S. Bush, *Louisville and the Civil War: A History & Guide* (Charleston, SC: History Press, 2008), p. 56.

371. O duelo de Prentice é discutido em Berry Craig, "Old Time Kentucky: Louisville newspaper editors used pistols to take war of words to the next level", *Northern Kentucky Tribune*, 5 de março de 2016. <www.nkytribune.com/2016/03/old-time-kentucky-louisville-newspaper-editors-used-pistols-to-take-war-of-words-to-the-next-level/>, acesso em 31/ago/2022.

Temos que implorar para que você não venda mais rifles pelos preços que vendeu da última vez. Isso desencorajou tanto alguns de nossos melhores clientes nos estados vizinhos, que eles se recusaram a comprá-los. Compreendemos perfeitamente que você seguiu o caminho que fez, vendendo-os sem lucro, e até com prejuízo, por motivos puramente desinteressados; mas o resultado provou ser muito prejudicial para nós, pois os revendedores regulares não ficarão convencidos de que não lhes demos alguma vantagem decidida e injusta sobre eles[372].

O secretário da New Haven Arms Company de Winchester tentou acalmar um vendedor de rifles Henry em Indiana escrevendo: "Lamentamos o mal causado por Prentice e outros em Louisville. Nós não estávamos cientes do que eles estavam fazendo até que o mal fosse feito"[373]. A única desculpa, continuou o secretário da empresa, era que eles queriam permitir que qualquer homem que quisesse se defender durante o esperado ataque a Louisville para se abastecer. Há quase um mês que não há um à venda; nem venderemos mais lá até que tenhamos certeza de que eles estão indo para mãos que cumprirão os preços. Devemos nos esforçar para manter, da melhor forma possível, a uniformidade de preços como uma questão de nosso interesse e dever para com todos os revendedores justos.

Winchester reclamou pessoalmente com dois revendedores de Kentucky em meados de outubro que "o Sr. Prentice, não temos dúvida, com um propósito muito desinteressado, vendeu os rifles que enviamos a ele por menos do que o custo [...]"[374]. Este foi um mau negócio que "será muito prejudicial para nós no final".

O ataque a Louisville nunca aconteceu, e Oliver Winchester fez várias viagens ao Kentucky para pressionar seus agentes e inspirar as tropas da União a comprar rifles Henry. Embora unidades individuais estivessem adquirindo a arma de Winchester, assim como civis, e o Exército finalmente emitiu ordens limitadas, grandes contratos continuavam ausentes. Os investidores da New Haven Arms Company estavam ficando nervosos.

---

372. *Livro de Cartas da New Haven Arms Company*, p. 132.
373. *Livro de Cartas da New Haven Arms Company*, p. 126.
374. *Livro de Cartas da New Haven Arms Company*, p. 110.

Eles queriam algum retorno pelo dinheiro que colocaram no negócio e se preocupavam com quanto, se alguma coisa, eles iriam receber. Winchester esperava que eles desembolsassem mais dinheiro para manter a empresa funcionando, alertando que perderiam dinheiro se a New Haven Arms Company falisse. Ele até cogitou a ideia de sair do negócio ele mesmo.

"Os ativos da Companhia não podem ser vendidos pelo preço o suficiente para pagar sua dívida"[375], escreveu Winchester a E. B. Martin, um dos acionistas, em 17 de outubro de 1862. "Se eles reembolsassem meus adiantamentos e me isentassem de minha responsabilidade pela Empresa, que cobre todo o seu endividamento". Essa dívida, ele disse a Martin, totalizou US$ 77.437, incluindo dinheiro adiantado por Winchester pessoalmente. "Tanto para o valor *presente* da ação, que você verá que não é nada", continuou ele. "A ação, no entanto, tem um valor, mas é inteiramente prospectivo. Surge do fato de que nosso novo rifle é um sucesso e, com o tempo, se pressionado com vigor, recuperará nossas perdas passadas; mas para fazer isso, será necessário mais ajuda e apoio dos acionistas".

Se Martin decidisse ir em frente e vender, avisou Winchester, ele receberia apenas 25 centavos de dólar por suas ações. "Preferimos que você se segure e nos ajude".

• • •

Problemas também atormentaram os Cheney. Nenhum rifle de repetição Spencer estaria pronto para distribuição aos militares por vários meses[376], embora vários rifles feitos especialmente tenham sido usados em testes do Exército e da Marinha. O que a empresa tinha era um vendedor efervescente no próprio inventor. Durante as primeiras semanas de 1863, Spencer fez planos para visitar tropas no campo como vendedor ambulante de seu rifle, chegando a seus destinos a bordo de trens e a cavalo. Em fevereiro, dirigiu-se ao Exército de Cumberland, depois acampou perto de Murfreesboro, Tennessee, um estado envolvido em conflitos.

375. *Livro de Cartas da New Haven Arms Company*, p. 118-120.
376. Os detalhes da produção de rifles da empresa Spencer podem ser encontrados em Roy M. Marcot, *Spencer Repeating Firearms* (Rochester, NY: Rowe, 1983, 1990).

Com ele, estava um rifle Spencer de amostra e um suprimento de munição, além de um livro de contas para registrar suas despesas de viagem para a empresa. Enquanto Samuel Colt tinha talento para gastar livremente, Spencer era um avarento:

- Sem alocação para café da manhã;
- 50 centavos para almoço;
- 25 centavos para o jantar;
- Um dólar por noite para acomodações em vagão-cama ao viajar de trem;
- Para entretenimento e gorjetas: nada[377].

Uma vez com as tropas, Spencer mostrou ao maior número possível de clientes em potencial – comandantes de corpo, principalmente – como manusear seu rifle e como carregá-lo, ao mesmo tempo em que exaltava suas virtudes de matar homens com zelo missionário. O general William S. Rosecrans, conhecido pelos soldados como "Velho Rosey", era a favor do rifle a revólver de Colt, mas gostou do Spencer e fez um pedido de vários milhares com o Departamento de Compras em Washington. Isso significava lidar com a burocracia e o teimoso General Ripley.

Oliver Winchester também estava tentando fazer incursões no fronte, mas através de agentes divulgando a excelência do rifle Henry. Ele já tinha um convertido em Murfreesboro: um coronel de 33 anos chamado John T. Wilder, dono de uma fundição e inventor de máquinas hidráulicas[378]. O conhecimento mecânico de Wilder o levou a considerar os repetidores de carregamento pela culatra como a arma ideal para seu comando. Ele ficou tão encantado com o Henry que em março ignorou os canais apropriados e escreveu diretamente para a New Haven Arms Company:

---

377. A contabilidade das despesas de Spencer é citada em Marcot, *Spencer Repeating Firearms*, p. 51.

378. O material de recurso sobre Wilder inclui Stephen Cox, "Chattanooga Was His Town: The Life of General John T. Wilder". *Chattanooga Regional Historical Quarterly*, v. 7, nº 1 (2004); Samuel C. Williams, "General John T. Wilder". *Indiana Magazine of History*, v. 31, nº 3 (setembro de 1935): 169-203.

Cavalheiros:

A que preço você me fornecerá novecentos de seus "Henry's Rifles", entregues em Cincinnati, Ohio [onde o Exército da União tinha um grande depósito], sem munição, com bandoleiras instaladas? Dois de meus regimentos, agora montados, manifestaram sua disposição de comprar essas armas, à sua própria custa, se não custarem mais do que lhes foi apresentado. Meus dois outros regimentos serão montados em breve e, sem dúvida, adotarão as mesmas medidas. É claro que é desejável obtê-los com valores tão baixos quanto possível, pois os homens estão recebendo do governo apenas 13 dólares por mês. Quanta despesa adicional seria ter uma mola espiral extra para cada arma, para substituir qualquer que possa estar quebrada ou desgastada?[379]

Infelizmente para Winchester, sua empresa não podia fornecer tantos Henrys de uma só vez, e Wilder estava com pressa.

Aproveitando-se da incapacidade de Winchester de fornecer rifles Henry a Wilder, Christopher Spencer se aproximou do coronel. Os dois homens formavam uma dupla de aparência estranha: Wilder, uma figura colossal em seu uniforme azul, 1,90 m de altura e pesando 100 quilos, superava o ianque de 1,60 m em traje civil. Mas ambos eram inventores apaixonados que apreciavam como pedaços de objetos físicos podiam fazer mais do que faziam antes, e estavam ansiosos por uma causa com a qual se importavam. Wilder havia se dedicado pessoalmente à fabricação de armas, embora não de armas que um soldado pudesse empunhar. Pouco antes do início da guerra, ele havia projetado e fundido um par de canhões de ferro forjado em sua fundição em Indiana. Wilder e Spencer certamente viam um no outro um homem de ideias, alguém a ser respeitado.

Não demorou muito para Wilder ser convencido tanto pelo inventor quanto pelo seu novo rifle. As coisas provavelmente iriam se mover rapidamente no campo, então o coronel agiu com Spencer da mesma forma que tinha feito com Winchester. Em vez de esperar que a burocracia militar processasse os pedidos, Wilder se ofereceu para comprá-los diretamente da empresa Spencer com empréstimos do banco de sua cidade natal em Indiana. Ele sugeriu que seus soldados pagassem por eles 35 dólares cada,

---

379.Citado em William B. Edwards, Civil War Guns (Harrisburg, PA: Stackpole, 1962), p. 161.

HENRY OU SPENCER?

uma quantia que era quase três vezes o salário mensal de um soldado. Wilder faria empréstimos bancários para cada um. Acreditando em seu carismático comandante e no novo rifle, os soldados concordaram, embora tenham sido poupados da necessidade de vasculhar seus próprios bolsos quando o Departamento de Compras do Exército lhes enviou rifles Spencer de qualquer maneira. Com muita empolgação e alguma ansiedade, os soldados esperaram a chegada das novas armas.

Em meados de maio, seus Spencers apareceram, um evento que os jornais locais acharam que valia a pena anunciar ao mundo. "Col. Wilder acaba de receber os tão esperados rifles 'Spencer', a arma mais excelente para homens montados já fabricadas"[380], trombeteou o *The Evansville Daily Journal*.

"Recebemos novas armas e elas são as armas mais bonitas e práticas que já vi", escreveu um cabo da União em uma carta à sua família. "Elas são chamadas de rifles de repetição Spencer. Atiram sete vezes e podem ser recarregadas e disparadas em pouco tempo"[381]. Assim que os homens receberam seus rifles de repetição com lotes de cartuchos, eles correram para a floresta, testando os "sete tiros" em coelhos, esquilos, perus selvagens e praticamente qualquer pequeno animal que vissem. Eles ficaram encantados com os rifles robustos que podiam disparar repetidamente. Rifles de carregamento pelo cano de tiro único, concluiu um soldado de Indiana, eram agora muito lentos "para um povo rápido como os americanos [...]"[382].

Os batedores de Wilder optaram por não usar Spencers; em vez disso, compraram rifles Henry, porque podiam ser disparados com maior velocidade e aguentavam mais que o dobro de tiros do Spencer[383].

---

380. "Military Items", *Evansville* (IN) *Daily Journal*, 23 de maio de 1863, citando o *Indianapolis Journal*.

381. Citado em Dale Edward Linvill, ed., *Battles, Skirmishes, Events and Scenes: The Letters and Memorandum of Ambrose Remley* (Crawfordsville, IN: Montgomery County Historical Society, 1997), p. 58.

382. As referências sobre rifles de carregamento pelo cano sendo muito lentos para americanos rápidos são de B. F. McGee, *History of the 72d Indiana Volunteer Infantry of the Mounted Lightning Brigade* (Lafayette, IN: S. Vater, 1882), p. 120.

383. Andrew L. Bresnan, "Wilder's Brigade & Henry Rifles", *The Winchester Collector* (verão 2014): 26-32.

Eles eram perfeitos para sair de uma situação difícil, muitas vezes encontrada por batedores, assim eles pensavam.

• • •

Enquanto Spencer estava no campo promovendo seu rifle, Oliver Winchester estava anunciando seu próprio rifle, criticando o general Ripley em público. As vantagens do armamento de tiro rápido eram tão óbvias, escreveu Winchester na *Scientific American*, identificando-se apenas como "O. F. W.", que não deveria haver dúvidas sobre elas. "Tal, porém, não é o caso. O general Ripley, chefe do Departamento de Compras em Washington, se opõe à sua introdução no exército e disse recentemente que prefere o velho mosquete de pederneira a qualquer uma das armas de fogo modernas e melhoradas, e que acredita que nove décimos dos oficiais do exército concordarão com ele"[384]. Winchester argumentou que os rifles de repetição dariam confiança aos homens que os usariam para combate e aterrorizariam os homens em quem atirariam.

"A única razão, ou melhor, desculpa, que já ouvimos contra o uso no exército de armas suscetíveis de tal rapidez de carregamento é que as tropas desperdiçariam a munição", escreveu ele, apontando para outra das objeções de Ripley. Essa era uma lógica pobre, acreditava Winchester.

> Se *para economizar munição*, é essencial que todo soldado permaneça durante sessenta segundos enquanto recarrega, um alvo indefeso, para receber o fogo de seu oponente de um a 15 tiros, por que não inverter a ordem do progresso e virar a engenhosidade dos inventores à produção de uma arma que exigirá o dobro do tempo ou mais para recarregar e, assim, dobrar a economia de munição? Salvar vidas não parece ser um elemento digno de consideração neste contexto. No entanto, esta é a opinião de West Point – as deduções da ciência de West Point! Esses resultados valem seu custo para o país?

No início de abril de 1863, Winchester considerou adotar uma abordagem diferente para desafiar sua concorrência. Ele estava fazendo negócios com a William Read & Sons, uma empresa de armas e espadas

---

384. O. F. W., "Breech-loading *versus* Muzzle-loading Guns". *Scientific American*, v. 8, nº 10 (7 de março de 1863): 150-151.

HENRY OU SPENCER?

de Boston a menos de quatrocentos metros de onde os Spencers estavam sendo fabricados. "Você pode obter um rifle Spencer para nós?"[385] ele perguntou a Read em uma carta. "Desejamos submeter aos nossos [advogados] para consideração do ponto que achamos que infringe o nosso direito. Eu presumo que não poderíamos obter um deles diretamente". O rifle Spencer foi patenteado antes do Henry e, na maioria das vezes, funcionava de maneira diferente, mas talvez Winchester pensasse que alguma parte do Spencer poderia ser uma violação de um direito que ele havia adquirido antes de o Henry ser concebido. Ele gostaria de parar a produção do Spencer no meio de uma guerra, ou ele queria uma parte dos lucros? Provavelmente o último, por que qual homem leal da União iria querer prejudicar o esforço de guerra? Qualquer que fosse a razão que Oliver Winchester tivesse para ponderar se deveria travar uma luta de patentes sobre o Spencer, ele não seguiu adiante.

• • •

Na quarta-feira, 24 de junho, Winchester sentou-se à sua mesa em New Haven ditando duas cartas para os habitantes de Washington que eram importantes para ele. Uma foi para o coronel Lafayette C. Baker, encarregado da Cavalaria do Primeiro Distrito de Colúmbia (D.C.). Era um relatório dando o *status* de uma encomenda de rifles Henry naquele mês, um mundano, exceto por dizer a Baker: "nossa fábrica de cartuchos explodiu há algumas semanas e, em consequência, estamos sem estoque de cartuchos, mas vamos te mandar 4.000 cartuchos por dia até seu pedido ser preenchido. Estarei em Baltimore na sexta-feira e posso visitá-lo em Washington"[386].

A outra carta enviada a Washington, cheia de defesa apaixonada, foi endereçada a alguém superior a Baker: o eterno inimigo de Winchester e Spencer, general Ripley. Winchester não mencionou a Ripley seus problemas com Prentice em Kentucky ou com outros agentes da New Haven Arms Company que não seguiam a linha da empresa. Tampouco disse nada sobre seu fracasso em fornecer a Wilder os rifles Henry que o coronel tanto desejava, perdendo assim um negócio para Spencer. Em

385. *Livro de Cartas da New Haven Arms Company*, p. 211.
386. *Livro de Cartas da New Haven Arms Company*, p. 303.

vez disso, ele exaltou a magnificência de Henry em um esforço para aliviar a resistência do general em comprar os repetidores para combate e talvez estimular o interesse suficiente para financiar a expansão de sua empresa. Winchester estava aproveitando sua pequena vitória ao fornecer Henrys à Cavalaria DC e queria que Ripley notasse. "Se essas armas forem usadas tão eficientemente pelos homens que as receberão quanto foram por nossos amigos da União em Kentucky", escreveu Winchester, "o país não terá motivos para lamentar os gastos"[387].

• • •

Uma hora e meia antes do amanhecer, no dia em que Winchester ditou suas cartas para Baker e Ripley, uma corneta soou a alvorada, despertando a Brigada dos Machados de 1.500 homens de John T. Wilder. Eles foram chamados assim por causa de seu hábito de carregar pequenos machados com cabos de sessenta centímetros como ferramentas multiuso e armas de combate corpo a corpo. Os homens se levantaram rapidamente, tomaram o café da manhã e se prepararam para se mover como uma unidade antes do amanhecer.

Wilder tinha um ar que anunciava que poderia derrotar qualquer inimigo que enfrentasse; os soldados sob seu comando tendiam a concordar. Os soldados de Wilder, a maioria meninos de fazenda e um bom número de trabalhadores, mantidos juntos por seu carismático comandante, carregavam seus novos rifles Spencer, junto a oitenta cartuchos de munição cada. As armas chegaram apenas algumas semanas antes, mas os homens rapidamente aprenderam a respeitar seu poder de fogo recém-descoberto.

A duas dezenas de quilômetros de distância ficava Hoover's Gap, um vale estreito que serpenteava por uma linha de colinas arborizadas com noventa metros de altura e densas com arbustos e mato rasteiro. O general Rosecrans queria colocar Hoover's Gap sob o controle da União. Descendo o vale, corria a Manchester Pike, uma estrada onde mal cabiam duas carroças, mas era pavimentada com brita, adequada para viagens molhadas ou secas, ao contrário das rotas cobertas de terra da região. Hoover's Gap era uma das várias passagens pelos cumes e colinas

---

387. *Livro de Cartas da New Haven Arms Company*, p. 301.

HENRY OU SPENCER?

que compunham os vales férteis do Médio Tennessee, cuja importância estratégica para a Confederação era crucial. Ao controlar aquela região, os acessos a Chattanooga – um importante centro de transporte para a Confederação – foram protegidos. Se a Confederação perdesse o Médio Tennessee, a União poderia seguir para Chattanooga e depois para o Alabama e a Geórgia. A área também fornecia forragem e suprimentos vitais para os exércitos do Sul. O final de junho era um bom momento para os soldados suplementarem as rações do exército, pois as colinas ao redor de Hoover's Gap eram ricas em amoras maduras e mirtilos. As maçãs eram abundantes e os pêssegos estavam quase prontos para serem colhidos. O tempo estava seco e ameno, dando à região um brilho suave de calma do início do verão. Logo isso mudaria.

Os estrategistas da União decidiram que o controle da Hoover's Gap era crítico. Um general queria que uma brigada de cavalaria fosse enviada para apoiar o avanço de Wilder. Se o coronel e seus homens fossem rápido demais para Hoover's Gap, o general se preocupava que eles poderiam ser capturados pela força confederada maior nas proximidades. Se isso acontecesse, centenas de rifles Spencer com munição estariam nas mãos do inimigo, prontos para liberar seu poder de fogo sobre os soldados da União. Não se preocupe, foi dito ao general; Wilder pode lidar com o que vier.

Quando a Brigada dos Machados partiu do acampamento, o longo período de seca terminou com uma garoa[388]. A manhã estava fria e escura, a lua crescente havia se posto pouco antes da meia-noite.

---

388. Relatos da Batalha de Hoover's Gap incluem Glenn W. Sunderland, *Lightning at Hoover's Gap: The Story of Wilder's Brigade* (Nova York: Thomas Yoseloff, 1969); Richard A. Baumgartner, *Blue Lightning: Wilder's Mounted Infantry Brigade in the Battle of Chickamauga* (Huntington, WV: Blue Acorn, 2007); e Robert S. Brandt, "Lightning and Rain in Middle Tennessee: The Campaign of June-July 1863", *Tennessee Historical Quarterly*, v. 52, nº 3 (outono de 1993): 158-69. Ver também *The War of the Rebellion: A Compilation of the Official Records of the Union and Confederate Armys* (doravante OR), (Washington, DC: Government Printing Office, 1880-1901), Série Eu, v. XXIII, Parte I, Capítulo XXXV, 454-56; relatório do brigadeiro confederado gen. William B. Bate em OR, Série I, Volume XXIII, Capítulo XXXV, Parte 1, 611-14; William T. Alderson, "The Civil War Diary of Captain James Litton Cooper, September 30, 1861 to January, 1865". *Tennessee Historical Quarterly*, v. 15, nº 2 (junho de 1956): 141, 155-56; e B. F. McGee, p. 128-132.

Nuvens pesadas de chuva barravam a luz do sol que se aproximava. Enquanto os soldados montados passavam por outros acampamentos da União, eles ouviram os sons de um exército se mexendo. Tambores ressoaram, cornetas soaram e carroças retiniram, dizendo-lhes que toda a força da União logo os seguiria. "Sabíamos muito bem, pela direção que estávamos tomando, que algumas horas de marcha levariam a brigada a algumas das fortalezas do inimigo", lembrou um soldado mais tarde, "portanto, houve silêncio na coluna enquanto avançávamos, moviam-se pela lama, e todos os ouvidos estavam atentos para captar o som do primeiro tiro de nossa guarda avançada que nos informasse da presença do inimigo"[389].

O amanhecer demorou a chegar, a garoa tornou-se uma chuva constante à medida que a brigada avançava. Um soldado reclamou sarcasticamente:

> Os meninos disseram que era tudo o que o "Velho Rosey" estava esperando, pois ele não gostava de nos levar por estradas tão poeirentas por medo de sujar nossa pele [...]. [Nossos exércitos raramente avançam quando as estradas estão secas e transitáveis [*sic*], mas assim que a lama estiver na altura dos joelhos, assim que a artilharia e os vagões de bagagem ficarem presos em cada buraco de lama, então a ordem é dada para avançar rapidamente[390].

Não foi "nenhuma chuva presbiteriana", disse outro soldado, "mas um verdadeiro dilúvio batista"[391]. Ainda assim, os homens estavam em sua maioria alegres, pelo menos mais alegres do que o clima.

Os homens ouviram os primeiros tiros por volta do meio-dia. A brigada acelerou o ritmo apesar das torrentes de chuva que os castigavam porque Wilder queria surpreender o inimigo tomando o Hoover's Gap e

---

389. *Three Years in the Army of the Cumberland: The Letters and Diary of Major James A. Connolly*, Paul M. Angle, ed. (Bloomington: Indiana University Press, 1959), p. 90.

390. Trecho de uma carta escrita por um soldado da Primeira Infantaria de Wisconsin que se autodenominava "Semi Ocasional", publicado no *Polk County* (WI) *Press*, 22 de agosto de 1863.

391. Citado em David G. Moore, *William S. Rosecrans and the Union Victory: A Civil War Biography* (Jefferson, NC: McFarland, 2014), p. 86.

segurando-a até que o resto do Exército da União chegasse. A caminho do Gap, a Brigada dos Machados atacou um regimento de cavalaria confederado que

> [...] ficou tão surpreso com nossa aparição repentina que se espalhou pelos bosques e pelas colinas em todas as direções, cada um por si, e todos fazendo o melhor tempo que eles podiam sem sela, a pé e de qualquer outra maneira, deixando todas as suas barracas, carroças, bagagens, armazéns e de fato tudo em nossas mãos, mas não paramos para nada, empurrávamos, nossos meninos, com seus rifles Spencer, mantendo um tiroteio contínuo na frente. Logo chegamos ao celebrado "Gap" na carreira[392].

A retirada confederada foi tão repentina que a bandeira de seda bordada do regimento foi abandonada no chão e transformada em um atoleiro pela chuva torrencial.

Os homens de Wilder atravessaram o vale a todo galope até avistarem uma nuvem de fumaça branca de uma colina a oitocentos metros à frente deles. Então veio um rugido abafado e pesado, seguido pelo guincho de um projétil de canhão confederado. Os soldados tinham ido tão longe quanto homens sadios conseguiriam e dez quilômetros mais longe do que tinham sido ordenados a avançar. Soldados rebeldes capturados disseram a Wilder que ele enfrentaria quatro brigadas de infantaria e quatro baterias de artilharia. A maior parte do Exército da União se arrastava 19 quilômetros atrás deles, seu progresso retardado pela lama na altura dos tornozelos. Wilder poderia resistir a uma força muito superior? Talvez o general que se preocupou com a captura da Brigada dos Machados estivesse certo, afinal. Wilder manteve a brigada no lugar, colocando seus soldados em linhas, onde eles esperaram que os confederados fizessem um movimento além de arremessar balas de artilharia em sua direção, projéteis gritando "tão perto de nós que parecia que o próximo nos rasgaria em pedaços"[393]. Com o tempo, os tiros de canhão confederados diminuíram, mas não antes de um projétil decapitar o capelão de 33 anos da 72ª Infantaria de

---

392. Connolly, *Three Years in the Army of the Cumberland*, p. 90.
393. Connolly, *Three Years in the Army of the Cumberland*, p. 92.

Indiana, que se juntara ao regimento uma semana antes e pregou seu primeiro sermão no dia anterior à batalha.

O Exército Confederado do Tennessee se preparou para o ataque que sabia que tinha que fazer se quisesse arrancar o Hoover's Gap do inimigo. Pelo menos um comando poderia ser contado por bravura sob fogo: o Vigésimo Regimento de Infantaria Voluntária do Tennessee. E para anunciá-lo eles carregavam uma bandeira de batalha como nenhuma outra. Sua bandeira era feita de seda branca e vermelha bordada por Mary Breckinridge, esposa do general confederado e ex-vice-presidente dos EUA e candidato presidencial de 1860, John C. Breckinridge, de vestidos que ela usou em seu casamento e no dia seguinte. Ela havia insistido que a bandeira, com uma águia esculpida no topo do bastão, fosse dada ao regimento mais galante da divisão, responsabilidade e honra porque os soldados inimigos gostavam de atirar em porta-estandartes e capturar suas bandeiras. O Vigésimo Tennessee serviu valentemente sob Breckinridge em Shiloh. O próprio general estivera com seus homens no Tennessee até um mês antes de a brigada de Wilder invadir Hoover's Gap.

Os homens do Vigésimo Tennessee eram a escolha natural para receber a bandeira de Breckenridge, como o comandante do regimento havia reconhecido ao apresentá-la três meses antes. "Soldados", ele proclamou, "a vocês, entrego o presente; em suas dobras repousa sua honra. Que nunca seja contaminado pela mão de um inimigo"[394].

Era meio da tarde quando uma unidade avançada dos confederados lançou seu ataque. Uma das unidades de Wilder, o 17° Regimento de Infantaria Voluntária de Indiana, avistou os uniformes cáqui do Vigésimo Tennessee através da chuva e da fumaça do fogo de artilharia que acabara de cessar. Os tennesseanos avançavam em direção a eles, subindo um declive suave através da vegetação rasteira, mas os soldados de Indiana mantiveram o fogo até que os rebeldes atacaram a cem metros de distância, atirando e tentando recarregar seus carregadores de alma liso enquanto avançavam.

---

394. Citado em W. J. McMurray, M.D., *History of the Twentieth Tennessee Regiment Volunteer Infantry, C.S.A.* (Nashville, TN: Comitê de Publicação, 1904), p. 252.

HENRY OU SPENCER?

"'Firme'. A palavra veio de boca em boca ao longo da linha"[395], lembrou um capitão da União, "enquanto o grito do inimigo se aproximava cada vez mais, e os homens aguardavam sem fôlego a ordem que se seguia rapidamente: 'Fogo!'"

Spencers surgiram da linha de soldados ajoelhados, enviando uma torrente de chumbo para os confederados que avançavam.

Quase imediatamente após o início do tiroteio, uma bala confederada atingiu o peito de Christopher Columbus McReynolds, um cabo de vinte anos de Indiana, que caiu no chão, sua missão não era mais atirar, mas desativar seu Spencer, tornando inútil se alguma vez caísse em mãos inimigas. Todos os homens de Wilder entendiam o perigo se seus rifles de tiro rápido fossem voltados contra eles. McReynolds não tinha força para fazer o dano que queria, então ele pegou sua faca, desatarraxou parte do mecanismo do rifle e jogou o mais longe que pôde. Sabendo que seu Spencer agora era inútil, ele caiu para trás e morreu enquanto as balas zumbiam sobre ele.

Os homens da Vigésima Tennessee cambalearam com o primeiro voleio de Spencers do Décimo-Sétimo Indiana, que quebrou a haste da bandeira de Breckinridge e arremessou a águia do topo, mandando a bandeira de seda para o chão, de onde foi rapidamente recuperada e erguida enquanto os *Tennesseans* voltavam a atacar os homens de azul, dando gritos rebeldes a plenos pulmões enquanto corriam. Eles esperavam que houvesse tempo suficiente para alcançar a linha da União antes que os Federais pudessem recarregar. Eles estavam errados. Eles não contavam em enfrentar os rifles de repetição de Spencer.

Trabalhando as alavancas de seus Spencers repetidamente como se fossem manivelas de bombas, os homens da União enviaram uma segunda saraivada rasgando a linha confederada de carga, depois outra e mais outra. Os rebeldes recuaram, alguns rastejando para a segurança, deixando mortos e feridos no campo, sem entender por que seus companheiros

---

395. Cap. John S. Wilson, citado em Eric Nelsen Maurice, "'Send Forward Some Who Would Fight': How John T. Wilder and His 'Lightning Brigade' of Mounted Infantry Changed Warfare". Dissertação de mestrado, Departamento de História e Antropologia, Butler University, Indianapolis, 2016, p. 64.

haviam sido massacrados em tal número. Com medo, mas não em pânico, os homens em amarelo recuaram rapidamente com mais balas dos rifles Spencer atirando atrás deles.

"Mas poucos homens daquela 20ª Tennessee que tentaram o ataque voltarão a atacar", disse um oficial da União em uma carta à sua esposa após a batalha[396].

"O efeito de nosso terrível fogo foi esmagador para nossos oponentes, que bravamente tentaram resistir aos seus efeitos", escreveu Wilder. "Nenhum ser humano poderia enfrentar com sucesso uma avalanche de destruição enquanto nosso fogo contínuo varreu suas linhas"[397].

O poder de fogo quase inesgotável dos Spencers levou o general de brigada confederado encarregado a acreditar que ele enfrentava uma força muito maior do que realmente era[398].

Ao final da tarde, o resto do Exército da União estava perto o suficiente para o capitão A. A. Rice, ajudante do general Joseph F. Reynolds, subir com ordens pedindo que a Brigada dos Machados recuasse. Wilder recusou, dizendo que seus homens ficariam onde estavam, "já que não havia perigo de sermos expulsos da posição"[399]. Reynolds deveria vir e ver a situação por si mesmo, disse Wilder; se ele estivesse aqui, ele não me mandaria de volta. Com isso, Rice ameaçou prender Wilder, mas o coronel se manteve firme.

Por fim, o próprio Velho Rosey, superior de Reynolds, veio com alguns de seus funcionários e perguntou a Wilder o que ele havia feito. "O general Rosecrans tirou o chapéu e o entregou a um ordenança", lembrou Wilder,

> e segurou minha mão entre as suas, dizendo: "Você assumiu a responsabilidade de desobedecer à ordem, não é? Graças a Deus por

---

396. Connolly, *Three Years in the Army of the Cumberland*, p. 92.

397. *Sketches of War History, 1861-1865, Papers Prepared for the Commandery of the State of Ohio, Military Order of the Loyal Legion of the United States, 1903-1908*, v. 6 (Cincinnati, OH: Commandery of the State of Ohio, 1908), p. 173.

398. O efeito aterrorizante dos rifles de repetição em combate pode ter sido o resultado de seu som e fúria mais do que de suas balas. Ver Earl J. Hess, *The Rifle Musket in Civil War Combat: Reality and Myth* (Lawrence: University Press of Kansas, 2008), p. 52-59.

399. *Sketches of War History*, p. 171.

sua decisão. Teria nos custado duas mil vidas assumir essa posição se você desistisse"[400].

"Esse engajamento testou completamente o poder dos rifles Spencer e provou sua grande superioridade em relação ao carregador de bocal", escreveu Wilder após a batalha[401]. "Para nós, fez mais, inspirou-nos com confiança em nós mesmos, que, por si só, valeu o dobro dos nossos números. Desde então, a brigada teria lutado alegremente dez vezes sua própria força".

A corrida da Hatchet Brigade para e através da Hoover's Gap significava que ela merecia ainda outro nome que vinha ganhando. Tornou-se conhecida como Brigada Relâmpago de Wilder.

A Batalha de Hoover's Gap foi a primeira vez que uma brigada inteira entrou em combate armada com rifles de cartucho de repetição, estabelecendo um novo padrão para derramamento de sangue. O fogo rápido fez recuar uma força superior, derrubando homens com um nível de eficiência inédito e abrindo caminho para que as forças da União chegassem a Chattanooga. A matança em massa havia dado mais um passo à frente.

Na semana após a Batalha de Hoover's Gap, a maravilha destrutiva de Christopher Spencer teria outra chance de se provar perto de uma cidade da Pensilvânia, chamada Gettysburg, dessa vez nas mãos de voluntários liderados por um jovem cavaleiro extravagante que logo seria apelidado de "O Menino General dos Cachinhos Dourados".

---

400. *Sketches of War History*, p. 171-72.

401. Trecho de uma carta que Wilder escreveu ao capitão George S. Wilson, que o citou em "Wilder's Brigade: The Mounted Infantry in the Tullahoma-Chickamauga Campaigns", *National* (DC) *Tribune*, 12 de outubro de 1893.

GETTYSBURG

"Para você, eu deveria ter escrito há muito tempo", disse o major Noah Ferry à sua tia Mary, a primeira professora em sua cidade natal, Michigan, e a mulher que o ensinou quando ele era criança[402], "mas tendo estado na estrada nas últimas duas semanas, não tive realmente oportunidade de fazê-lo, com a duração que desejei; e agora terei que rabiscar com um lápis". Sentado sob uma macieira, em um pomar perto de Hanover, Pensilvânia, Ferry continuou:

> Ontem [30 de junho de 1863] o 5º Michigan [Regimento de Cavalaria Voluntária] teve seu primeiro gostinho de batalha perto de Littletown e se comportou bem. Nossa perda foi de apenas um morto, enquanto 15 rebeldes mortos jaziam na frente de nossa linha em um único campo. Se não fosse uma ordem por volta das 4 horas da tarde, para nos retirarmos para a posição ocupada pela manhã, acho que teríamos capturado entre cem e duzentos rebeldes, que quase cercamos. Nossa parte do caso foi decididamente a mais brilhante do dia.

....
402. Citações da carta de Noah Ferry para sua tia Mary vêm do Rev. David M. Cooper, *Discurso de Obituário por Ocasião da Morte de Noah Henry Ferry*, major da 5ª Cavalaria de Michigan, Morto em Gettysburg, 3 de julho de 1863 (Nova York: John F. Trow, 1863), p. 18.

Naquele dia, o Quinto Michigan viu sua primeira ação séria da guerra, algo que seus homens desejavam há meses. Eles estiveram em Washington dias antes, sobrecarregados com deveres mais mundanos[403]. Lá eles treinaram, serviram como guarda-costas para oficiais visitantes, fizeram reconhecimento, realizaram piquetes e ocasionalmente se envolveram com guerrilheiros. Pelo menos eles tinham armamento de primeira classe na época, graças ao forte *lobby* do governador de Michigan, Austin Blair, e de outras autoridades do estado natal.

Abolicionista fervoroso, zeloso reformador e devotado homem da União, o governador Blair há muito detestava a escravidão do Sul separatista[404]. Durante anos, ele havia pressionado a legislatura de Michigan a dar aos afro-americanos o direito de votar, mas esse era um conceito muito radical para a época, de modo que a legislação que ele havia apoiado como senador estadual em 1855 nunca chegou ao plenário do Senado. No início de 1862, com a guerra em curso e Blair sendo governador há um ano, os legisladores do estado o apoiaram decidindo "entre a instituição da escravidão e a manutenção do Governo Federal. [...] a escravidão deve ser varrida da terra e nosso país mantido"[405]. Lincoln ainda estava a oito meses de emitir sua Proclamação de Emancipação preliminar.

Impaciente para que o governo Lincoln tomasse uma ação ofensiva mais séria, Blair queria que seus soldados de Michigan tivessem as melhores armas quando essa ação acontecesse[406]. Ele havia se empenhado regularmente em fornecer o que achava que os soldados precisavam – visitando tropas em hospitais e nas linhas de frente, incluindo Shiloh logo após a

---

403. Os deveres dos *Michiganders* em Washington são mencionados em Jeffrey Alan Prins, "The Michigan Cavalry Brigade in the Civil War: A study of the tact and Strategic Evolution of the Union cavalary". Dissertação de mestrado, Departamento de História, Central Michigan University, Mount Pleasant, 1994, p. 14.

404. As atividades de Blair em nome da emancipação e inclusão são discutidas em Robert Charles Harris, "Austin Blair of Michigan: A Political Biography". Tese de doutorado, Michigan State University, East Lansing, 1969. Sua legislatura de 1855 é mencionada na página 68.

405. Resolução Conjunta nº 12, Atos da Legislatura do Estado de Michigan, Aprovada na Sessão Extra de 1862, p. 67-68.

406. A impaciência de Blair é mencionada em Jean Joy L. Fennimore, "Austin Blair: Civil War Governor, 1861-1862", Michigan History 49 (setembro de 1965): 205.

GETTYSBURG

batalha – e descobriu que ele e outros oficiais de Michigan tinham que lutar contra Washington se quisessem colocar rifles Spencer de repetição, a última palavra em poder de fogo, nas mãos dos soldados de seu estado. Mais uma vez, o general Ripley tinha sido uma barreira burocrática que Blair e seus aliados tiveram que romper. Fazendo *lobby* persistentemente, eles conseguiram.

Graças à ajuda do secretário de Guerra Edwin M. Stanton, um pedido inicial de quinhentos rifles Spencer foi concluído e pronto para ser enviado por um trem de passageiros veloz da fábrica dos Cheney em Boston para Detroit em 22 de novembro de 1862. Apenas os fuzis não começaram sua jornada para o Oeste até o início de dezembro, e então eles levaram três dias para chegar. Quando os Spencers finalmente apareceram, eles estavam um dia atrasados[407]; a essa altura, a 5ª Cavalaria de Michigan estava a caminho de Washington. Após um rápido redirecionamento, os novos rifles fizeram a viagem de volta para o Leste e finalmente se encontraram com a 5ª Michigan. "Finalmente somos soldados, bem treinados e bem armados", escreveu um homem da cavalaria em uma carta para sua esposa em 6 de janeiro[408], "porque recebemos nossos fuzis ontem, e o que é ainda melhor é que eles são carregados pela culatra [e cabem] 7 cartuchos de cada vez e uma baioneta em cima disso. Finalmente, não há um regimento em Washington tão bem armado quanto nós".

O Quinto Regimento de Cavalaria Voluntária de Michigan era um grupo orgulhoso. Como o nome confirmava, seus membros eram voluntários e não um bando de refugiados desorganizados que corriam ao exército como uma fuga da pobreza ou de vidas desagradáveis. Além de fazendeiros e mecânicos, entre suas fileiras estavam empresários e advogados, homens que deixaram carreiras lucrativas para se tornarem soldados na justa cruzada de restaurar a União. Noah Ferry se encaixa nesse perfil. Ele havia se afastado de um próspero negócio de madeira

---

407. A saga de levar rifles Spencer para os regimentos de Michigan é detalhada em Wiley Sword, "'Those Damned Michigan Spencers'", *Man at Arms*, v. 19, nº 5 (outubro de 1997): 23-37.

408. Trecho de uma carta escrita por Victor Comte em 6 de janeiro de 1863. *Documentos de Victor E. Comte: 1853-1878*, Biblioteca Histórica Bentley, Universidade de Michigan, Ann Arbor.

que administrava com seus irmãos para vestir um uniforme e polir o já grande respeito que havia conquistado em casa. Apesar de sua devoção à União, a decisão não foi fácil para Ferry, de 31 anos, porque sentia um forte dever para com sua família e seu país. O país ganhou. Como o resto de 5ª Michigan, Ferry estava cansado da monotonia da vida militar em torno de Washington. Eles queriam lutar. Sua chance para isso veio quando o Exército da Virgínia do Norte, de Robert E. Lee, invadiu o Norte pela segunda vez no início do verão de 1863[409].

Em 25 de junho, as tropas de Michigan deixaram a capital para o tipo de guerra para a qual se inscreveram. Cinco dias depois, eles enfrentaram não um bando de guerrilheiros, mas milhares de cavaleiros regulares liderados por um lendário mestre de tropas montadas, o major-general confederado J. E. B. Stuart.

Os homens da Brigada de Michigan, que incluía o Quinto Regimento de Cavalaria Voluntária de Michigan, seguiam sua própria lenda em formação, um impetuoso general de brigada de 23 anos que apenas alguns dias antes havia sido um mero capitão. George Armstrong Custer se destacava de outros oficiais seniores da União não apenas porque era jovem, de pele clara e tinha cachos dourados, perfumados com óleo de canela, caindo em cascata em direção ao colarinho, mas por causa de seu uniforme personalizado. Ele usava uma jaqueta de veludo preto brocado com debrum dourado nas mangas, um lenço de pescoço escarlate e um chapéu preto macio de abas largas "adornado com um cordão dourado e uma roseta circundando uma estrela de prata", sua aba "virada para baixo de um lado, dando-lhe um ar libertino"[410]. Suas esporas eram

....

409. A discussão sobre a vida que Ferry deixou para se juntar ao Exército é de J. H. Kidd, *Personal Recollections of a Cavalryman with Custer's Michigan Cavalry Brigade in the Civil War* (Ionia, MI: Sentinel, 1908), 108-9. Outras informações sobre Ferry vêm de Cooper, *Obituary Discourse*, e Thomas Holbrook, "Men of Action: The Unsung Heroes of East Cavalry Field" em "Unsung Heroes of Gettysburg", *Gettysburg Seminar Papers*, publicado pelo National Park Service, 1996. http://npshistory.com/series/symposia/gettysburg _seminars/5/essay5.htm, acesso em 31/ago/2022.

410. A descrição do uniforme de Custer e "rejeitado de um lado" é de Kidd, *Personal Recollections of a Cavalryman with Custer's Michigan Cavalry Brigade in the Civil War* (Nova York: Knopf, 2015), p. 94.

GETTYSBURG

douradas. O general recém-criado era "um dos seres de aparência mais engraçada que já se viu", escreveu um oficial do Estado-Maior, "e parece um cavaleiro de circo enlouquecido![411]" Custer era um homem para ser notado, que era o que ele queria. Os *Wolverines*[412] – o Quinto e todos os regimentos de cavalaria de Michigan – também haviam notado que seu jovem general sabia lutar. Ele estaria na frente, no meio da ação, muitas vezes à frente dela. Este era um líder que eles poderiam seguir.

• • •

O momento de relaxamento de Noah Ferry no pomar de macieiras foi breve. Antes que ele pudesse dizer à tia Mary tudo o que queria dizer, veio a notícia que significava que o tempo para escrever cartas havia acabado. "Fomos mandados embora de novo", escreveu ele, "e devo encerrar sem terminar".

Cerca de 23 km a oeste e ligeiramente ao norte do pomar ficava Gettysburg, uma cidade da Pensilvânia onde dez estradas convergiam de todos os pontos cardeais. Lar de 2.400 cidadãos, Gettysburg tinha uma variedade de negócios, incluindo fabricantes de carruagens e curtumes. Foi lá que dois exércitos gigantescos começaram a lutar entre si e para onde Ferry e o 5º Michigan estavam indo em um quente e poeirento 1º de julho. Quando os Wolverines começaram seu caminho, o estrondo de tiros de canhão distantes atingiu seus ouvidos.

O 5º Michigan ouviria a luta em 1º de julho, mas não faria parte dela. O mesmo valeria para 2 de julho. Entre três e quatro horas da manhã de sexta-feira, 3 de julho, os soldados chegaram a uma encruzilhada a sudeste de Gettysburg, onde desmontaram cansados. "Venha, vamos nos deitar e dormir um pouco", Ferry disse a seu amigo e colega oficial, major Luther S. Trowbridge; "teremos muito o que fazer hoje"[413]. Demasiado

411. *Meade's Headquarters: Letters of Colonel Theodore Lyman from the Wilderness to Appomattox*, George R. Agassiz, ed. (Boston: Atlantic Monthly Press, 1922), p. 17.

412. Wolverine significa "carcaju" em inglês. (N. T.)

413. Citado em Eric J. Wittenberg, *Protecting the Flank at Gettysburg: The Battles for Brinkerhoff's Ridge and East Cavalry Field, July 2-3, 1863* (El Dorado Hills, CA: Savas Beatie, 2013), p. 41, citando *The Bachelder Papers: Gettysburg in Their Own Words*, 3 vols. (Dayton, OH: Morningside Bookshop, 1994-95).

cedo o dia irrompeu sobre os campos e bosques próximos, onde quase 35 mil homens haviam sido mortos, feridos ou desaparecidos nos dois dias anteriores. Antes do meio da manhã, o 5º Michigan ouviu sons contínuos de guerra vindos de Gettysburg, o som abafado dos canhões acompanhados pela sequência interminável de tiros de armas leves.

Esses soldados não chegaram até onde a maioria dos combates aconteceria. Em vez disso, tomaram seus postos com outros regimentos, onde duas estradas poeirentas se cruzavam na extremidade sul de um campo de trigo em frente a um cume encimado por bosques. Eles estavam a cinco quilômetros a leste de Gettysburg, mas a área que eles guardavam era uma rota que os confederados poderiam usar para atacar o flanco principal do Exército da União. Acima deles, na floresta, estavam cavaleiros comandados por J. E. B. Stuart, seu adversário de quatro dias antes, reforçados com canhões que começaram a disparar contra eles. A artilharia da União disparou de volta, eventualmente forçando as armas confederadas a se retirarem.

A Primeira Cavalaria rebelde da Virgínia não recuou. Desmontados, eles avançaram para desafiar as forças da União que superavam em número de quatro para um. Como o 5º Michigan tinha repetidores Spencer, seu comandante, coronel Russell Alger, enviou os homens para encontrar os nativos da Virgínia. Após aceitar a ordem, o major Ferry dirigiu-se aos homens sob seu comando: "Agora, rapazes, se algum de vocês não estiver disposto a seguir em frente, pode ficar aqui"[414]. Ninguém ficou. Seu major poderia tirá-los de situações difíceis, eles sentiram. Ele sabia quando e para onde levá-los. Ele os tiraria novamente.

Deixando seus cavalos para trás, o 5º Michigan avançou através do trigo com Ferry "o tempo todo torcendo, encorajando-nos", lembrou um soldado de Michigan mais tarde, "e com nossa bateria [artilharia] na retaguarda para nos dar cobertura, avançamos sobre o inimigo, forçando para trás seus atiradores de elite e baterias".

Com Ferry à esquerda e Trowbridge à direita, balas voaram ao redor, uma arranhando as calças de Trowbridge na coxa, outra atingindo um oficial na frente dele, outra atingindo uma estaca próxima e outra

---

414. As citações da batalha são de Cooper, *Obituary Discourse*, nº 20, p. 22.

passando por sua cabeça tão perto que ele involuntariamente caiu no chão, deixando o homem que atirou nele acreditando que ele estava morto.

Um soldado abatido por uma bala confederada olhou para Ferry e disse: "Major, estou me sentindo fraco. Eu vou morrer".

"Ah, acho que não", Ferry disse a ele, "você está bem, apenas ferido no braço".

Ferry pegou o Spencer do homem e começou a atirar nos virginianos antes de olhar ao longo da fila para gritar: "*Rally*, rapazes! *Rally* para a cerca!"

Naquele momento, uma bala do rifle de um virginiano atingiu o crânio de Ferry, matando-o instantaneamente.

O 5º Michigan, com poucos cartuchos Spencer, começou a recuar enquanto os confederados continuavam avançando, dessa vez complementados por cavalaria montada. Vendo o 5º Michigan em desvantagem numérica, incapaz de responder ao fogo como antes, a 7ª Cavalaria de Michigan entrou em campo com George Armstrong Custer na liderança, gritando: "Vamos, seus Wolverines!" indo direto para os virginianos montados, levando-os de volta colina acima. Stuart respondeu, enviando os soldados de Michigan para uma retirada desordenada, apenas para que Custer atacasse novamente, agora liderando a Primeira Cavalaria de Michigan "com suas madeixas amarelas voando e seu longo sabre brandindo pelo ar", lembrou um cavaleiro. "Ele parecia um demônio encarnado, o fogo da batalha queimando em seus olhos"[415].

A luta pelo campo de trigo continuou durante uma tarde sufocante, os dois regimentos armados de Spencer – o 6º e o 5º Michigan reabastecido – fazendo suas partes. O corpo de Noah Ferry permaneceu onde ele havia caído.

• • •

Duas horas antes do pôr do sol, ventos suaves do Sudoeste trouxeram uma tempestade de verão para Gettysburg, seu trovão suave comparado ao som da artilharia do dia. Ao anoitecer, a batalha de três dias havia terminado, seu clímax tendo sido o massacre da infantaria confederada no

415. Coronel Hampton S. Thomas, *Some Personal Reminiscences of Service in the Cavalry of the Army of the Potomac* (Filadélfia: L. R. Hamersly, 1889), p. 13.

que se tornaria conhecido como a malfadada Carga de Pickett. Onde o 5º Michigan lutou e Noah Ferry morreu passou a ser chamado de Campo de Cavalaria do Leste. Tecnicamente, a luta acabou empatada, o que foi realmente uma vitória para a União, porque Stuart nunca chegou à encruzilhada no campo de trigo que poderia tê-lo colocado atrás de seu inimigo[416]. Por isso, ele poderia colocar parte da culpa na 5ª Cavalaria de Michigan.

Em seu relatório, oito semanas após a batalha, Custer atribuiu o sucesso do 5º Michigan "em grande medida, ao fato de que este regimento está armado com o rifle de repetição Spencer, que nas mãos de homens corajosos e determinados, como aqueles que compõem a 5ª Cavalaria de Michigan é, na minha opinião, a arma de fogo mais eficaz que nossa cavalaria pode adotar"[417]. Um endosso tão retumbante, como o que o *Texas Ranger* Jack Hays deu aos primeiros revólveres de Colt depois de lutar contra os Comanches no verão de 1844, deve ter emocionado os Cheney. Novos pedidos já estavam chegando para os rifles Spencer.

Mas nem todos do lado da União eram fãs da invenção de Christopher Spencer. Enquanto Custer se preparava para escrever seu relatório, Spencer estava em Washington fazendo *lobby* com outra pessoa proeminente, alguém que não se importava muito com sua arma: Abraham Lincoln.

---

416. É discutível se a batalha no Campo de Cavalaria do Leste foi de grande importância. Alguns dizem que as forças da União lá, incluindo os soldados de Custer, frustraram o plano de Stuart de ficar atrás ou no flanco do Exército principal da União quando a famosa Carga de Pickett bateu na frente. O historiador Allen C. Guelzo diz que "ambos os lados desistiram [depois da batalha] com pouco a mostrar, exceto por algumas poucas baixas [...] exceto pela brigada de Custer (onde 32 homens foram mortos e 147 feridos, um padrão de derramamento de sangue negligente que Custer levaria para um local mais famoso em uma encosta poeirenta em Montana 13 anos depois). *Gettysburg: The Last Invasion* (Nova York: Knopf, 2013), p. 430.

417. O elogio de Custer ao rifle Spencer vem de seu relatório de 22 de agosto de 1863 sobre a Batalha no Campo de Cavalaria do Leste, reproduzido em Jno. Robertson, *Michigan in the War*, rev. ed., (Lansing, MI: W. S. George, 1882), p. 583.

UMA FOLHA DE CHAMAS VIVAS

O teste de Lincoln com um Spencer não estava indo bem. Primeiro, o carregador tubular do rifle ficou preso dentro da coronha da arma. Então, quando finalmente foi liberado, não funcionava direito. O presidente não era estranho às armas, e às vezes o alto escalão militar demorava a modernizar o armamento. Se ele gostasse de uma determinada arma de fogo, pressionaria a burocracia para obtê-la. Ele esperava que o repetidor em suas mãos fosse exatamente uma arma assim.

Lincoln pegou um segundo rifle Spencer, que funcionou bem para os dois primeiros tiros, mas quando ele tentou carregar um terceiro cartucho, "o maquinário de alguma forma trouxe dois cartuchos para a frente em confusão, e trancou completamente todo o carregador, que não conseguimos limpá-lo em menos de um quarto de hora", escreveu ele em uma carta um mês depois de Gettysburg. O Spencer substituto funcionou como deveria, uma vez que os cartuchos emaranhados foram retirados, mas a experiência fez o presidente perceber que a arma não era digna de combate.

Em uma carta ao major-general Stephen A. Hurlbut, que estava ansioso para que os repetidores fossem emitidos para seus homens, Lincoln escreveu:

O resultado é que experimentei duas dessas armas; e cada uma ficou tão fora de serviço que se tornaria totalmente inútil em uma batalha. Isso aconteceu também com exemplares da arma que os oficiais da Marinha inspecionaram e compraram para uso próprio, e, de fato, aconteceu na mão de seu atual chefe de Compras. O secretário de Guerra, por isso e por outras razões gerais, se opõe a fornecer esta arma; e quando a isso se soma a oposição do general chefe, e o meu próprio desânimo, nos testes, lamento desapontá-lo ao informar que agora não posso encomendar essas armas para você[418].

É improvável que Lincoln tenha sido o culpado pelos contratempos com os dois Spencers que ele testou. Seu grande interesse – sua grande paixão, na verdade – em saber como as coisas funcionavam o ajudou a entender praticamente qualquer máquina e, se houvesse uma maneira, fazê-la funcionar melhor. "Lincoln tinha uma rápida compreensão dos princípios mecânicos", observou seu secretário particular, John Hay, "e frequentemente detectava uma falha em uma invenção que o inventor não tinha percebido"[419].

Lincoln também gostava de coisas novas[420]. Como advogado, assumiu vários casos de patentes, vários envolvendo máquinas agrícolas. Essas patentes levaram batalhas judiciais por causa de um monumento de cemitério de ferro fundido, ceifadores mecânicos, melhorias nos arados, até mesmo um berço de bebê que se balançava com um sistema de pesos e polias[421]. Quando o juiz do caso do berço perguntou a ele como parar de balançar, Lincoln supostamente disse: "É como alguns dos faladores loquazes que

---

418. As reclamações de Lincoln sobre o rifle Spencer vêm de uma carta de 4 de agosto de 1863 que ele escreveu ao general Hurlbut. A carta está na coleção do Gilder Lehrman Institute of American History, Nova York, NY.

419. *Addresses of John Hay* (New York, NY: Century, 1906), p. 327.

420. Jason Emerson discute o fascínio de Lincoln pela mecânica em *Lincoln the Inventor* (Carbondale: Southern Illinois University Press, 2009).

421. Sobre o litígio de patentes de Lincoln, ver Jeffrey M. Samuels e Linda B. Samuels, "Lincoln and the Patent System: Inventor, Lawyer, Orator, President". *Albany Government Law Review*, v. 3 (2010): 645-74; e Harry Goldsmith, "Abraham Lincoln, Invention and Patents". *Journal of the Patent Office Society*, v. 20, n° 1 (janeiro de 1938): 5-33.

UMA FOLHA DE CHAMAS VIVAS

você e eu conhecemos, sr. juiz, não vai parar até se esgotar"[422]. Ele também tinha suas próprias ideias para invenções. Uma era para um dispositivo de abalroamento movido a vapor para defesas portuárias. Outro era um arado movido a vapor. Estes nunca foram a lugar nenhum, mas em 1849, Lincoln patenteou um sistema de foles infláveis para levantar barcos mais alto na água, para que eles não encalhassem em águas rasas. Garantir uma patente foi o máximo que Lincoln conseguiu. Ele nunca pressionou para que sua invenção fosse produzida[423], embora seu trabalho duro na ideia tenha lhe dado a honra de ser o único presidente a patentear algo.

Pois as patentes de Lincoln não eram apenas uma fonte de diversão para um funileiro ou uma maneira de ganhar dinheiro como advogado. Eles eram para as pessoas colherem recompensas quando aplicassem seu poder cerebral a tarefas de maneiras novas. As patentes também enriqueciam os países, especialmente os Estados Unidos, uma nação relativamente nova repleta de ideias para um futuro mais próspero. "Em países há muito tempo habitados", disse Lincoln em palestras que proferiu no final da década de 1850[424], "a poeira das eras – um verdadeiro nevoeiro intelectual absolutamente antigo – parece assentar e sufocar os intelectos e as energias do homem. É nessa visão que mencionei a descoberta da América como um evento que favorece e facilita muito descobertas e invenções úteis". Antes das leis de patentes e seu encorajamento na Constituição dos Estados Unidos,

> qualquer homem podia usar instantaneamente o que outro inventou; de modo que o inventor não teve nenhuma vantagem especial de sua própria invenção. O sistema de patentes mudou isso; assegurado ao

422. Don Davenport, *In Lincoln's Footsteps: A Historical Guide to the Lincoln Sites in Illinois, Indiana, and Kentucky* (Madison, WI: Prairie Oak Press, 1991), p. 136.

423. Alguns criticam a patente de Lincoln como impraticável. Um engenheiro que o estudou recentemente concluiu que, embora tivesse sérias falhas, "era um conceito presciente e cientificamente sustentável". Ian de Silva, "Evaluating Lincoln's Patented Invention". *Journal of the Abraham Lincoln Association*, v. 39, nº 2 (verão de 2018): 1-28.

424. Para a segunda palestra de Lincoln sobre descobertas e invenções, ver *Collected Works of Abraham Lincoln*, v. 3 (Ann Arbor: University of Michigan Digital Library Production Services, 2001): https://quod.lib.umich.edu/cgi/t/text/text=-idx?c=lincoln;idno-lincoln3, acesso em 31/ago/2022.

inventor, por tempo limitado, o uso exclusivo de sua invenção; e assim acrescentou o combustível do interesse ao fogo do gênio, na descoberta e produção de coisas novas e úteis.

• • •

O chefe de Compras, general James Wolfe Ripley[425], podia ser receoso com novos armamentos, mas seu chefe, certamente, não. Lincoln nutria um profundo interesse por armas, lembrou um de seus secretários, "e tinha ideias próprias muito antes de algumas que foram acolhidas por alguns veneráveis cavalheiros do Departamento de Guerra"[426]. Inventores, tanto excêntricos quanto visionários, geralmente "de alguma originalidade de caráter, não raro levados à excentricidade", encontraram no presidente um entusiasta impulsionador de novas armas. Muitas armas novas, como a Spencer, foram trazidas para Lincoln pessoalmente. Uma estranheza que apareceu na Casa Branca era um rifle que podia atingir alvos distantes, mas precisava ser montado em uma roda raiada na altura do ombro do atirador. Lincoln não pensou muito nisso. Armas estranhas continuaram se acumulando até que o escritório de seu secretário "parecia uma loja de armas"[427].

Lincoln ocasionalmente testava armas em suas visitas a Dahlgren, no Washington Navy Yard[428]; às vezes, em um trecho de grama e ervas daninhas coberto de lixo perto da Casa Branca, onde ele usava uma pilha de madeira de construção velha do tamanho de uma pequena casa como apoio contra balas; e às vezes no Arsenal de Washington, onde os rios Potomac e Anacostia se encontravam. Uma arma que ele achou interessante foi uma de vários canos de tiro rápido chamada *mitrailleuse*, precursora da metralhadora Gatling, que era operada por uma manivela.

....

425. A oposição implacável de Ripley a armas pequenas e inovadoras finalmente o arruinou. Em 15 de setembro de 1863, ele foi removido do cargo de chefe de artilharia e designado para inspecionar fortificações ao longo da costa da Nova Inglaterra pelo resto da guerra e além.

426. William O. Stoddard, ed. por William O. Stoddard, Jr., "Face to Face with Lincoln", *Atlantic Monthly* (março de 1925): 335.

427. *Ibid.*

428. *Addresses of John Hay*, p. 327-328.

UMA FOLHA DE CHAMAS VIVAS

A munição usada durante o teste não tinha o poder de penetrar em um alvo preparado para a demonstração no Arsenal, então, quando Lincoln girou a alavanca, as balas ricochetearam nas canelas dos espectadores. O presidente achou isso hilário.

Lincoln parece não ter ouvido falar que os rifles Spencer deram vantagem ao coronel Wilder na Batalha de Hoover's Gap, e Custer ainda tinha que escrever seu brilhante relatório sobre como Spencers ajudaram os Wolverines a derrotarem J. E. B. Stuart na Batalha do Campo de Cavalaria do Leste em Gettysburg no mês anterior. Se ele estivesse ciente de seu desempenho em batalha, talvez Lincoln não tivesse dispensado o rifle tão prontamente. Havia outras encomendas de rifles Spencer, então a empresa dos Cheney estava se mantendo ocupada apesar da experiência infeliz do presidente com sua arma. Ter o comandante-supremo das Forças Armadas contrário ao seu produto, no entanto, era ruim para os negócios, especialmente se ele fosse alguém como Lincoln, que estava intensamente focado em armamento para a União. Quando a notícia do "desânimo" do presidente chegou à empresa Spencer, o tesoureiro, Warren Fisher Jr., o procurou. Talvez Lincoln pudesse ser convencido de que tudo o que deu errado naquele dia poderia ser explicado ou corrigido. O próprio inventor ficaria feliz em ir a Washington e "fazer um teste do rifle na sua presença", escreveu Fisher[429]. Seria bom, acrescentou, se o secretário de Guerra; general-chefe de todos os exércitos da União, Henry W. Halleck; e qualquer outra pessoa que soubesse dos "percalços de nossa arma em seus testes anteriores antes de você" também pudessem estar disponíveis para os testes.

Em 17 de agosto, quatro dias depois de Fisher enviar sua carta a Lincoln, Christopher Spencer apareceu na Casa Branca carregando um de seus rifles de repetição em uma capa de tecido como presente para o presidente[430]. Nenhum guarda o cumprimentou antes de ser conduzido

....

429. A carta de Warren Fisher para Lincoln está nos *Abraham Lincoln Papers*, Série 1, Correspondência Geral, 1833-1916, Biblioteca do Congresso, Washington, DC.

430. O relato de Spencer sobre seu tiro com Lincoln vem da Coleção Christopher Miner Spencer, Série IA, Correspondência, Caixa 1.2, Sociedade Histórica de Windsor, Windsor, CT.

a uma sala de recepção, onde encontrou Lincoln sozinho. Spencer tirou a capa de tecido e entregou o rifle ao presidente, que o estudou cuidadosamente, como fazia com todas as coisas mecânicas que o intrigavam, especialmente armas que poderiam ser úteis para a União. A maneira como ele lidou com o rifle disse a Spencer que este era um homem que conhecia armas de fogo.

Por favor, desmonte-o, pediu Lincoln, para que ele pudesse "ver o interior da coisa". Depois de examinar seu funcionamento, ele disse a Spencer que a construção simples e substancial do rifle o agradava. O inventor tinha planos para o dia seguinte? Não, ele estava disponível se o presidente o quisesse. "Você vem amanhã por volta das duas horas", disse Lincoln, "e nós vamos descer e ver a coisa atirar".

A tarde seguinte foi fresca e agradável para meados de agosto na capital do país, certamente melhor do que os dias escaldantes da semana anterior, quando várias pessoas em Washington sofreram insolação. Até as noites haviam sido quentes, mas 18 de agosto prometia ser um dia confortável para atirar. Spencer era pontual, assim como o grupo presidencial, que incluía o filho de 20 anos de Lincoln, Robert, e Charles Middleton, um funcionário do Departamento da Marinha cuja companhia Lincoln gostava e que frequentemente visitava a Casa Branca. Middleton se encarregou do rifle e de sua munição, bem como de uma tábua de noventa centímetros com um ponto preto como um alvo em cada extremidade. A caminho de um dos locais de tiro favoritos de Lincoln, perto da Casa Branca, o grupo parou em frente ao Departamento de Guerra, onde o presidente pediu ao filho para ver se o secretário de Guerra Stanton queria se juntar a eles. Enquanto esperavam que Robert voltasse, Lincoln contou histórias e então percebeu que um bolso de seu casaco de alpaca estava rasgado. Tirando um alfinete da gola do colete, ele fez um reparo temporário, brincando que "penso que não parece muito certo para o magistrado-chefe desta poderosa república". Stanton estava muito ocupado, relatou Robert quando voltou ao grupo de tiro. "Bem", disse Lincoln, "eles fazem praticamente o que têm em mente por lá".

Spencer carregou o rifle e entregou a arma ao presidente. O primeiro tiro de Lincoln foi baixo e para a esquerda, mas o segundo acertou em cheio com os outros tiros seguindo de perto. "Agora", disse ele, "vamos

UMA FOLHA DE CHAMAS VIVAS

deixar o inventor tentar". O tabuleiro foi invertido, o fundo se tornando o topo, e Spencer pegou a arma. Tão familiarizado com seu próprio rifle quanto qualquer um poderia estar, ele pontuou melhor do que Lincoln. "Você me venceu um pouco", reconheceu o presidente quando o tiroteio acabou. "Você é mais jovem do que eu e tem um olho melhor e nervos mais firmes".

Lincoln também atirou com o Spencer por uma hora no dia seguinte. Se essas experiências melhoraram a visão do presidente sobre o rifle, não está registrado, mas parece que sim, como John Hay chamou o repetidor de Spencer de "arma maravilhosa, carregando com simplicidade e facilidade absolutamente desprezíveis, com sete balas, e disparando o todo, prontamente e deliberadamente, em menos de meio minuto"[431]. Quanto ao próprio Spencer, ele também recebeu um aceno do secretário de Lincoln, que se referiu a ele como "um pequeno ianque quieto que se vendeu em escravidão implacável à sua ideia por seis anos cansativos antes que ficasse perfeita [...]".

• • •

Alguém que não precisava ser convencido sobre o rifle Spencer, é claro, era o coronel Wilder. Um mês depois que Lincoln tentou fazê-lo na companhia do inventor, perto da Casa Branca, Wilder e sua Brigada Relâmpago reuniram seu poder de fogo novamente, dessa vez perto de um riacho chamado Chickamauga, que serpenteava por florestas e campos agrícolas nas montanhas do noroeste da Geórgia.

Em meados de setembro, o Exército de Cumberland, do general Rosecrans, havia assumido o controle de Chattanooga e do norte do Tennessee. Os confederados sob o comando do General Braxton Bragg queriam tomá-los de volta, especialmente Chattanooga, com seu centro ferroviário crucial, então eles decidiram atrair Rosecrans a pensar que ele poderia derrotar uma força sulista menor e em retirada para o sul. Só que a força não era pequena – 65 mil homens, em comparação com os sessenta mil de Rosecrans – graças à chegada de grandes reforços da

---

431.Os comentários de Hay sobre Spencer e seu rifle estão em seu diário de 19 de agosto de 1863. *Letters of John Hay and Extracts From Diary*, vol. 1 (Washington, DC, 1908): 93.

TITÃS DAS ARMAS | JOHN BAINBRIDGE, JR.

Virgínia e do Mississippi, e estava pronta para ele. Se Bragg pudesse cortar as linhas de suprimentos do Exército de Cumberland do Norte, ele tentaria destruí-lo enquanto recuperava a preciosa Chattanooga. Se a linha da União fosse fina o suficiente – e seria muito fina em terreno difícil –, parecia que os confederados poderiam fazer exatamente isso.

Os cinco regimentos da Brigada Relâmpago eram apenas uma pequena parte das forças da União quando a batalha começou, mas seus rifles Spencer os faziam parecer um exército inteiro. Os cavalos deram aos soldados da União mobilidade para correr onde eram necessários, o que às vezes parecia em toda parte, já que os ataques confederados às linhas da União eram muitas vezes fragmentados e descoordenados. Os homens estavam bem abastecidos de munição; cada um tinha sessenta cartuchos em sua mochila e mais cem em uma bolsa presa à sua sela. No início da batalha principal de dois dias –, na verdade, eles começaram a lutar no dia anterior – uma massa de confederados deixou a cobertura para atravessar um pequeno campo, enquanto os homens de Wilder esperavam na floresta do outro lado. Assim que os rebeldes foram totalmente expostos, os Spencers desencadearam uma rajada contínua de fogo, com o capitão Eli Lilly[432] também atirando neles com canhões carregados de pedregulhos, transformando-os em grandes espingardas. "Nossa linha inteira da direita para a esquerda abriu-se sobre eles com artilharia e armas pequenas", lembrou um cabo da 17ª Infantaria Montada de Indiana. "O disparo rápido de nossos atiradores deu à nossa linha a aparência de uma folha de chamas vivas, enquanto nos ajoelhamos em duas fileiras atrás de nossas defesas".

Um soldado no 17º de Indiana escreveu, em seu relato da batalha[433]:

> De novo e de novo, durante todo o dia, cada lado avançou e retrocedeu pelo campo. Muitas vezes não podíamos ver uma dúzia de metros à nossa frente por causa da fumaça, mas nunca o inimigo nos alcançou.

....

432. Uma década depois da guerra, Lilly abriu uma empresa farmacêutica com seu nome, que ainda existe hoje.

433. O diário do cabo William H. Registros da 17ª de Indiana, Seção de Manuscritos, Divisão Indiana, Biblioteca Estadual de Indiana, Indianapolis, IN, citado em Richard A. Baumgartner, *Blue Lightning: Wilder's Mounted Infantry Brigade in the Battle of Chickamauga* (Huntington, WV: Blue Acorn, 2007), p. 227.

Mantivemos nossa linha intacta. Muitas vezes, durante o dia, tivemos que renovar nossos suprimentos de munição. Atiramos tanto que antes da noite cada homem tinha uma pequena pilha de cartuchos vazios, e lembro-me de uma vez que vários dos soldados perto de mim, em uma pausa da luta, compararam pilhas para ver qual deles havia atirado mais[434].

"O efeito foi terrível", relatou o jornal *The Indianapolis Daily Journal*[435]. "Cada tiro parecia dizer. A cabeça da coluna, ao ser empurrada pelos que estavam atrás, parecia derreter ou afundar na terra, pois, embora se movendo continuamente, não se aproximava. Ela finalmente quebrou e se espalhou em grande desordem".

Mas os confederados se reuniram, empurrando o tiroteio até mergulharem em uma vala perto da linha da União em busca de abrigo. Não os salvou. Lilly girou dois canhões ao redor e explodiu munição na vala, destruindo os soldados amontoados ali. "A essa altura", disse Wilder, "na verdade, parecia uma pena matar homens assim. Eles caíram aos montes, e eu queria mais que tudo ordenar que os tiros parassem para acabar com a visão horrível"[436].

No segundo dia da batalha, os soldados de Wilder atacaram os soldados que avançavam do general James Longstreet com tanta força que, por um momento, Longstreet pensou que estava enfrentando um corpo de exército inteiro.

Um soldado da 39ª Infantaria Montada de Indiana lembrou:

> A uma distância de menos de 45 metros, seis linhas sólidas de cinzas vinham com seus chapéus abaixados, suas baionetas em ataque e o velho e familiar grito rebelde. Nossa primeira saraivada não deteve

434. Theodore Petzoldt, Seventeenth Indiana Mounted Infantry, *My War Story* (Portland, OR, 1917), p. 103-05, citado em William Glenn Robertson, Edward P. Shanahan, John I. Boxberger e George E. Knapp, *Staff Ride Handbook For The Battle Of Chickamauga, 18-20 September 1863* (Fort Leavenworth, KS: Combat Studies Institute, US Army Command and General Staff College, 1992), p. 89.

435. "Something More about the Battle of Chickamauga". *Indianapolis Daily Journal*, 28 de setembro de 1863.

436. "Something More about the Battle of Chickamauga". *New York Times*, 4 de outubro de 1863.

seu avanço, mas à medida que se seguiam rajadas e mais rajadas de nossos rifles Spencer, com apenas um segundo de intervalo, e regimento após regimento, veio à esquerda em linha à nossa direita, e derramou o mesmo fogo constante e mortal em seu rápido enfraquecimento das fileiras – eles quebraram e fugiram[437].

Um sargento da 72ª Infantaria Voluntária de Indiana acreditava que "esse massacre e a carnificina causada com nossos Spencers certamente encantariam os piores demônios no inferno"[438].

No final, a Batalha de Chickamauga foi uma vitória Confederada, embora a derrota da União tivesse sido pior se a Brigada Relâmpago de Wilder não tivesse lançado fogo Spencer sobre os soldados do Sul, retardando-os, quebrando suas linhas e permitindo que o Exército de Cumberland fizesse o seu caminho de volta para Chattanooga. "Como eu gostaria que nossa infantaria estivesse toda armada com rifles Spencer hoje", lamentou um soldado da União[439], e "toda a força dos rebeldes em Dixie não poderia ter forçado seu caminho através de nossas linhas".

"Aguentamos os três dias de luta sem perder muitos homens", disse o major James A. Connolly, do 123º Voluntários de Illinois, à sua esposa, em uma carta um mês após a batalha[440]. A Brigada Relâmpago teve sorte nisso. Mais de 28 mil outros soldados, da União e Confederados, não tiveram tanta sorte, tendo sido mortos ou feridos na batalha mais sangrenta da guerra fora de Gettysburg. "Achamos que nossos Spencers nos salvaram", escreveu Connolly, "e nossos homens os adoram como os pagãos adoram seus ídolos".

---

437. James Burns, 39ª Infantaria Montada de Indiana, citado em www.civilwarhome. com/hillatchickamauga.htm, acesso em 31/ago/2022.

438. B. F. McGee, *History of the 72d Indiana Volunteer Infantry of the Mounted Lightning Brigade* (Lafayette, IN: S. Vater, 1882), p. 176.

439. Soldado Alva Griest, citado em Baumgartner, *Blue Lightning*, p. 304.

440. O major Connolly escreveu a carta para sua esposa em 21 de outubro de 1863, de Chattanooga. Está impresso em *Three Years in the Army of the Cumberland: The Letters and Diary of Major James A. Connolly*, Paul M. Angle, ed. (Bloomington: Indiana University Press, 1959, renovado em 1987), p. 126-30.

NENHUM AMIGO MELHOR, NENHUM INIMIGO PIOR

À medida que os mercados dos fabricantes de armas amadureceram durante a era da Guerra Civil, alguns começaram a dominar a arte da promoção de produtos, seguindo o exemplo estabelecido por Samuel Colt. Para Oliver Winchester, essa promoção veio de sua própria base de fãs nas linhas de frente. Entre seus entusiastas, estava o capitão James M. Wilson, da 12ª Cavalaria de Kentucky, que disse que devia sua vida a um rifle Henry.

Viver em uma parte confederada de Kentucky em 1862 era arriscado para um homem sólido da União como Wilson, então, quando os vizinhos ameaçaram matá-lo, ele escondeu um rifle Henry e um revólver Colt em um berço de toras não muito longe de sua porta da frente, apenas caso eles tentassem. Um dia eles vieram. Sete guerrilheiros armados invadiram a casa de Wilson enquanto sua família estava sentada à mesa de jantar, atirando ao entrar, quebrando um copo de água na mão de sua esposa, mas não atingindo ninguém. "Pelo amor de Deus", gritou Wilson, "se você deseja me matar, não faça isso na minha própria mesa, na presença da minha família"[441]. Muito bem, disseram os intrusos, saia.

----

[441] O relato de Wilson de sua batalha com guerrilheiros e sua resposta à carta de Winchester estão em H. W. S. Cleveland, *Hints to Riflemen* (New York: D. Appleton, 1864), p. 180-82.

No momento em que chegou à porta da frente, Wilson saltou para suas armas escondidas, enquanto as balas rasgavam suas roupas sem atingir a carne. Ele pegou seu rifle Henry e disparou cinco tiros, cada um matando um homem que estava atirando nele. Os outros dois guerrilheiros então correram para seus cavalos. Quando um agarrou o punho de sua sela, uma bala do repetidor de Wilson arrancou quatro de seus dedos, mas o homem conseguiu montar em seu cavalo de qualquer maneira e estava tentando fugir quando outra bala o derrubou no chão, morto. O oitavo tiro de Wilson matou o sétimo homem.

A notícia do tiroteio de Wilson chegou a Oliver Winchester, encantado, que lhe escreveu na véspera de Ano-Novo de 1862:

> Faz alguns dias que ouvi um relato detalhado e emocionante de suas aventuras com os Guerrilheiros, em que sua frieza e coragem foram evidentes, auxiliadas por um uso hábil do rifle de Henry. Não sei até que ponto o relato é verdadeiro, mas sinto grande interesse em obter uma declaração confiável de quaisquer fatos que demonstrem a eficiência de nosso rifle em mãos competentes [...]. Acredito que não estou pedindo muito de você e considerarei seu cumprimento um grande favor, que ficarei feliz em retribuir de qualquer maneira ao meu alcance[442].

Sete semanas depois de enviada, Wilson finalmente recebeu a carta de Winchester. Sim, ele disse ao fabricante de armas em uma carta de Kentucky, ele usou um Henry contra sete guerrilheiros, achando-o "particularmente útil" no número de tiros que ele podia disparar e "sua precisão fatal". No que lhe dizia respeito, escreveu Wilson, "o rifle Henry é decididamente a melhor arma a serviço dos Estados Unidos". Dê-lhe "sessenta homens armados com o fuzil de repetição Henry, com uma quantidade suficiente de cartuchos", afirmou, "e não é exagero dizer que somos iguais a um regimento completo de homens armados com mosquetes".

Winchester colheu mais depoimentos, incluindo um do major Joel Cloudman da Cavalaria do Primeiro Distrito de Columbia. Cloudman e vários outros soldados foram capturados, junto a seus rifles Henry, e

---

442. A carta de Winchester para Wilson está no *Livro de Cartas da New Haven Arms Company*, p. 175, Winchester Repeating Arms Company Archives Collection, MS20.50.25, McCracken Research Library, Centro Buffalo Bill do Oeste, Cody, WY.

passaram algum tempo na infame Prisão Libby da Confederação. Lá, ele ouviu um rebelde dizer: "Dê-nos qualquer coisa, menos seu maldito rifle Ianque que pode ser carregado no domingo e disparado a semana toda"[443]. E o presidente da Ferrovia de Louisville e Nashville, estrategicamente localizada, pediu ao secretário de Guerra Stanton que "fornecesse a ele 300 rifles de repetição, de preferência, os de Henry", para proteger os trens dos saqueadores confederados[444]. "O aumento dos bandos de guerrilheiros tem sido tal que, a menos que os que dirigem os trens estejam armados, não será possível mantê-los no serviço por muito mais tempo".

Outros elogios vieram em cartas aos jornais de um remetente identificado apenas como "L. W. W.", que advertiu que os rifles de Henry nas mãos dos confederados, o que acontecia de vez em quando, "poderiam causar perdas terríveis entre bravos combatentes, fazendo com que esse conflito se prolongasse eternamente, e causar perda de espírito"[445]. Já havia descontentamento nas fileiras, disse ele,

> e se essas armas terríveis caírem nas mãos erradas, o dano será grande demais para suportar. Nossos rapazes, que estão dispostos a sacrificar tudo, devem receber as armas mais recentes e modernas. Nada mais satisfará a União e todos os cidadãos leais.

O entusiasmo de L. W. W. pelo rifle Henry é facilmente explicado. Ele era Oliver Winchester escondendo sua identidade.

• • •

A perspectiva de estar armado com um rifle de repetição era tão atraente que foi usada para atrair homens para o voluntariado. Em março de 1863, três semanas depois que o Congresso aprovou o primeiro

---

443. Trecho de uma carta que Cloudman escreveu a Oliver Winchester em 15 de março de 1865. Winchester imprimiu a carta no catálogo de 1865 da New Haven Arms Company.

444. O apelo da Ferrovia de Louisville e Nashville por rifles de repeticão está em uma carta de 22 de julho de 1864 de J. Holt para Stanton, *The War of the Rebellion: A Compilation of the Official Records of the Union and Confederate Armies* (doravante OR) (Washington, DC: Government Printing Office, 1880-1901) Série I, Vol. XXXIX, Parte II, p. 198.

445. A L. W. W. A carta é citada e discutida em George Madis, *The Winchester Era* (Brownsboro, TX: Art and Reference House, 1984), p. 43.

recrutamento de guerra na história do país, o capitão C. A. Barton colocou um anúncio em um jornal de Ohio com o título "Uma maneira fácil de evitar o recrutamento"[446]. Junte-se a sua companhia de atiradores de elite, Barton prometeu, e você receberá uma recompensa. Além do mais, "Nós também podemos dar a você o Rifle de Repetição de Spencer, a arma mais eficaz agora em uso".

O Spencer também teve um campeão no Brigadeiro da União, general Edward W. Hinks. No final de abril de 1864, Hinks tinha uma razão específica para querer suas tropas armadas com eles. Em 12 de abril – o terceiro aniversário dos primeiros tiros disparados em Fort Sumter –, a cavalaria confederada sob o comando do major-general Nathan Bedford Forrest havia sobrepujado uma guarnição da União em grande desvantagem numérica em Fort Pillow, Tennessee, forçando facilmente as tropas federais a se submeterem. A batalha em si não seria lembrada tanto quanto suas consequências.

O que se seguiu à luta foi chamado de massacre, com soldados confederados assassinando homens da União capturados, muitos deles feridos. Prisioneiros afro-americanos se saíram pior do que seus camaradas brancos. Muitos soldados negros, vendo o tratamento severo sendo infligido, pularam no rio para escapar, apenas para serem baleados por soldados confederados no penhasco acima. "De onde eu caí ferido", lembrou o tenente da União, Mack Leaming,

> eu podia ver claramente esse disparo e notar as balas atingindo a água ao redor das cabeças negras dos soldados, até que de repente a corrente lamacenta ficou vermelha e vi outra vida sacrificada na causa da União[447].

Leaming então viu um par de confederados puxar um soldado negro da União do rio. "Ele parecia estar ferido e se arrastou em suas mãos e joelhos. Finalmente, um dos soldados confederados colocou seu revólver na cabeça do soldado de cor e o matou". Um imediato de um navio a

---

446. *Gallipolis* (OH) *Journal*, 26 de março de 1863.
447. O relato de Mack Leaming sobre o massacre de Fort Pillow está no Gilder Lehrman Institute of American History, Nova York, NY.

vapor da Marinha que chegou a Fort Pillow no dia seguinte à batalha viu os corpos de vários soldados afro-americanos "com os olhos perfurados com baionetas; muitos deles foram baleados duas vezes e também feridos com baionetas"[448].

Setenta por cento dos soldados brancos sobreviveram ao ataque a Fort Pillow e suas consequências, enquanto apenas 35% dos soldados negros sobreviveram. A brutalidade dos soldados sulistas em relação aos homens armados que eles achavam que deveriam permanecer escravos não passou despercebida além de Fort Pillow. Quem notou foi o general Hinks, que comandou uma divisão da União de tropas afro-americanas na Virgínia. Duas semanas após o massacre de Fort Pillow, ele escreveu ao major-general Benjamin F. Butler, general comandante do departamento militar que cobre a Virgínia e a Carolina do Norte, e pediu que seus soldados "sejam armados com mais eficiência, para que possam se defender", e diminuir sua responsabilidade de serem capturados" à luz das "recentes desumanidades do inimigo perpetradas contra tropas de caráter semelhante às do meu comando".

Muitas vezes, era o destino dos soldados afro-americanos receberem armas inferiores, e os homens sob Hinks não eram exceção. Armas velhas não confiáveis podem servir "para tropas que serão bem cuidadas se caírem nas mãos [inimigas]", disse ele a Butler, "mas para tropas que não podem ser derrotadas e não serão tomadas cativas, a melhor arma que o país puder pagar deve ser dada"[449]. A coisa certa a fazer, insistiu Hinks, "é armar nossas tropas negras com rifles de repetição Spencer, e solicito que minha divisão, ou parte dela, seja armada com uma arma de fogo de repetição ou de carregamento pela culatra".

* * *

448. O imediato que viu os corpos dos soldados com os olhos esfaqueados foi Robert S. Critchell, imediato do mestre em exercício, Marinha dos EUA. Seu relato estava em "The Fort Pillow Massacre: A Letter from a Naval Officer", *New York Times*, 3 de maio de 1864.

449. A carta de Hinks para Butler está em OR, Série I, v. 33, p. 1020-21. Para saber do tratamento confederado aos soldados afro-americanos que lutaram pela União, veja Drew Gilpin Faust, *This Republic of Suffering: Death and the American Civil War* (New York: Knopf, 2008), p. 44-47.

Naturalmente, os negócios foram bons para muitas empresas de armas durante a guerra. O arsenal de Springfield não conseguiu atender a toda a demanda, e um rifle de cartucho de repetição não era algo que o Armory se comprometeu a produzir. Os militares encomendaram tantos rifles Spencer em 1864 que os Cheney tiveram que contratar a Burnside Rifle Company em Providence, Rhode Island, para atender às ordens do Departamento de Compras. O produto dessa empresa era uma carabina de tiro único, de carregamento pela culatra, inventada e patenteada por Ambrose E. Burnside, que se tornou um general não muito bem-sucedido no Exército da União. Sua invenção foi um sucesso entre os militares, embora estivesse a caminho da obsolescência à medida que a Guerra Civil se aproximava do fim. Quando Oliver Winchester soube que a empresa Burnside era ré em um processo de patente movido por um magnata da borracha da Índia, ele decidiu lutar contra sua concorrência comprando secretamente a patente que era objeto do litígio. Quando a patente foi finalmente declarada válida, Winchester exigiu que os danos fossem pagos na forma de maquinário, um movimento que forçou a empresa Burnside a parar de fabricar armas[450].

Os rifles Henry ainda vinham da New Haven Arms Company em números relativamente pequenos (entre 250 e 350 por mês em 1864). Parte da culpa pela produção lenta pertencia ao inventor e agora superintendente de loja B. Tyler Henry, que nunca aumentou a força de trabalho, mesmo quando os pedidos de rifles aumentaram e a empresa comprou maquinário extra para atender a demanda. Embora Henry mantivesse as coisas funcionando, aumentar a participação de mercado parece não estar entre suas prioridades[451]. Isso prejudicou os negócios e irritou Oliver Winchester, que alugou um arsenal em Bridgeport por conta própria para expandir a produção de rifles Henry. Investindo suas finanças pessoais, Winchester comprou equipamentos suficientes para dobrar o número de rifles que a empresa poderia produzir, mas ele tinha um problema: Henry

---

450. O movimento maquiavélico de Winchester para forçar a empresa Burnside a parar de fabricar armas é discutido em Herbert G. Houze, *Winchester Repeating Arms Company: Its History & Development from 1865 to 1981* (Iola, WI: Krause, 1994, 2004), p. 63.

451. Informações sobre Henry não aumentar a produção e Winchester alugando uma fábrica de Bridgeport são de Houze, *Winchester Repeating Arms Company*, p. 18-19.

tinha um contrato exclusivo para fabricar armas para a New Haven Arms Company até junho de 1864. Até esse momento chegar, a fábrica alugada de Bridgeport de Winchester teve que permanecer ociosa, apesar das necessidades de guerra do país.

Um incêndio em fevereiro de 1864 destruiu grande parte da fábrica Colt – incêndio criminoso por sabotadores confederados foi considerado o provável culpado, embora o incêndio tenha sido provavelmente um acidente –, mas a viúva Elizabeth Colt ordenou que fosse rapidamente reconstruída para continuar fabricando armas para a União. Remington e Colt estavam produzindo dezenas de milhares de armas longas e revólveres para a guerra.

A Smith & Wesson nunca foi uma candidata para vendas governamentais durante a guerra, de modo que os parceiros não precisavam depender de contratos governamentais. De qualquer forma, eles se saíram bem com seus revólveres de baixa potência. Muitos oficiais da União, para não mencionar civis, gostavam deles o suficiente para investir seu próprio dinheiro em comprá-los como proteção extra no campo de batalha. A Smith & Wesson também tinha o controle sobre o tambor perfurado por pelo menos mais alguns anos e permitia que outros fabricantes o usassem – mediante pagamento de uma taxa, obviamente. E, também, é claro, alguns fabricantes de armas decidiram fabricá-los sem pagar nada à Smith & Wesson. Quem seguiu esse caminho foi o antigo chefe de Horace Smith de seus dias de pistola pimenteiro, que começou a fazer seu próprio revólver. Ethan Allen e seu cunhado e parceiro, Thomas Wheelock (o primeiro cunhado e parceiro de Allen, Charles Thurber, havia se aposentado na época), assumiram uma posição muito parecida com a que a Massachusetts Arms Company assumiu quando lutou contra Samuel Colt pela patente de Edwin Wesson em 1851. Eles disseram que o tambor perfurado de Rollin White não era original e, portanto, eles não poderiam ser impedidos de fazer sua própria versão. Em 1859, White, junto a Smith & Wesson, entrou com uma ação federal em Massachusetts contra Allen, embora o caso não tenha sido julgado até 1863[452].

---

452. O processo que Rollin White e Smith & Wesson moveram contra Ethan Allen é *Rollin White et al. V. Ethan Allen et al.*, Circuit Court of the United States, Massachusetts District (Boston: Alfred Mudge & Son, 1863).

Assim, em plena Guerra Civil, com o governo federal precisando desesperadamente de armamentos modernos, dois fabricantes de armas travaram uma batalha judicial sobre quem tinha o direito de fabricar o revólver mais avançado do país, senão do mundo. Como no processo Colt contra a Massachusetts Arms Company, os lados opostos contrataram advogados de alto nível, incluindo o advogado de Allen: Benjamin Curtis, que havia sido juiz da Suprema Corte até renunciar depois de apresentar uma feroz dissidência no famoso caso Dred Scott. Também como na luta de patentes anterior, outras empresas de armas de fogo estavam assistindo. Alguns queriam produzir revólveres de grande calibre como o Colt e o Remington, mas usando cartuchos metálicos, em vez das combinações de carregamento lento, pólvora e tampa, mas não podiam fazê-lo sem infringir a patente White. A Smith & Wesson considerou a introdução de um revólver de cartucho calibre .44 sob contrato com o Whitney Armory, mas recuou depois que Rollin White insistiu, com raiva, que seu acordo com eles proibia os parceiros de fazer um acordo com Whitney.

A Smith & Wesson acusou a Allen & Wheelock de vender 25 mil pistolas em violação à patente de White e privá-los de cerca de US$ 50.000 em lucros. Esse dinheiro deve ser pago à Smith & Wesson, argumentaram seus advogados, e qualquer pistola infratora deve ser entregue à empresa ou destruída. Os advogados de Allen & Wheelock reagiram como a Massachusetts Arms Company fez em sua luta contra Colt: não havia nada de novo na "pretensa invenção" de White de um tambor de revólver perfurado. Exemplos de patentes anteriores podem ser encontrados na Europa e nos Estados Unidos, alguns dos quais os advogados levaram ao tribunal. As criações de White, de acordo com os advogados de Allen, "foram experimentais, malsucedidas e infrutíferas, e foram abandonadas", enquanto os outros inventores trabalhavam diligentemente para fazer algo digno e novo.

Em novembro de 1863, Smith & Wesson – e Rollin White, é claro – triunfaram. Decidindo o caso estava o juiz da Suprema Corte, Nathan Clifford, cumprindo seu dever como juiz de primeira instância. O homem que Clifford substituiu no tribunal superior foi Benjamin Curtis, que agora era o advogado de Allen. Essa situação estranha significava que Clifford estava presidindo um caso em que o advogado de um lado tinha sido seu antecessor na Suprema Corte. Em uma opinião longa e ventosa, Clifford aceitou como verdade tudo o que White havia dito sobre como ele experimentou e por que ele demorou a buscar a proteção de patentes. E as outras patentes, decidiu Clifford, não invalidavam a de White. Allen apelou, mas isso não impediu que a mensagem chegasse a outros fabricantes de armas, como aconteceu quando Colt ganhou seu caso de patente em 1851: ouse fazer uma arma que infrinja nossa patente e nós o esmagaremos.

• • •

Então, em 9 de abril de 1865, aconteceu algo que mudou tudo no mundo da fabricação de armas nos Estados Unidos. Robert E. Lee entregou seu Exército da Virgínia do Norte a Ulysses S. Grant. A Guerra Civil estava claramente terminando. O governo federal, uma vez faminto por armas, agora tinha demasiadas. Menos de três semanas após a rendição de Lee, o Departamento de Guerra ordenou que o chefe de compras "parasse todas as compras de armas, munições e materiais e reduzisse a fabricação de armamentos e munições nos arsenais do governo tão rapidamente quanto possível, sem prejuízo ao serviço"[453].

Com isso, o trem da alegria dos fabricantes de armas parou – exceto Smith & Wesson. A demanda era tão grande, mesmo sem contratos com o governo, que a Smith & Wesson tinha dois anos de pedidos esperando para serem atendidos. O negócio de rifles de Edwin Wesson pode ter sido salvo por um grande contrato com o governo no final da década de 1840, mas o irmão Daniel e o sócio sênior Horace Smith estavam finalmente em terreno financeiro sólido sem um. Eles eram agora os dois homens mais ricos de Springfield. Seus pequenos revólveres, capazes de carregar cartuchos de metal de última geração, continuaram vendendo rapidamente. Só em 1865, a empresa vendeu 55.543 deles[454]. Outras

....

453. A ordem para o governo parar de comprar armas é General Orders, nº 77, 28 de abril de 1865, OR, Série III, Volume IV, Seção 2, p. 1280-1281.

454. O número de revólveres que Smith & Wesson fez em 1865 vem dos arquivos de Roy Jinks, assim como o livro de entregas de 16 de outubro de 1865 no qual Daniel Baird Wesson escreveu: "Grandes foram as mudanças [...]".

empresas de armas venderam milhares com a patente White, pagando uma taxa à Smith & Wesson pelo privilégio. Rollin White lançou sua própria empresa de fabricação de revólveres em seu nome. Ele também teve que pagar à Smith & Wesson, já que os sócios tinham a licença do cilindro que White havia patenteado. O acordo que Smith & Wesson havia feito com Rollin White era uma mina de ouro para a empresa, que prometia continuar produzindo riqueza enquanto todos permanecessem felizes uns com os outros. Mas os laços entre Smith & Wesson e White estavam se desgastando. Quase desde o início, o inventor sentiu o aperto financeiro de perseguir os infratores à sua própria custa, enquanto Smith e Wesson estavam enriquecendo. White nutriu seu rancor, procurando uma maneira de igualar o placar.

Daniel Baird Wesson guardou o livro de encomendas do seu irmão, aquele que Edwin começou com esperança e um pouco de humor e o qual Daniel encerrou melancolicamente escrevendo "E assim terminou a produção de rifles pelo muito famoso E. Wesson". Agora, com o fim da Guerra Civil e o sucesso da Smith & Wesson, Daniel pegou o velho livro. Em 16 de outubro de 1865, abaixo do seu antigo lamento, ele também escreveu uma segunda mensagem sem destinatário em específico: "Grandes foram as mudanças que ocorreram desde o dia em que a produção dos rifles de E. Wesson cessou há quase vinte anos hoje".

VENDAS EM TEMPOS DE PAZ

Enquanto lamentava a perda de 620.000 homens armados, a nação americana começou a renegociar seu relacionamento com seu próprio armamento avançado. Os titãs das armas da época tiveram que se adaptar a um súbito abrandamento na demanda por seus produtos.

Quando o tiroteio acabou, "o mais fantástico conglomerado de armas pequenas variadas que já foram reunidos na face da terra" estava "amontoado em pilhas como lenha, ou em arcas de arsenal de vinte mosquetes, vinte baionetas, com apêndices", escreveu um historiador de armas de fogo[455]. Não havia trabalho para eles fazerem, a Confederação se rendeu, então elas descansaram em silêncio após a guerra.

"Os arsenais estão desmantelando suas forças", observou a *Scientific American* no final de junho de 1865,

> os fabricantes de armamentos estão desempregados, e todo o teor e tom de nossas vidas diárias é tão repentinamente transformado de uma atividade ansiosa e vigilante por nossa existência nacional como se tivéssemos caído de uma esfera para outra[456].

---

455. William B. Edwards, *Civil War Guns* (Harrisburg, PA: Stackpole, 1962), p. 400.
456. "The War Ended". *Scientific American*, v. 12, nº 26 (24 de junho de 1865): 407.

TITÃS DAS ARMAS | JOHN BAINBRIDGE, JR.

Fabricantes de armas privadas produziram muito mais armas para uso na Guerra Civil do que o Springfield Armory. Sem uma rede de empresas privadas com experiência em peças intercambiáveis, o governo nunca teria atendido às suas necessidades de guerra. E sem essas empresas privadas, as armas de fogo de repetição não teriam se tornado parte do arsenal do país na época que o fizeram[457]. Mas para fabricar armas pequenas em abundância, os fabricantes de armas precisavam investir pesadamente em novos equipamentos, o que era bom quando o governo queria tanto armamento atualizado quanto pudesse comprar. Agora, o futuro de muitas empresas de armas era incerto.

Os maquinistas que ajudaram as empresas de armas a ter sucesso levaram seu talento para outras empresas. Um ex-supervisor da Robbins & Lawrence que ajudou a Providence Tool Company a se preparar para fazer mosquetes raiados, deixou o armamento para trabalhar em máquinas de costura. Um terceirizado de máquinas Colt também entrou em máquinas de costura, tornando-se presidente da Weed Sewing Machine Company. Outro trabalhador-chave para Colt e Remington durante a guerra abriu uma empresa com Christopher Spencer que seria pioneira no forjamento de bate-estacas. Homens como esses, e as empresas de armas pequenas das quais faziam parte, foram fundamentais para o desenvolvimento de máquinas-ferramentas, peças intercambiáveis e medição de precisão em toda a indústria americana.

Nos cinco anos que se seguiram à Guerra Civil, 27 empresas de fabricação de armas da Nova Inglaterra fecharam suas portas, enquanto apenas oito abriram novos negócios. Para as empresas que sobreviveram, os anos do pós-guerra foram um período de retração[458]. A salvação para alguns veio da expansão para mercados estrangeiros, onde os governos

....

457. A necessidade de uma rede de empresas privadas para atender às necessidades de guerra é discutida em Ross Thomson, "The Continuity of Innovation: The Civil War Experience", *Enterprise & Society*, v. 11, nº 1 (março de 2010): 135. "No total, as empresas privadas domésticas dobraram a produção do Armory ao longo da guerra e introduziram novos tipos de armas de fogo militares, claramente uma conquista notável". Thomson, "The Continuity of Innovation [...]", p. 134.

458. Sobre as companhias de armas do pós-guerra, ver Felicia Johnson Deyrup, *Arms Makers of the Connecticut Valley: A Regional Study of the Economic Development of the Small Arms Industry*, 1798-1870 (Menasha, WI: George Banta, 1948), p. 202-16.

VENDAS EM TEMPOS DE PAZ

estavam ansiosos para tirar proveito da inovação americana em armas de fogo. Nos Estados Unidos, o movimento transcontinental ganhou velocidade, com os emigrantes se armando e o Exército voltando seu foco para o Oeste. O mercado civil começou a ganhar mais destaque.

Para algumas grandes empresas de armas, a paz não era o único problema. Para eles, a tensão entre inventores e empregadores ameaçava minar ainda mais os negócios.

● ● ●

Antes do fim da Guerra Civil, Oliver Winchester já estava procurando no exterior por compradores do rifle Henry[459]. Se grandes encomendas não estivessem vindo das Forças Armadas dos EUA, do jeito que ele via, talvez outros países que se preparavam para o conflito quisessem comprar o que há de mais moderno em armamento. Winchester estava certo. Um lugar exatamente assim era o Reino da Baviera, que fez um acordo com Winchester por quinhentos Henrys equipados com mecanismos de carregamento aprimorados. Desde que o contrato exclusivo do inventor B. Tyler Henry havia terminado, Winchester optou por usar sua fábrica alugada de Bridgeport para fazer as armas do reino a partir do final de 1864. Até então, a operação de roupas da Winchester & Davies estava indo tão bem que Oliver Winchester e seu sócio usaram seus filhos para tocá-lo. Isso liberou Winchester para se concentrar em armas, sobre as quais ele finalmente aprendeu muito, pelo menos o suficiente para ter suas próprias ideias para melhorar o rifle Henry. Sentindo os mercados europeus além da Baviera, Winchester embarcou em um navio com destino a Nápoles, Itália, chegando lá em meados de janeiro de 1865.

Embora não fosse mais uma barreira para a produção em grande escala, Henry – o inventor de ouro cujo nome identificava o rifle que Oliver Winchester fabricava – ainda era um incômodo. Não havia dúvida de que ele era um trabalhador esforçado e quase um gênio quando se tratava de

....

459.Informações sobre Oliver Winchester após a guerra e o azedamento das relações entre ele e B. Tyler Henry, incluindo a citação do telegrama de Winchester para Davies, vêm de Herbert G. Houze, *Winchester Repeating Arms Company: Its History & Development from 1865 to 1981* (Iola, WI: Krause, 1994 e 2004), p. 18-25; e Dean K., Boorman, *The History of Winchester Firearms* (Guilford, CT: Lyons Press, 2001), p. 20-21, 24.

mecânica. Antes de Henry aparecer e adicionar suas melhorias, o rifle Smith-Jennings e o Volcanic não faziam nada além de cuspir balas de baixa potência e devorar o dinheiro dos investidores. Como o rifle Henry era uma arma séria, alguns soldados da União o usaram em batalha, permitindo que Oliver Winchester alimentasse sua fortuna pessoal. Mas Henry não era um homem de negócios. Sua lentidão em fazer tantos rifles quanto Winchester insistiu nunca melhorou, causando tensão contínua entre inventor e proprietário.

Antes de partir para a Europa, Winchester deu ao secretário da empresa, Charles W. Nott, uma procuração para conduzir assuntos comerciais de rotina enquanto ele estivesse fora. Esse detalhe não escapou à atenção de B. Tyler Henry, que viu uma oportunidade de promover suas próprias aspirações frustradas. Ele não era apenas o mago mecânico cuja mente deu o rifle Henry ao mundo, mas também possuía ações da empresa. Com Winchester a um oceano de distância, Henry convenceu Nott e alguns dos principais acionistas da New Haven Arms Company de que era hora de renovar a empresa, mudar seu nome para Henry Repeating Rifle Company e colocá-lo no comando. E por que não deveria ser chamada de empresa Henry? Afinal, todos, incluindo a New Haven Arms Company, chamavam as armas de rifles Henry. Seu nome estava na boca de soldados admirados, e sua inicial "H" estava em cada cartucho carregado no único rifle que a New Haven Arms Company fabricava. Henry também guardava rancor – seu acordo com Winchester não lhe permitia colher *royalties* de sua invenção. Quem era Winchester para ficar mais rico enquanto Henry não podia lucrar com seu próprio gênio? O inventor descontente e aqueles que ele havia alistado em sua causa então pediram ao Legislativo do Estado de Connecticut para fazer o que eles queriam.

Se Henry e outros achavam que Oliver Winchester aceitaria silenciosamente o que eles fizeram, eles não o conheciam bem o suficiente. A notícia chegou a Winchester em maio de 1865, enquanto ele e Jane estavam na Suíça se preparando para uma rodada de visitas, que incluía desfrutar do conforto de alguns *spas* europeus, bem como buscar contratos estrangeiros para rifles Henry. Um Winchester enfurecido imediatamente cancelou seus planos e reservou um retorno a New Haven. Ao mesmo tempo, ele telegrafou a seus banqueiros de Londres para instruir Davies em New Haven a "apresentar todas aquelas hipotecas e alienações fiduciárias agora em minha posse ou mantidas por meu filho, William Winchester, contra a empresa anteriormente chamada New Haven Arms Company, ou para sua sucessora nos negócios, a Henry Rifle Company [*sic*] para cobrança imediata".

As dívidas com Winchester pessoalmente eram grandes o suficiente para forçar a empresa renomeada e renovada à falência caso ele aplicasse pressão total para o pagamento. Quando voltou aos Estados Unidos, Winchester havia escolhido uma estratégia melhor. Em vez de espremer a empresa até a morte ou desafiar a renovação dela, ele criaria sua própria empresa para fazer Henrys melhorados. A fábrica de Bridgeport era comandada por Winchester, o que significava não apenas que ela poderia fabricar armas para ele, mas que ele poderia se recusar a deixá-la fabricar armas para a Henry Repeating Rifle Company. Por si só, esse movimento reduziria pela metade a capacidade de produção da empresa rival. Usando a alavancagem de suas próprias ações, bem como de seu filho e do pai e filho de Davies, Winchester conseguiu se eleger presidente da nova firma Henry, demitindo Nott e substituindo-o como secretário por um leal a Winchester. Logo ele controlaria duas empresas de fabricação de armas, uma delas a nova Winchester Repeating Arms Company com sede em Bridgeport. Ele poderia então orquestrar o fechamento do que tinha sido a New Haven Arms Company no negócio de armas com seu nome.

* * *

O ano de 1866 trouxe triunfo e tragédia para Oliver Winchester. Naquela primavera, nasceu o primeiro rifle a ser chamado de Winchester. O *Winchester '66*, um rifle Henry muito melhorado, servia para viajantes que iam para o Oeste. Era mais confiável que o Henry, com um carregador menos suscetível a mau funcionamento quando exposto à lama e sujeira. Também era significativamente mais fácil de encher com cartuchos porque tinha uma porta de carregamento montada na lateral de sua estrutura. Também atraía o mercado civil, de que a empresa precisava para lucrar com a paz. Um receptor de latão segurando o mecanismo rendeu ao Winchester '66 o apelido colorido de "Papo Amarelo".

Foi também o ano em que Oliver Winchester adquiriu um cargo público. Desde que distribuiu distintivos de William Henry Harrison em sua loja de roupas durante seus dias de Whig em Baltimore, Winchester se envolveu na política. Ele tinha sido um vereador de New Haven e um membro do comitê de água da cidade em 1853, e quando um dos seis eleitores de Connecticut para substituir Abraham Lincoln em 1864 morreu de febre tifoide, Winchester foi rapidamente escolhido. Agora, dois anos depois, o herói da Guerra Civil, general Joseph R. "Fighting Joe" Hawley queria que Winchester se juntasse à sua chapa quando concorresse a governador de Connecticut, um estado cujo partido republicano estava dividido entre Radicais – que pediam uma reconstrução dura do território conquistado no Sul com sufrágio para negros – e Conservadores – que queriam clemência para com a Confederação derrotada ao longo das linhas que Lincoln havia defendido. Também estava em jogo uma rivalidade entre a mais conservadora e industrial New Haven e as facções financeiras e de seguradoras mais radicais de Harford.

A oposição democrata foi unificada por trás de James E. English, um rico relojoeiro de New Haven, e se os republicanos quisessem vencer a eleição para governador de 1866, eles precisavam construir pontes entre as facções de seu partido. Hawley, um jornalista de Hartford há muito alinhado com os abolicionistas, poderia usar um proeminente industrial de New Haven em seu campo para conseguir isso, alguém que fosse duro e ousado e não um radical convicto. Oliver Winchester era um desses candidatos. A riqueza de Winchester e sua prontidão "para responder liberalmente às chamadas feitas para fins do partido" selaram sua nomeação para vice-governador, de acordo com uma reportagem do jornal na época[460]. "A maneira pela qual o Sr. Winchester recebeu a indicação", relatou o *Boston Post*, "foi um exemplo notável do velho ditado 'o dinheiro faz a égua partir'"[461]. Preferência por outros candidatos na convenção se esvaneceu quando os presentes escolhiam "quem tinha a maior abundância de lucro. E de toda forma, o Sr. Winchester não abusou

460. "The Connecticut Republican Convention", *Washington Evening Union*, 16 de fevereiro de 1866.
461. "Connecticut – How He Got the Nomination", *Boston Post*, 29 de março de 1866.

da confiança depositada nele, mas sangrou livremente e se submete a isso com a melhor graça possível".

Hawley ganhou a eleição para governador por uma margem estreita de 541 dos 87.417 votos expressos. Winchester se saiu um pouco melhor, com uma vitória de 872 votos sobre seu oponente. Os governadores de Connecticut na época cumpriam mandatos de um ano e, logo depois de eleito, Winchester decidiu que não concorreria novamente. Parece que ele fez pouco oficialmente durante seu ano como vice-governador, passando parte de seu tempo no cargo visitando a Europa para vender seus rifles e desempenhando funções como um dos trinta membros da comissão americana para uma exposição internacional em Paris.

Winchester não escondeu suas inclinações políticas enquanto era vice-governador. Pouco antes de assumir o cargo, ele e o recém-eleito juiz eleitoral de Connecticut receberam uma repreensão mordaz do *The Hartford Daily Post* por se juntarem a conservadores cujas "simpatias e afinidades sulistas podem ser efetivamente disfarçadas"[462], uma ação que "não pode deixar de ser sinceramente lamentada por todos os amantes e defensores dos verdadeiros princípios da União". Esses dois homens, continuou o *Post*, "deram um passo que acabará por cobri-los com uma desgraça merecida".

* * *

Quando o verão começou, 1866 prometia ser o ano mais glorioso de Oliver Winchester até agora. O menino órfão de uma infância sem dinheiro era agora um dos cidadãos mais ricos de Connecticut, um homem que acabara de ser colocado a um passo do governo. Seu nome era conhecido fora do estado e muito além das fronteiras do país. Ele havia sido o conquistador de uma guerra corporativa que aumentou sua já impressionante riqueza, enquanto a perspectiva de uma guerra real em outro lugar lhe dava esperança de mais. Talvez o melhor de tudo, a esposa de seu único filho e herdeiro de seus negócios estava prestes a dar à luz o próximo membro da nova dinastia industrial Winchester.

462. "A Disgraceful Affair", *Hartford* (CT) *Daily Post*, 19 de abril de 1866.

O herdeiro esperado chegou em 15 de junho, embora o bebê fosse uma menina, não um menino. Logo ficou claro que comer era difícil para a pequena Annie Pardee Winchester. Algo estava errado em seu sistema digestivo. Nada que os Winchesters e seu médico tentaram conseguiu retardar a perda de peso constante do bebê. A causa, concluiu o médico, era o marasmo, uma forma de desnutrição geralmente encontrada em crianças destinadas à pobreza extrema. À família Winchester não faltava nada, então a falha em fornecer sustento ou cuidados adequados não poderia ser culpada. Eles trouxeram uma ama de leite, mas Annie continuou a definhar, morrendo de fome lenta e dolorosamente até 24 de julho, quando faleceu. Dois dias depois, os Winchester a enterraram no Cemitério Evergreen de New Haven, perto de sua tia, Ann Rebecca, que era casada com um pastor presbiteriano, e o filho pequeno de Ann, ambos falecidos dois anos e meio antes.

* * *

No início de 1867, três proeminentes republicanos pró-Johnson instaram Winchester a mudar de ideia e concorrer à reeleição, apesar da oposição dos radicais, que o acusaram de ser um traidor da causa. Winchester não se mexeu. Além disso, ele disse a eles, "minhas relações comerciais assumiram uma forma que exige minha atenção total e podem, a qualquer momento, me chamar para fora dos Estados Unidos e me manter afastado a maior parte do ano seguinte"[463]. Em seguida, ele descarregou nos radicais contra o tratamento moderado do presidente Andrew Johnson do Sul conquistado. Em uma carta publicada rapidamente, ele escreveu:

> A audácia com que impõem ao Congresso e ao país as doutrinas mais revolucionárias e as medidas desorganizadoras é verdadeiramente alarmante [...]. A única desculpa oferecida para esse abandono de princípio é o progresso. É um progresso assustadoramente em declínio, que, se não for detido logo, nos ameaça com a anarquia política e a ruína financeira e social. Acreditando nisso, não posso deixar de

---

463. A carta de Winchester recusando-se a concorrer novamente por motivos comerciais e atacando os radicais apareceu em vários jornais do país, bem como nos de Connecticut. Em New Haven foi impresso no *Columbian Register*, em 16 de fevereiro de 1867.

VENDAS EM TEMPOS DE PAZ

> sentir que não há mal ou perigo tão grande quanto esse progresso descendente, e que é meu dever unir-me a todos os homens bons e verdadeiros para detê-lo e ajudar a devolver o governo a homens que legislarão sabiamente para os melhores interesses do país [...].

Winchester então deu seu apoio a candidatos democratas, incluindo James English, que estava novamente concorrendo contra Hawley.

Como na disputa do ano anterior, os eleitores que compareceram à eleição de 1867 ficaram muito divididos, embora, dessa vez, tenham dado a vitória a English. Poucos meses depois de deixar o gabinete do governador, Hawley comprou o *The Hartford Daily Courant* e começou a assumir novas funções públicas, acabando por servir como senador dos Estados Unidos por quatro mandatos. Para Oliver Winchester, 1867 marcou o fim de sua busca por um cargo eletivo. No entanto, se Samuel Colt podia insistir em ser chamado de "coronel", Winchester tinha o direito de ser chamado de "governador", e assim o foi pelo resto da vida.

• • •

O principal concorrente de Winchester na Guerra Civil, a Spencer Repeating Arms Company, ainda estava operando em 1866, mas seu futuro era sombrio. Os militares estavam inundados em Spencers e, embora a cavalaria pudesse usá-los contra os índios na fronteira ocidental, não havia necessidade de mais. Se o aperto pós-guerra sobre os fabricantes de armas de fogo levasse a empresa Spencer à extinção, outras empresas poderiam se beneficiar, desde que chegasse a necessidade de uma nova onda de repetidores como o Spencer. E se assim fosse, Oliver Winchester estaria esperando.

O governo dos Estados Unidos estava com excesso de carabinas Spencer que havia encomendado no final de 1864, e pagou por elas, mesmo que o primeiro lote tenha chegado quando a guerra estava começando a acabar e seis dias depois de Robert E. Lee entregar seu exército da Virgínia do Norte para Ulysses S. Grant. Espingardas e carabinas Spencer estavam por toda parte naquela época. Até o assassino de Abraham Lincoln, John Wilkes Booth, tinha um com ele quando foi caçado e baleado em um celeiro de tabaco na Virgínia.

Esse excesso de oferta era um dos problemas dos Cheney. A empresa Spencer também tinha muitos deles à mão. Em seu catálogo de 1866, a empresa se gabava: "Em alcance e força, o Rifle Spencer é inigualável. Ele lançará uma bola a 1.800 metros de distância e pode ser confiável para precisão geral a uma distância maior do que qualquer outra arma já inventada"[464]. Além desse duvidoso exagero, o catálogo incluía elogios de vários luminares militares, incluindo o coronel Wilder, o governador Hawley enquanto ele estava no Exército, Gideon Welles, William Tecumseh Sherman e George Armstrong Custer. O tesoureiro da empresa, Warren Fisher Jr., perguntou a Ulysses S. Grant o que ele achava do Spencer. A resposta de Grant foi boa demais para ser excluída do material promocional: "A guerra quase resolveu a questão de que o rifle de repetição deve tomar o lugar de todos os outros e, até agora, acredito que nenhum esteja acima do Spencer"[465].

O próprio inventor não tinha nada a ver com a administração do negócio além de um breve período como supervisor da fábrica. Ele havia coletado seus *royalties* de um dólar por arma até 1863, quando baixou para cinquenta centavos. As máquinas eram sua especialidade, incluindo as máquinas que ele projetou para fazer os rifles da empresa. Quando a empresa não precisou mais dele para ser seu principal vendedor, Christopher Spencer ficou livre para embarcar em outros empreendimentos, o que ele fez rapidamente. No início de 1866, ele deixou Boston para Roxbury, onde se juntou a Sylvester Roper — outro inventor de muitas coisas, incluindo armas de fogo — para fazer as armas de repetição patenteadas de Roper. Cabia aos Cheney e outros, cujo dinheiro estava vinculado à empresa Spencer, salvar o que pudessem de seus negócios. Eles continuaram a elogiar as capacidades de disparo rápido de Spencer, é claro. Na primeira página de seu catálogo de 1866, eles se gabavam de que um soldado de infantaria poderia disparar sete tiros em menos da metade do tempo necessário para carregar e disparar um mosquete de

464. Catálogo de 1866 da Spencer Repeating Rifle Company, p. 2-3.
465. O elogio de Grant ao rifle Spencer é de uma carta que ele escreveu a Warren Fisher Jr., em 12 de janeiro de 1866, impressa na página 27 do catálogo de 1866 da Spencer Repeating Rifle Company.

VENDAS EM TEMPOS DE PAZ

um único tiro. "Um disparo mais rápido do que isso", advertia o catálogo, "mesmo que possível, seria totalmente indesejável"[466].

Para o atirador civil que queria mirar com cuidado e ainda ter cartuchos de reserva, a empresa fabricava rifles esportivos com finas coronhas americanas de nogueira, esperando que isso aumentasse sua fortuna. Infelizmente para os Cheney, eles não o fizeram. Não havia demanda suficiente, embora a empresa tenha feito um rifle esportivo personalizado para o célebre herói da cavalaria Custer após a guerra. Quando a Winchester Repeating Arms Company soube que a empresa Spencer estava entrando em falência no final de 1868, seu conselho de administração autorizou Oliver Winchester a explorar a compra de seu rival da Guerra Civil. Uma olhada nos livros da empresa Spencer disse a Winchester que o negócio não valia a pena. Cerca de um mês depois, uma empresa incipiente chamada Fogarty Repeating Rifle Company se arriscou e comprou todos os ativos da Spencer, logo formando a American Repeating Rifle Company. Nesse momento, a empresa Spencer como uma entidade separada deixou de existir, tendo produzido seus repetidores especiais por menos de sete anos.

Mas acabou que Oliver Winchester não terminou com a empresa Spencer. Dentro de um ano depois de comprar Spencer, a American Repeating Rifle Company faliu. A Winchester Repeating Arms Company rapidamente voltou e comprou todos os ativos – armas, maquinário e patentes – por US$ 200.000. Winchester manteve os rifles e patentes Spencer, mas em 28 de setembro de 1869, ele leiloou todo o equipamento, incluindo tornos, furadeiras, mais de 150 fresadoras e um motor a vapor de sessenta cavalos de potência, por um total de US$ 138.000[467]. Com este movimento, Winchester adquiriu patentes que poderiam ter sido usadas para competir com suas armas no futuro, além de muitos milhares de repetidores Spencer prontos para venda a clientes interessados em guerras.

A essa altura, Christopher Spencer estava de volta a Hartford com um novo parceiro de negócios fazendo uma variedade de rifles e espingardas. A área de Hartford era seu verdadeiro lar, onde sua família vivia há muito

---

466. Catálogo Spencer de 1866, p. 1.
467. Um relato detalhando o leilão da empresa Spencer foi "Large Auction Sale: The Spencer Repeating Rifle Works Disposed of – Total Proceeds $ 138.000", *Boston Post*, 29 de setembro de 1869.

tempo. Dois meses após o início da guerra, ele se casou com uma garota da região, Frances Theodora Peck, de 24 anos, chamada Dora, filha de um fazendeiro e trabalhador, Sardis Peck. Até agora Cristopher e Dora não tinham filhos, o que provavelmente era uma coisa boa, já que ela precisava ajudar a cuidar do pai, cujo estado mental vinha se deteriorando há anos. Desde 1865, ele sofria de "mania", um termo geralmente aplicado a alguém que era extremamente hiperativo. Depois que Spencer voltou de Amherst, Dora e sua irmã mais velha, divorciada, estavam morando com seus pais em Hartford. A sanidade decadente de Sardis Peck logo o levou ao confinamento em um asilo, onde às vezes era preso com correias. Ele nunca se recuperaria[468].

• • •

O afável vendedor e irmão, Samuel Remington, estava no lugar certo para a vida luxuosa que desfrutava mais do que seus irmãos rígidos e de mentalidade empresarial[469]. O final da década de 1860 também era o momento certo para estar em Paris, circulando na companhia de pessoas endinheiradas e outros líderes, sua esposa radiante e bela, Flora, em seu braço, em elegantes bailes e saraus frequentados pelo tipo certo de pessoas. As ruas noturnas de Paris brilhavam, iluminadas por dezenas de milhares de lâmpadas a gás que justificavam o apelido da capital francesa, Cidade Luz. Claro que a presença de Samuel ali não era apenas para se divertir. Ele tinha uma arma para vender e não precisava exagerar suas virtudes para convencer os compradores.

A firma Remington tinha se saído bem na Guerra Civil, vendendo bastantes revólveres para classificá-la em segundo lugar em clientes militares, atrás de Colt. Para as empresas de armas em geral, o fim da guerra significou perda de receita, equipamentos ociosos e, às vezes, dívidas. Remington não foi

---

468. O censo de 1870 mostra Dora e sua irmã morando com seus pais. O censo de 1880 dá informações sobre o estado mental de Sardis Peck.

469. Samuel Remington e suas façanhas na Europa e no Egito são discutidos em Alden Hatch, *Remington Arms in American History*, rev. ed. (EUA: Remington Arms, 1972), p. 142-45; K. D. Kirkland, *America's Premier Gunmakers: Remington* (New York: Exeter Books, 1988), p. 36-38; John P. Dunn, *Khedive Ismail's Army* (Londres: Routledge, 2005), 65-70; e John Dunn, "Remington 'Rolling Blocks' in the Horn of Africa". *American Society of Arms Collectors Bulletin*, nº 71 (outono de 1994): 20-21.

exceção. As armas eram o principal negócio dos irmãos, então eles sentiram o aperto do pós-guerra, embora a linha de produtos dos Remington tivesse incluído implementos agrícolas bem antes do início da guerra. Eles também tinham um funcionário que inventou uma arma que melhoraria a sorte da empresa. Essa arma de fogo deu a Remington um impulso necessário. Era um rifle de tiro único, não um repetidor de tiro rápido, mas seu *design* era forte, simples, fácil de usar e menos suscetível a tratamento severo do que muitas outras armas. Mais tarde apelidado de "bloco pivotante" por seu disco grosso que rolava atrás da câmara para admitir um cartucho, seu mecanismo já havia sido revisado favoravelmente pelo Departamento de Compras da Marinha dos EUA em uma pistola[470]. Samuel Remington levou vários desses rifles com ele para Paris.

Antes de Samuel e Flora partirem para a Europa no verão de 1866, ele e Philo trocaram de funções na empresa; Philo passou a presidência para o vice-presidente Samuel, que então se tornou chefe da empresa. Eles fizeram isso para dar a Samuel uma medida extra de prestígio ao negociar acordos no exterior. E ele era, sem dúvida, o homem certo para o trabalho. Se ele não era tão descaradamente teatral quanto Samuel Colt, Samuel Remington, com sua dinamicidade e olhos azuis-esverdeados acolhedores, era tão encantador quanto. Sua personalidade cativante e o bloco pivotante formavam um par imbatível. Remington viajou pela Europa com seus rifles, tornando-os a nova maravilha em poder confiável no campo de batalha. A Suécia gostou deles o suficiente para fazer um pedido. A Dinamarca também. O verdadeiro impulso veio na Exposição Internacional de 1867 em Paris, quando o bloco pivotante ganhou uma medalha de prata, a maior honraria para um rifle (outro ganhador de medalhas foi o repetidor Spencer, embora tenha feito pouco bem para a empresa dos Cheney). Logo os Remington começaram a receber pedidos. Seu rifle de ação de bloco pivotante não era um repetidor, mas era uma

---

470. Para informações sobre o bloco pivotante, veja George J. Layman, *The Military Remington Rolling Block – 50 Years of Faithful Service* (Prescott, AZ: Wolfe, 1992), e *The All New Collector's Guide to Rolling Block Military Rifles Remington of the World* (Woonsocket, RI: Andrew Mowbray, 2010); Marcot, *Remington: "America's Oldest Gunmaker"* (Peoria, IL: Primedia, 1998), cap. 4; Dunn, "Remington 'Rolling Blocks' in the Horn of Africa", 19-31; e Dunn, *Khedive Ismail's Army*.

arma confiável que até mesmo um soldado minimamente treinado poderia manusear. Os blocos pivotantes eram econômicos, simples e atraentes para a maioria das Forças Armadas que ainda estavam a anos de adotar repetidores. As autoridades espanholas em Cuba queriam 10.000 deles, o Japão, 3.000, o Peru, 5.000 e os Estados Papais encomendaram 5.000. Eventualmente, dezenas de milhares de blocos pivotantes encontraram casas em toda a Europa e nas Américas, salvando os Remington do mal-estar do negócio de armas pós-Guerra Civil.

Um cliente que desenvolveu uma afeição tanto pelo bloco pivotante quanto por Samuel Remington foi o quediva[471] Ismail Pasha, governante do Egito, que aspirava a transformar o Nordeste da África em um império egípcio, com o Cairo servindo como a Paris de seu domínio imperial. Os antigos mosquetes de carregamento pelo bocal do Egito dificilmente eram o tipo de arma que uma nação moderna deveria ter, especialmente uma governada por um aspirante a conquistador, e Ismail estava em busca de substituí-los. Uma comissão enviada por ele para a Europa achou que o bloco pivotante parecia um bom candidato, então ele convidou Samuel Remington para fazer testes no Cairo. Tudo correu tão bem que, em junho de 1869, o quediva encomendou sessenta mil deles. Então ele deu a seu novo amigo Samuel Remington um terreno no bairro residencial chique do Cairo, onde ele poderia construir uma mansão, o que ele fez, porque não o fazer seria um insulto. Os modos sociais de Remington não murcharam no Cairo. Sua casa tornou-se um local para a cena social de inverno da colônia americana, onde ele proporcionou bons momentos a todos, incluindo ex-confederados, porque, como observou um velho soldado, "aqui não há Norte ou Sul"[472].

Com a empresa Remington em ascensão novamente em 1870, o irmão Philo, presumivelmente um homem de gostos mais simples, decidiu que era hora de construir seu próprio palácio no norte do estado de Nova York. Ele construiu uma mansão italiana de três andares com uma torre adequada para um castelo, além de uma fonte e estábulos tão opulentos quanto a casa. Ele a ergueu no apropriadamente chamado Armory Hill,

---

471. Título honorífico geralmente usado em países de raízes mulçulmanas.

472. Trecho de uma carta escrita pelo coronel Charles I. Graves para sua esposa, citada em Dunn, "Remington 'Rolling Blocks' in the Horn of Africa", p. 21.

VENDAS EM TEMPOS DE PAZ

com vista para a cidade de Ilion e sua fábrica em constante crescimento, o coração do império Remington.

Os pedidos de blocos pivotantes não paravam de chegar. No ano em que Philo ergueu sua mansão, a França lançou uma guerra contra a Prússia e, como os franceses não estavam bem armados o suficiente para tal empreendimento, tiveram que encontrar armas em outro lugar. Os Remington estavam prontos. Eles desviaram para a França alguns milhares de blocos pivotantes destinados ao Egito e depois serviram como agentes da Winchester, que vendeu aos franceses 4.406 de seus repetidores de ação de alavanca Modelo '66, bem como rifles e carabinas Spencer que a empresa Winchester havia adquirido quando comprou os restos dessa empresa apenas no ano anterior. Se os Cheney tivessem aguentado um pouco mais, talvez eles, em vez de Winchester, pudessem ter vendido os rifles Spencer armazenados de sua empresa para os franceses, colhendo dinheiro inesperado antes que a empresa finalmente falisse.

Entre 21 de setembro de 1870 e 6 de maio de 1871, o arsenal Remington em Ilion enviou um total de 214.247 armas para a França[473]. Para fazer isso, as máquinas em seus 16 mil metros quadrados de terreno fabril dedicados à fabricação de armas pequenas foram operadas por mais de mil trabalhadores durante vinte horas de cada dia útil. Levaria quatro anos para as empresas britânicas fornecerem ao seu exército trezentos mil fuzis de carregamento pela culatra de um novo *design* britânico, de acordo com estimativas publicadas, levando o *Army and Navy Journal* dos EUA a dizer que "não estava surpreso que o *London Times* fosse tentar despertar o sentimento público dos ingleses com a declaração de que uma pequena fábrica americana de armas tem uma capacidade produtiva maior do que a de toda a Inglaterra combinada".

· · ·

A luta sobre quem controlaria a New Haven Arms Company foi inofensiva em comparação com a batalha entre Smith & Wesson e Rollin White. Como Henry, White estava sofrendo com o acordo que fizera com

....

473. Estatísticas sobre o número de armas enviadas da fábrica de Remington e a citação "não estava surpreso que" vêm do *Army and Navy Journal*, v. 8, nº 38 (6 de maio de 1871): 604.

pessoas que ele achava que estavam se enriquecendo injustamente com sua invenção. O dinheiro foi derramado nas contas bancárias de Horace Smith e Daniel Baird Wesson, enquanto White teve que gastar seu próprio dinheiro defendendo sua patente de tambor furado contra infratores. Ele pensou que merecia mais – muito mais – e pressionou seu caso até onde pôde. Antes que a campanha de White por um pedaço maior do bolo terminasse, ele e sua patente de tambor seriam examinados pelo chefe de Compras do Exército, ambas as casas do Congresso, a Suprema Corte e o presidente dos Estados Unidos.

A patente White que a Smith & Wesson usou para monopolizar o mercado de revólveres de cartucho estava programada para expirar em 1869, um evento esperado por outros fabricantes ansiosos por fabricar armas com tambores perfurados sem medo de serem processados. Havia uma chance de a patente ser estendida, como a patente do revólver de Samuel Colt havia sido, mas o conflito entre White e Smith & Wesson tornou o planejamento problemático. Quando a demanda da Guerra Civil por suas armas era maior do que a empresa podia produzir, os sócios queriam sublicenciar a patente para outras empresas. Para isso, eles precisavam da permissão de White, a qual ele se recusou a dar, a menos que a Smith & Wesson dobrasse o valor dos *royalties*. A certa altura, um possível acordo para permitir que a Colt fabricasse seus revólveres com tambores perfurados foi descartado depois que White insistiu em uma taxa extra de US$ 500.000.

Uma arma pequena, mas poderosa no arsenal de White, era outra arma que ele havia patenteado e à qual nem Smith nem Wesson haviam prestado muita atenção. Ele também tinha um tambor de revólver de cartucho, embora este se carregasse pela frente e não fosse perfurado. Ninguém, exceto, talvez, White, achava que seus revólveres eram armas de fogo seguras, muito menos práticas, como uma testemunha no julgamento White *v.* Allen reconheceu quando ele disse: "Eu prefiro ser o homem a ser baleado a ser aquele que usa a pistola"[474]. A chave para o sucesso estava em apenas um aspecto do apetrecho de White, que Daniel Wesson havia

474. Trecho do depoimento de Luke Wheelock em *Rollin White et al. V. Ethan Allen et al.*, Circuit Court of the United States, Massachusetts District (Boston: Alfred Mudge & Son, 1863), p. 99.

percebido desde o início: a patente do tambor perfurado. O que Wesson não tinha percebido era que, em 1863, um advogado de White convenceu o Escritório de Patentes a reeditar a patente da arma de carregamento frontal com algumas mudanças, incluindo um tambor perfurado. Isso significava que qualquer pessoa que fabricasse um revólver com esse recurso tinha que buscar uma licença tanto da Smith & Wesson quanto da White. Além do mais, a Smith & Wesson precisava obter a aprovação de White para a segunda patente (nº 12.649) antes de fabricar revólveres com cilindros perfurados, e White não podia produzir armas assim – o que ele estava fazendo em sua nova empresa de armas – a menos que Smith & Wesson lhe permitisse usar o primeiro (nº 12.648). Duas patentes para a mesma coisa era uma situação estranha, para dizer o mínimo. O que White queria com isso, aparentemente, era poder de negociação. O que ele conseguiu foi uma briga, mas não imediatamente; por um tempo, tanto White quanto Smith & Wesson deixaram o assunto de lado e continuaram os negócios normalmente.

Em 10 de setembro de 1866, dois anos e meio antes de ambas as patentes de tambor expirarem, White solicitou uma extensão que lhe daria mais alguns anos de proteção de patente. Mas ele solicitou apenas uma patente – a nº 12.649 – e não a que a Smith & Wesson estava usando. Se os sócios não tivessem descoberto que sua preciosa patente não estava em vias de ser renovada, a deles teria expirado e White teria o direito exclusivo de fabricar revólveres com tambores perfurados. Mas eles descobriram e pressionaram White a solicitar uma extensão do nº 12.648, o que ele fez. A essa altura, a Suprema Corte dos EUA finalmente havia decidido o recurso de Ethan Allen da decisão do juiz Clifford de que a primeira patente de White era válida, mas o fez com quatro juízes concordando com Clifford – incluindo o próprio Clifford, é claro – e quatro juízes a favor de Ethan Allen. Quando uma votação da Suprema Corte é dividida igualmente, a decisão no nível de julgamento permanece.

Então, no final de março de 1869, poucos dias antes de a patente de White expirar, o comissário de patentes recusou-se a estendê-la. White pediu ao Congresso para intervir, alegando que ele havia sido injustamente privado dos lucros de sua invenção porque teve que gastar seu dinheiro de *royalties* em ações judiciais. Sem debate, a Câmara e o Senado rapidamente aprovaram um *Bill for the Relief of Rollin White* [Projeto de Lei para Auxílio a Rollin White], pedindo ao Escritório de Patentes que lhe desse outra audiência. Infelizmente para White, o chefe de Compras Alexander B. Dyer era contra a renovação da patente e disse isso em uma carta ao secretário de Guerra, que ele esperava que chegasse à mesa do presidente Ulysses S. Grant. Apesar da fala contrária de White, Dyer escreveu, ele já havia recebido quase US$ 70.000 em *royalties*. Além disso, "o governo sofreu bastante inconveniência e constrangimento durante a guerra em consequência da incapacidade dos fabricantes de usar essa patente"[475].

Em outras palavras, as ações legais que White foi obrigado a tomar contra os infratores prejudicaram a União em sua luta para conquistar a Confederação. Em 11 de janeiro de 1870, Grant vetou o projeto de lei, citando a carta de Dyer. A tentativa de White de fazer o Congresso derrubar o veto presidencial falhou. Agora que a patente de White estava morta, uma série de empresas começou a produzir revólveres baratos sem medo de serem processadas por violação.

Para a maioria das pessoas, isso provavelmente teria sido o fim de tudo. Mas White não era nada senão tenaz. Ele voltou ao Congresso, onde pressionou por outro projeto de lei para obter uma nova audiência de patentes e estava avançando até enfrentar séria oposição de um grupo que se autodenominava "Remonstrantes", que apresentou um pedido ao Comitê de Patentes da Câmara solicitando que o projeto não fosse aprovado. O pedido não identificava quem eram os Remonstrantes, mas o advogado que o apresentara representava a Smith & Wesson, e nele havia um adendo do próprio Daniel Wesson atacando a alegação de White de que ele não havia sido recompensado adequadamente. Os Remonstrantes não se limitaram a contestar a patente de White. Com uma fúria estonteante, eles foram atrás do próprio homem[476]. White, eles disseram,

475. A carta de Dyer e o veto de Grant estão na "Mensagem do Presidente dos Estados Unidos Retornando a Lei S. nº 273, intitulada 'Um ato para o auxílio de Rollin White', com suas objeções", 11 de janeiro de 1870, 41º Congresso, 2ª Sessão, Ex. Doc. nº 23.

476. Citações do dossiê dos Remonstrantes são de Dodge & Son, *Reasons Why the Bill for the Relief of Rollin White Ought To Pass* (Washington, DC: S. & R. O. Polkinhorn, 1874), p. 11, 26, 34.

parece ter uma aversão constitucional a fazer qualquer coisa de maneira direta ou honesta. Presumimos que isso é natural com White, e que ele deve ser dispensado pelo mesmo princípio no qual a mãe desculpou seu filho preguiçoso, que ele "nasceu cansado" e não pôde evitar!

Na opinião dos Remonstrantes, as patentes de White eram tão inúteis quanto ele. "Por cinco anos, elas estiveram mortas, e a essa altura elas 'fedem'. Por cinco anos seguidos, esses cadáveres putrefatos de meras invenções natimortas foram exibidas no Congresso, obrigando as empresas a comparecerem a este circo, perdendo tempo e dinheiro, para evitar a ressurreição dessas patentes, às quais, é claro, ele nunca teve direito". Para defender seu caso, os Remonstrantes se referiram a exemplos anteriores de tambores perfurados que, segundo eles, deveriam ter impedido White de receber uma patente. Ao apoiar essa posição, Wesson estava dizendo que a patente exclusiva que ele usara para enriquecer a si mesmo e a Horace Smith era inválida desde o início, assim como Ethan Allen havia argumentado na batalha judicial que travaram contra ele. Pior ainda, alegaram os Remonstrantes, White havia tentado subornar o examinador de patentes. "Nós estamos preparados para provar", escreveram eles, "que no dia da audiência um de seus amigos declarou que *um cheque de 15 mil dólares foi colocado em suas mãos com o objetivo de garantir a extensão!*" Esse segundo *round* na cruzada legislativa de White para uma nova audiência de patentes morreu no Senado.

. . .

Wesson se opôs à extensão da patente de White, porque ele não precisava mais dela e certamente não gostava das dificuldades de lidar com um inventor problemático. Smith & Wesson queria coisas maiores, literalmente maiores. Durante anos, a empresa vinha explorando a possibilidade de fabricar um revólver de cartucho mais potente, algo que pudesse vender aos militares, e enquanto White fazia *lobby* por uma extensão, a empresa tinha o candidato perfeito, a salvo da concorrência depois que as patentes foram compradas de homens que inventaram componentes úteis. Era um revólver gracioso, que se projetava para a frente, cujo cano e cilindro giravam para baixo quando uma trava era solta, tirando seis cartuchos usados de uma só vez e permitindo que novas cargas fossem inseridas antes que o atirador colocasse a unidade de cano-e-cilindro de volta no lugar. Isso era mais rápido do que o sistema de ejeção de um por vez dos revólveres de cartucho Colt e Remington. O Departamento de Compras o testou e encomendou mil, tornando o Smith & Wesson nº 3 o primeiro revólver em serviço a usar cartuchos de metal. Ainda melhor para a empresa, o grão-duque russo Alexis Alexandrovich gostou. Em visita aos Estados Unidos, passou pela fábrica da Smith & Wesson, onde a empresa o encantou com o presente de um nº 3 gravado com alças de madrepérola em uma vitrine. Alexandrovich estava com um revólver desse modelo quando caçava búfalos com Buffalo Bill Cody e George Armstrong Custer. O governo russo também gostou o suficiente para fazer um pedido inicial de vinte mil deles. Haveria mais depois.

Como fizeram com a maioria das novas armas de fogo, a Smith & Wesson fez melhorias contínuas no nº 3 durante a produção. As sugestões vieram de várias fontes, incluindo militares russos e soldados americanos em campo. Assim como Samuel Colt teve o *Texas Ranger* Samuel Walker para lhe dar ideias para melhorar o revólver Paterson, a Smith & Wesson teve o major George W. Schofield para oferecer seus pensamentos sobre como melhorar o nº 3. O major Schofield se interessou pelo novo Smith & Wesson desde a primeira vez que ouviu falar dele, talvez de seu ilustre irmão mais velho, o general John M. Schofield, presidente de um Conselho de Armas Pequenas do Exército quando o nº 3 estava em sua infância. George tinha ambição e um dom para a mecânica, então, em 1870, ele se aproximou da Smith & Wesson, oferecendo seus serviços como agente da empresa no Colorado e no oeste do Kansas[477]. O major deve ter parecido um importante ativo futuro para a empresa, porque os sócios lhe enviaram um dos primeiros lotes de cem revólveres nº 3 concluídos em sua fábrica de Springfield, junto a quinhentos cartuchos, todos gratuitos. Eles não podiam lhe dar uma agência exclusiva, disseram, mas venderiam quantas pistolas ele quisesse por um preço muito reduzido. Schofield entendia o

477. A carta de Schofield para Wesson está em Roy G. Jinks, *History of Smith & Wesson: No Thing of Importance Will Come Without Effort,* 14ª impressão (North Hollywood, CA: Beinfeld, 2004), p. 86.

que um cavaleiro precisava em uma arma e, embora achasse que a nº 3 era boa, sabia que poderia torná-la melhor. Primeiro, ele patenteou uma trava de cano que tornava o revólver mais fácil de recarregar a cavalo. Em seguida, trabalhou no aprimoramento da parte que extraía os cartuchos gastos, ganhando mais uma patente. Depois que Smith & Wesson incorporou suas modificações, Schofield testou as armas e as elogiou a seus colegas militares.

Em 1873, Daniel Baird Wesson tornou-se o único proprietário da Smith & Wesson, Horace Smith vendeu sua participação na empresa e se aposentou. Também naquele ano, Daniel Wesson se viu mais uma vez enfrentando Colt. O falecido Samuel Colt não era seu oponente, é claro, mas sua empresa era, com um novo revólver de cartucho próprio que queria que o Exército adotasse. Em julho de 1873, o Departamento de Compras escolheu o Colt, em parte porque era considerado mais robusto, embora a Smith & Wesson tenha conseguido convencer o Departamento no ano seguinte a comprar três mil dos revólveres agora chamados Schofield. Os militares queriam que os Schofields fossem feitos para caber no cartucho de calibre .45 usado no revólver Colt, algo que Daniel Wesson disse ser impossível por causa do sistema extrator de cartuchos de sua arma. Ele poderia ter redesenhado o Schofield para acomodar o cartucho Colt, mas se concentrou em fazer um cartucho mais curto que funcionaria em ambas as armas. Isso provaria ser um problema.

Imediatamente após retornar de sua segunda expedição contra os índios no território de Oklahoma, George Schofield escreveu a Wesson de Fort Sill para relatar o desempenho de suas pistolas.

> O que eu tenho (alterado do seu modelo russo) resistiu a todos os testes. Já matei quase tudo – menos um índio – com ele e o usei em todos os tipos de clima e da maneira mais difícil. Na última viagem, carreguei duas vezes com meu cavalo em uma perseguição e matei um búfalo a cada vez.

Parecia que o Exército teria dois revólveres em serviço regular na fronteira, um Colt e outro Smith & Wesson Schofield, até que algumas confusões nas entregas de munição revelaram o erro de Daniel Wesson. Os cartuchos Smith & Wesson podiam ser usados em revólveres Colt, mas os cartuchos Colt maiores não cabiam nos Schofields. Se o carregamento errado de cartuchos chegasse a um posto avançado do governo, não importaria se os soldados tivessem Colts, mas se estivessem armados com Smith & Wessons, ficariam sem munição utilizável. A Colt foi favorecida, mas ambas as armas permaneceram em serviço, com a Smith & Wesson nº 3 continuando a vender bem, inclusive em outros países, como Japão, Argentina e Turquia.

George Schofield manteve pelo menos um de seus revólveres homônimos para si. Ele também manteve vivo seu interesse por coisas mecânicas, uma característica que alguns colegas oficiais desaprovavam, porque achavam que conflitava com seus deveres. Mesmo assim, Schofield acabou se tornando um tenente-coronel no comando da 6ª Cavalaria em Fort Apache, Território do Arizona, um posto avançado solitário ainda mais pela morte de Alma, sua esposa de 24 anos por apenas quatro anos, no final de março de 1879, enquanto eles estavam em Fort Sill. Pouco tempo depois, ele começou a ter problemas de saúde próprios. No final do ano em que sua esposa morreu, Schofield machucou o joelho quando seu cavalo caiu, e ele foi mantido em licença médica até 1880. Por vários dias, em dezembro de 1882, Schofield parecia nervoso. Em uma conversa, ele estava bastante animado, mas soou um pouco irracional. Ao amanhecer de domingo, 17 de dezembro, ele vestiu o uniforme de gala, penteou o cabelo no lavatório, apontou o cano do revólver Schofield para o olho direito e disparou um tiro na cabeça. O cirurgião de Fort Apache concluiu que "um ataque de aberração mental temporária [...] provavelmente causado por fadiga e a intensa preocupação de seu gênio inventivo" levou Schofield, de 49 anos, ao suicídio[478].

478. Os relatos da carreira e suicídio de Schofield vêm de Constance Wynn Altshuler, Cavalry Yellow & Infantry Blue (Tucson: Arizona Historical Society, 1991), p. 293-94; "By His Own Hand", Streator (IL) Free Press, 23 de dezembro de 1882; "Recent Deaths – Brevet Colonel G. W. Schofield, U.S.A.", Army and Navy Journal, v. 20, nº 21 (23 de dezembro de 1882): 461; e Donald B. Connelly, John M. Schofield and the Politics of Generalship (Chapel Hill: University of North Carolina Press, 2006), p. 258-59.

CENTENÁRIO

É ainda nestas coisas de ferro e aço que o gênio nacional fala mais livremente; aos poucos pelos mármores inspirados, pelas telas que respiram, pela grande literatura; pois a América atual é volúvel nos metais fortes e seus usos infinitos.

WILLIAM DEAN HOWELLS.
Uma Semana no Centenário, *The Atlantic Monthly*, julho 1876.

Com o puxão de duas alavancas, a maior máquina a vapor estacionária do país assobiou para a vida. O concreto sob a fera gigante começou a vibrar. Então suas enormes vigas começaram suas jornadas constantes para cima e para baixo, girando e girando, agitando centenas de máquinas menores adormecidas, alimentando-as com energia para começar seu trabalho, algumas imprimindo jornais ou papel de parede, outras costurando ou fazendo 25 mil telhas em um único dia. A máquina monstro era uma máquina a vapor Corliss, símbolo do poder industrial crescente do mundo civilizado[479]. Era também um novo símbolo dos Estados Unidos, um país que comemorava seu primeiro século de existência, ao mesmo tempo em que anunciava ao mundo que estava pronto para assumir o comando.

O Corliss ocupou o centro do palco no Pavilhão das Máquinas de 5 hectares na vasta Exibição do Centenário na Filadélfia, dominando tudo ao seu redor desde a cerimônia de abertura em maio de 1876 até o encerramento do Centenário em novembro seguinte. Não só o Corliss era imponente – 14 metros de altura e pesando cerca de 680 toneladas – mas seu sistema operacional aprimorado estava fazendo a energia a vapor triunfar sobre energia hidráulica, especialmente no Nordeste do país, liberando as fábricas da dependência de córregos e rios, permitindo que seus proprietários construíssem no local que eles desejassem. A manufatura, há muito ligada às vias navegáveis do Leste, como o Rio Connecticut e seus afluentes, poderia se mover para o Oeste mais rapidamente.

"Aí está", exclamou um cronista do momento,

> que ocupa o seu lugar como um verdadeiro rei entre as máquinas, tão poderosas e ao mesmo tempo tão delicadas, capazes de dar os golpes mais pesados na bigorna, ou de tecer os tecidos mais delicados; aquela à qual todas as outras máquinas devem ser subservientes, e sem cujo trabalho nossos esforços seriam realmente pequenos; o pulso respiratório, a alma da exposição de máquinas[480].

Os americanos – aqueles acostumados a grandes motores, como locomotivas, bem como aqueles familiarizados com nada maior do que um descascador de milho – gostavam de grandeza na mecânica, como

---

479. Os autores Nathan Rosenberg e Manuel Traitenberg atribuem ao sistema Corliss um "papel fundamental na disputa acirrada entre energia hidráulica e energia a vapor, particularmente na região Nordeste do país. Ao fazê-lo, ajudou a impulsionar a máquina a vapor para uma posição dominante nos processos entrelaçados de industrialização e urbanização que caracterizaram o crescimento da economia dos EUA na segunda metade do século XIX. "The Corliss Steam Engine in the Late-Nineteenth-Century United States", *Journal of Economic History*, v. 64, nº 1 (março de 2004): 62.

480. Phillip T. Sandhurst and Others, *The Great Centennial Exhibition Critically Described and Illustrated* (Filadélfia: P. W. Ziegler, 1876), p. 361.

CENTENÁRIO

haviam demonstrado uma geração antes ao contemplar com entusiasmo o maquinário de fabricação de armas de Springfield Armory. O gigante Corliss, com mais de um quilômetro e meio de tubulação que trazia energia para todas as máquinas barulhentas e sussurrantes ao seu alcance, servia o *zeitgeist*. Foi dito que quando o poeta Walt Whitman visitou o Centenário, ele sentou-se por meia hora diante do Corliss em um silêncio enfeitiçado. O evento do Centenário foi a primeira feira oficial do mundo realizada nos Estados Unidos, e o país quis aproveitar ao máximo. A reconstrução estava em andamento com as feridas da Guerra Civil ainda precisando de cura mais de uma década após a rendição do Sul. O Pânico de 1873, mais uma violenta crise econômica, que começou na Europa e se espalhou rapidamente para os Estados Unidos, interrompeu a expansão industrial, deixando a economia cambaleando por anos. Somando-se aos problemas da nação, houve escândalos de corrupção generalizados do governo do presidente Grant para baixo. A celebração do Centenário deu ao país a chance de restaurar seu espírito, bem como divulgar suas conquistas.

Para a ocasião, ergueu-se no local uma verdadeira cidade de exposições, com prédios exibindo todo tipo de maravilhas modernas, de locomotivas a delicados mecanismos de relógios. Ao todo, foram mais de trinta mil itens expostos, muito mais do que os 17 mil da exposição no Palácio de Cristal de 1851, em Londres. Ao lado de um motor promissor para o funcionamento de máquinas de costura, havia "uma exposição muito interessante de amianto, um mineral que tem a propriedade peculiar de não ser condutor de calor"[481]. Perto de um restaurante onde se podia jantar bem por cinquenta centavos, "o pipoqueiro tinha uma barraca de bom gosto, da qual faz um próspero negócio deste comestível peculiarmente americano"[482]. Em outros lugares da exposição, dois prédios de um andar eram dedicados exclusivamente à pipoca que o concessionário J. A. Baker esperava ajudar a reembolsar a taxa de US$ 7.000 que ele

---

481. James D. McCabe, *The Illustrated History of the Centennial Exhibition* (Philadelphia: Jones Brothers, 1876), p. 449.

482. As informações sobre a pipoca e as taxas para vendê-la vêm de McCabe, *The Illustrated History*, 437, 640. A citação de "capitalista da pipoca" é de "The Great Exhibition: One of Its Características peculiares explicadas", *New York Daily Herald*, 23 de fevereiro de 1876.

pagou pelo "Direito Exclusivo de Vender Pipoca" (o direito de vender água gaseificada saiu por US$ 20.000). O *New York Daily Herald* rotulou Baker de "um capitalista da pipoca" disposto a gastar exorbitantemente "pelo privilégio único de prejudicar a digestão do mundo na grande feira".

Em uma pequena fábrica com tudo o que é necessário para fazer tabaco de mascar, exceto um aroma extra, quatro homens negros torciam e pressionavam as folhas enquanto os visitantes da feira observavam. "Os negros, enquanto trabalham, cantam as canções e hinos que são familiares a quem já visitou as fábricas de tabaco do Sul"[483], segundo uma história contemporânea da exposição. O colossal antebraço e a mão empunhando uma tocha da futura Estátua da Liberdade chamava a atenção dos visitantes que buscavam uma visão mais elevada da exposição (o *New York Times* observou jocosamente que a mão da estátua era "de uma proporção tão grande que a unha do polegar permitia um assento fácil para a maior mulher gorda que existe agora")[484]. Um jovem Thomas Edison exibiu alguns de seus dispositivos, incluindo um "sistema de telégrafo automático" e uma "caneta elétrica". Um imigrante escocês chamado Alexander Graham Bell demonstrou sua invenção para transmitir vozes por fios elétricos. Ao ouvir a fala humana emanando do telefone de Bell, o visitante da exposição e imperador brasileiro, Dom Pedro II, levantou a cabeça do fone e soltou: "Meu Deus, ele fala!"

E, claro, havia armas. "Quase todos os países mostraram armas ou processos para fabricar armas", escreveu um estudioso[485]. "As exibições variavam de antiquados mosquetes, cota de malha e punhais usados por nativos da Índia até o mais recente canhão monstruoso forjado na Alemanha". Um inglês que mora em Nova York disse a seu irmão em casa que encontrou "todos os tipos de armas de todos os tamanhos, até canhões 'Dahlgren' de 50 centímetros com um projétil de 490 kg" dispostos do lado de fora do prédio do governo americano. Dentro,

---

483. McCabe, p. 452.

484. A citação sobre a cômoda mão da estátua é de "The French Statue", *New York Times*, 29 de setembro de 1876.

485. Nancy Kizer, "The Story of the Philadelphia Centennial of 1876". *Mississippi Quarterly*, v. 7, nº 3 (abril de 1954): 19.

CENTENÁRIO

há todos os instrumentos concebíveis para assassinato científico, armas de fogo, velhas e novas, balas e granadas, inteiras e serradas no meio para mostrar o interior, armas afiadas, lanças, torpedos [...].

Instrumentos de guerra primitivos na exposição preencheram um relatório de 84 páginas intitulado "Um estudo das armas selvagens na exposição do Centenário, Filadélfia, 1876"[486].

No prédio do governo, o Departamento de Compras do Exército instalou maquinário de arsenal, onde operários habilidosos fabricavam munição de rifle de alta potência para o entretenimento dos espectadores. Os visitantes podiam pegar caixinhas de *souvenirs* contendo peças que mostravam as etapas de um cartucho em formação, incluindo estojos e balas[487]. Na seção da Springfield Armory, os visitantes da feira assistiram à fabricação de rifles. Lá,

> operários habilidosos começam com as barras redondas de aço e os longos blocos de nogueira preta, completando as belas armas da morte quase tão rapidamente quanto estas últimas poderiam ser feitas para acabar com vidas humanas,

afirmou um observador da exposição[488]. Os trabalhadores do Arsenal de Springfield também fabricavam munição e afiavam baionetas em remolos de grão fino que soltavam faíscas. Caixas cheias de "armas e baionetas de todos os padrões" cobriam as paredes dos fundos do prédio do governo. "Havia pistolas e revólveres suficientes para armar os soldados russos, e de tantos estilos diferentes, estranhos e bonitos que todos os gostos da terra poderiam fazer seleções gratificantes"[489].

Como esperado, as grandes empresas privadas de armas apareceram. Mais de trezentos revólveres – a maioria deles gravados, alguns niquelados

---

486. "Um estudo das armas selvagens na exposição do Centenário, Filadélfia, 1876": Edward H. Knight está no Apêndice Geral do Relatório Smithsonian de 1879.

487. A exibição de fabricação de cartuchos é discutida em Berkeley R. Lewis, *Small Arms Ammunition at the International Exposition Philadelphia, 1876* (Washington, DC: Smithsonian Institution Press, 1972), p. 9 e 49.

488. McCabe, "The Illustrated History", p. 582.

489. J. S. Ingram, *The Centennial Exposition, Described and Illustrated* (Philadelphia: Hubbard Bros., 1876), p. 124.

ou com peças de ouro e cabos de madrepérola – estavam em círculos concêntricos na caixa ornamental de Colt[490]. Em dois prédios separados, a Colt apresentou suas premiadas metralhadoras Gatling de vários canos, de tiro rápido, consideradas predecessoras da metralhadora e já adotadas pela Rússia, Turquia, Egito e algumas unidades militares americanas. Juízes da exposição concederam uma medalha ao seu inventor, Richard J. Gatling. A Smith & Wesson enviou uma série de pistolas elaboradas, entre elas um revólver ricamente incrustado de ouro e com cabo de madrepérola que se tornaria um veterano viajado em exposições. Por sua vez, a empresa Winchester exibiu quase duzentas armas que incluíam um rifle em uma caixa de exposição, seu aço azulado incrustado com rendilhado de ouro, com um espelho para permitir que os visitantes vissem a coisa toda de todos os lados[491]. A empresa também introduziu um rifle de ação de alavanca robusto chamado "Centennial" que poderia competir com as armas longas cada vez mais poderosas da época. Os juízes da exposição deram a Winchester duas medalhas. Uma era para "o melhor rifle de repetição para fins esportivos já produzido", e outra por perfeição em munição militar.

A E. Remington & Sons, outra vencedora de duas medalhas, trouxe armas que o *Frank Leslie's Illustrated News* disse serem "tão belos espécimes de trabalho e acabamento quanto qualquer um encontrado na Exposição"[492]. Entre grupos de estojos de armas havia uma grande estrela feita de cartuchos Remington. Isso foi flanqueado por exibições radiantes de armas afiadas estrategicamente colocadas sobre amostras de 16 pistolas Remington diferentes. Acima dos estojos erguia-se uma tabuleta de um metro de altura com o nome da empresa escrito em letras feitas de grandes revólveres niquelados que "não apenas compõem muito elegantemente a forma, mas também têm um efeito muito agradável contra o veludo roxo

---

490. A exposição Colt é descrita em Carol Wilkerson, "The 1876 Centennial Exhibition in Philadelphia, Pennsylvania". *The Rampant Colt*, Spring 2014, p. 46; e George D. Curtis, *Souvenir of the Centennial Exhibition: Or, Connecticut's Representation at Philadelphia, 1876* (Hartford, CT: George D. Curtis, 1877), p. 83.

491. A exibição Winchester é descrita em Curtis, *Souvenir of the Centennial Exhibition*, p. 88.

492. Comentários sobre a exposição de Remington vêm de *Frank Leslie's Illustrated News*, 15 de julho de 1876.

CENTENÁRIO

com o qual o sinal, bem como todas as vitrines e painéis são cobertos". Em cima de tudo, os Remington montaram uma águia americana cercada por bandeiras dos governos que usaram ou adotaram seu rifle de bloco pivotante. Os nomes dos governos foram colocados aos pés da águia.

Apesar da crise econômica provocada pelo Pânico de 1873, essas grandes empresas de armas estavam ganhando velocidade, e a nação logo as seguiria. Algumas das empresas estavam expandindo suas linhas de produtos. No Centenário, por exemplo, os Remington exibiram uma máquina "tipográfica" (máquina de escrever) que levava o nome da empresa. Por cinquenta centavos, um visitante podia comprar uma carta datilografada para enviar a um amigo em outra cidade, uma boa jogada de publicidade. A empresa também fabricava máquinas de costura. Os homens encarregados dessas empresas haviam se colocado na vanguarda do desenvolvimento e inovação de negócios, ao mesmo tempo em que aumentavam sua riqueza pessoal muito além do que era possível para os armeiros ou mecânicos de armas de gerações anteriores. Para Colt, Winchester, Remington e Smith & Wesson – para o próprio país – foi um progresso nos termos euro-americanos do século XIX.

• • •

Seus capitães haviam se tornado mestres da indústria, membros fundadores de uma Era Dourada nascente.

Aqueles que primeiro chegaram ao continente, os índios, não foram negligenciados no Centenário, embora não fossem tratados como cidadãos de primeira classe. No ano anterior à abertura da exposição, o secretário assistente do Smithsonian Institution, Spencer F. Baird, queria uma exposição para "ilustrar a condição passada e presente das tribos nativas dos Estados Unidos, ou sua antropologia"[493]. Baird tinha dois motivos. Uma era esclarecer o público sobre os nativos americanos. A outra era usar o Centenário para expandir as posses etnológicas e arqueológicas do Smithsonian. Falava-se até de que a Instituição acolheria trinta

493. Os motivos e citações de Baird estão em Judy Braun Zegas, "North American Indian Exhibit at the Centennial Exposition", *Curator: The Museum Journal*, v. 19, nº 2 (junho de 1976): 163.

famílias indígenas numa reserva de cinco hectares contígua ao terreno do Centenário. "A presença de um bando de aborígenes incivilizados da América no Centenário será uma característica interessante", observaram vários jornais norte-americanos[494]. O Congresso foi abordado sobre a criação de uma aldeia indígena temporária na Filadélfia, mas nenhum financiamento veio.

Havia manequins, no entanto, incluindo um que os frequentadores da feira pensavam ser do chefe Sioux, Nuvem Vermelha. Não surpreendentemente, para alguns visitantes, ele era uma presença sinistra, vestido em trajes de guerreiro com um cinto de escalpos humanos, um machado *tomahawk* na mão erguida. Um jornal disse que ele parecia "pronto para atacar alguma vítima inocente"[495]. As autoridades do Smithsonian esperavam que suas exibições indígenas, que se tornaram bastante populares, nutrissem a compreensão, apesar do racismo da época e da apresentação lotada sem contexto. Eles viam a coleta de artefatos, pelo menos em parte, como um meio de preservar resquícios de uma cultura que a modernidade estava extinguindo. Mesmo as pessoas que se consideravam amigas do índio acreditavam que o modo de vida nativo pertencia a uma época que estava necessariamente desaparecendo, um primitivismo que deveria dar lugar ao tipo de progresso que o Centenário exultava.

Passando pelo Pavilhão Agrícola da Exposição, em uma tarde amena de julho, o assistente do homem encarregado da exibição etnográfica do Smithsonian parou para olhar para baixo e ver um pedaço de quartzo grudado na superfície ao lado de seu caminho. Frank Hamilton Cushing tinha acabado de completar 19 anos, mas tinha um olho afiado para coisas antigas, e essa pedra o pegou. O amor acadêmico de Cushing por objetos e pessoas indígenas americanas já estava se formando e acabaria por levá-lo ao Sudoeste, onde se tornaria um membro dedicado da tribo Zuni, sobre a qual aprenderia e escreveria. Poder-se-ia dizer dele mais

---

494. Vários jornais publicaram essa matéria, incluindo o *National Republican* (Washington, DC), 7 de agosto de 1875.

495. Citado em Robert A. Trennert, "Popular Imagery and the American Indian: A Centennial View", *New Mexico Historical Review*, v. 51, n° 3 (julho de 1976): 223-24.

CENTENÁRIO

tarde que ele "se tornou nativo". Nesse momento, porém, toda a sua atenção estava naquele pedaço de quartzo.

A peça de cristal provavelmente havia sido arada semanas antes, quando a Exposição do Centenário estava sendo construída, e passou despercebida pelos visitantes enquanto passavam. A pedra não atrairia a atenção da maioria das pessoas, mas para Cushing, sua superfície áspera parecia algo feito por mãos humanas. Ele o pegou e, quando limpou a sujeira da superfície, viu que era a ponta de um porrete índio, sua superfície de corte formada por um martelo de pedra que o havia lascado pelo menos quinhentos anos antes.

"É certamente curioso", observou o *Philadelphia Inquirer*[496], quando soube da descoberta de Cushing,

> que em meio a todas as maravilhas dos tempos antigos e modernos, e próximo a alguns dos maiores triunfos da arte mecânica, esse implemento, fabricado séculos atrás pelos habitantes originais deste país, deve reaparecer de repente, a lembrança de outra época e outro povo, fornece o mais forte contraste imaginável com o progresso mecânico do presente.

---

496. "Centennial Notes", *Philadelphia Inquirer*, 26 de julho de 1876.

FERRO SAGRADO [497]

A Exposição do Centenário estava em andamento há uma semana quando o tenente-coronel George Armstrong Custer[498], e sua 7ª Cavalaria deixaram o Forte Abraham Lincoln no território de Dakota, indo para o Oeste em Montana. O objetivo do governo Grant era forçar os índios das planícies a saírem do caminho do progresso, e a 7ª Cavalaria era para encorajá-los a ir.

Custer não odiava os índios. Em vez disso, sua busca pessoal, como sempre, era pelo sucesso no combate – e agora pela redenção após seu recente constrangimento de ser informado de que não poderia participar da campanha de 1876 por vários motivos, incluindo seu testemunho sobre corrupção dentro do governo Grant. Com o governo tostado pela imprensa e informado pelo alto escalão militar que Custer era necessário para a campanha contra os índios, Grant cedeu e permitiu que ele fosse

---

497. Um termo Sioux para uma arma era "ferro sagrado", porque se pensava que ela possuía poder sobrenatural. Ver introdução de John C. Ewers em Frank Raymond Secoy, *Changing Military Patterns of the Great Plains Indians* (Lincoln: University of Nebraska Press, 1992), xii. (Originalmente publicado pela University of Washington Press, 1953, na série *Monographs of the American Ethnological Society*).

498. Após o fim da Guerra Civil, o posto de major-general *brevet* de Custer foi reduzido a tenente-coronel, como era costume.

subordinado ao general Alfred Terry. Agora, Custer e dois outros comandos estavam a caminho.

Complicando as coisas – no fundo, na verdade – era a existência de ouro. Em 1874, Custer e a 7ª Cavalaria lideraram uma expedição às Black Hills, procurando um local adequado para construir um forte e ver quais recursos naturais estavam lá. Eles encontraram ouro. Quando a notícia da descoberta se espalhou, a febre do ouro atraiu garimpeiros, hordas deles, para invadir Black Hills, terra que os Estados Unidos haviam garantido aos Lakota e Cheyenne do Norte apenas seis anos antes. Um ganho inesperado de riqueza mineral poderia aliviar a dor econômica que o país estava sentindo após o Pânico de 1873.

O governo federal tentou comprar os Black Hills e enviar os índios para outros lugares, mas as negociações fracassaram. No final, os índios queriam ficar. "Você fala de outro país, mas isso não me diz respeito", disse o chefe Brulé Sioux, Cauda Manchada, ao governo. "Não quero me envolver com isso. Eu não era de lá; mas, se é um país tão bom, você deve enviar os homens brancos agora em nosso país para lá e nos deixar em paz"[499].

Houve escaramuças antes, até mesmo batalhas sérias, à medida que a invasão de colonos, caçadores de búfalos e a ferrovia continuavam implacavelmente. A corrida para as Black Hills escalou tudo. A Grande Guerra Sioux estava acontecendo.

· · ·

Os índios das planícies vinham coletando armas há muito tempo, símbolos de masculinidade em uma cultura onde a guerra e a caça eram centrais[500]. Quando a Guerra Civil terminou, eles tiraram vantagem de uma nova enxurrada de armas vindo em sua direção. Rifles de repetição juntaram-se a armas baratas excedentes dos militares em uma bonança de poder de fogo para os índios, que lutaram entre si, bem como contra

499. A citação de Cauda Manchada vem de Pekka Hämäläinen, *Lakota America: A New History of Indigenous Power* (New Haven, CT: Yale University Press, 2019), p. 349.

500. O papel das armas como símbolos da masculinidade indígena vem de David J. Silverman, *Thundersticks: Firearms and the Violent Transformation of Native America* (Cambridge, MA: Belknap Press of Harvard University Press, 2016), p. 9.

FERRO SAGRADO

a crescente população de colonos de pele clara que chegava do Leste. Os comerciantes, alguns licenciados, muitos operando ilegalmente, ficavam felizes em ganhar alguns dólares vendendo armas para as tribos. Um cavalo ou uma mula poderia pagar por um rifle de repetição; as peles de búfalo eram boas para trocar por munição preciosa, que geralmente era escassa[501]. O governo dos EUA fez sua parte leiloando armas pequenas de que não precisava mais. Os índios muitas vezes recebiam armas como presentes de boa vontade para caçar como parte das obrigações do tratado. Depois, havia os rifles vendidos legitimamente a índios "amigáveis" para caça, mas que acabaram caindo nas mãos de "hostis" menos dispostos a conviver pacificamente com os brancos. "Os Sioux devem ter bons amigos brancos no Platte e no Missouri", relatou um chefe Crow em 1873 após uma escaramuça com o inimigo indígena de longa data dos Crows[502]. "Eles pegam armas e munições; eles estão melhor armados do que nós; eles têm rifles e pistolas de agulhas Winchester, Henry e Spencer. Pegamos algumas dessas armas daqueles que matamos; levamos dois rifles Henry e uma arma de agulha"[503].

O poder de fogo aprimorado dos nativos não passou despercebido por Custer naquele ano. "As armas com as quais eles lutaram contra nós (várias das quais foram capturadas na luta) eram dos mais recentes padrões aprimorados de rifles de repetição de carregamento pela culatra, e seu suprimento de cartuchos de rifle metálicos parecia ilimitado, pois eles eram tudo, menos econômicos em sua capacidade de uso", ele escreveu em seu relatório sobre combates com índios ao lado do Rio Yellowstone

501. Trocar animais e peles de búfalo por armas e munição vem de James Donovan, *A Terrible Glory: Custer and the Little Bighorn – The Last Great Battle of the American West* (Nova York: Little, Brown, 2008), p. 188.

502. "Os Crow, Arikara e outras tribos estavam lutando contra os Sioux por gerações [...]. Eles ainda sofriam com a agressão Sioux durante as décadas de 1860 e 1870". John C. Ewers, "Intertribal Warfare as the Precursor of Indian-White Warfare on the Northern Great Plains", *Western Historical Quarterly*, v. 6, n° 4 (outubro de 1975): 409-410.

503. 5° Relatório Anual do Conselho de Comissários Indianos ao Presidente dos Estados Unidos, 1873 (Washington, DC: Government Printing Office, 1874), p. 105. Alguns se referiam à Springfield como uma "pistola de agulha" por causa de seu longo pino de disparo entre o martelo e o cartucho.

no território de Montana[504]. "Eles foram fornecidos tão amplamente com rifles e munição de carregamento pela culatra que nem arcos nem flechas foram empregados contra nós".

A guerra das planícies estava passando por uma mudança radical, primeiro quando as armas de fogo em geral apareceram, dando a algumas tribos uma vantagem sobre outras e aumentando as apostas nas corridas armamentistas intertribais. Em 1876, cerca de metade dos guerreiros Lakota tinha algum tipo de arma de fogo, incluindo pederneiras obsoletas. De todas as armas nas mãos dos índios na época, um quinto era repetidores modernos, o que elevava a capacidade de matar dos guerreiros. Quando os índios começaram a usar revólveres para lutar contra o homem branco, o combate tornou-se mais igual do que quando Jack Hays lutou contra os Comanches trinta anos antes. Agora, com Winchesters e Spencers em seu arsenal, os nativos americanos eram ainda mais mortíferos, pois foram o rifle de carregamento pela culatra e os cartuchos metálicos que transformaram "o índio das planícies de um adversário insignificante e pouco perigoso em um soldado tão magnífico quanto o mundo pode mostrar"[505], escreveu o veterano do Exército, coronel Richard Irving Dodge. "Já um cavaleiro perfeito, e acostumado a vida inteira ao uso de armas a cavalo, tudo o que ele precisava era de uma arma precisa, que pudesse ser recarregada com facilidade e rapidez a toda velocidade"[506]. Agora ele tinha uma.

• • •

Os soldados que cavalgavam com Custer usavam revólveres de seis tiros Colt nos quadris, uma arma muito mais avançada do que os revólveres Paterson de cinco tiros há muito obsoletos e difíceis de recarregar que Jack

---

504. O relato de Custer de 1873 sobre índios bem armados é reproduzido em Elizabeth B. Custer, *Boots and Saddles: or Life in Dakota with General Custer* (New York: Harper & Brothers, 1885), p. 268-279.

505. Richard Irving Dodge, *Our Wild Indians: Thirty-Three Years' Personal Experience Among the Red Men of the Great West* (Hartford, CT: A. D. Worthington, 1883), p. 450-451.

506. O papel do Winchester '66 em ajudar a revolucionar a guerra nas planícies é mencionado em Hämäläinen, *Lakota America*, p. 299. As corridas armamentistas intertribais são mencionadas em Silverman, *Thundersticks*, p. 8.

FERRO SAGRADO

Hays e os *Texas Rangers* haviam usado contra os Comanches. Para alvos além do alcance de seus revólveres de curto alcance, os homens de Custer carregavam carabinas de carregamento de culatra de tiro único chamadas Springfields de alçapão, feitas no Springfield Armory. A parte superior de cada câmara virava-se em uma dobradiça para permitir que um cartucho novo fosse carregado. Os repetidores Spencer foram retirados do serviço regular, embora alguns dos batedores índios do Exército continuassem a usá-los. À disposição de Custer havia um par de metralhadoras Gatling, mas ele decidiu que seria mais um obstáculo do que ajuda no que prometia ser trote rápido em terreno irregular quando decisões rápidas sobre o posicionamento de tropas pudessem ser necessárias. Montadas sobre rodas, essas armas pesadas de manivela eram difíceis de manobrar. Custer os deixou para trás.

O que ele não deixou para trás foi o rifle esportivo de bloco pivotante que ele havia encomendado da empresa Remington, uma poderosa arma de calibre .50 que o acompanhara em uma viagem de levantamento de 1873 nos territórios de Dakota e Montana e na expedição de Black Hills de 1874, para ter prazer em um de seus passatempos favoritos, a caça. Custer era um bom atirador e até perseguiu um búfalo macho a toda velocidade, gritando eufórico, seus galgos ingleses correndo ao lado dele, seu revólver na mão, apenas para atirar por engano na cabeça de seu cavalo quando o búfalo de repente se virou para eles[507].

Entre as armas pessoais de Custer estava um rifle Springfield construído para caça, que ele usou na expedição com o grão-duque russo Alexis, mas agora ele tinha gosto pelo bloco pivotante. Em uma carta de fã aos Remington, Custer se gabou de "mais uma parte da caça morta por mim: antílope, 41; búfalo, 4; alce, 4; veado de cauda preta, 4; cervo americano, 3; lobo branco, 2; gansos, galinhas da pradaria e outros animais de penas em grande número"[508]. O que era notável, Custer disse

507. A caça ao búfalo de Custer e o tiro inadvertido de seu cavalo são do Gen. G. A. Custer, *My Life on the Plains. Or, Personal Experiences with Indians* (Nova York: Sheldon, 1874), p. 37-38.

508.A carta de Custer de 5 de outubro de 1873 para a empresa Remington foi publicada em John S. du Mont, *Custer Battle Guns* (Fort Collins, CO: Old Army Press, 1974), p. 68.

aos Remington, não era que ele tivesse matado tantos animais com seu bloco pivotante, mas que ele pudesse derrubá-los a centenas de metros de distância. "Estou mais do que nunca impressionado com as muitas qualidades superiores possuídas pelo sistema de armas fabricado por sua empresa", escreveu ele, "e acredito que estou seguro em afirmar que, em grande parte, essa opinião é amplamente compartilhada pelos membros da Expedição Yellowstone que teve a oportunidade de fazer testes práticos da questão". Apesar das duras exigências de ir atrás de índios no Território de Montana nesta nova missão, Custer pensou que poderia ter uma chance de caçar novamente, então o bloco pivotante estava com ele. Ele estava confiante em sua missão e não achava que os índios à sua frente seriam inimigos invencíveis.

"Touro Sentado, sua destruição está se aproximando rapidamente!" exclamou um correspondente do *The Helena Weekly Herald*, escrevendo do Vale do Yellowstone em 14 de junho[509]. Cavalo Longo, como ele se chamava na imprensa, estivera com o Exército nos dez dias anteriores, explorando o campo em busca de índios. Ele escreveu que os generais Terry e Custer estavam subindo ao lado do Rio Yellowstone com 12 companhias de cavalaria ("a flor do nosso exército"), artilharia e batedores índios e brancos "e provavelmente atacarão Touro Sentado em dois dias". Em outros lugares, outro comando de infantaria, cavalaria e batedores estava a caminho. Espalhou-se a notícia de que o general George Crook também viria se juntar à luta. "Com três comandos militares, nos quais aparecem os seguintes nomes conhecidos – Terry, Gibbon, Custer, Crook, Brisbane, Ball e outros –, não podemos ver como você pode escapar", avisou Cavalo Longo a Touro Sentado, "Melhor levantar as mãos, meu velho, se você quiser ver o fim deste glorioso ano do Centenário".

* * *

Custer e 12 companhias da 7ª Cavalaria – cerca de setecentos homens ao todo, incluindo batedores – estavam muito à frente do General Terry quando se aproximaram do Vale do Rio Little Bighorn em 24 de junho.

509. Uma carta de Cavalo Longo ao editor, "The Indian Campaign", *Helena* (MT) *Weekly Herald*, 29 de junho de 1876, antes que a notícia da derrota de Custer se espalhasse.

FERRO SAGRADO

Custer, agora chamado por alguns de Burro Teimoso, fez a 7ª cavalgar pela noite. Na manhã seguinte, seus batedores estavam olhando de um promontório para a pradaria que se estendia sobre o rio sinuoso. Ao longe, nuvens de poeira e uma manada de pôneis, muito grande, mostrava-lhes que havia uma imensa aldeia indígena à frente, maior do que qualquer outra que já haviam visto.

Custer pensou que suas tropas haviam sido localizadas, então decidiu atacar antes que outros comandos aparecessem. Ele raciocinou que se pudesse expulsar os não combatentes – mulheres, crianças e velhos – da aldeia e controlá-los, os guerreiros seriam mais facilmente controlados. Então todos poderiam ser enviados em seu caminho. Para conseguir isso, ele ordenou que o major Marcus Reno e seus 140 homens atacassem descendo o rio enquanto ele se aproximava da vila pela direita de Reno. O capitão Frederick Benteen estaria atrás com outros 255 homens e um trem de carga transportando munição adicional. Por volta do meio-dia, Reno atacou.

Quase imediatamente, o plano desmoronou. Em vez de expulsar os índios, Reno interrompeu a investida antes de chegar à aldeia. Vendo os soldados pararem bem perto da aldeia, guerreiros furiosos atacaram-nos, mais do que um punhado armado com rifles de repetição. Soldados correram em desordem, Reno tendo perdido o controle e dando comandos conflitantes. O guerreiro oglala Cervo Águia, com o rosto pintado para a guerra, montando seu pônei mais rápido, correu com seu Winchester quase novo atirando em soldados de suas selas tão facilmente como se estivesse matando búfalos. Ele matou mais dois ou três enquanto tentavam atravessar o rio[510]. De volta ao acampamento, o carismático Cavalo Louco emergiu de sua tenda, rédea e Winchester na mão, pronto para se juntar à batalha.

Os rifles Springfield de carga pela culatra enviaram as balas mais longe e com mais força do que a maioria das armas dos índios, incluindo os rifles de repetição, mas os guerreiros habilmente escondiam-se até

---

510. A descrição de Cervo Águia atacando os soldados de Reno é de David Humphreys Miller, *Custer's Fall: The Native American Side of the Story* (New York: Meridian, 1992), p. 109.

chegarem perto, aparecendo para atirar e depois se abaixando novamente. O tiroteio era tão intenso, disse um batedor Crow, que parecia "o estalar dos fios no rasgar de um cobertor" – e isso era apenas pela variedade de armas que os índios usavam. Guerreiros fizeram chover incontáveis flechas sobre os soldados onde quer que estivessem. Carabinas de tiro único e munições capturadas quando os índios esmagaram os soldados em uma parte da batalha foram viradas contra a 7ª Cavalaria. Os soldados de Benteen e as munições nunca chegaram a Custer a tempo de salvá-lo e, em vez disso, juntaram-se aos sobreviventes do comando de Reno em outra colina, onde conseguiram resistir durante a noite e no dia seguinte até que os Sioux e Cheyenne fossem embora.

• • •

Quando a coluna de Terry chegou a Little Bighorn em 27 de junho, resgatou os remanescentes dos comandos de Reno e Benteen, não lutando, mas por sua presença, os índios seguiram em frente depois de saberem de sua aproximação. Por volta das 9h da manhã, a guarda avançada de Terry encontrou os soldados mortos nas companhias de Custer, incluindo o próprio ex-general, que havia sido baleado duas vezes, uma abaixo do coração e outra na têmpora esquerda.

Havia muito o que culpar pela derrota de Custer, grande parte dela dirigida ao próprio Custer. Os debates continuam até hoje. Alguns diziam que o armamento avançado nas mãos dos índios condenou a 7ª Cavalaria. "Aconselhamos a Winchester Arms Company", zombou sarcasticamente o *Army and Navy Journal* um mês após a batalha, a "processar os índios por violação de sua patente". Os rifles Winchester eram "muitos entre eles; o pessoal da agência e os comerciantes afirmam solenemente que não os fornecem; então só se pode inferir que os próprios índios os fabricam. Se o gov. Winchester conseguir obter uma liminar, impedindo os índios de usarem seu rifle, pode ser um sinal de serviço para nossas tropas no próximo combate.

Mas os rifles de repetição não determinaram o resultado em Little Bighorn, como fizeram os primeiros revólveres de Colt na Batalha de Walker's Creek. Foram os números, as táticas e o compromisso destemido com um modo de vida que sobrepujou a 7ª Cavalaria, embora as armas modernas de ambos os lados tornassem a matança mais fácil, mesmo quando os Lakota consideravam o combate mortal tradicional e de perto, mais honroso[511]. Os números e a tecnologia logo funcionariam contra os índios, no entanto fazendo de Little Bighorn a última grande vitória militar que teriam sobre o homem branco. Mais brancos continuavam se movendo em terras indígenas com armas cada vez mais poderosas, como os quatro canhões de culatra Hotchkiss, entre os primeiros de seu tipo, que a 7ª Cavalaria reconstituída usou para explodir os Lakota no que ficaria conhecido como o Massacre de Wounded Knee, mais de 14 anos depois de Little Bighorn.

As décadas que se seguiram ao primeiro século dos Estados Unidos viram a tecnologia e os negócios aumentarem sua participação em governar o continente juntos, os titãs da indústria de armas americanas fazendo parte da vanguarda. Os artesãos continuaram a dar lugar aos capitalistas aventureiros, que consolidaram seu poder no dinheiro e na propriedade intelectual das patentes que controlavam para criar impérios de armas de fogo que vendiam seus produtos para o mundo, bem como para os cidadãos em casa. Nos anos que antecederam a Guerra Civil e além, os fabricantes privados de armas aumentaram sua base de clientes e, no processo, reduziram sua dependência em contratos governamentais. A inovação passou de arsenais federais para empresas privadas cujas criações alimentaram o desenvolvimento na fabricação de produtos além das armas. Empresas como Colt e Smith & Wesson, que eram altamente capitalizadas e podiam operar no mercado aberto nos anos pós-Guerra Civil, floresceram, enquanto muitas oficinas menores desapareceram. Quando todos os empresários de armas do século XIX morreram e seus descendentes perderam o controle do que deixaram, a fabricação de armas de fogo em massa havia se tornado empreendimentos corporativos ainda maiores.

511. Sobre táticas e estratégias indígenas superiores, ver Bradley C. Vickers, "More Than Numbers: Native American Actions at the Battle of the Little Bighorn". Dissertação de mestrado, United States Marine Corps, Command and Staff College, Marine Corps University, VA, 2002.

Os nomes Colt, Winchester, Remington e Smith & Wesson perduram hoje como identificadores das empresas, cada um evocando visões de épocas anteriores e americanos individuais cuja coragem à moda antiga e engenhosidade ianque os levaram a deixar suas marcas para o país e o que eles viam como progresso. No entanto, qualquer que seja a verdade na mensagem que essas imagens transmitem, os empreendimentos por si próprios se tornaram criaturas do mundo corporativo moderno, seus nomes veneráveis, uma alusão a um passado que os executivos esperam persuadir os clientes do presente a confiar nos produtos da empresa como americanos e confiáveis, mesmo quando a empresa é de propriedade de uma entidade não americana. Os nomes vendem. Samuel Colt aprovaria.

EPÍLOGO

Pelo resto de sua vida, **Walter Hunt** continuou inventando, embora seu hábito de vender patentes para pagar dívidas e alimentar sua família o impedisse de colher recompensas reais de suas criações. Para encerrar longas batalhas legais sobre os direitos de uma máquina de costura concebida por Hunt e Elias Howe, Isaac Singer ofereceu a Hunt US$ 50.000 em 1858 por seu projeto original, o equivalente a mais US$ 1,6 milhão hoje. Antes de qualquer pagamento ser feito, no entanto, o inventor morreu de pneumonia em sua oficina no ano seguinte, aos 62 anos.

O capitão do *Texas Rangers*, **Jack Hays**, foi para a Califórnia depois de servir com distinção na Guerra Mexicano-Americana. Um condado no Texas foi nomeado para ele. Hays tornou-se ativo na política e nas relações indígenas e fez fortuna no setor imobiliário e na pecuária. O respeito dos Comanches por Hays nunca diminuiu. Quando soube que a esposa de Hays havia dado à luz um filho, o chefe Penateka, Buffalo Hump, e outro líder Comanche deram ao ex-*Texas Ranger* um cálice de ouro e duas colheres de chá de ouro. Nas colheres estava gravado "Buffalo Hump" e "BHH", este último para Buffalo Hump Hays.

Um condado no Texas também foi nomeado para **Samuel H. Walker**. Na verdade, foi renomeado para ele depois que os moradores locais ficaram desencantados com o homônimo original, o senador americano do Mississippi, Robert J. Walker, que apresentou uma resolução no Congresso pedindo a anexação do Texas. Durante a Guerra Civil, Robert

Walker favoreceu a União, uma postura estranha para um mississipiano, mesmo um originário da Pensilvânia, e uma posição impopular no Texas Confederado. Para remover essa mancha e ainda manter o nome, o estado decidiu que o condado de Walker seria para Samuel. Em 24 de maio de 2021, o governador do Texas assinou uma resolução aprovada por ambas as casas do legislativo estadual declarando a Colt Walker a arma oficial do Texas.

Após a Guerra Civil, **John T. Wilder** se estabeleceu em Chattanooga, onde foi eleito prefeito apenas seis anos depois de ajudar a conquistar a cidade. Ele logo se tornou um dos principais empresários do Sul. Quando soube que o ex-general confederado, Nathan Bedford Forrest, um de seus oponentes de combate na Guerra Civil, havia sido preso por violar a liberdade condicional ao ajudar a organizar a Ku Klux Klan, Wilder se encontrou com ele. Convencido de que Forrest estava apenas tentando proteger os sulistas liderando a Klan, Wilder intercedeu com sucesso em seu nome junto ao presidente Grant. Eventualmente, Wilder tornou-se um membro honorário do campo Forrest dos Veteranos Confederados Unidos. Ele era viúvo há 12 anos quando se casou com a filha de um veterano confederado, uma mulher quase meio século mais nova que ele, que também era sua enfermeira. Depois que Wilder a colocou na faculdade de medicina da Universidade do Tennessee, ela se tornou a primeira mulher a passar no exame do conselho de medicina daquele estado.

Para sua última patente, **Rollin White** voltou aos tecidos, inventando um fuso de fiação aprimorado e seu apoio. O governo dos Estados Unidos emitiu a patente em 16 de dezembro de 1890, 15 meses antes de White morrer aos 74 anos. Seu breve obituário em um jornal de Vermont dizia: "Sr. White reivindicou a invenção do revólver Smith & Wesson. Um projeto de lei para dar a ele a posse da invenção foi vetado pelo presidente Grant"[512].

Após sua briga com Oliver Winchester, **B. Tyler Henry** permaneceu em New Haven, administrando uma oficina mecânica onde continuou a inventar. Em 1889 ele patenteou uma caixa de eixo para veículos. De

---

512. O obituário de Rollin White foi publicado no *Rutland* (VT) *Daily Herald*, 28 de março de 1892.

EPÍLOGO

acordo com um obituário em um jornal local, "Ele estava, pouco antes de sua última doença, prestes a aperfeiçoar um valioso aparelho de carrinho"[513]. Henry morreu em sua casa, a pouco mais de um quilômetro e meio da fábrica da Winchester Repeating Arms Company, em 8 de junho de 1898, aos 77 anos.

A fábrica de **Samuel Colt** continuou produzindo armas no século XXI, embora a empresa tenha passado por reorganização de falência mais de uma vez. Em maio de 2021, a CZG – Česká Zbrojovka Group SE, fabricante de armas de fogo com sede na República Tcheca, comprou a empresa Colt. Soldados americanos carregavam armas de fogo com o nome Colt em todas as guerras. A viúva de Colt, Elizabeth, tornou-se proeminente em seu próprio direito como filantropa e líder cívica e continuou sua devoção à empresa e à memória de seu marido, eventualmente erigindo uma igreja em sua homenagem. No edifício religioso, encontram-se imagens artísticas em mármore representando armas de fogo Colt.

Em 2016, o negócio iniciado por **Eliphalet Remington** comemorou seu bicentenário, marcando a lenda do primeiro rifle do fundador como seu início e se gabando de ser a empresa de armas mais antiga do país em operação contínua. Como outras empresas de armas de fogo, a empresa Remington passou por períodos econômicos difíceis, incluindo grandes reorganizações no final do século XIX. Ao longo das décadas, a empresa Remington expandiu-se para produtos além das armas de fogo. Eventualmente, quando as pessoas viam "Remington", pensavam não apenas em armas, mas também em máquinas de costura, barbeadores elétricos e máquinas de escrever. No final da década de 1880, os Remington estavam fora dos negócios da família, a empresa à beira do colapso. Foi salva por um grupo econômico e continuou a produzir armas. Em 2020, a empresa entrou com pedido de falência – como já fez mais de uma vez antes. Depois de oito meses fechada, a fábrica de armas de fogo Remington reabriu em maio de 2021 com planos de fabricar armas novamente.

---

513. O obituário de B. Tyler Henry foi publicado no *Daily Morning Journal and Courier* (New Haven, CT), 8 de junho de 1898.

Até sua aposentadoria em 1873, o tempo de **Horace Smith** era dedicado à Smith & Wesson, embora ocasionalmente servisse como vereador da cidade de Springfield. Ele viajou pelo Oeste americano, estudou astronomia, ajudou sua igreja e se tornou presidente do Banco Nacional de Chicopee. Quando Smith morreu, aos 84 anos, em sua casa em Springfield, no início de 1893, ele havia sobrevivido ao filho, Dexter, por seis semanas. Em seu testamento, Smith deixou a maior parte de sua propriedade para instituições de caridade, incluindo bibliotecas, hospitais, o Lar para Mulheres e Crianças Sem Amigos e o Tuskegee College for Colored Youth, no Alabama. Seus presentes também eram pequenos e pessoais, de barris de maçãs para uma organização infantil a um fogão que ele doou a um grupo de mulheres e também perdoou pequenos empréstimos que ele havia feito.

Daniel Baird Wesson também tinha outros interesses além das armas de fogo. Ele se tornou presidente da Bigelow Wire Works em Iowa, foi um dos fundadores do First National Bank of Springfield e adquiriu uma grande participação na Ferrovia de Nova York, New Haven & Hartford. Wesson também construiu dois hospitais em Springfield, reservando fundos em seu testamento para mantê-los funcionando. Ele morreu em agosto de 1906 com a idade de 81; sua esposa, Cynthia, havia morrido no mês anterior. Seu bisneto, Daniel B. Wesson II, foi ele próprio um inventor que lançou sua própria empresa, Dan Wesson Firearms, que foi comprada pela CZ-USA, uma subsidiária da CZG - Česká Zbrojovka Group SE, em 2005.

Oliver Fisher Winchester continuou ansiando por contratos governamentais. A Real Polícia Montada do Canadá estava entre as poucas organizações governamentais a comprar seu fuzil Centennial em atacado. Ele sempre quis grandes contratos militares dos EUA, mas também pressionou muito por muitos interesses civis, o que acabou sendo um benefício para a empresa. Quando ele morreu em 1880, o nome Winchester tornou-se sinônimo de rifle de ação de alavanca. Tendo, como Horace Smith, se interessado pelas estrelas, deixou dinheiro para um observatório em Yale. A universidade demoliu a mansão de Winchester para dar lugar a uma escola de teologia. No século XX, o desejo de Winchester foi atendido: as armas de fogo de sua fábrica foram finalmente compradas

EPÍLOGO

pelo governo dos EUA para o serviço militar nas Guerras Mundiais. A empresa acabou se tornando a U.S. Repeating Arms Company, que foi adquirida pelo Herstal Group, uma empresa belga que continua a fabricar armas de fogo com a marca Winchester em vários países. A fábrica de New Haven foi fechada em janeiro de 2006.

Tendo estado com problemas de saúde por vários anos, **William Wirt Winchester** morreu aos 43 anos de tuberculose três meses após a morte de seu pai. Sua viúva, **Sarah L. Winchester** – uma das mulheres mais ricas da América, graças a camisas e armas –, deixou Connecticut e foi para o Oeste. Ela comprou uma casa de fazenda em San Jose, Califórnia, na qual gastou excentricamente até morrer em 1922. Durante décadas, enquanto viveu e desde então, Sarah e sua estranha e desconexa casa – chamada pelos corretores de Casa de Mistérios Winchester – foram fontes de curiosidade. Diz a lenda que Sarah continuou reformando o lugar de maneiras estranhas depois que um médium de Boston a instruiu a fazê-lo, para que ela não fosse assombrada para sempre por aqueles mortos com rifles Winchester. Ela teria realizado sessões espíritas para aplacar os espíritos. Em um livro de 2010 sobre a herdeira, a historiadora da Califórnia, Mary Jo Ignoffo, desmascarou muitas das histórias, dizendo que Sarah era sã e sensata com apenas um toque de excentricidade e que algumas de suas esquisitices arquitetônicas resultaram do terremoto de 1906 em São Francisco ou foram projetadas para compensar sua artrite incapacitante. Apesar de sua reclusão, ela doou generosamente para instituições de caridade. No entanto, a lenda vive. Em fevereiro de 2018, um grande filme vagamente baseado em seus últimos anos e intitulado *Winchester* chegou aos cinemas. Era uma história de fantasmas.

Christopher Miner Spencer continuou inventando armas e outros objetos mecânicos. Entre suas muitas criações estava uma máquina de parafusar automática cujas cames rotativas permitiam que operadores não qualificados fizessem peças de metal rapidamente. Spencer nunca perdeu sua paixão de infância por armas de fogo, servindo como presidente e depois secretário e tesoureiro do Hartford Wesson Rifle Club. Na década de 1880, ele inventou uma espingarda e rifle de repetição, que uma nova Spencer Arms Company fabricou e comercializou. As armas funcionavam, mas a empresa falhou e Spencer perdeu muito. Ao contrário de Colt,

Winchester, Smith e Wesson, ele nunca acumulou grande riqueza, embora suas muitas invenções tenham contribuído para o sucesso de várias empresas que não são de armas. O entusiasmo e o talento de Spencer sempre foram uma descoberta, não um enriquecimento. Depois que sua esposa Dora morreu, em 1882, ele se casou com uma mulher mais jovem que havia sido enfermeira de sua esposa e se tornou pai na meia-idade. "Sempre esperei deixar dinheiro para vocês", disse ele à família no final da vida, "mas o melhor que posso dizer é que não acho que estou deixando inimigos"[514]. Spencer deixou um filho que também se tornou um inventor respeitado, projetando aeronaves pioneiras e pilotando um avião alto o suficiente em 1929 para quebrar o recorde de altitude de aviões leves. Spencer morreu aos 88 anos, mas não antes de voar em um avião projetado e construído por seu filho. No final de sua vida, ele estava em forma, magro, enérgico e forte, como seu avô da Guerra Revolucionária.

514. "Character Sketch of Christopher Miner Spencer, Written by his daughter, Vesta Spencer Taylor", Spencer Collection, Series II, Box 1.11, Windsor Historical Society, Windsor, CT.

AGRADECIMENTOS

Entre as muitas experiências ao escrever um livro como este que te torna humilde está descobrir que você sabia muito menos sobre o assunto do que pensava. Uma compensação gratificante é receber orientação gratuita dada por aqueles que realmente sabem e cujo conhecimento você não poderia esperar igualar, mesmo que passasse o resto de sua vida estudando. Por isso, posso agradecer aos muitos especialistas em armas e história que me ajudaram a evitar erros tanto de fato quanto de interpretação. Alex MacKenzie, do Sítio Histórico Nacional *Springfield Armory*, foi um anfitrião gentil e um professor paciente. A historiadora Mary Jo Ignoffo me esclareceu sobre muitos assuntos pessoais de Winchester. O autor e ex-diretor do Museu Nacional de Armas de Fogo, Jim Supica, foi generoso com seu tempo, especialmente porque eu continuei a me impor a ele quando ele estava sob pressão de prazo para seu próprio trabalho. O historiador dos *Rangers*, Matt Atkinson, melhorou meu capítulo de Gettysburg, assim como o historiador Mike Donahue melhorou minha compreensão da batalha de Little Bighorn (se eu pudesse lembrar o nome do guarda florestal que encontrou a carteira que deixei cair em Little Bighorn, agradeceria a ele novamente aqui). Michael Harrison, da Associação Histórica de Nantucket, melhorou minha discussão sobre a caça às baleias, e Danny Michael, curador associado do Museu Cody de Armas de Fogo no Centro Buffalo Bill do Oeste, me deu o benefício de seu vasto conhecimento, bem como comentários valiosos sobre estilo. O historiador da Smith & Wesson, Roy Jinks, abriu seus volumosos arquivos para mim, respondendo até mesmo às minhas perguntas mais estúpidas com tolerância silenciosa, e compartilhou algumas refeições deliciosas comigo. Como Roy, o especialista em Winchester e Colt, Herb Houze, provou ser um bom companheiro de jantar tanto quanto historiador, deixando-me examinar as caixas de seus registros na biblioteca pública de Cody, Wyoming, onde fiz fotocópias suficientes para reduzir em anos a vida útil de sua copiadora. Herb morreu no verão de 2019, deixando um legado invejável de erudição que mais do que ocasionalmente revelava uma sagacidade deliciosamente leve. Ele era um cavalheiro.

Outros amigos que por acaso são historiadores, incluindo Larry Peskin, Charley Mitchell, Rita Costa-Gomes e Laura Mason, examinaram rascunhos de capítulos e os melhoraram no processo, assim como o ex-arquivista estadual de Maryland, Ed Papenfuse. Steve Luxenberg, Stephen Hunter e Daniel Mark Epstein passaram horas repassando meus planos para este livro, dando-me orientações valiosas quando mais precisei. Muitos amigos de confiança e ex-colegas deram conselhos que melhoraram os capítulos enquanto eu escrevia. Estes incluem Jim Astrachan, Jenny Bowlus, Stephanie Citron, Alan Doelp, David Ettlin, Gary Goldberg, Neil Grauer, Stan Klinefelter, Pat Meisol, Barbara Morrison e Wendy Muhlfelder, Sarah O'Brien, Barry Rascovar, Bill Reynolds e Barrett Tillman. Jim Rasenberger, que se tornou o maior especialista mundial em Samuel Colt, passou pelos meus capítulos sobre Colt corrigindo erros ao longo do caminho. Muitos capítulos são muito melhores do que teriam sido graças aos grandes editores Dan Zak e Ramsey Flynn terem aplicado seus talentos a eles. Colecionador e autor Robert Swartz forneceu informações sobre as batalhas legais envolvendo Colt e Smith & Wesson. Pesquisadores independentes, incluindo genealogistas, descobriram informações que deram profundidade ao *Titãs das Armas*. Agradeço por isso a Sue Fox, Ralph Elder, Melanie McComb e à infatigável, engenhosa e envolvente Jen Cote.

AGRADECIMENTO

Sem os recursos de vários arquivos, trabalhos como este que cavam no passado não poderiam existir. O público em geral, bem como os pesquisadores, deve ser grato, como eu, que esses lugares são ocupados por pessoas experientes e por também ser um prazer trabalhar com elas. No topo dessa lista estão Mary Robinson, que recentemente se aposentou como diretora Housel da McCracken Research Library, e sua equipe no Buffalo Bill Center of the West; Mel Smith e a equipe da Biblioteca Estadual de Connecticut; Sierra Dixon e sua equipe da Connecticut Historical Society, particularmente Amy Martin; Dave Smith na Sociedade Histórica de Manchester; Michelle Tom e Barbara Goodwin, agora aposentada, da Windsor Historical Society; Beth Burgess no Centro Harriet Beecher Stowe; Maggie Humberston no Wood Museum of Springfield History; Wendy Essery e Madeline Bourque Kearin no Museu Histórico de Worcester; a Sociedade Histórica do Condado de Herkimer, que ajudou com o material inicial de Remington e uma descrição da área; Regan Miner, da Sociedade Histórica de Norwich, que me colocou em contato com os mais prestativos Dave Oat e Richard Russ; Kathy Pierce da Sociedade Histórica de Northborough; Ann Lawless, agora aposentada, diretora executiva do American Precision Museum; e Edward Surato da Biblioteca Whitney no Museu e Sociedade Histórica de New Haven. Eles e seus colegas tornaram os longos dias de pesquisa ainda mais prazerosos do que a descoberta de documentos indescritíveis.

Muito obrigado a todos aqueles supracitados pelo tempo e esforço que gastaram ajudando a tornar este livro digno de ser lido, incluindo informações e tornando-o, antes de tudo, publicável. Para qualquer um que tenha contribuído, mas que não mencionei individualmente, por favor, me perdoe, e saiba que sua ajuda é importante. Claro, ninguém além deste autor é responsável por quaisquer erros que o *Titãs das Armas* possa conter.

Serei eternamente grato a Jim Kelly e ao meu agente, Rick Richter, ambos da Aevitas Creative Management, por verem valor no que eu estava fazendo e apresentá-lo a Charles Spicer na St. Martin's Press, e a Charles Spicer e Sarah Grill, que ajudaram a transformar a matéria-prima em um livro que espero que seja digno deles. Agradeço também a Kathy Harper por me ajudar a elaborar a proposta formal e deixar o manuscrito finalizado pronto para ser submetido à editora.

O apoio constante dos meus filhos ao longo dos anos foi crucial. Obrigado, George, Garrett, Clayton e Julia por serem as estrelas brilhantes da minha existência. Finalmente, um agradecimento especial a Theresa Peard, que não apenas enriquece cada momento da minha vida, mas que passou inúmeras horas nos últimos dois anos me ajudando a escrever, pesquisar e, mais importante, pensar. Sem sua devoção inspirada, este livro não estaria em suas mãos.